prometeo
libros

prometeo
libros

EL MARXISMO INQUIETO
SUJETO, POLÍTICA Y ESTRUCTURA EN EL
CAPITALISMO NEOLIBERAL

Julia Expósito

EL MARXISMO INQUIETO
Sujeto, política y estructura en el capitalismo neoliberal

prometeo
libros

Exposito, Julia
El marxismo inquieto : sujeto, política y estructura en el capitalismo neoliberal / Julia Exposito. - 1a ed . - Ciudad Autónoma
de Buenos Aires : Prometeo Libros, 2017.
320 p. ; 23 x 16 cm.

1. Filosofía Política. 2. Filosofía Contemporánea. 3. Filosofía
Marxista. I. Título.
CDD 320.01

Armado: Yanina Pérez
Corrección de galeras: Magalí C. Álvarez Howlin

© De esta edición, Prometeo Libros, 2017
Pringles 521 (C1183AEI), Buenos Aires, Argentina
Tel.: (54-11) 4862-6794 / Fax: (54-11) 4864-3297
editorial@treintadiez.com
www.prometeoeditorial.com

Índice

Agradecimientos

Llega el momento de exponer esta investigación sobre la actualidad del marxismo como pensamiento de la crisis. Tiempo que condensa el movimiento incesante de aperturas e interrogantes, de herencias teóricas y políticas, de aprendizajes y experiencias que me atraviesan. Quiero entonces reconocer la influencia de quienes, en múltiples sentidos, me acompañaron en las decisiones tomadas en este trabajo. En particular, agradecer a Laura Sotelo y Natalia Romé por sus lecturas críticas y punzantes que hoy se plasman en el prólogo y epílogo de este libro.

Asumir un pensamiento marxista y feminista, es para mí constatar aquí que los cimientos que se estremecen al trabajar la inquietud del marxismo, son también del plano personal. Por eso quiero agradecer a Eduardo, mi papá, que desde su ausencia no ha dejado de debatir las estrategias sobre la posibilidad actual de la emancipación, y dedicar el presente volumen a la militancia y a la sonrisa de mi mamá, Marcela.

Prólogo

El libro de Julia Expósito tiene el doble mérito de abrir el problema de la crisis del marxismo, mostrando fundamentalmente su dimensión teórica e instalándolo decididamente en la dimensión histórica. La construcción minuciosa del contexto de producción de la crisis le da a este trabajo una perspectiva crítica fundamental: la panorámica que traza deja en claro que el marxismo debería haber sido ya un corpus muerto para que la caída de URSS y la globalización subsecuente no significaran una crisis de apariencias definitiva y fatal. En efecto, la crisis es una prueba de la vitalidad del marxismo, es decir, de su lazo con la realidad. De hecho, sólo una burda metafísica podría haber permanecido incólume ante los cambios políticos de los años '90 del siglo pasado.

La aparición de la crisis puede ser vista como expresión del estado saludable de la teoría marxista, que es capaz de reaccionar frente a los cambios de la realidad, sin rendir su capacidad teórica, sino poniéndola a prueba en un nuevo contexto. Sin embargo, aunque no es ésta la única crisis de la historia del marxismo, tal vez sea la más grande, la más desorientadora y descorazonadora: imaginemos el estupor causado entre los marxistas por la traición de la socialdemocracia en la primera guerra mundial; por grande que fuera la consternación, al menos había allí culpables, traidores, aunque las razones de la traición no estuvieran, en principio, claras. Pero la crisis abierta tras la caída de la URSS desconcierta porque, en apariencias, no hay culpables ni traidores. Todo parece haber sucedido de modo "natural": no fue preciso disparar un solo tiro ni tampoco nadie se movilizó en su defensa. ¿Cómo puede ser que no haya habido luchas contra la restauración capitalista? ¿No es ésta una confirmación abierta de los argumentos liberales contra la existencia de la URSS?

El tránsito pacífico desde el socialismo al capitalismo era una perspectiva que ningún marxista contemplaba al momento de producirse la caída de la URSS. De hecho, la debacle soviética apareció, para la mayor parte de los marxistas, como un rayo en un cielo despejado: nadie pudo preverla, ni aún los trotskistas, quienes, entre los marxistas, tenían herramientas analíticas que hubieran podido ayudarles a anticipar la crisis y caída de la URSS. Nahuel Moreno no fue la excepción. Cierto es que falleció en 1987, cuando el proceso se hallaba aún en sus inicios. Sin embargo, su sensibilidad para captar las derrotas de la clase obrera o bien para tenerlas en cuenta, como lo muestra perfectamente el texto de Julia, no fue suficiente para permitirle concretar su consigna "socialismo o barbarie", en la que hubiera sido una más actual: "socialismo o restauración capitalista".

La crisis adquirió dimensiones existenciales para muchos militantes marxistas; la "prueba" de la historia aparecía como un "mentís" a largas trayectorias de vida. Y la explicación, aún pendiente, no parece sencilla. Proyectos de vida se vinieron abajo con la crisis abierta. Miles de militantes, descorazonados, se hundieron en la depresión y en la parálisis de la praxis, otros buscaron alternativas dentro de "lo posible", aumentando el caudal de adhesiones de los populismos, sobre todo en América Latina. Desde el punto de vista teórico, la crisis marca el ascenso de los "posmarxismos", que, como verdaderas aves de carroña, buscaron sus motivos "críticos" royendo el cuerpo descompuesto de la teoría de Marx. Esta descomposición provenía de un desajuste entre la teoría y la praxis, planteado radicalmente con el fin de la URSS, y no de la acumulación de elementos teóricos propios del "posmarxismo", que, aunque contribuyeron a minar las certezas del marxismo, no tenían la potencia de desatar la crisis.

Por eso, trabajar el posmarxismo en el sentido de Laclau y Mouffe, no deja de ser un recorte particular de la crisis del marxismo y de la propia lectura de Marx, y no deben asumirse como el modo acabado de resolver dicha crisis. Así sucede, por ejemplo, con la contraposición que realiza Laclau entre una visión de la historia como historia de la lucha de clases, tal cual aparece en el *Manifiesto Comunista* y otra, supuestamente distinta, de una historia como conflicto entre relaciones de producción y fuerzas productivas. La ambigüedad que detecta Laclau entre estas dos versiones no es tal: cuando Marx, en su célebre *Prólogo a la Contribución a la crítica de la economía política* plantea un resumen de su interpretación de la historia sostiene que a una fase de contradicciones entre fuerzas productivas y relaciones de producción, le sigue un período de revolución social, es decir, de emergencia de la lucha de clases, surgida del desarrollo de conflictos "económicos" en la base material. Una concepción dialéctica integral no puede separar como cuestiones distintas, el conflicto económico de la lucha de clases, sin embargo, la contraposición antidialéctica propuesta por Laclau arroja los grandes resultados, que llevan agua al molino de la "deconstrucción", que culminan en el abandono del marxismo en pro de una "democracia radical" que nunca supera, en perspectivas, el marco de la sociedad capitalista.

Badiou, por su parte, elabora un sistema que peca de idealista al dar respuesta a la actualidad del comunismo a través de la Idea. La Idea comunista de Badiou compromete la posibilidad efectiva de la emancipación en sus modos de dar cuenta de los dislates y problemas prácticos planteados intrahistóricamente. Sin embargo, los motivos críticos planteados por el posmarxismo no deben desconocerse ni negarse con desdén de superioridad, deben contestarse a su misma altura. Lo cierto es que la crisis actual del marxismo compromete a la verdad de su herencia y al futuro de su desarrollo. La actualización de perspectivas aparece puesta a la orden del día. Por ejemplo, ¿en qué medida puede seguir siendo el sujeto de la historia la clase trabajadora? Y ¿en qué sentido ésta puede ser sujeto de una teoría de la revolución hoy? Ese es un envite planteado por las teorías de Badiou y Laclau. Parece necesario atender a quienes, a distancia de la ortodoxia marxista, proponen argumentos críticos de importancia.

En este sentido, Julia se ubica estratégicamente como polemista de autores que, juntos, constituyen lo más representativo del pensamiento político actual: Badiou, como se sabe, influenció grandemente a militantes sociales posteriores a la crisis del 2001, sobre todo a aquellos denominados "autonomistas". Laclau, por su parte, fue el teórico del kirchnerismo, y Nahuel Moreno puede ser tomado como un conspicuo representante de la izquierda trotskista; el panorama político parece diversificado y bien amplio.

La crisis del marxismo se desenvuelve actualmente sobre la base de la crisis del capital, lo cual permite pensar en qué medida la estructura no determina directamente los factores superestructurales; si fuera así la crisis del capital debería convocar de modo inmediato al fortalecimiento del marxismo, y lo que se observa es el continuado retroceso de la corriente. Tal vez esto sea explicable acudiendo a la "ley de la inversión de la causalidad histórica", defendida por Moreno. Según esta ley, la crisis cae sobre el factor subjetivo: la presencia o no del partido revolucionario; y esto ya por sí mismo indica la inversión de la "ley de la determinación", por la cual el factor subjetivo pasa a ser determinante de la historia invirtiendo la tesis de Marx de que la historia está determinada por factores objetivos. O bien, podría decirse que la crisis del marxismo, originada en factores objetivos, no tiene allí (en el proceso objetivo) su despliegue ni los visos de su solución, sino que exige una tensión creadora de los factores subjetivos (la teoría marxista y la praxis revolucionaria).

De este modo, el libro de Expósito se propone contribuir a asumir la crisis del marxismo, a sabiendas de que la resolución de la crisis no será un hecho meramente del marxismo teórico, sin embargo la claridad teórica resulta indispensable para preparar un futuro de resurrección de la potencia crítica y práctica del marxismo. Como lo planteaba Lenin "no hay práctica revolucionaria sin teoría revolucionaria".

Finalmente, el enfoque de Julia sobre la dialéctica merece un comentario destacado: su idea de que la dialéctica marxista está "en acto" en Marx constituye un reaseguro contra los intentos al estilo del marxismo soviético de establecer "leyes de la dialéctica", que resumirían los hallazgos teóricos de Marx en un compendio definible a priori, válido para aplicar a los más diversos casos históricos. El gesto de Julia, por el contrario, indica una inmersión en los textos de Marx, para encontrar allí, en "acto", la dialéctica marxista. Así señala el camino de retorno a Marx, que constituye el insustituible trabajo teórico para desandar y deshacer, finalmente, la crisis del marxismo.

Laura Sotelo
Rosario, 2017.

Entonces escribir es el modo de quien tiene la palabra como cebo: la palabra pescando lo que no es palabra. Cuando esta no-palabra –la entrelínea– muerde el cebo, algo ha sido escrito. Una vez que se pesca la entrelinea, sería posible expulsar con alivio la palabra. Pero ahí se detiene la analogía: la no palabra al morder el cebo, lo ha incorporado. Lo que salva, entonces, es escribir distraídamente.

(Clarise Lispector, *Aguaviva*)

El argumento y el ambiente son lo esencial; no las evoluciones de la fábula ni la penetración psicológica. De ahí la primacía de sus cuentos sobre sus novelas.

(Jorge Luis Borges. *Sobre Kafka*)

I. La inquietud del marxismo

El materialismo histórico aspira a fijar una imagen del pasado tal como se le parece al sujeto histórico en un instante de peligro. El peligro amenaza tanto al contenido de la tradición como a sus receptores. Se trata en ambos casos de la misma amenaza: convertirse en instrumento de las clases dominantes. En toda época debe intentarse arrancar la tradición del conformismo que está a punto de someterla.

(Walter Benjamin, *Tesis de filosofía de la historia*)

Si hay fantasmas que no pudieron descansar en paz y continúan recorriendo el mundo, esos son los de Marx y del marxismo. Su herencia, espectral pero materializada, compleja pero simplificada, negada pero siempre (re)afirmada, era, es, y hasta nos atreveríamos a decir que seguirá siendo, parte de este, nuestro mundo. Como dirá J. Derrida: "No es necesario ser marxista (…) para rendirse ante esta evidencia. Habitamos (…) un mundo, (…) una cultura, que conserva, de forma directamente visible o no, a una profundidad incalculable, la marca de esta herencia" (1993/1995:27). Si el marxismo acecha al mundo y forma parte de nuestra cultura, es porque de algún modo, ha sabido siempre decir algo acerca de los momentos excepcionales, de crisis, de desajustes. No es mera coincidencia entonces que el marxismo ha resurgido de sus propias cenizas, como un fénix, para asediar otra vez al mundo capitalista cuando como consecuencia de un nuevo desorden mundial se intenta frenar todo proceso de lucha y se busca profundizar la neoliberalización de la vida. Así, mientras el orden hegemónico continúe organizando un régimen represivo y negando las luchas emancipatorias, no conseguirá librarse del marxismo.

Más aún, si el pensamiento de Marx es parte de nuestra cultura lo es porque, como sostenía V. Lenin (1913), sus principales influencias teóricas fueron tres corrientes de pensamiento claves para la formación de la cultura occidental: el *socialismo utópico francés*, la *filosofía clásica alemana* y la *economía clásica inglesa*. Por tanto, al formular su apuesta teórica en estrecha vinculación con estos tres pilares, el *discurso marxista* se ha permitido generar una capacidad de actualización constante. Este fenómeno de readaptación puede observarse, ante todo, en la categoría de *proletariado*; categoría que a lo largo de las décadas ha mostrado su propia plasticidad tanto en términos económicos, como políticos y culturales. A. Gorz (1980), plantea al respecto, en términos similares a los de Lenin, que las tres corrientes fundamentales de la época del ascenso burgués, es decir, el cristianismo, el hegelianismo y el cientificismo pueden verse condensadas de modo sintético en la categoría de *proletariado*. Y por ello, podemos pensar un marxismo capaz de ajustarse a los devenires del capitalismo, capaz de (re)teorizar la categoría del *sujeto* emancipador y sus vinculaciones con los problemas políticos y las mutaciones a niveles estructurales de cada momento histórico.

La crisis del sistema capitalista, que desde el 2008 se revela como un sismo financiero, marca nuevamente el resurgir del marxismo como problemática actual de nuestra cultura. No es casual entonces que a partir de la aparición de este fenómeno de crisis, se evidencie una nueva presencia del pensamiento y de la práctica política marxista, incluso en los diarios y en los discursos de diferentes analistas que hace años lo declaraban *muerto* o *destruido históricamente*[1]. Por tanto, si aceptamos que este es un momento de crisis del *capital*, pero también de todo un paradigma sostenido por el pensamiento moderno, comprendemos que entran en crisis también aquellos pilares sobre los cuales el propio marxismo se había erguido. Si el momento presente marca, entonces, un ritmo crítico del capitalismo contemporáneo, supone también, un momento de crisis para el pensamiento marxista, que insiste –al mismo tiempo que busca reconstruirse– en dar respuestas sobre la

---

[1] En este sentido un diario de Londres, el *The Daily Telegraph*, sostiene que: "el 13 de octubre de 2008 quedará en la historia como el día en que el sistema capitalista británico reconoció su fracaso"; en Nueva York, los manifestantes levantaban frente a Wall Street carteles que afirmaba que "¡Marx tenía razón!"; y en el mundo de las editoriales anunciaban con asombro que las ventas de "El capital" de Karl Marx, se habían triplicado; en París, una conocida revista, analizaba las causas del resurgir actual del marxismo, y argumentaba sobre las razones de su renacimiento luego de su declarada muerte (Séve, 2009). También, *Le monde diplomatique* chileno auguraba que a partir del 2008 se comenzaba a buscar en los textos de Marx, "claves de comprensión de la sociedad contemporánea", al mismo tiempo que sostenía que "la prensa mundial desde Nueva York hasta Tokyo, hablaba de que Marx era elegido uno de los grandes pensadores de todos los tiempos. Y ¿cómo dudar de ello al adentrarse en sus obras?, sus estudios, al dar cuenta (…) del capitalismo como un sistema irracional, anárquico, que vivencia ciclos de crisis permanentemente, que adquiere un carácter mundial, que genera y requiere de un ejército industrial de reserva, que las relaciones sociales entre personas pasan a ser mediadas por el intercambio entre cosas, (…) anticipan algunos de los trazos que caracterizan la sociedad capitalista en la actualidad" (Vical Molina, 2009).

situación actual del capital. Pero los momentos de crisis son claves para un pensamiento como el marxista puesto que abren la posibilidad del retorno de su gesto crítico que lo habita desde el origen.

La crisis es por tanto un momento de apertura de la crítica. El marxismo retorna a partir de una crítica a la economía política del capitalismo neoliberal contemporáneo, pero también, de la ortodoxia marxista que no puede pensar la potencia actual del marxismo como praxis emancipadora. Asumir la crisis del marxismo lejos de ser un cierre o una declaración del final del pensamiento emancipador, supone la apertura de nuevas posibilidades. En este sentido, los momentos de crisis, así como suponen para el capital la posibilidad de recrear sus lógicas y sus devenires, para el pensamiento y la política marxista suponen un momento complejo pero favorable y necesario de recrear sus categorías y determinaciones. Asumir la crisis, es entonces, la posibilidad de ser creativxs, inventorxs y críticxs[2] a la hora de preguntarnos por el presente de la emancipación a partir de la apertura del pensamiento y sus categorías y conceptos, así como de las lógicas políticas. Asumir la crisis es también descubrir un marxismo inquieto que pone al orden de cosas existente en entredicho, que puede pensar más allá de las lógicas del capital, los devenires de lo social.

La crisis nos enfrenta así a dos cuestiones centrales. Por un lado, si el marxismo nos alerta que teoría y práctica son inseparables, nos fuerza a pensar sobre la relación existente entre las mutaciones estructurales del sistema capitalista industrial a un capitalismo neoliberal (es decir, sobre cómo se produce valor en las sociedades contemporáneas y qué modos de subjetivación supone el neoliberalismo) y las formas actuales de las luchas emancipatorias (es decir, sobre los modos que han asumido las subjetividades políticas actuales). Por otro lado, y como continuación de este primer punto, la actual crisis del marxismo nos enfrenta a la pregunta sobre el problema de la vigencia de la dialéctica materialista. En este sentido, la cuestión que aquí se presenta es si las coordenadas actuales del capitalismo neoliberal suponen -o no- un corte epistemológico respecto a la dialéctica marxista, en tanto un modo que permitía comprender la organización de la relación capital/trabajo y la categoría de un sujeto político clasista como fundamento de la emancipación.

Estas cuestiones nos enfrenta al siguiente interrogante: ¿cuáles son los cuestionamientos y reformulaciones teórico-políticas precisas que se han asumido frente a la actual crisis del marxismo? Pretender asumir esta problemática sin realizar determinados recortes sería una tarea imposible. Por ello

---

[2] Adoptamos el uso de la letra X para evitar el genérico masculino. El uso de @ tampoco es conveniente puesto que implica sostener una dualidad que invisibiliza otras identidades sexogenéricas.

nos centraremos en las producciones teóricas de tres pensadores, Alain Badiou, Ernesto Laclau y Nahuel Moreno, cuyas diferencias tanto en lo referente a las tradiciones marxistas que heredan, como al contexto histórico-político de sus respectivas producciones, nos permitirán una lectura más compleja del panorama general de la actual crisis del marxismo. Pero también, cuyas producciones asumen un problemática común, teorizar la *crisis del marxismo* con el objetivo de pensar la relación contemporánea entre el *sujeto emancipatorio*, la *política revolucionaria* y la *estructura social*, en el marco general de un critica a la dialéctica. En este sentido, el gesto marxista que comparten es el de recuperar la pregunta por cómo surge la posibilidad de lo *nuevo* en las actuales coordenadas históricas del capitalismo.

En concreto, este libro se propone analizar las estrategias de problematización en torno a la crisis del marxismo en el marco de un capitalismo neoliberal, explorando los impactos e implicancias que este debate supone para la tríada conceptual sujeto-política-estructura en las producciones teóricas de Badiou, Laclau y Moreno. A la vez que pretende indagar acerca del modo en que esta problematización puede contribuir a redefinir el horizonte categorial y las perspectivas epistemológicas para la teoría marxista en particular y para el pensamiento político contemporáneo en general. Este doble objetivo tiene de guía la siguiente pregunta: ¿Qué características asume la actual crisis del marxismo en las producciones de los tres pensadores, y cómo se expresa en sus estrategias de problematización conceptual la tríada sujeto-política-estructura y la cuestión de la dialéctica en un contexto de crisis del capital? Analizaremos las implicancias teóricas, metodológicas y políticas que habilita el cómo se teoriza sobre la *crisis del marxismo*, preguntándonos si las distintas formulaciones teóricas no conllevarían impactos disímiles en el modo de pensar las formas organizativas y/o institucionales, es decir, los modos políticos-culturales en que lo social se configura; las subjetividades con potencialidades emancipatorias; y la forma más general de organización de la "sociedad", aquello que el marxismo denominaba "estructura"; y si suponen un corte epistemológico o una reformulación de la dialéctica marxista. Esto se halla vinculado con cuáles son los conceptos del *pensamiento marxista* que se afirman en "crisis" en estas tres producciones. Para, finalmente, preguntarnos cómo es posible, entonces, reconstruir el gesto marxista de emancipación política, una vez que se admite que su teoría y su práctica política han entrado en crisis.

Trabajar estas cuestiones con/desde las producciones de Moreno, Laclau y Badiou, nos permite exponer de modo sintético tres visiones disímiles sobre cómo teorizar acerca de la crisis del marxismo y sobre cómo se reformulan y re-discuten aquellas categorías centrales para la teoría marxista (sujeto-política-estructura). En efecto, esta tríada nos permite abordar la temática desde diferentes perspectivas que encierran en sí mismas distintas definiciones de marxismo, permitiéndonos pendular en la tensión, siempre existente en el marxismo, entre teoría y práctica. Badiou y Laclau son antes que nada intelectuales mundialmente reconocidos, con una experiencia militante mermada por su vocación teórica. Badiou es uno de los filósofos franceses más importantes de su generación, que vincula su producción teórica a los acontecimientos de *Mayo del 68*, en los cuales tuvo una importante participación, y a su herencia maoísta. Laclau, si bien es historiador de formación, ha dedicado su vida a la producción teórica-política vinculada de los debates en relación al peronismo argentino y al marxismo. Moreno proviene de la tradición *trotskista* y es antes que nada un dirigente abocado a la acción política marxista revolucionaria, que si bien tiene una extensa producción teórica, ésta se encuentra en constante diálogo con la práctica política y las necesidades de teorizar lo hecho o por hacer. Por tanto, es fundamental abordar las obras de estos pensadores desde esta diferencia y relación entre teoría y práctica, que no sólo se manifiesta entre las tres producciones sino que opera de modos disimiles dentro de cada una. En este sentido, adentrarnos en las producciones de pensadores como Moreno, Laclau y Badiou, nos permite trabajar desde tres miradas diferentes para comprender al marxismo como práctica teórica-política, puesto que en complemento con sus diferentes recuperaciones y herencias teóricas, también difieren en el grado de vinculación y en los espacios de militancia política.

Badiou y Laclau, por su parte, vienen de distintas tradiciones marxistas militantes. Badiou en los años '60 y '70, fue activista de la agrupación maoísta francesa *UCFML* (Unión de comunistas franceses marxistas-leninistas) para luego, ya desde los '80 en adelante, participar de un pequeño grupo militante denominado *Organisation Politique*. Laclau, militó en los años '60 en el Partido Socialista de la Izquierda Nacional Argentina[3], y a lo largo de su vida se mantuvo cercano al peronismo pero sin mucha visibilidad, hasta que Néstor Kirchner gana las elecciones presidenciales argentinas en el 2003, y pasa a ser considerado un teórico importante del kirchnerismo.

Ahora bien, si tuviéramos que distinguir las herencias teóricas y los recorridos de cada uno, podríamos ubicar a Badiou y a Laclau dentro de dos tradiciones interpretativas que encierran en sí mismas definiciones y modos particulares de vincularse con el marxismo. Así, sus producciones podrían entenderse en el marco de las categorías de un *marxismo posestructuralista*

---

[3] Como sostiene Laclau: "El marxismo era la ideología dominante en el movimiento estudiantil a comienzo de los años sesenta, por tanto yo me adherí a él pero con una serie de reservas, sobre todo porque en esos años, los sesenta, resurgió el peronismo como nuevo movimiento radical de masas. Entonces, cada vez me resulto más evidente que no era posible interpretar al peronismo sobre la base de categorías estrictamente clasistas" (Laclau, 2012:127).

o *pos-marxismo*, según su contenido teórico y bajo la forma de un *marxismo occidental pos-soviético*, en términos contextuales. El concepto de *marxismo posestructuralista*, nos permite marcar su especificidad y herencia teórica, y ubicarlos junto a É. Balibar y J. Rancière, que fueron ex colaboradores de L. Althusser, como lo fue Badiou, y a toda una serie de producciones, entre las que se encuentran las de C. Mouffe, J. Butler y S. Žižek, que como Laclau retomaron la herencia althusseriana. E. Palti sostiene que el origen de esta corriente "puede rastrearse en el proceso de descomposición que sufre el pensamiento marxista estructuralista inmediatamente después del mayo francés" (2005:90). En este sentido, Badiou y Laclau de distintos modos hacen eco de la crítica que esbozó el posestructuralismo contra el estructuralismo. Esta crítica apuntaba hacia el mantenimiento implícito que el estructuralismo hacía de la fenomenología husserliana, en tanto esta sostenía la premisa de la metafísica occidental para la cual el ser era uno, verdadero y bueno. El pensamiento de E. Husserl se inscribía en las llamadas "metafísicas de la presencia" las cuales eran la piedra angular de las críticas de los teóricos del posestructuralismo. La metafísica concibe la temporalidad como aquello que cohabitaba en el presente como pasado y futuro. La famosa frase de Derrida, "el presente no coincide consigo mismo", sería conjurada para desmentir a un presente que lejos de ser idéntico a sí mismo, lejos de mostrar una identidad, descorría el velo exhibiendo una diferencia. La crítica hacia el pensamiento marxista giraba en torno al problema de la reconciliación final entre sujeto y objeto, y del sujeto consigo mismo. En efecto, estas primeras conjeturas, consideradas luego dentro del posestructuralismo, sostendrían que el pensamiento científico objetivista no era más que una quimera. De este modo, toda *verdad* científica, que se anclara en la constatación a través del vínculo sujeto/objeto, no será más que una ficción para esta nueva corriente. En palabras de Badiou:

> "Está fuera de lugar definir la verdad como "adecuación del sujeto y del objeto". (…) Considero central para un renacimiento posible de la filosofía el problema del sujeto sin objeto (…). Mantengo además que un sólo concepto, el de procedimiento genérico, reúne la desobjetivación de la verdad y la del sujeto, haciendo aparecer el sujeto como simple fragmento acabado de una verdad post-acontecimiento sin objeto". (1989/2007: 64)

Como afirma Laclau (2008), tanto su pensamiento como el de Badiou, parten de la crítica posestructuralista, que sostiene la imposibilidad de coincidencia entre el *ser* y lo *uno*. Más allá de este punto de partida común, sus respuestas se establecen desde posturas diferentes. Mientras que la ontología laclausiana sustenta que la *unicidad* del *ser* es siempre *fallida*, la apuesta badioudiana sostiene la *multiplicidad* del *ser*. No obstante, ambos consideran las obras de J. Lacan como un aporte novedoso frente al pensamiento precedente. Esta recuperación del pensamiento lacaniano muestra la herencia en las producciones de Badiou y Laclau del proyecto althusseriano.

Badiou era uno de los discípulos más reconocidos de Althusser, que trabajaba en estrecha vinculación y diálogo con el pensamiento de su maestro. Por tanto, si el proyecto althusseriano era el de conjugar el pensamiento marxista y las obras de Lacan, Badiou a pesar de sus posteriores diferencias con Althusser, continúa a lo largo de toda su producción vinculado a los textos de Lacan. En los años '70, Badiou declara que de la mano del pensamiento de sus dos grandes maestros, Althusser y Lacan, su producción teórica parte de una tensión irresoluble entre estructura y sujeto: "Cómo conservar a la vez la idea de estructura y la idea de sujeto. Cómo tratar, (…) la renovación de la idea de sujeto. Cómo reintroducir la idea de verdad sin volver al dogmatismo metafísico" (2000:1). De este modo, afirma que para tratar esta problemática la apuesta lacaniana es fundamental, inclusive para resolver la crisis del marxismo:

> "La dialéctica del sujeto que él propuso es un recurso obligado, incluso para el marxismo en crisis. En efecto, es claro que el fiasco de los partidos-Estados surgidos de la III Internacional abre una interrogación radical en cuanto a la esencia del sujeto político. Ahora bien: ni el sujeto concebido como conciencia (tesis de Sartre), ni el sujeto concebido como sustancia natural pueden convenir. Por cierto, sólo a través del sujeto a la vez dividido y errante –ese sobre el cual Lacan teoriza, según su ley– pueden superarse los escollos anteriores. Pues ese sujeto procede de una ruptura, y no de la idea de que representa una realidad, aunque sea la de la clase obrera. Para un marxista francés de hoy Lacan funciona como funcionaba Hegel para un revolucionario alemán de 1840". (Badiou, 2008/2009:17)

Pero también sostiene que la pregunta por el *ser* debe entenderse como un problema del *campo matemático* y por tanto, de lo *múltiple*. Las herencias en este sentido serán tomadas desde las teorías de *lo múltiple y lo uno* de Platón, hasta el *acontecimiento matemático* de G. Cantor y P. Cohen. Así, desde el *Parménides* y la *teoría de conjuntos* se "funda la paradoja central de la teoría de lo múltiple y lo articula, (…) de manera íntegramente demostrativa, en un concepto discernible de lo que es una multiplicidad indiscernible" (Badiou, 1989/2007:52).

Por su parte, si bien Laclau no es un discípulo directo de Althusser, la herencia althusseriana y la relación entre el marxismo y Lacan son centrales en su pensamiento. Hacia fines de los años '60 comienza a leer los textos de Althusser y el concepto de *sobredeterminación* se vuelve fundamental para sus posteriores formulaciones teóricas: "Althusser presentaba, a través de su concepción de que la contradicción de clase esta siempre sobredeterminada, la idea de que hay otras contradicciones que las de clases, y eso fue muy iluminante" (Laclau, 2012:128). La sobredeterminación althusseriana, conjugada con la *lógica del significante* de Lacan, lo habilitan a pensar nociones centrales para su pensamiento como la de *falla estructural*: "Lacan afirma que el significado está constantemente fluctuando por debajo del significante; esto es, que la relación significante-significado, (…) empieza a ser puesta en cuestión" (Laclau, 2012:131). Añadimos dos aportes más que van a ser centrales en el pensamiento de Laclau. Por un lado, la *indecibilidad* derridiana será fundamental a la hora de reformular la noción de *estructura social* y de *antagonismo*, y la *deconstrucción* del marxismo que realiza Derrida, será retomada por Laclau para deconstruir el concepto de hegemonía. Como afirma Laclau, "la influencia mayor fue Gramsci, con la idea de lo nacional-popular y todo lo que eso implicaba" (2012:128). De este modo, la teoría de la hegemonía, como posibilidad de la universalidad social, se construye en el pensamiento de Laclau a partir del aporte de Lacan y de Gramsci:

> "El *objeto a*, es que ese objeto imposible, la cosa, puede ser simbolizada. Y la clase hegemónica en Gramsci es de hecho lo mismo. Es decir, la clase como fundamento es imposible de constituir, pero una cierta identidad, empezando a adscribir en cierto contexto otros elementos en torno a si misma, acaba constituyendo una centralidad que es una universalidad de segundo orden. La universalidad hegemónica es el único tipo de universalidad que puede existir". (Laclau, 2012:133)

El concepto de *marxismo occidental pos-soviético*, permite precisar el eje temático que se pretende abordar: analizar las producciones teóricas, en el marco de su vinculación con el contexto propuesto, de aquellos pensadores que podríamos definir dentro de un debate "occidental" con/del marxismo. P. Anderson (1976) trabaja la categoría de "marxismo occidental" como tradición intelectual común de occidente, que se caracteriza por mantener una tendencia marxista dentro de la academia sin una necesaria vinculación con la praxis política. Anderson, utilizaba esta categoría para englobar a un grupo de teóricos marxistas que realizaron sus producciones entre los años '20 y los '60 respectivamente. Dicho agrupamiento, según Anderson, puede ser realizado, puesto que más allá de sus "insalvables diferencias", cada uno de ellos es heredero de debates teóricos comunes y se encuentra inmiscuido e influenciado por los mismos hechos político-económicos. En este sentido, no sin ciertas limitaciones, el concepto de *marxismo occidental* permite especificar el recorte espacial y teórico: occidente y pensadorxs que, si bien no todxs ellxs se definen a sí mismxs como marxistas, son parte de una herencia que forja sus producciones a partir problemáticas o discusiones con el marxismo. No obstante, entendemos que adoptar como recorte el campo delimitado por el concepto de Anderson sin modificaciones no sería una tarea viable. De este modo, hemos decidido agregarle un predicado a la categoría de marxismo occidental, llamándolo, a los fines propuestos, *marxismo occidental pos-soviético*. Este predicado 'pos' marca, por un lado, que hubo un primer marxismo occidental que ligó su historia de pensamiento a los acontecimientos de un mundo donde la URSS estaba presente. Por el otro, dado que lxs teóricxs de este nuevo "marxismo occidental" han realizado sus producciones en el contexto de crisis y posterior desmantelamiento de la URSS, pero no se han desprendido de ciertos problemas del marxismo, su calificación más precisa sería la de pos-*soviético*.

El caso de Moreno presenta una distancia respecto a Badiou y a Laclau. Por un lado, a diferencia de la especificidad que quería precisar Anderson con el concepto de *marxismo occidental*, es decir, pensadores marxistas que se desvinculan prácticamente de la militancia política partidaria o al menos que la militancia estaba en un segundo plano; Moreno, en cambio, es un dirigente político de una organización partidaria marxista-leninista revolucionaria. Moreno no fue simplemente un militante en etapas más o menos prolongadas, sino que fue un dirigente político reconocido de *la IV Internacional socialista* –fundada por Trotsky en 1938, que adoptó como documento fundamental el *Programa de transición*– que afrontó grandes debates internos desde los '50 hasta los '80 con otros dirigentes importantes: como M. Pablo, E. Mandel, J. Hansen, entre otros. En Argentina fundó el *PRT* (Partido Revolucionario de los Trabajadores), que luego de una discusión interna con el grupo de M.R. Santucho[4], se divide en dos corrientes, el *PRT-La Verdad* (tendencia dirigida por Moreno de fuerte tinte obrerista) y el *PRT-ERP* (que conformó un movimiento guerrillero dirigido por Santucho). La corriente morenista pasó a llamarse *PST* (Partido Socialista de los Trabajadores) continuando con la militancia hacia adentro del movimiento obrero. Pero con el golpe de 1976, el *PST* tuvo que pasar a la clandestinidad y Moreno al exilio. Luego de la guerra por Malvinas en 1982, regresa a la Argentina para fundar el *MAS* (Movimiento al Socialismo) y en 1985 la *LIT-CI* (Liga Internacional de los Trabajadores-Cuarta Internacional). En esta etapa, Moreno escribió uno de sus textos de mayor relevancia teórica, la "Actualización del Programa de Transición" (1980). Texto en el cual pretende elaborar un programa para la *Cuarta Internacional* renovando el *Programa de transición* que Trotsky había escrito hacia finales de los años '30. En sus escritos de esa época, Moreno, aseguraba que Argentina estaba viviendo una revolución democrática y

---

[4] Mario Roberto Santucho fue también uno de los fundadores del PRT y luego del movimiento guerrillero argentino no peronista; fue asesinado por el Ejército en un enfrentamiento en Villa Martelli, en julio de 1976.

que existía una situación revolucionaria a nivel mundial. El *MAS* llegó a tener una importancia considerable hacia fines de la década del '80, logrando, mediante su participación en el frente electoral Izquierda Unida, la elección de Luís Zamora como Diputado Nacional. Como afirma Palti, cuando muere Moreno en el año 1987, el *MAS* "se convertirá en la mayor organización trotskista del mundo, para terminar desintegrándose poco después de 1991" (2005:57).

Por otro lado, una segunda diferencia con Badiou y Laclau se muestra en que, mientras estos realizan el fuerte de sus producciones teóricas en un contexto de crisis y posterior caída del muro de Berlín; Moreno escribe sus textos –no de un modo sistemático– en un contexto donde la URSS, aunque en crisis, estaba aún presente y los debates marxistas estaban empapados por las resonaciones del horror stalinista. En este contexto, Moreno propone que el marxismo tiene que construir una *lógica* propia que suponga una ruptura teórico-política frente a la hegemonía stalinista, puesto que la consideraba como el problema fundamental a resolver para salir de la crisis en la que el marxismo se encontraba inmerso.

Esta nueva *lógica marxista,* afirma Moreno (1980), al recuperar el pensamiento dialéctico de Marx abre la posibilidad de crear desde y para el pensamiento una *ley de inversión histórica* para la cual el *factor sujeto* –la presencia o no de un partido político revolucionario con influencia de masas– deviene el determinante del proceso histórico. De este modo, Moreno (1981) comienza su tarea teórica fundamental de revisión del pensamiento marxista, advirtiendo que era necesario recuperar tres conceptualizaciones fundamentales de dicha tradición: la *sobredeterminación* althusseriana, la *ley del desarrollo desigual y combinado* expuesta por Marx y re-trabajada por Trotsky y la teoría trotskista de la *Revolución permanente*. Pero también propone recuperar el pensamiento de un investigador que no proviene de la tradición marxista: J. Piaget. Su revisión de la epistemología piagetiana, en lo que respecta a la relación objeto/sujeto y pensamiento/conocimiento, lo conduce a afirmar que no hay posibilidad de superación de la contradicción entre sujeto y objeto y que, por tanto, el conocimiento es una construcción constante donde cohabita una tensión dialéctica entre sujeto y objeto.

En suma, las re-formulaciones teóricas respecto al marxismo que realizan cada uno de estos pensadores se encuentra en una permanente tensión y recuperación con las formas de herencia teórica y militante de cada uno. Moreno, más allá de sus reformulaciones y críticas del pensamiento de Trotsky, define toda su teoría y práctica política ligada a una lógica política revolucionaria e internacionalista aún dentro de los límites de la tradición trotskista. De este modo, la construcción del *socialismo* no puede ser reducida a una determinación ni económica, ni nacional, el problema es también político y cultural, y se dirime en un plano internacional. En este sentido, Moreno sostiene que "el socialismo no puede ser nada más que mundial. Todos los intentos de hacer socialismo nacional han fracasado" dadas las condiciones transnacionales del modo de acumulación capitalista actual (Moreno, 1985/1988). Badiou, hijo del *Mayo francés* del 68 y de la *Revolución cultural china*, se pregunta por la relación masas, organización y Estado, pues, la búsqueda de la independencia de las masas frente al Estado, pero también frente al Partido, es su preocupación fundamental: "es la subjetivación política la que aparece como central en el balance del marxismo, bajo la forma de una doble pregunta: ¿qué actividad revolucionaria independiente son capaces de emprender las masas? ¿Pueden, como dice el maoísmo, 'contar con sus propias fuerzas'?" (Badiou, 2008/2009:31). Laclau, por su parte, retoma la tradición *populista* con el objetivo de pensar una relación entre la emancipación y la política, entre el marxismo y el Estado. De ahí la importancia de Gramsci –o al menos de una posible lectura de sus obras–, pues: "la teoría de Gramsci era una teoría acerca del devenir Estado de la clase obrera. La eliminación de *lo político* que estaba implícita en la teoría marxista nunca fue aceptada por Gramsci" (Laclau, 2012:128). Sostenemos por tanto que estos tres modos de comprender el momento emancipador y su proceso (internacionalismo/ insurrección de las masas/ devenir Estado) van a ser una constante, no sin múltiples reformulaciones y complejizaciones, en sus producciones y definiciones teórico-militantes. En los tres pensamientos el *momento político* (revolución/acontecimiento/emancipación) como posibilidad de irrupción de lo nuevo en la trama socio-histórica (desarrollo desigual y combinado/ verdad pos-acontecimiento/ hegemonía), será determinante en última instancia, aunque de modos disímiles en cada uno.

Estas tres producciones asumen la importancia del problema del Estado y su vinculación con las masas trabajadores, así como el debate sobre una subjetividad política a la hora de pensar la actualidad de la emancipación en un contexto neoliberal del capitalismo. En efecto, en las tres producciones será fundamental el cómo impacta la definición de crisis del marxismo en sus conceptualizaciones sobre la problemática de la *subjetividad política*. El "descubrimiento" del descentramiento de la historia, una realidad social cada vez más opaca, el cuestionamiento del carácter determinante de la economía, desbordarán el concepto clásico de *clase social* y marcarán las limitaciones explicativas de la aplicación –sin mediaciones– de esta categoría. La hipótesis guía de este libro, entiende que los modos de teorizar las particularidades de la crisis del marxismo en estos tres pensadores, prefiguran las reformulaciones y desarrollos conceptuales que sus producciones presentan. Así, a partir de la sistematización y puesta en relación de estas producciones teóricas, es posible actualizar sus conceptualizaciones sobre la subjetividad, que en tensión con sus concepciones de la política (binomio orden/ruptura, estatalidad/emancipación) y la estructura social (problema metodológico-ontológico de concebir la totalidad y la negatividad de lo social) se sustentan en una ponderación central del conflicto, a la vez que nos habilitan a discutir al marxismo desde las mismas premisas de la dialéctica materialista; generando así un aporte sustantivo al pensamiento político contemporáneo.

De este modo, la crisis del marxismo, para Badiou, Laclau y Moreno, lejos de ser una crisis que atañe únicamente a dicha tradición, puede englobarse dentro de una discusión teórico-política más general sobre los discursos modernos. Al tiempo que, los vínculos articulados entre política y sujeto, redefinidos en relación al marxismo clásico, implican en estos tres teóricos –aunque con salidas disímiles– reformular e incluso romper con la determinación estructural en última instancia, pasando a ser el lugar del sujeto el fundante –y determinante– del devenir de la historia, aportando una reflexión novedosa en torno a las concepciones actuales de la subjetividad y la política en la teoría política contemporánea.

A fin de especificar la apuesta metodológica de este libro diremos que, como sostiene Marx, es importante diferenciar el proceso de la investigación, del momento de exponerlo: "el modo de exposición debe distinguirse, en lo formal, del modo de investigación" (Marx, 1873/2002:11). De este modo, la tarea metodológica enfrenta el desafío de construir una matriz de análisis que articule la complejidad del pensamiento de Badiou, Laclau y Moreno en relación al marxismo en su crisis actual. Para lo cual, proponemos entender las producciones teóricas de estos pensadores como *espacios discursivos*, a través de un análisis interpretativo de sus producciones en vinculación con el contexto socio-histórico de análisis. Esto habilita a pensar estas producciones como un complejo entramado de teoría y práctica, donde la totalidad estructurada de estos espacios es siempre contingente y compleja. Lo cual (pre) supone una articulación que puede ser explorada, siguiendo las conexiones conceptuales, y de esta manera sacar provecho de un entrecruzamiento entre las producciones teóricas y las problemáticas específicas[5].

La elaboración crítico-interpretativa para el análisis de los textos, posibilita identificar los principales tópicos categoriales que se articulan en las teorizaciones de los tres pensadores sobre la crisis del marxismo y su vinculación con la dialéctica, a la vez que permite reconstruir las estrategias de argumentación en las que se sostienen sus propuestas conceptuales. Esta estrategia supone explicitar, la definición de umbrales de ruptura y continuidades con

---

[5] Por ello hemos decidido citar los escritos de Badiou, Laclau y Moreno, así como algunos otros textos relevantes, con el año original seguido del año de la edición que utilizamos, puesto que consideramos que de esta manera se visibiliza el contexto en el cual han sido producidos.

la tradición marxista, la remisión a genealogías de autores y/o de problemas, la referencia a contextos institucionales y/o políticos. Pensar desde la crisis del marxismo, le otorga a este análisis un carácter teórico-político, así como una lectura crítica que procura poner en cuestión aspectos relevantes de las producciones teóricas a transitar, estableciendo sistematizaciones conceptuales y formulando herramientas que apunten a dar cuenta de la complejidad de los procesos y conceptos, y de los alcances que los mismos pueden tener para el pensamiento político y social contemporáneo.

De este modo, hemos decidido estructurar el libro en tres partes centrales y complementarias. En la primera parte, *Asumir la crisis del marxismo,* nos proponemos trabajar sobre la actual crisis del marxismo a través de un mapeo sobre distintas posturas asumidas, para luego explicitar las posiciones de Badiou, Moreno y Laclau en torno a la misma. Esta parte, estará estructurada en dos capítulos. El primero, *La actualidad de la crisis,* tiene un doble objetivo. Por un lado, presentar la historia de la tradición marxista identificándola con las distintas formulaciones de sus crisis, puesto que ambas son complementarias y de algún modo inseparables. El marxismo se afirma como un pensamiento de la crisis y por tanto de la crítica. El segundo objetivo, es el de generar un mapeo en relación a las distintas posturas que se ha tomado a la hora de teorizar sobre la actual crisis del marxismo (Althusser 1978, Castoriadis 1993, Anderson 1980, Balibar 1995, Löwy 1994, entre otrxs). El segundo capítulo, *Tres modos de asumir la crisis del marxismo,* pretende explicitar las formulaciones de Moreno, Badiou y Laclau frente a la crisis del marxismo, y tiene como meta desarrollar cómo caracterizan la "crisis del marxismo". Consideramos que en las tres producciones es preciso comprender la crisis desde una problemática teórica (esta crisis presentaría el desmantelamiento o la reformulación de determinadas categorías que antes eran consideradas claves para la tradición marxista), así como también desde un problemática política (la crisis actual habilitaría un debate profundo sobre las formas actuales de construcción política para continuar pensando como viable un proyecto emancipatorio).

En la segunda parte, *Las premisas de la dialéctica marxista,* procederemos a detectar y articular el problema de la dialéctica como método del marxismo, para luego trazar las referencias, críticas y reformulaciones que presentan las producciones de Badiou, Laclau y Moreno en relación a la dialéctica como problema teórico-político. Esta segunda parte estará estructurada en torno a dos capítulos específicos. El primero, titulado *Sobre Marx y la dialéctica,* tiene como objetivo, a partir de un debate filosófico-político de la tradición marxista, formular una lectura de las obras del propio Marx donde la dialéctica ha de presentarse de modo práctico. Es decir, puede encontrarse en los análisis de Marx sobre el capitalismo los presupuestos de la dialéctica materialista. El segundo capítulo, *Moreno, Badiou y Laclau. Sobre el método en cuestión*, pretende trabajar acerca de cómo entienden y teorizan, y qué tipo de relación presenta el pensamiento de estos tres autores con el método dialéctico. A la vez, marcamos relaciones y vinculaciones entre los respectivos modos de entender la crisis del marxismo y sus referencias a la dialéctica.

La tercera parte, *Las respuestas de Badiou, Laclau y Moreno*, pretende sistematizar los fundamentos y los modos en que es abordada y teorizada la temática del *sujeto* en sus producciones y la manera en que dicho concepto se relaciona con las categorías de *política y estructura*. Con este objetivo se caracterizaran los quiebres, rupturas y continuidades conceptuales en relación al "sentido de la Historia" del discurso marxista que los antecedió a partir de conceptos como "acontecimiento" (Badiou), "populismo" (Laclau), "masa" (Moreno). Finalmente, pretendemos explicitar un análisis crítico de estas respuestas, revisando las categorías claves que ellos proponen a la hora de pensar el sujeto emancipatorio y sus vinculaciones político-estructurales. Esta tercera parte estará estructurada en torno a tres capítulos centrales, uno por cada respuesta teórico-política frente a un contexto de crisis del marxismo. En cada uno de ellos, el objetivo es rastrear y construir las (re) formulaciones de las categorías de *sujeto, política y estructura* a partir de sus respectivas críticas y reformulaciones del pensamiento marxista.

Antes de comenzar, consideramos que es necesario desarrollar un apartado sobre el *contexto histórico* en el cual se presentan los debates en torno a la actual crisis del marxismo y en el que los tres autores desarrollan sus apuestas teórico-políticas. Por tanto, si consideramos que el marxismo es un pensamiento de la *praxis* será fundamental para comprender los debates en torno a la reformulaciones teóricas que plantean Laclau, Badiou y Moreno, trazar algunas líneas sobre el contexto histórico en el que realizan sus producciones, y en el cual se enmarcan los interrogantes actuales por la potencia emancipatoria del marxismo.

II. El capitalismo neoliberal

> -¿En qué termina esto? —nos preguntábamos todos—.
> ¿Hasta cuándo soportaremos esta carga y este tormento? El palacio imperial ha atraído a los nómades, pero no sabe cómo hacer para rechazarlos. El portal permanece cerrado; los guardias, que antes solían entrar y salir marchando festivamente, están ahora siempre encerrados detrás de las rejas de las ventanas. La salvación de la patria sólo depende de nosotros, artesanos y comerciantes; pero no estamos preparados para semejante tarea; tampoco nos hemos jactado nunca de ser capaces de cumplirla. Hay algún malentendido; y ese malentendido nos llevará a la ruina.
>
> (Kafka, *Un viejo manuscrito*)

El debate actual sobre la crisis del marxismo, como fenómeno histórico específico y complejo, puede rastrearse a partir de las transformaciones del modo de acumulación a nivel global desde la década del '70 y el fin de los socialismos realmente existentes. En este período el movimiento de trabajadorxs ha sido atravesado por dos grandes fenómenos a nivel mundial. Por un lado, la crisis estructural del capital de la década del '70, así como las respuestas a esa crisis, signadas por las lógicas neoliberales y por la restauración productiva del capital y su posterior desajuste. Por otro lado, la crisis de los *socialismos realmente existentes* y su desmantelamiento luego de los acontecimientos de 1989, así como sus consecuencias en los partidos y sindicatos y la ulterior crisis del proyecto socialdemócrata. Es en este contexto en el cual Badiou, Laclau y Moreno desarrollan la mayor parte de sus producciones teóricas y, si consideramos que el marxismo es desde sus comienzos una teoría de la praxis, las diferentes teorizaciones no pueden dejar de ser pensadas en su contexto de producción. Trazar, por tanto, determinadas líneas, aunque sean generales, sobre las características del contexto de la actual crisis del marxismo, es una labor ineludible, puesto que analizar las producciones teóricas de estos tres pensadores sin vincularlas a la trama histórica en la que se inscriben, torna incomprensible el porqué de sus luchas teóricas con y contra el pensamiento marxista que los precedió. La particularidad de este período radica en que al mismo tiempo se produjeron intensos cambios económicos, sociales, políticos, culturales e ideológicos, y estos han tenido fuertes repercusiones en el ideario, la subjetividad y los valores constitutivos de la *clase-que-vive-del-trabajo* (Antunes, 2005), sujeto fundamental para la tradición marxista.

La crisis del petróleo de 1973 asume el lugar de catalizador de un momento histórico que no tiene vuelta atrás, ya que transformó y profundizó un nuevo modelo acumulativo a nivel mundial: el paso de una acumulación fordista a una posfordista, toyotista, o flexible (Negri, 2002; Harvey, 2007). Desde esta etapa hasta la actualidad, se evidencia no sólo un impacto en las lógicas de producción, sino también una metamorfosis en el mundo del trabajo: socavamiento del trabajo organizado, altos niveles de desempleo estructural, retroceso de la acción sindical, heterogeneización del trabajo, flexibilidad laboral, etc. que transforman la subjetividad de lxs trabajadorxs a un grado tal que no sólo afectan su materialidad clásica, sino que han subvertido su modo de ser (Virno 2003, Antunes 2003, Laclau y Mouffe 2004). Las transformaciones estructurales que se produjeron desde la década de 1970, vinculadas posteriormente al fin de la guerra fría, suponen una metamorfosis global de la relación *capital-trabajo* que abren la posibilidad de pensar al mundo del trabajo con nuevas herramientas, categorías y conceptos. El impacto que esta etapa significó en la subjetividad de lxs trabajadorxs, principalmente una trasformación estructural de la *clase obrera industrial clásica*[6] y de sus formas político/organizativas –internacionales obreras, partidos políticos y sindicatos– muestra por qué surge como preocupación central, en la gran mayoría de lxs teóricxs marxistas de esta época, la pregunta por la actual composición del sujeto político y social de la emancipación. Así, desde M. Löwy y Moreno, hasta Laclau y Badiou, repensar la relación sujeto, estructura social y organización política se trasforma en una cuestión fundamental, tanto para la actualización del pensamiento marxista, como para su reconstrucción política.

A principios de los años '70, el liderazgo económico de los EE.UU. comienza a vislumbrar ciertas grietas frente a la recuperación económica de países como Alemania y Japón. Estos países habiéndose recuperado con el apoyo del capital norteamericano desplegaban un nivel de productividad creciente, puesto que su producción requería menos tiempo de trabajo y los sueldos eran más bajos que en el país del norte, abaratando notablemente sus capacidades productivas. La respuesta de EE.UU. fue la de establecer la flotación libre de las monedas, generando una gran devaluación del dólar en relación al marco y al yen, restaurando de este modo "la competitividad norteamericana y permitiéndole volver al camino del superávit comercial" (Bach, 2008:13/14). En este mismo sentido y para profundizar su estrategia para salir de la crisis, en 1971, EE.UU. declara finalizados los acuerdos de *Bretton Woods*, desmantelando la *convertibilidad oro/dólar*, estrategia que sirvió para descargar la crisis sobre el resto del globo. Aquel equilibrio mundial generado en el período de posguerra comienza a desestabilizarse y a dejar ver las mutaciones del modo de acumulación capitalista y una reconfiguración geo-política que culminó con la quiebra de los *socialismos realmente existentes* a comienzos de la década de 1990. Como sostiene Bach, el modo de acumulación capitalista encuentra una salida frente a aquella crisis: "En parte debido a las derrotas sangrientas propinadas a los trabajadores y sectores populares (…), en parte debido al desvío de los procesos revolucionarios en algunos países centrales (…), en parte debido a las posteriores derrotas que dieron paso al 'reaganismo-thatcherismo'" (2008:14).

En definitiva, este proceso de crisis estructural del capital que abatió al conjunto de las economías capitalistas, culminó en la emergencia de lo que D. Harvey (1998) denominó un *régimen de acumulación flexible*, que se caracterizaba por "la nueva división de mercados, el desempleo, la división global del trabajo, el capital volátil, el cierre de unidades, la reorganización financiera

---

[6] Como sostiene Antunes, "después de mediados de los años 70, el mundo del trabajo vivenció una situación fuertemente crítica, tal vez la mayor desde el nacimiento de la clase trabajadora y del propio movimiento obrero" (2005:181).

y tecnológica" (Harvey, 2007:35). Así, desde la década del '70 comienzan a visibilizarse importantes cambios en la dinámica global de acumulación de capital y en las formas político-culturales que habían sido hegemónicas hasta el período de pos-guerra. Estos procesos de cambio trajeron aparejados como consecuencia el inicio de la crisis de los proyectos de desarrollo nacionales dominantes, lo que significó una insondable reestructuración del capitalismo a escala global, que tuvo como resultado una profunda reconfiguración territorial, económica y política denominada globalización neoliberal. Este fenómeno supuso principalmente un aumento de la transnacionalización empresarial, la expansión de un proceso de mundialización de las relaciones capitalistas de producción, la reducción de costos de transporte y comunicaciones, y el desarrollo y la tecnificación del capital financiero.

Una de las consecuencias de estas mutaciones se refleja en la disolución o resquebrajamiento de ciertas identidades constitutivas del *Estado de Bienestar*, como la de lxs trabajadorxs con estabilidad laboral y un alto grado de protección social, con la seguridad de ser parte de esferas instituidas de la vida social, y con la posibilidad –real o imaginaria– de movilidad o ascenso inter-clases. El resultado de tales transformaciones tuvo como corolario el impacto inmediato en la subjetividad de lxs trabajadorxs, demostrando una reducción de la clase obrera tradicional, un aumento del trabajo asalariado en el área servicios (proletarización de los sectores medios), heterogeneización del trabajo acompañado del aumento del trabajo femenino, mayor subproletarización, expansión del trabajo temporario, parcelario, subcontratado y tercerizado, elevando las tasas del desempleo estructural a valores antes impensados. Estos cambios dan comienzo a una época hegemonizada por una *lógica neoliberal*, comprendida como aquella etapa del capitalismo que surge históricamente en estrecha relación, no solo a las crisis económico/productivas de los años '70, sino también como respuesta a los movimientos de resistencia de aquello años. De este modo, el proceso de metamorfosis del mundo del *trabajo* es, al mismo tiempo, causa y producto del surgimiento de nuevas dinámicas de organización intraempresariales que responden a la búsqueda del capital por aumentar los niveles de productividad y rentabilidad, y de atomización de la mano de obra –productiva y reproductiva– ante una persistencia en el decrecimiento de las tasas de ganancia capitalistas.

Las nuevas dinámicas del modo de acumulación se materializan en el quiebre del tandem *fordista/taylorista*[7], proporcionando una innovación en técnicas de gerenciamiento y disciplinamiento de lxs trabajadorxs con el

---

[7] Basado en una lógica bajo la cual la industria adquiere la forma de una producción en masa y en serie, regulada por la línea de montaje y ensamblaje, donde el sujeto trabajador es pensado como fragmentado en sus funciones y centrado en unidades fabriles organizadas verticalmente.

llamado *modelo toyotista* y las nuevas políticas de recursos humanos, solventadas en los cambios de las legislaciones laborales en la mayoría de los países que introdujeron la flexibilización laboral como un modo de incrementar la plusvalía y de disciplinar a lxs trabajadorxs. La organización vertical del *fordismo* se ve subvertida por la aparición del *toyotismo*, que supone una organización radicalmente nueva: la tendencia hacia una horizontalización de la forma del trabajo y una producción regida por la demanda, que se halla en una mejor sintonía con la lógica neoliberal, generando una multiplicidad y combinación de viejos y nuevos modos que complejizan y trastocan al mundo del trabajo. En este sentido, y acordando con las lógicas de las nuevas sociedades de consumo, en el toyotismo "la producción es variada, diversificada y capaz de abastecer el consumo. Es éste el que determina lo que será producido, a diferencia de cómo procede la producción en serie y en masa del fordismo" (Antunes, 2003:30). Este nuevo régimen de acumulación deviene flexible al suponer una expansión de capitales especulativos y financieros y al conjugar los patrones toyotistas y fordistas de producción, dando como resultado una "metamorfosis en el proceso productivo del capital y sus repercusiones en el proceso de trabajo" (Antunes, 2005:183). Esta forma de acumulación ha concretado una metamorfosis signada por la flexibilidad tanto en el mundo del trabajo, como en los mercados laborales y en los patrones de consumo. Esto supone el desarrollo de sectores y modos de la producción completamente nuevos, innovaciones en los mercados nacionales e internacionales y el incremento, a cifras antes impensadas, del empleo en el sector servicios.

Pensar la crisis del modo de producción fordista supone a su vez reflexionar sobre los impactos sufridos en las subjetividades que éste construía y en las formas sociales que sustentaba. De hecho, al decir de P. Virno, es importante aclarar que un *modo de producción* no es simplemente una configuración particular de lo económico, sino que se constituye como "un conjunto de formas de vida, una constelación social, antropológica y ética (…): relativa a las costumbres, usos y hábitos" (2003:47). La afirmación sostenida por Virno nos conduce a preguntarnos acerca del impacto que sufrió ese "conjunto de formas de vida" que suponía el modo de producción fordista, en el contexto neoliberal del capitalismo. La hipótesis formulada por Virno apuesta en un sentido inverso a la propuesta por H. Arendt, en el marco del fordismo, donde la política había tomado las formas propias del trabajo. Para Virno la lógica *posfordista* supone que es el trabajo el que ha extrapolado las formas de la política hacia su propio seno. Al decir de Virno:

> "Sostengo que en el trabajo contemporáneo se manifiesta (…) la relación con la presencia de los demás, el inicio de procesos inéditos, la constitutiva

familiaridad con la contingencia, lo imprevisto y lo posible. Sostengo que el trabajo posfordista, el trabajo que produce plusvalía, el trabajo subordinado, emplea dotes y requisitos humanos que, según la tradición secular, correspondían más bien a la acción política". (2003:49)

Si bien excedería los límites del presente trabajo adentrarnos en un análisis y un debate más profundo en relación a la fuerte hipótesis sostenida por Virno, parece importante el gesto teórico-político que supone, pues su apuesta habilita a pensar en las transformaciones económicas, políticas, culturales e ideológicas sufridas en este proceso desde dos aristas relevantes. Por un lado, se puede percibir una transformación de la estructura de los Estados-nación, con un consecuente corrimiento de su papel de garante del acceso popular a los bienes elementales a partir de los corrosivos discursos de los agentes neoliberales vinculados al sector privado, acerca del déficit permanente de las arcas fiscales, la baja calidad de los servicios públicos, etc. Por otro lado, a la par de estos cambios, se presenta el desgaste de determinadas formas de organización socio-políticas (como los sindicatos fuertes, los partidos reformistas o revolucionarios con capacidad de convocatoria), en función de la derrota ideológica propinada por las clases dominantes a los sectores en lucha a partir del terrorismo de Estado y la persecución política (particularmente en el caso de las dictaduras en la región latinoamericana[8]). Podemos afirmar que las formas del trabajo posfordista asumen, por tanto, esta descentralización y resquebrajamiento estructural que atravesaron las mutaciones en el campo de la política. Más aún, y como sostiene S. Rolnik, "la creación cultural adquiere una importancia esencial, pues cobra un papel central en el propio principio que rige el capitalismo en su versión contemporánea" (2005:2). En este sentido, estaríamos frente a un nuevo tipo de capitalismo, denominado "cultural" o "cognitivo".

Ahora bien, ya sea que se lo caracterice como capitalismo postindustrial (Negri y Hardt, 2004), cognitivo (Fumagalli, 2010, Rolnik, 2005), desorganizado (Lash y Urry, 1987), posfordista (Marazzi, 1999, Antunes, 2003, Virno, 2003) o de acumulación flexible (Harvey, 2007), todxs lxs teóricxs, desde economistxs a filósofxs, coinciden en que el capitalismo neoliberal se encuentra fuertemente signado por procesos de privatización, financiarización, transnacionalización e internacionalización de las relaciones socioeconómicas que

---

[8] Las políticas hacia América Latina en las décadas de implementación y construcción hegemónica del neoliberalismo, comprendieron "las dictaduras (...) del Cono Sur de los '70 y la expansión y profundización continental del 'gobierno neoliberal' en los '90" (Algranati, 2012:3), junto con el papel fundamental que cumplieron para la "construcción de las relaciones de fuerza requeridas para la implementación del paquete neoliberal las llamadas 'crisis de la deuda' de los '80, las 'crisis hiperinflacionarias' de la segunda mitad de los '80 y principios de los '90 e incluso la 'crisis del Tequila' de mediados de los '90" (Algranati, 2009:3).

llevaron a la flexibilización de la fuerza laboral, a una pauperización de sectores medios, a formas novedosas de desigualdad social, racismo y misoginia. Especialmente, estas lógicas transformaron las dinámicas de producción y reproducción de valor, revelando la creciente importancia de la "acumulación por desposesión" (Harvey, 2005), en favor de una lógica de endeudamiento generalizado del sector público y de la subjetividad.

La avanzada ideológica y cultural que fomentó la implementación de la lógica neoliberal, supuso la creación de un discurso "neoconservador" que se consolidó durante los años '80 (teniendo como referentes a las administraciones de M. Thatcher y R. Reagan) y que ya para los '90 se extendió a la mayoría de los países integrantes del *Nuevo Orden Mundial*. Las políticas neoconservadoras, de liberalización y desreglamentación con las que se orquestó las mundialización del capital, fueron acompañadas de la llamada "tercera revolución industrial", afincada en las nuevas "Tecnologías de la Información y la Comunicación" (TIC). Para asegurar el éxito de esta política neoconservadora se combinó la revolución tecnológica que significaron las TIC y una avanzada ideológico-política sustentada en teorías como las de F. Hayek y M. Friedman. Esta hegemonía ideológica y cultural, acompañada de las trasformaciones que referimos a nivel económico-político, estuvieron también condicionadas fuertemente por el fin de la experiencia de los *socialismos reales*. Fin que se produjo como resultado de una concurrencia de hechos en el panorama global y los procesos sociales internos de los países que pertenecían a la zona de influencia de la URSS durante el desarrollo de la Guerra Fría y que en 1989 tuvo como hito de alto impacto simbólico/emotivo la caída del Muro que dividía a Berlín desde 1961. Si a esto le añadimos las transformaciones en la estructura económica y política que venían siendo llevadas adelante por el gobierno del Partido Comunista Chino, marcadas a fuego por las jornadas represivas de *Tiananmén* en 1989 y los procesos de *socialdemocratización* de la izquierda tradicional, tenemos como resultado que todas estas mutaciones contribuyeron a que el clima de derrota de esos años se extendiera cada vez más.

Podríamos decir entonces, que el proceso de socialdemocratización que alcanzó a vastos sectores de la vieja izquierda sindical y partidaria, repercutió de manera inmediata en los modos de lucha hacia el interior de la *clase que vive de su trabajo*, puesto que condujo a ciertos partidos de izquierda y a sus organizaciones sindicales a creer que una de las tareas de la etapa era la de generar un programa político que defendiera y profundizara las conquistas "reformistas" a favor de la clase trabajadora que se desarrollaron en 1960 y 1970. Esta premisa se vio diluida luego de que, tras la enorme expansión neoliberal, la misma socialdemocracia "pasó a actuar de manera mucho más cercana a la agenda neoliberal" (Antunes, 2005:182), y hasta en ciertos casos pasó a adoptar "el programa económico y social del neoliberalismo" (Astarita, 2004:59). Finalmente, entre principios y mediados de la década del '80, las principales organizaciones sindicales lideradas por la izquierda habían sido derrotadas, de este modo pudo instalarse y consolidarse un mercado laboral flexible, que beneficiaba a los grandes capitales y a las multinacionales, en un contexto de resistencia replegada. Estos desplazamientos, que tuvieron como resultado un proceso de burocratización sindical y desmantelamiento de los partidos marxistas tradicionales, trajeron aparejadas consecuencias dentro del mundo intelectual marxista, donde comienzan a surgir ya para la década del '80 debates en torno a la centralidad de la clase trabajadora como *sujeto de la historia*, abriendo el paso a una nueva izquierda ligada al autonomismo y a las formas horizontales de organización. En esta época se vislumbra una pronunciada discusión intelectual dentro del marxismo sobre sus categorías centrales, que condujo a un progresivo alejamiento con respecto a dicha tradición de amplias corrientes dentro del marxismo, tales como los debates al interior del llamado "marxismo analítico". En este mismo contexto, se identifica la aparición de un pensamiento pos-marxista, donde se ubica la producción teórica de Laclau y de algún modo también la de Badiou.

Esta socialdemocratización y neoliberalización se relaciona a su vez con el desmoronamiento de los regímenes socialistas del Este europeo, dando lugar a la propagación de la idea del fin del socialismo e incluso del fin del marxismo. La caída de los regímenes socialistas y su consecuente proceso de restauración capitalista, particularmente el caso emblemático de China, "ampliaron significativamente el área de valorización del capital creando una poderosa zona de extracción de plusvalía (...), proveedora de materias primas (gas y petróleo ruso)" (Bach, 2008:15). En otras palabras, el cambio cualitativo que se produjo en estas décadas fue el de la generalización planetaria del modo capitalista de extraer la ganancia y el excedente. Si a inicios de la década del '70 en extensas zonas del planeta, nos referimos a que en el Este de Europa, la URSS, China, Corea del Norte, Vietnam del norte y Cuba, la propiedad privada de los medios de producción estaba negada, ahora muchos de estos países declaraban la legalización plena de la propiedad privada. China comenzaba de este modo un acelerado proceso de integración de la economía en el mercado mundial y ya para la década de los '90 mostraba que "aproximadamente el 40% de la producción industrial (...) estaba en manos privadas, y desde entonces el porcentaje siguió creciendo. A mediados del 2004 operaban en China unas 480 mil empresas extranjeras" (Astarita, 2004:20). Hoy, luego de la plena reintegración de China en la economía capitalista internacional, podemos decir que "la densidad de las relaciones de interconexión y la velocidad de interacciones en el mercado mundial alcanzan un nivel jamás visto anteriormente" (Chesnais, 2012:2). En este sentido, es importante tener en cuenta este fenómeno a la hora de intentar comprender las cuestiones fundamentales de esta etapa: "la sobreacumulación y superproducción, los superpoderes de las instituciones financieras y la competencia intercapitalista" (Chesnais, 2012:2).

Si en la década de 1970 asistimos a la ruptura del esquema del Estado de bienestar, que se afincaba en la "idea 'keynesiana' que sostenía que las regulaciones estatales podían ayudar al capital a superar sus contradicciones" (Bach, 2008:20), a partir de la crisis financiera del 2007-2008[9] estamos presenciado las turbulencias de la *lógica neoliberal* reinante, no sin fisuras hasta el momento, que culmina en un nuevo proceso de avanzada de la derecha más reaccionaria intentando coartar la potencialidad de una resistencia a nivel global. En definitiva, este proceso, se materializa en una reconfiguración de las lógicas de poder a nivel mundial (el ascenso de China, la crisis norteamericana y europea, la llegada de D. Trump al gobierno estadounidense, los Brics, la salida de Gran Bretaña de la Unión Europea, las experiencias de matriz neo-desarrollista en América Latina), y se empalman a su vez con

---

[9] La crisis, que desde 2007-2008 atraviesa el sistema capitalista, ha mostrado la presencia de una hipertrofia financiera y como consecuencia la emisión de bonos sobre bonos configurando una situación de sobre-acumulación de capital. La particularidad de esta crisis, se afinca fundamentalmente en el quiebre de la transacción inmobiliaria de los últimos años. Como afirma C. Katz (2010), a diferencia de lo ocurrido en México (1982 y 1994), el Sudeste Asiático (1997), Rusia (1998) o Argentina (2001), el epicentro del reciente temblor se ubicó en Estados Unidos. La novedosa cara del capitalismo actual, que supone que los grupos transnacionales no responden, ni se limitan a ningún espacio nacional para la producción de ganancias. Esta situación crea una profunda tensión y asimetría en la dinámica de las relaciones actuales, "los estados están al servicio de 'sus' capitales, pero éstos se han liberado de la necesidad de un mercado interior dinámico" (Husson, 2011:7). El peso de este tipo de reacción asimétrica, recae sobre los sectores más postergados de lo social, puesto que como muestra la cara de la crisis europea en general, pero particularmente el caso de España y Grecia, toda vez que "los centros de decisión capitalista buscan activamente soluciones capaces de proteger los bancos y evitar el inmenso choque financiero que significaría el default de pago (…), [hacen] caer más que nunca todo el peso de la crisis sobre las clases populares" (Chesnais, 2012:3). Así, repitiendo la receta aplicada en América Latina en la década de los '90, en algunos países europeos, se implementa una drástica reducción de los salarios, aumentos de la edad de jubilación, introducción de un sistema privado de pensiones e incrementos de los impuestos. Estas medidas se complementan con una clara política de debilitamiento de las organizaciones sindicales, con la profundización de una estrategia de despidos masivos para paliar el costo de una deuda descomunal y con la precarización de generaciones de trabajadorxs inmigrantes en los países centrales de Europa –como Italia, Alemania, Inglaterra, Francia, España, Portugal y Suecia– que al mismo tiempo que sufren de altísimos niveles de explotación, no son reconocidos legalmente en los país que habitan. De este modo, la principal preocupación neoliberal europea ha sido la de reducir los impactos de la crisis, eliminado las conquistas laborales de la época pasada, mediante "la flexibilización del mercado laboral, la reforma del sistema de pensiones y el pago de salarios atados a la competencia con trabajadores extranjeros" (Katz, 2010:14).

distintos procesos políticos, como los gobiernos progresistas en América Latina[10] y su reciente crisis (canalizadas en el triunfo de M. Macri en la Argentina, y el golpe institucional contra el gobierno de D. Rousseff); las luchas de lxs inmigrantxs/trabajadorxs en distintos países de Europa (en particular Francia, Grecia, España); la primavera árabe; los movimientos anti-globalización a nivel internacional, y las marchas y huelgas internacionales del movimiento de mujeres que desde Polonia hasta Argentina cuestionan las lógicas hegemónicas capitalistas y patriarcales tanto del mundo del trabajo como de las esferas de la vida privada.

En definitiva, las transformaciones continuas en el mundo del trabajo a partir de la época neoliberal, implicaron que la forma homogeneizada de la *clase que vive de su trabajo* atravesara un profundo e irreversible proceso de diversificación y diferenciación. En este sentido, la composición de la clase trabajadora muestra una heterogeneidad determinada por amplios segmentos de mujeres, tercerizadxs, precarizadxs, desocupadxs, y se vincula a una crisis en el rol de muchos sindicatos, de garantes de las luchas de lxs trabajadorxs, que se evidencia en las trabas para la organización sindical de las mujeres o de lxs trabajadorxs part-time. Estos fenómenos abrieron

---

[10] No todos los procesos fueron iguales en los países latinoamericanos. Podemos distinguir que un grupo de países ha manifestado una continuidad más directa con las políticas propuestas por el ideario neoliberal profundizado en la década de los '90. Estas regiones muestran una vinculación y el desarrollo más tajante de las "relaciones comerciales, financieras y políticas con Estados Unidos. En este grupo podemos ubicar a México, Chile, Perú, Colombia y gran parte de los países de América Central" (López y Vértiz, 2012:5). Otro grupo, que podría incluir a Brasil, Argentina, Ecuador y Uruguay, es el que, de un modo u otro, se ha afiliado a una retórica nacional-popular dirigida contra el *capital financiero internacional*. Por último, podríamos decir que países como Bolivia y Venezuela, han profundizado de modo tajante una retórica anti-neoliberal y anti-imperialista. No obstante, las importantes diferencias entre los países, como decíamos, se encuentran enmarcadas en el *nuevo consenso internacional* que asigna a América Latina el rol de exportador de recursos naturales. Este fenómeno acentúa la gran dependencia de la región respecto de la fluctuación internacional de los precios de las materias primas para la exportación. Puesto que el modelo latinoamericano, se afinca en un modelo exportador de materias primas, que "incentiva la multiplicación de emprendimientos exclusivamente destinados a comercializar productos básicos. Mientras crece la influencia del agro-negocio, las inversiones extranjeras consolidan la especialización petro-minera. Todas las potencias buscan asegurarse el aprovisionamiento de insumos latinoamericanos, afianzando la inserción de la zona como granja o socavón de la economía mundial" (Katz, 2011:5). Este modelo, también llamado "extractivismo exportador" (Katz, 2011:5) o "extractivismo neo-desarrollista" (Svampa, 2011), muestra para la región las nefastas consecuencias de la minería contaminante y la agricultura de exportación, en desmedro del abastecimiento interno, y la acentuación de un fenómeno de "extranjerización de la economía y el desplazamiento de las viejas burguesías nacionales por nuevos grupos exportadores" (Katz, 2011:10). Este modelo se conjuga con una lógica de inclusión vía consumo de los sectores populares y las clases medias que terminan generando altas tasas de inflación, en un contexto de baja calidad de los empleos, incremento del sector informal, y profundización de la precarización laboral, manteniendo las lógicas neoliberales en la región.

un debate hacia el interior del pensamiento marxista, donde podemos observar en numerosas producciones de teóricxs/militantxs, cómo la conocida tesis burguesía/proletariado es desbordada ampliamente. Es decir, parecería que los análisis concretos suponen la necesidad de complejizar la pretendida polarización social. No es casual, entonces, que comiencen a formularse categorías tales como: masa, sujeto político o pueblo. O bien que vuelvan a recuperarse, no sin ciertas reformulaciones, viejas categorías que desbordan el concepto de clase obrera y trastocan los límites entre la estructura social y las construcciones políticas: huelga general, bloque histórico, desarrollo desigual y combinado, entre otras. En este contexto, Moreno afirmaba que ya no era posible sostener simplemente la categoría de clase obrera, sino que por el contrario esa etapa exigía un término más amplio, como el de masas trabajadoras. Mientras que Badiou y Laclau cuestionarán la centralidad de la categoría de clase obrera a la hora de concebir al sujeto en los devenires de la lucha por las trasformaciones de lo social.

En términos generales, es importante contextualizar a estos procesos vinculados a los dispositivos de control y subjetivación neoliberales que demonizan la política como práctica y como herramienta de disputa del orden social, y la reducen a un campo de intervención técnico/empresarial para llevar adelante el desmantelamiento de redes sociales y políticas comunitarias más o menos institucionalizadas. Esto supone una precarización de la vida (el empobrecimiento de nuevos sectores sociales pero también la sensación de desamparo e incertidumbre acerca de un futuro que no aparece muy claro), acompañada de un deterioro en las condiciones ambientales de producción y un evidente desgaste de la relación seres humanos-naturaleza a partir de los métodos destructivos que se utilizan en pos de sostener los niveles actuales de producción-consumo. A su vez, estas nuevas lógicas habilitan el potenciamiento de formas destructivas de relación entre los seres humanos: individualismo, despersonalización, crecimiento de las distancias intersubjetivas, miedo social, desconfianza ante el Otro, violencia generizada y generalizada, racismo, etc.

Este es el convulsionado y complejo contexto en el cual Laclau, Badiou y Moreno realizan sus obras centrales y en el que, por otro lado, se inscribe el presente trabajo. Aquí se presentan las discusiones más profundas con y contra el marxismo que conducen a estos pensadores a reformular aquellos conceptos claves de la tradición para pensar los devenires actuales del capitalismo. En este sentido, las lógicas del neoliberalismo signadas por la precarización general de los modos de vida, pero también por las nuevas respuestas de resistencia frente a tal modelo, permiten complejizar y teorizar la actual crisis del marxismo.

Primera parte

Asumir la crisis del marxismo

> Dice la voz de la lluvia:
> -Soy la misma de hace mil años y de aquí a otros mil, seré la misma.
> Pero una gota, rota en la ventana, no está de acuerdo.
>
> (Circe Maia, *Discrepancias*)

> Una herencia nunca se re-úne, no es una consigo misma. Su presunta unidad, si existe, sólo puede consistirse en la inyunción de reafirmar eligiendo. Es preciso filtrar, cribar, criticar, hay que escoger entre los varios posibles que habitan la misma inyunción. Y habitan contradictoriamente en torno a un secreto. Si la legibilidad de un legado fuera dada, natural, transparente, unívoca, si no apelara y al mismo tiempo desafiara a la interpretación, aquél nunca podría ser heredado. (…) Se hereda siempre un secreto -que dice: "Léeme".
>
> (Jacques Derrida, *Espectros de Marx*)

Capítulo I. La actualidad de la crisis

> El viejo mundo se muere. El nuevo tarda en aparecer. Y en ese claroscuro surgen los monstruos.
>
> (Antonio Gramsci, *Cuadernos de la cárcel*)

Hablar en la actualidad del marxismo y su crisis se ha convertido indudablemente en una de las tareas más difíciles. ¿Existe hoy una crisis del marxismo? y si asentimos, ¿de qué tipo de crisis se trata? En primer lugar, la dificultad para esbozar respuestas, radica en la previa constatación de un amplio campo de definiciones desde las cuales es posible contestar a estas preguntas. En segundo lugar, porque estas cuestiones nos conducirán quizás a otra pregunta más compleja aún, sobre la especificidad misma del pensamiento y la práctica política marxista. Se hace válida, de esta manera, la cuestión planteada por C. Castoriadis: "¿De qué marxismo, en efecto habrá que hablar?" (1975/1993:17).

En principio diremos que pretendemos distanciarnos de las versiones economicistas del marxismo, pero también de las apuestas voluntaristas. Es decir, sostenemos que ni la estructura económica es lo determinante en las sociedades capitalistas, ni los sujetos sociales actúan con plena voluntad frente a los entramados estructurales. Por tanto, la historia se mueve en una relación constante entre los distintos modos de producción y reproducción de la vida, y en los avatares de la lucha de clases.

Para la versión economicista del marxismo, la totalidad de lo social podía ser aprehendida y captada en su pleno desarrollo, con independencia de la voluntad de los sujetos sociales. En este sentido, asumiremos una postura crítica frente al economicismo que pretendía dar una respuesta totalizadora y cerrada de lo social, reduciéndolo a una determinación económica objetiva. Con esto no queremos decir que la categoría de *totalidad* deba ser abandonada, sino que aún es importante para pensar las formaciones sociales actuales pero que debe ser comprendida de un modo mucho más opaco, dislocado y abierto. Más aún, hay totalizaciones y estructuras sociales, pero estas son posibles a partir de sus grietas, sus rupturas, sus complejidades, sus fragmentos, sus heterogeneidades.

Consideramos que, si aceptamos que *lo social* es un proceso de constantes totalizaciones y destotalizaciones, no es posible analizarlo sin inmiscuirse en aquello que los seres humanos dicen, registran y hacen. Puesto que subordinar estos espacios es obliterar el lugar significativo que la política y la cultura presentan en la constitución y devenir de lo social; y también es desconocer el lugar fundamental que han asumido en las sociedades contemporáneas. Por ello, tampoco pretendemos adherir a una lógica voluntarista y subjetivista. Por el contrario, consideramos que es dable sostener un pensamiento sobre la objetividad –no reduccionista–, que parta de la premisa de la posibilidad de articular las condiciones estructurales a partir de su relación con lo subjetivo. Es decir, pensar una *objetividad histórica,* que sea el resultado de las relaciones entre los seres humanos en/con el mundo material. Situarse en una perspectiva de la objetividad entendida como histórica, supone anclarse en la idea marxista de que:

> "Los hombres hacen su propia historia, pero no la hacen a su libre arbitrio, bajo circunstancias elegidas por ellos mismos, sino bajo aquellas circunstancias con que se encuentran directamente, que existen y les han sido legadas por el

pasado. La tradición de todas las generaciones muertas oprime como una pesadilla el cerebro de los vivos". (Marx, 1852/2003: 13)

Más aún, si aceptamos que lo *determinante* en la sociedad capitalista es la producción y reproducción de la vida social, su devenir se funda sobre formas de explotación, opresión y dominación simultáneamente económicas, políticas, morales y culturales. Por lo tanto, es fundamental, para emprender un análisis sobre el marxismo, en este caso sobre la crisis como (auto) crítica de dicho pensamiento, partir desde un gesto que reconozca las conexiones indisolubles que existen entre producción material, instituciones políticas y culturales, y los procesos de resistencia frente a estas. Con ello no pretendemos cuestionar el papel operante de la relación *capital/trabajo,* que consideramos aún como predominante en la sociedad capitalista, sino que comprendemos que dicha relación no puede pensarse como compartimento estanco de las demás relaciones generadas, así como tampoco puede delinearse simplemente a partir de las premisas de las obras clásicas de Marx. La relación capital/trabajo tendría que ser actualizada atendiendo a las particularidades de la época específica en que se asume dicha relación, que la presentan contaminadas de nuevas lógicas políticas y culturales. De suerte que lo económico, lo político y lo cultural, adquieran un vínculo irreductible bajo las lógicas operantes en las sociedades actuales. Este gesto tampoco implica desjerarquizar los vínculos entre los distintos espacios de lo social. Por el contrario, implica pensarlos siempre en relación a una *coyuntura concreta* o a una *formación hegemónica específica* que asume, en las configuraciones actuales del capitalismo, una generalización de fenómenos desigualmente desarrollados, como nos sugiere Laclau (1985/2004).

En este sentido, creemos que el concepto de hegemonía, trabajado por Gramsci, pero también, por otrxs pensadorxs, nos da la clave analítica necesaria para desentrañar la complejidad actual de la *crisis del marxismo*. La hegemonía, tal como la entendía Gramsci (1949/2003), suponía que la dominación de ciertas formaciones estaba asegurada no solamente como una coacción ideológica, sino también a través de distintos mecanismos de *liderazgos culturales*. Esta noción ayuda a pensar e indagar, cómo impactan las trasformaciones del modo de *producción* y *reproducción capitalista* en un pensamiento como el marxista, pues este mismo se ha elaborado en estrecha vinculación al desarrollo del capital. En otras palabras, la hegemonía como categoría de análisis nos permite examinar en cada situación concreta, cómo es:

"asegurado eficazmente el control de los principales procesos económicos en la sociedad, [y cómo se] extiende y expande su control (...) de tal manera

que puede transformar y rehacer [los] modos de vida, [las] costumbres (…), y
la misma forma y nivel de cultura y civilización en una dirección que, si bien
no da beneficios inmediatos a los intereses estrechos de alguna clase particular,
favorece el desarrollo y la ampliación del sistema dominante productivo y de
vida social, en su conjunto". (Hall, 1986/2010:185)

En tanto concibamos la *hegemonía* como un concepto dinámico, comprenderemos que si bien las *formaciones hegemónicas* son percibidas por definición en su sentido político, económico y cultural como dominantes, no pueden serlo plenamente. Dado que toda práctica de dominación supone una resistencia, es precisamente en esta tensión donde se advierte la no posibilidad de una dominación total y es, a su vez, en esa resistencia donde el marxismo encuentra sus ribetes históricos, como teoría y práctica emancipatoria frente al capitalismo. No obstante, el marxismo como parte de una cultura específica, y al mismo tiempo el marxismo como "cultura", supone el desarrollo de esta tensión al interior de su propio discurso.

Entendemos a la *cultura* como un conjunto de formas socio-históricas pero también como un entramado de aquellos significantes y valores que emergen de distintos grupos sociales, en vinculación con las condiciones y relaciones históricas dadas. De este modo, el marxismo, como "cultura marxista", ha generado sus propios discursos hegemónicos, con sus tradiciones y prácticas a través de las cuales se explicitan sus comprensiones particulares de lo social. Sin embargo, al mismo tiempo que ha conformado un discurso hegemónico específico, ha presentado toda una serie de disputas, desacuerdos, litigios y problemáticas, que permiten poner en tensión y, en ocasiones, hasta reformular la teoría y la práctica del discurso marxista.

Acorde a lo dicho, entendemos por *marxismo* un término polisémico e inquieto, que supone toda una serie de predicados –*analítico, científico, clásico, ortodoxo, heterodoxo*, pero también *leninista, trotskista, maoísta*–, que presentan, a su vez, diferentes prácticas en el plano teórico-político. Mantendremos un sentido abierto del marxismo, pues ello nos permite asumir una postura teórica crítica a la hora de trabajar sobre las cuestiones planteadas, como una postura política sobre la problemática de su actual crisis. Por lo tanto, pensar desde el *marxismo* implica asumir la crisis que está desde al comienzo, puesto que el mismo es "una teoría autocrítica capaz de explicar su propia génesis y metamorfosis" (Anderson, 1986:8), manteniendo abierta la posibilidad de una alternativa global frente al capitalismo.

Esta particular forma de entender al marxismo nos habilita, además, a trabajar desde la impronta de otras corrientes, de otras tradiciones discursivas, que al entrar en contacto con la potencialidad revulsiva del pensamiento emancipador de Marx, dan lugar a combinaciones ricas y a miradas más completas y complejas acerca de los procesos socio-políticos actuales y del modo de acumulación capitalista, en lugar de a "desviaciones" o "deformaciones" de ese pensamiento. En definitiva, por la amplia producción y por los extensos márgenes de controversias que sobrelleva, entendemos que la crisis del marxismo es un tema crucial para un *pensamiento político* que pretenda ser crítico. Puesto que si habitamos un mundo y una cultura que conserva la marca de la herencia marxista, sería

> "siempre un fallo no leer y releer a Marx. Es decir, también a algunos otros [marxistas] (…). Será cada vez más un fallo, una falta contra la responsabilidad teórica, filosófica, política. Desde el momento en que la máquina de dogmas y los aparatos ideológicos 'marxistas' (…) están en trance de desaparición, ya no tenemos excusa solamente coartadas, para descentrarnos de esta responsabilidad. (…) No hay porvenir sin Marx. Sin la memoria y sin la herencia de Marx". (Derrida, 1993/1995:27)

Para comenzar a delimitar las características de la crisis del marxismo a tratar, diremos que la *historia del marxismo* se corresponde con las distintas enunciaciones de "sus" crisis. Ambas son "coextensivas y complementarias: la unidad incuestionada de un marxismo carente de tensiones no puede existir sino como un paradigma evanescente" (Sazbón, 2002:53). En este sentido, pensar la propia historia del marxismo implica comprenderla desde las distintas formulaciones de sus crisis. Así, la llamada *crisis de 1850*, signada por el fracaso de las revoluciones de 1848 y por los ritmos de una aguda crisis comercial, marca la "crisis inaugural del marxismo". El marxismo es entonces, desde sus comienzos, un pensamiento en *deconstrucción*. El mismo acontecimiento de su constitución, como teoría y como práctica política, supuso una operación crítica de sus primeras indagaciones sin la cual no habría sido posible el marxismo como tradición de pensamiento. Desde sus orígenes el marxismo ha demostrado ser una *teoría de la praxis* y por tanto no se encuentra su pensamiento y su acción escindidos de las coyunturas político-económicas particulares. En este sentido, creemos que no es posible desvincular al marxismo de la época en la que ha surgido: aquella signada por el desarrollo del sistema capitalista. Si algo nos ha mostrado la propia *historia del marxismo* es que ella se encuentra íntimamente ligada a las "crisis", tanto del sistema capitalista en general, como a los vaivenes de las luchas emancipatorias en particular. Teoría y práctica son dos ejes inseparables para pensar la historia del marxismo.

El marxismo en crisis, se presenta ya desde el momento en que es nombrado como tal: "En 1898, Thomas Masaryk acuñará una expresión que pronto habría de popularizarse: la 'crisis del marxismo'" (Laclau y Mouffe, 1985/2004:35). Los debates en torno a la crisis se presentarán, también, a

43

lo largo del siglo XX, recuperando el término creado por Masaryk: Korsch (1923), Sartre (1960), Lefebvre (1966), Althusser (1978), entre otrxs. En este mismo sentido, las sucesivas "crisis del marxismo" presentaron un signo común en relación a aquella *crisis inaugural*: la vinculación con las trasformaciones del sistema capitalista; los acuerdos o desacuerdos en las luchas y en las formas organizativas de los distintos procesos emancipatorios; y el cuestionamiento del paradigma dominante de las distintas internacionales obreras (desde la I internacional hasta la IV). Estos procesos han desembocado en una posterior reformulación o por lo menos en un debate teórico-práctico del marxismo.

Podríamos seguir a Althusser cuando distingue que hacia dentro del marxismo hay tres formas generales de *asumir* la crisis en las últimas décadas del siglo XX. Si bien el texto de Althusser fue elaborado sobre el comienzo del período relevado, creemos que es útil a la hora de pensar de manera elíptica las reacciones y repuestas. Al mismo tiempo que permite incorporar en su esquema las ideas de otrxs autorxs que reflexionaron con posterioridad a la elaboración del texto y añadirle otras formas de reacción que permiten mostrar posturas características frente a la crisis a lo largo de las décadas del capitalismo neoliberal.

La primera, se caracterizará por "cerrar los ojos para no ver, y callar: oficialmente el marxismo no conoce crisis alguna, son los enemigos quienes la han inventado" (Althusser, 1978:515). Aquí podemos ubicar a las visiones más ortodoxas, o incluso a los análisis de algunos partidos tradicionales dentro del discurso marxista, tal como se habían consolidado tras las primeras décadas del siglo XX. Las posiciones no son, desde luego, homogéneas, en este mismo grupo encontramos otras respuestas posibles. De este modo, también podríamos situar aquí a Anderson, quien sostenía en los años '80 que la crisis del marxismo no es tal, sino que por el contrario sería más preciso hablar de un colapso del movimiento comunista y de la III Internacional: "me parece francamente aberrante –es invertir la realidad–, describir la fase actual como un período de 'crisis del marxismo', en lo que se refiere a la instancia teórica de la producción del marxismo como fuente de pensamiento" (Anderson, 1980:148). Las contradicciones en el plano de la práctica no suponen un cuestionamiento de la teoría marxista: "el materialismo histórico está hoy mejor que hace años" (Anderson, 1980:158). Cuestionar al marxismo como práctica política, no inhabilita para Anderson, recuperarlo como teoría, puesto que es en ese mismo acto de declaración de muerte donde el marxismo es "redimido" como pensamiento. El desarrollo de la teoría andersoniana, en el contexto de esta actual crisis del marxismo, puede resumirse como nos sugiere Palti (2005): en la década de los '70 presentaba una relación inexorable entre teoría y práctica revolucionaria marxista, pero luego, en los '80 y posteriormente en los '90, quiebra esa vinculación cuando afirma que la teoría marxista, para poder continuar siendo actualizada, debe *asumir* la destrucción de su práctica política revolucionaria. De este modo, Anderson sostiene que:

> "En el horizonte no aparece aún ninguna agencia colectiva capaz de medirse con el poder del capital. Vivimos un tiempo, mientras la ingeniería genética se cierne amenazante, en el que la única fuerza revolucionaria capaz en este momento de perturbar su equilibrio parece ser el propio progreso científico: las fuerzas productivas, tan detestadas por los marxistas convencidos de la primacía de las relaciones de producción cuando el movimiento socialista seguía aún con vida. Pero si acaso las energías humanas para un cambio de sistema vuelven a liberarse, lo harán desde dentro del metabolismo mismo del capital". (2000:15)

La segunda respuesta mencionada por Althusser, consiste en asumir que existe una crisis, "mientras se continúan buscando motivos reales de esperanza en las fuerzas del movimiento obrero y popular" (1978:515). Alegando que se trata de una crisis cíclica más, aunque quizás más aguda que las anteriores, la crisis (más allá de su intensidad) supone su eventual solución por medio de alguna revisión interna dentro de la tradición marxista. Aquí encontramos teorizaciones como por ejemplo la de Löwy, quien afirmaba que "el término 'crisis del marxismo' es más bien una fórmula periodística que un concepto teórico" (1994:1), dado que el peligro de ubicarnos en el terreno de la crisis es que "vuelven a florecer el liberalismo burgués, el positivismo, la metafísica idealista o materialismo vulgar, el biologismo social, el oscurantismo reaccionario" (1994:4). Más aún, si bien Löwy afirma que la *crisis del marxismo* es resultado de las experiencias de los socialismos realmente existentes, el marxismo más allá de esas experiencias continúa siendo el horizonte intelectual de nuestra época. La actualización del marxismo requiere de una radicalización del *método dialéctico* propuesto por Marx y del restablecimiento de su *dimensión utópica*. Pero también, para salir de esta situación crítica, es ineludible una reformulación *dentro* de la teoría marxista: "Esta renovación implica 'necesariamente' el enriquecimiento del marxismo con el aporte de los nuevos movimientos sociales, (...), exige también su 'fertilización' por las formas más avanzadas y productivas del pensamiento teórico no marxista" (Löwy, 1994:6).

El tercer tipo de reacción descripta por Althusser consiste en sostener una perspectiva histórica, teórica y política que indague sobre "el carácter, el sentido y el alcance de esta crisis. Si se acierta, es posible también cambiar de lenguaje. En vez de comprobar: 'El marxismo está en crisis', decir: '¡Por fin ha estallado la crisis del marxismo!'" (1978:515). Es en este punto donde se ubicará el propio Althusser, entendiendo por crisis del marxismo un fenómeno complejo y contradictorio que rebasa los límite de la *teoría marxista* y compromete "al conjunto de las fuerzas que toman al marxismo como punto de referencia, a sus organizaciones, sus objetivos, (…) su ideología, sus luchas, la historia de sus derrotas y sus victorias (1978:513). Según Althusser, desde la escisión chino-soviética aparecen grandes conflictos en el interior mismo de la tradición y militancia marxista, que ponen en cuestión la misma interpretación de la *historia del marxismo* como modelo unificado. Por lo tanto, habría no sólo una *crisis teórica* sino también y más importante aún, una *crisis política* del marxismo:

> "Es en [un] sentido, profundamente político, que me parece inevitable hablar hoy de crisis del marxismo. El resquebrajamiento de las certezas heredadas de una larga tradición, la de la II y luego de la III Internacional, los efectos ideológicos y teóricos de la crisis manifiesta (escisión entre China y la URSS) y encubierta (entre los partidos comunistas occidentales y la URSS), el abandono solemne o silencioso de principios (…) sin una razón teórica confesable, la diversidad de las preguntas y las respuestas, (…) enuncian la existencia de dificultades críticas de la propia teoría marxista, de una crisis teórica del marxismo". (Althusser, 1978:515)

En el pensamiento de Balibar se puede leer una actualización de la postura asumida por Althusser a fines de los '70. La actual crisis del marxismo también supone, "una crisis que toca a la vez todos los aspectos teóricos y políticos, organizativos e ideológicos del movimiento comunista primeramente, y después del movimiento obrero" (Balibar, 1980:116). Para Balibar, aquello que evidencia esta peculiar crisis es que el *sentido marxista de la historia* se ha descentrado como experiencia posible: "la situación actual es diferente. Es diferente porque no sabemos hacia dónde va el proceso histórico. ¡Esto no quiere decir que pensemos que el capitalismo es inmortal, que no hay antagonismos insuperables!" (1980:124). Por lo tanto, la actual crisis nos habilita a considerar al marxismo como un corpus teórico-práctico "abierto" con capacidad de adaptación a otras teorías: "el marxismo, como cualquier ideología un poco coherente, un poco totalizante, tiene una enorme capacidad de integración de ideas ajenas" (Balibar, 1980:117). Dicha afirmación, conducirá a Balibar a pensar que es posible y necesario volver sobre los propios pasos del marxismo y re-interpretar a Marx. Por esto afirma que, "considerando las consecuencias de la desestalinización, podemos decir que este fenómeno ha producido efectos ambiguos, pero de cierta manera positivos. Se ha descubierto que el pensamiento de Marx era mucho más rico, mucho más complejo que la visión staliniana oficial" (1980:118).

Dentro de este grupo podríamos incluir una posición como la de Moreno, puesto que la crisis del marxismo tiene también aquel sentido en la doble implicancia entre lo teórico y lo político. Para Moreno, como desarrollaremos luego, la crisis teórica podría ser resuelta si el marxismo es comprendido como un corpus teórico siempre abierto y el problema político asumiría un lugar determinante para la posibilidad de la emancipación.

Es interesante, a las tres formas althusserianas de reaccionar ante la crisis del marxismo, agregarle una cuarta. Nos referimos a concebir esta *crisis* como el símbolo de su "muerte"; es decir como "una crisis general, terminal, que obligue a la demolición y abandono de dicho discurso" (Palti, 2005:17). Esta respuesta intenta socavar la pretensión científica del marxismo y convertirla en una utopía inverosímil: "el marxismo se hunde (…) debido a una infelicidad dual, la teoría no se hace realidad donde quería y, al hacerse, en cambio, donde no quería, deja de ser teoría" (García Cotarelo, 1978:125/126). Aquí podemos ubicar también a un pensador como J. Habermas, quien como representante tardío de la de Escuela de Frankfurt y, de algún modo ligado a los debates del *marxismo occidental*, es un teórico relevante para esta discusión. Habermas entiende como caduca la *relación dialéctica* que el marxismo sostenía entre desarrollo de las fuerzas productivas y las relaciones de producción, cuestionando además, el supuesto *mecanicismo* operante entre la estructura económica y la superestructura política. Según Habermas, el marxismo habría errado al relacionar dialécticamente al *sistema* y al *mundo de la vida*, puesto que esta articulación no posibilitaría establecer una correcta separación entre el sistema que se había constituido en el *capitalismo tardío* y las formas de su institucionalización. De este modo, el marxismo no permitiría visualizar los aspectos positivos de la administración del Estado en el enmarque sistémico de la economía capitalista (Habermas, 1981/1987).

Podemos también ubicar en este cuarto grupo a Castoriadis. Para este pensador, "el marxismo ha llegado a ser una ideología en el mismo sentido que Marx daba a ese término: un conjunto de ideas que se relacionan con una realidad, no para esclarecerla y transformarla, sino para velarla y justificarla en lo imaginario" (1975/1993:20). Más aún, los dos pilares de la teoría marxista, el *desarrollo de las fuerzas productivas* y la *lucha de clases*, son entendidos como contradictorios, tanto en sí mismos, como en su vinculación en tanto "motores de la historia". Al mismo tiempo que suponen dos universos disímiles que generan formas distintas de pensar la filosofía, la política y la revolución. Para Castoriadis, entonces, "no podemos mantener más la filosofía marxista de la historia", por tanto la revolución, tal y como el marxismo la pensaba, debe ser reformulada (1975/1993:64).

Podríamos arriesgar una forma más de reacción frente a la crisis, la quinta acorde a nuestro orden, según la cual la actual crisis de la tradición marxista no podría enmarcarse ni como una crisis cíclica más, ni tampoco podría entenderse como una crisis general que declare la "muerte del marxismo". Esta interpretación supondrá, en primer lugar una puesta "en crisis del propio concepto de 'crisis'" (Palti, 2005:17), haciendo imposible que la crisis del marxismo presuma algún tipo de *superación*. En segundo lugar, la situación crítica del marxismo será insuperable, puesto que muestra la imposibilidad de constituir un nuevo pensamiento emancipatorio desligado del discurso marxista. La crisis contemporánea del marxismo se muestra como definitiva e insuperable, habilitando la pregunta por el *sentido* emancipatorio, luego del fin del *Sentido* revolucionario de la historia. El pensamiento de Rancière, podría ser ubicado en este tipo de respuesta, puesto que sostiene que la política tiene que ver puntualmente con la cuenta de las partes de la comunidad, con el ser parte o no de la cuenta. Una cuenta que categoriza entre "aquellos a quienes se ve y aquellos a quienes no se ve, aquellos de quienes hay un *logos* –una palabra conmemorativa, la cuenta en que se los tiene- y aquellos de quienes no hay un logos, quienes hablan verdaderamente y aquellos cuya voz, para expresar placer y pena, sólo imita la voz articulada" (Rancière, 1995/1996:37). Dos mundos distintos que implican dos modos diferentes del ser-juntos. El primero, es un orden de los cuerpos, distribuye los cuerpos en lugares y funciones en base a sus *propiedades*, según su nombre o su ausencia de nombre y dependiendo del carácter lógico o fónico de los sonidos que ellos emiten. Este modo de ser-juntos otorga a cada parte el lugar que le corresponde según lo que es. El segundo, rompe la configuración sensible, el orden de los cuerpos establecido, por la acción de un supuesto, que por definición, le es heterogéneo a este orden, que no tiene lugar en él: el de una parte de los que no tienen parte:

> "Lo político es el encuentro de dos procesos heterogéneos. El primero es el del gobierno. Este consiste en organizar la reunión de los hombres en comunidad y su consentimiento, y descansa en la distribución jerárquica de lugares y funciones. A este proceso le daré el nombre de policía (...) El segundo es el de la igualdad. Este consiste en el juego de prácticas guiadas por la presuposición de la igualdad de cualquiera con cualquiera y de la preocupación por verificarla. El nombre más apropiado para designar este juego es emancipación". (Rancière, 1998/2006:17)

En el pensamiento de Rancière se asume entonces, una forma de la política, que aún supone un ejercicio de ruptura frente al orden instituido como posibilidad de apertura de un juego emancipatorio, que presupone un vínculo efectivo con la tradición marxista. Sin embargo, niega todo tipo de determinación estructural y totalizadora en la constitución del sujeto de la emancipación, habilitando una pregunta por los múltiples sentidos del devenir histórico, una vez que el socialismo marxista ha fracasado. En este tipo de repuesta ubicaremos también, los pensamientos de Badiou y de Laclau. Para ambos la actual crisis del marxismo, supone una experiencia abisal que ubica al marxismo en una situación definitiva de crisis pero insuperable. En este sentido, como desarrollaremos en el capítulo siguiente, Badiou afirmará que es preciso permanecer en la inmanencia de la crisis del marxismo y Laclau, por su parte, asumirá una postura *pos*-marxista.

La complejidad de un análisis de la crisis del marxismo radica en que los contenidos del debate han variado de tal modo que en ocasiones lo que es "crisis" para unxs, es la "verdad" del marxismo para otrxs. El desafío teórico-político de pensar la actual crisis radica, entonces, en comprender y trabajar sobre las particularidades de su época, aquellas que la diferencian de otras crisis hacia el interior de su pensamiento. En principio, diremos que consideramos fundamental comprender esta crisis tanto desde un plano teórico como desde uno práctico-político. Si el marxismo es una teoría de la *praxis*, este doble sentido de la crisis se presenta como inescindible. Por tanto, el debate teórico actual del marxismo se enmarca en una situación de reconfiguración y crisis del capitalismo, y también se liga al fin de los *socialismos realmente existentes*.

Entonces, la excepcionalidad de la actual crisis del marxismo se revela en la especificidad de esta nueva época, denominada "posmoderna", que tuvo como hito político una caída, la del muro de Berlín, que terminó por arrastrar junto con él gran parte del bagaje de saberes y certezas del discurso marxista. Nos referimos en este punto al quiebre de las "principales ideas-fuerza sobre las cuales se construye el edificio teórico de Marx, las ideas más significantes y apasionantes del siglo XIX (progreso, ciencia, desarrollo progresivo de las fuerzas productivas, industrialismo, verdad y felicidad a través de la abundancia)" (Lander, 2006:222). Lo cierto es que, como afirma Palti (2005), la pregunta *posmoderna* y la cuestión del marxismo en crisis, más allá de la variada gama de respuestas, presentarían un vínculo más o menos inmediato entre sí. De este modo, esta nueva era, representó para la tradición marxista un descentramiento de su propio discurso, donde el *sentido de la historia*, ahora dislocado, especulaba sobre la no posibilidad del socialismo.

La sentencia de Anderson sintetiza la particularidad de esta crisis: "el único punto de partida para una izquierda realista (…) es una lúcida constatación de una derrota histórica" (2000:12). Así, la crisis de los socialismos realmente existentes dejó expuesta, para muchxs militantes, la supuesta imposibilidad del marxismo -o al menos de un cierto marxismo-, para teorizar las complejas lógicas del capitalismo contemporáneo y para operar -de modo justo- sobre la realidad actual. Como sostiene Aricó, esta crisis exhibe la aparente esterilidad del marxismo "para formular en términos de proyecto político una alternativa coherente a la sociedad capitalista, con el fin de constituir una sociedad socialista apoyada sobre bases estrictamente democráticas" (1977/2012:83). No obstante, si bien este fue en términos generales el balance sobre la situación del marxismo luego de la experiencia y de la derrota de la URSS, las especificidades teórico-prácticas que mostraron distintas corrientes y teóricxs presentan claras diferencias, como afirmábamos más arriba, sobre la resolución que debe tomarse frente a tal contexto desalentador.

Derrida, afirmaba que luego de la caída del muro de Berlín, la *deconstrucción* del marxismo por fin había encontrado "el medio propicio para anunciarse", y denominaba a este acontecimiento como "un cierto fin del *comunismo* marxista" (Navarro, 2014:18). Por tanto, este peculiar acontecimiento exterioriza la puesta en "crisis" de las formas organizativas clásicas en las que el marxismo había sustentado su práctica teórico-política en el siglo XX: el partido, los sindicatos, los gremios, las Internacionales obreras, entre otras. En este sentido, si las anteriores crisis del marxismo cuestionaban los paradigmas dominantes de las distintas internacionales obreras, la particularidad de la actual crisis se materializa en la descomposición de las mismas. El caso de Moreno es paradigmático en este sentido, puesto que luego de la crisis de la IV internacional, pretende en los años '80, reconstruirla actualizando el *Programa de transición* escrito por Trotsky, como desarrollaremos más adelante.

Estos complejos procesos tuvieron lugar, en un contexto de mutaciones complejas en el sistema capitalista a nivel global. Estas reconfiguraciones en el modo de acumulación capitalista suponen un impacto en el mundo del trabajo, dando como resultado una nueva forma de acumulación llamada flexible (Harvey, 1998). De este modo, las mutaciones en la relación capital/trabajo impactó no sólo han afectado la materialidad de la clase que vive de su trabajo sino que han subvertido sus *formas de constitución subjetiva*. Más aún, las transformaciones de las lógicas del capital plantearon una nueva estrategia de subjetivación, que nos ubica en un capitalismo para el cual, el modo de producción industrial ya no hegemoniza a las otras formas de la producción y reproducción de la vida, como afirmaba Marx (1847/1983)[1].

En definitiva, la crisis parecería desdoblarse. Por un lado supondría, a partir de las mutaciones en el modo de acumulación capitalista, una suerte de puesta en cuestión de uno de los pilares teóricos del marxismo, al trastocar la categoría de *clase obrera* como sujeto fundamental de los procesos

---

[1] Al respecto Hardt y Negri (2004) afirman que, en las condiciones actuales del capitalismo, la industria ha perdido su lugar hegemónico, y por tanto ya no imprime a los demás sectores de la economía y al conjunto de las relaciones sociales sus características. Para estos pensadores, es la producción inmaterial o biopolítica la que ha pasado a ocupar aquella posición hegemónica.

emancipatorios. Por otro lado, sería resultado del balance negativo, incluso de la derrota de la práctica política marxista en el siglo XX. No es casual, entonces, como afirma Aricó, que "las polémicas generadas por esta 'crisis del marxismo' tengan como temática fundamental la relación entre marxismo y desarrollo histórico del capitalismo contemporáneo, entre teoría política y movimiento histórico" (1977/2012:82/83). En definitiva, la crisis actual del marxismo, se encuentra íntimamente relacionada con el colapso de los socialismos reales, "las derrotas de los movimientos y organizaciones que utilizaron en todo el planeta el marxismo como bandera de lucha" (Lander, 2006:222) y las transformaciones en el seno mismo de las lógicas del capitalismo, que conllevarían en el seno de la teoría marxista a debatir las categorías de la sujeto, estructura, política y sus modos de vincularse.

No obstante, consideramos que esta problemática asume en la actual crisis un signo más radical que la simple puesta en cuestión de categorías aisladas que funcionaban en determinado andamiaje teórico marxista (como la de *desarrollo de las fuerzas productivas, relaciones de producción, superestructura,* etc.). Es decir, lo que se ha puesto en *crisis* no es simplemente toda una serie de categorías que posibilitan una secuencia de reformulaciones o ajustes teóricos del marxismo, sino que parecerían ser los mismos presupuestos de la dialéctica materialista y su vinculación con el desarrollo del capitalismo, aquello que se ha puesto en entredicho. Como afirma Sazbón, las formas actuales en las que son presentadas las salidas de la crisis del pensamiento marxista (ya sean como reconfiguración o como abandono del mismo), revisten un axioma común "marginar el legado de Hegel", pero sin ejecutar necesariamente "el movimiento de péndulo que conducía a Kant o al positivismo" (2002:65), como había sucedido en otras oportunidades. Con esto no queremos decir que *marginar a Hegel* toma el mismo sentido que le diera Althusser en los años '60, sino que consideramos que, en esta ocasión, cuando se critican las premisas de la dialéctica, se lo hace discutiendo no solamente con Hegel sino, y más importante aún, con la misma herencia de Marx, con la dialéctica marxista, ya sin excusas hegelianas. Así, el debate teórico más singular que presenta la actual crisis del marxismo, es la crítica a los presupuestos –totalidad, negatividad, contradicción, objetividad– tal y como operan en la *dialéctica marxista* en su análisis del capitalismo. Esto supondrá –en determinados casos, como los que trabajaremos– la puesta en cuestión –o al menos una revisión– de la categoría de *sujeto* como fundamento (de la emancipación), y sus vinculaciones y/o determinaciones estructurales y políticas.

Podríamos, sólo con fines analíticos, dividir los debates en torno a la dialéctica en dos grandes grupos que exponen las posturas dominantes en el ambiente de disputa, sin desconocer que dentro de cada uno habría que especificar matices que vuelven más que interesante la discusión. El primer grupo puede caracterizarse por aquellxs pensadorxs que en sus apuestas por continuar considerándose marxistas –o al menos encontrarse vinculados al marxismo de algún modo como, por ejemplo, el *pos*marxismo– sostienen que el destino de Marx, si no queda ligado al de Hegel, sólo podría rescatarse mediante un distanciamiento respecto a la dialéctica –marxista–.

En este grupo, podemos ubicar a pensadores como el italiano L. Colletti y el español M. Sacristan. Para Colletti (1977), quien afirma que el materialismo dialéctico es una metafísica escolástica, es preciso construir -desde el marxismo- un método que se centre en Kant y en Hume, contra la herencia de Spinoza y Hegel, demostrando que la relación capital-trabajo es una oposición real, no una contradicción dialéctica. Por su parte, Sacristán (1984), argumenta que la herencia hegeliana transmite una *representación bastarda* de la ciencia que impediría a Marx precisar el estatus epistemológico de su trabajo intelectual.

También, podemos referenciar los trabajos de M. Hardt y A. Negri para quienes la re-lectura de Marx debe pasar por una herencia spinoziana y ya no hegeliana. De este modo, en sus producciones apuestan por una teoría marxista no teleológica de la lucha de clases contra la *dialéctica de la historia,* proponiendo una reformulación de la teoría del valor-trabajo: "Al haber alcanzado el nivel global, el desarrollo capitalista se encontró directamente enfrentado cara a cara con la multitud, sin ninguna mediación. De ahí que se evaporara la dialéctica" (Hardt y Negri, 2002:222). A estos teóricos habría que considerarlos como exponentes actuales de una tradición marxista de larga data: el *operaismo italiano.* Esta tradición –heterogénea– es una corriente de pensamiento y militancia compuesta por un grupo de autores (R. Panzieri, M. Tronti, S. Bologna, entre los más destacados) que pretendían especificar una serie de conceptos, tales como: composición de la clase obrera, autonomía de la misma y una crítica a la idea de desarrollo. Esta corriente se caracterizó fundamentalmente por considerar a la clase trabajadora como un sujeto autónomo de la *lógica del capital.*

En este grupo ubicamos también a pensadores como Derrida, G. Deleuze y F. Guattari. Derrida, realiza una puesta en jaque del concepto de *Identidad* hegeliano-marxista. De este modo, la *diferencia* del concepto no es diferencia hacia otro, sino *hacia sí mismo,* mostrando el dislocamiento de la identidad por sí misma (Derrida, 1967/1989). Deleuze y Guattari, por su parte afirman que es preciso generalizar los conceptos de *diferencia y repetición,* contra los de *identidad y negación* (Guattari, 2004). Por tanto lo que expone esta sentencia es la afirmación de *un anti-hegelianismo,* "pues la diferencia no implica lo negativo, y no admite ser llevada hasta la contradicción más que en la medida en que se continua subordinándola a la identidad" (Deleuze, 1968/2002:15).

Por último, ubicaremos a un grupo de pensadores pertenecientes al marxismo pos-estructuralista como Rancière, Badiou y Laclau, dado que sostienen que el fallo del socialismo muestra en términos políticos la crisis de la idea de revolución que el marxismo pregonaba y la centralidad ontológica de la clase obrera y, en términos teóricos, devela una crisis del concepto de *negación*, que debe ser recuperado ya sin dialéctica y de *totalidad*, que debe ser pensado a partir de sus fallas y no simplemente desde el enquistamiento de su cerramiento (Rancière, 1974/2006; Badiou, 2011; Laclau, 1990/2000).

Finalmente, en un segundo grupo situamos a aquellxs autorxs que consideran que el marxismo es dialéctico y que precisamente esa es su especificidad tanto teórica como política. No obstante, la dialéctica precisa toda una serie de debates y modificaciones que la desvinculen de cualquier tipo de definición ortodoxa, posibilitando una nueva lectura del presente (en este punto podríamos ubicar al pensamiento de Moreno -1981-, pero también al de C. Arthur, 2004; F. Jameson, 2012; S. *Žižek, 2011,* D. *Bensaïd, 1995/2013*; N. Kohan, 1998; Löwy, 1994, A. Boron, 2006). Por tanto, aunque con salidas teóricas disimiles, para ellos "si se llegase a demostrar que el método dialéctico es un mero recurso retórico y no una estrategia válida de reconstrucción de lo real en el plano del pensamiento, las tesis centrales de la teoría marxista difícilmente podrían sobrevivir" (Borón, 2006:39). Por último, podemos recuperar las obras feministas de pensadoras como S. Firestone (1976) y las referentes del feminismo materialista francés (G. Tablet y C. Mathieu, 2005), quienes sostienen que el método de análisis marxista, a la vez dialéctico y materialista, permite recuperar un sustrato sexual en la dialéctica de la historia, posibilitando comprender al sexo como fenómeno de clase.

En conclusión, una vez que se afirma que la actual crisis del marxismo no puede ser entendida como una transformación continua de su pensamiento, se nos presenta el siguiente interrogante: ¿qué es lo que cae en crisis?, ¿la categoría de "marxismo" o una determinada configuración histórica de tal categoría? El objetivo será comenzar a responder esta incógnita atendiendo a cómo teorizan sobre la crisis del marxismo la tríada de pensadores centrales de este libro —Moreno, Badiou y Laclau— y dónde es que podemos ubicarlos frente a las problemáticas específicas que asume la actual crisis del pensamiento y de la práctica política marxista.

Capitulo II. Tres modos de asumir la crisis del marxismo

> Como no existe lectura inocente, digamos
> de cuál lectura somos culpables.
> (ALTHUSSER, *PARA LEER EL CAPITAL*)

Teniendo presente el contexto presentado en el capítulo anterior, nos enfocamos ahora en las producciones de Moreno, Badiou y Laclau, a fin de formular una caracterización precisa sobre los puntos fundamentales abordados en sus respectivos análisis sobre la *crisis del marxismo*. En término generales, consideramos que sus textos perciben al marxismo en crisis tanto desde un *problema teórico* como de un *problema político*. La *crisis teórica* que el marxismo atraviesa implica el desmantelamiento o la reformulación de determinadas categorías, que antes eran consideradas claves para la tradición marxista, como resultado de una crítica al método dialéctico a partir de las transformaciones de las lógicas del capital. Vinculado a ello, esta crisis se encuentra atravesada por un *problema político*. La crisis habilita, también, un debate profundo sobre las formas actuales de construcción de una política y una subjetividad emancipatoria, bajo las nuevas configuraciones del capitalismo neoliberal.

El pensamiento de Moreno podría ser ubicado en el tercer tipo de reacción frente a la actual crisis descripta por Althusser. Pues, Moreno asume el problema del marxismo desde una perspectiva histórica, teórica y política en el intento de descubrir el sentido y el alcance de esta crisis. Desde una perspectiva histórica, Moreno dirá que el primer punto que habrá que cuestionar, si se pretende salir de esta crisis, será la concepción de la historia a partir de un sentido prefijado y determinado que conduciría inevitablemente hacia una sociedad futura *socialista*. Así, su primera apuesta al vislumbrar la actual crisis del marxismo es la de reformular la premisa de una ortodoxia marxista dogmática que entendía al desarrollo histórico como incuestionable. El mismo devenir histórico ha puesto en cuestión dicha suposición. En este sentido Moreno sostiene que,

> "Los marxistas revolucionarios, en general sostenían que el capitalismo se dirigiría a la catástrofe (…). Todos nosotros hemos compartido esa concepción, (…) decíamos que (…), se hundiría el capitalismo para dar lugar a una sociedad socialista (…). El tiempo nos ha demostrado que no existe una ley científica por la cual se llega inexorablemente a la catástrofe final del capitalismo y al comienzo del socialismo. El problema es mucho más complejo, ya que entran en juego los sujetos históricos, que son las clases, con sus sectores, grupos y dirigentes". (Moreno, 1986a:1/2)

Moreno afirma que la posibilidad del socialismo, como horizonte histórico de esta época, es resultado de un problema político. La *lucha política*, de este modo, asume un papel indiscutible como *motor de la historia*. Por lo tanto, si el devenir histórico se determina a partir de la lucha, este no es el corolario de una lógica histórica necesaria e inevitable sino el resultado contingente de las posibilidades suscitadas en un momento histórico específico. Es decir, que si la lucha es la determinante del proceder de la historia, no tiene inscripto *a-priori* ningún resultado. No obstante, esta lucha continua teniendo para Moreno un contenido específico de *clase* (diferente será el caso de Laclau, como veremos). En este sentido, ubicar a la lucha política *de clases* como lo determinante del proceso histórico permite en el pensamiento de Moreno la distinción de dos lógicas operantes. Por un lado, el *momento necesario* de cada tiempo socio-histórico determinado por el contenido *clasista* de cada lucha. Por el otro, el *momento azaroso* –como él afirma–, podríamos decir contingente, del devenir social a partir de la irrupción conflictiva de la lucha política.

En este sentido, la actual crisis del marxismo supone una *crisis política*. Puesto que si la lucha de clases es el fenómeno determinante de la posibilidad de transformación social, la crisis política del marxismo se presenta a partir de la ausencia de una dirección política internacional organizada que *luche* por el advenimiento del socialismo. Moreno sentencia al respecto, que el problema no radica en la falta de *lucha de las masas trabajadoras* sino en la falta de una organización a nivel mundial que se plantee políticamente "la perspectiva de derrotar al imperialismo" (Moreno, 1986a:14). Moreno sostiene que la posibilidad de la organización de una nueva dirección de las *masas trabajadoras* a nivel mundial se abrirá al caer el stalinismo, pues éste representa un fuerte obstáculo para la resolución de la crisis del marxismo. El stalinismo se caracteriza por formar direcciones *oportunistas*, *burocráticas* y *contra-revolucionarias*, que operan a partir de lógicas totalitarias, que a lo largo del tiempo han generado que las masas trabajadoras del mundo occidental, pero también del oriental, mirasen con recelo las potencialidades revolucionarias del marxismo (Moreno, 1986a). De este modo, una vez que las direcciones stalinistas entren en crisis, puede darse lugar a nuevas formas de dirección que efectivamente batallen por el advenimiento mundial del socialismo.

Moreno afirma que si el marxismo es antes que nada un pensamiento de la praxis, la actual crisis de dicha tradición debe ser definida también dentro de un problema teórico. De este modo, si el stalinismo trazaba las coordenadas de la crisis política del marxismo, también su concepción teórica hegemónica –el *materialismo dialéctico* soviético– es la responsable de una crisis teórica del marxismo. Las premisas ortodoxas y dogmáticas del stalinismo, no permiten dar cuenta de las complejidades que asumen las relaciones sociales en el capitalismo contemporáneo, a la vez que coartan la tarea internacional de la lucha revolucionaria al decretar la política del *socialismo en un solo país*. Así, la crisis teórica del marxismo debe resolverse recuperando las potencialidades *dialécticas* del pensamiento de Marx y combinarlas con nuevos aportes teóricos-categoriales no sólo de autorxs marxistas sino también de teóricxs no necesariamente marxistas. El marxismo lejos de ser un pensamiento cerrado, es una lógica siempre abierta que, para continuar dando respuestas concretas tanto en un plano político como teórico, debe ser permeable a incorporar nuevos saberes y campos de pensamiento. En definitiva, la relación entre *teoría y política,* en el pensamiento morenista, se articula a partir de la necesidad de la actualización permanente de la teoría marxista y de la subsistencia de su práctica política revolucionaria a través una la lucha política constante.

La apuesta teórico-política del morenismo será la de afirmar la necesidad de revisar la categoría marxista clásica de *sujeto*. Bajo las nuevas lógicas del capitalismo contemporáneo y como resultado de la crisis que desencadenó la hegemonía stalinista, es pertinente comprender que existen dos formas subjetivas para pensar los procesos revolucionarios, una social y otra política, más complejas de lo que afirmaba aquel marxismo. El sujeto revolucionario se constituye a partir de la relación entre estas dos formas subjetivas. La primera, el *sujeto social*, excede la categoría de clase obrera (tal y como la había formulado Marx). Puesto que bajo el nuevo régimen capitalista de acumulación operante desde la década de los '70, y como resultado de los desarrollos desiguales y complejos de la estructura económica latinoamericana, es fundamental comprender la multiplicidad de sectores explotados ya no solamente dentro de la clase obrera industrial. La segunda, el sujeto político, supone la organización de un partido revolucionario con influencia de masas que luche por el socialismo. La relación que asume esta doble determinación subjetiva, en un contexto globalizado y complejo como el del capitalismo neoliberal, donde se evidencia una fragmentación creciente de la estructura social, le otorga a la construcción de un sujeto político revolucionario un lugar determinante en la posibilidad del proceso revolucionario.

Esta doble formulación subjetiva será el resultado de realizar una nueva apuesta dialéctica que le permite a Moreno vincular de un modo heterodoxo las constituciones subjetivas con los procesos estructurales y políticos, como mostraremos más adelante. Por ahora diremos que el pensamiento de Moreno se construye a partir de una tensión irresoluble entre una acción subjetiva que no se despliega necesariamente a partir del complemento de las determinaciones materiales pero que encuentra en ellas su potencialidad. En efecto, la tensión entre una lógica estructural determinante y una lógica política también determinante se convertirá en una constante en la producción de Moreno. La consecuencia teórico-política que asume el morenismo, al permanecer en esta tensión, es la de afirmar la necesidad y al mismo tiempo la imposibilidad de romper con el *sentido socialista de la historia*. Esta tensión se materializa en la recuperación y reformulación que realiza Moreno de la famosa frase marxista *socialismo o barbarie*, en *trotskismo u holocausto,* como desarrollaremos luego.

Para Badiou y Laclau, la actual crisis del marxismo se ubica en el tipo de respuesta que, entiende que la crisis es definitiva y al mismo tiempo insuperable. De este modo, consideramos que, en este contexto, sus producciones son exponentes de una forma extrema y radical de dar respuesta a la crisis. El pensamiento de ambos se sostiene a partir de una suerte de tensión permanente entre la imposibilidad actual del marxismo para recrear sus conceptos y su práctica política, y la no posibilidad de constituir un nuevo pensamiento emancipatorio más allá del discurso marxista. No obstante esta tensión será formulada de modos disimiles en las teorizaciones de cada uno.

Badiou, por su parte, declara que la actual crisis del marxismo es completa. Los tres referentes históricos del marxismo el "movimiento obrero, [las] luchas de liberación nacional, [y los] Estados socialistas [que] ubicaban al marxismo en el orden de la historia real" (Badiou, 1985/2007:20) se han derrumbado. En este sentido, se puede denominar crisis histórico-política del marxismo al derrumbe de todos aquellos dispositivos históricos de referencias. Badiou llegará, de este modo, hasta los límites de la crisis del marxismo, descreyendo de su capacidad como fenómeno político emancipador y también destruyendo sus andamiajes teóricos. Por tanto, si la crisis del marxismo se evidencia a partir de una crisis y un posterior desmantelamiento del proyecto político socialista, esto supone una caducidad de la idea marxista de *revolución,* poniendo en entredicho la posibilidad misma de otro mundo tal como el marxismo lo planteaba. Esto revela, en términos teóricos, una crisis de la *dialéctica hegeliano-marxista.* Frente a semejante atolladero, dice Badiou (2011), se presentan dos salidas: o bien se abandona por completo la idea de revolución y se acepta que el mundo capitalista es la única posibilidad real luego del fracaso de las experiencias comunistas, o bien se mantiene el gesto de ruptura que sostenía la política revolucionaria marxista y se busca una nueva forma de negación que ya no pre-suponga el efecto totalizador de la dialéctica hegeliano-marxista. Frente a tal dicotomía, Badiou recupera su herencia marxista y asume la decisión de escoger la segunda opción: *aún hay otros mundos como posibilidad* y estos pertenecerán al advenimiento de acontecimientos singulares, como desarrollaremos luego.

Aquí diremos que es importante comprender que, para Badiou, el marxismo se ha convertido en un saber que –cuenta por uno–, y ha perdido la fidelidad al acontecimiento/ruptura que la revolución de octubre –pero también la china y la cubana– habían abierto. De este modo afirma que, "desde el punto de vista de la política, el acontecimiento del que somos contemporáneos es la crisis del marxismo, [que es] (...) el signo aparente de un fenómeno mucho más profundo, más radical, que es la crisis de lo político en su integridad" (1985/2007:15). En el pensamiento de Badiou, *lo político* no es más que la ficción –el lugar de la representación a través de conjuntos sociales que *cuentan por uno*– que *la política* viene a romper, a *agujerear* a partir del advenir acontecimental. En esta línea, si la política es el lugar de un acontecimiento singular que hace agujero en el saber de lo instituido, los socialismos realmente existentes, afirma Badiou, no han sido fieles al acontecimiento que abrieron y han cerrado nuevamente las posibilidades, convirtiéndose en un *régimen-político-de-lo-uno*, en un *desastre oscuro*. No obstante, afirma, *lo político* también atraviesa una crisis, que se materializa hacia fines de los años '70 y se profundiza en los '80, que revela que "todos los conjuntos son inconsistentes, que no hay franceses ni proletariado" (Badiou, 1985/2007:9).

Si el marxismo no solo ha entrado en crisis como *acontecimiento-ruptura*, sino que además es parte de la crisis que atañe a *lo político* en su integridad, parecería que si bien este ha quedado perimido, *hay un ser de esta destrucción*. Ser, que se presenta al asumir "la crisis del marxismo como un real (el 'socialismo realmente existente') que juzgaría y descalificaría un discurso (la doctrina marxista)" (Badiou, 1985/2007:35), abriendo la posibilidad de una resurrección del marxismo. La existencia de un ser (del marxismo), aún en su destrucción definitiva, es el motivo por el cual es necesario permanecer en la *inmanencia* de la crisis. En este sentido, Badiou sostiene que "el pensamiento radical de la crisis del marxismo exige que se esté en la posición, subjetiva y política, de inmanencia en esa crisis" (1985/2007:35). Permanecer quiere decir, para Badiou, recuperar la *Idea de comunismo*.

Una Idea comunista se abre como posibilidad que habilita comprender que la participación subjetiva "en un proceso político singular (...) es también (...) una decisión histórica" (Badiou, 2010:20). Por lo tanto, si la *Idea* debe ser entendida como *comunista,* luego del fracaso de los "socialismos realmente existentes", lo es precisamente porque, por un lado en ella habita la "decisión histórica" de permanecer en la inmanencia de la crisis del marxismo, y por el otro, porque *comunismo* es el nombre más importante de las políticas situadas en el terreno de la emancipación. Pero también, porque hay un peligro al abandonar la Idea de comunismo, de ahí que sea preciso recuperarla:

> "Durante tres décadas, la palabra 'comunismo' fue o bien completamente olvidada, o bien prácticamente identificada con empresas criminales. De ahí que la situación subjetiva de la política se haya vuelto tan confusa en todas partes. Sin Idea, la desorientación de las masas populares es ineluctable". (Badiou, 2010:30)

La *Idea de comunismo* se formula en la combinación de tres componentes que abren la posibilidad de transformación de lo socialmente existente. Ésta es una idea que empuja y trastoca los límites de lo socialmente instituido. En primer lugar, la *Idea* presenta un *componente político* (en el sentido de la política como ruptura) que habilita la posibilidad de una presentación de una *verdad* a partir del desencadenamiento de un acontecimiento político emancipatorio: "Una verdad política es una secuencia concreta (…) en la cual surgen, existen y desaparecen una práctica y un pensamiento nuevo de la emancipación colectiva" (Badiou, 2010:18). En segundo lugar, la *Idea de comunismo* tiene un *componente histórico* como forma local del advenir de una verdad: "Un procedimiento de verdad está inscripto en el devenir general de la humanidad y adquiere una forma local con soportes espaciales, temporales y antropológicos" (Badiou, 2010:18). En tercer y último lugar, esta *Idea* presenta un *componente subjetivo* que, a partir de un *acto de decisión,* abre un proceso de subjetivación en el cual el *animal humano* deviene un *sujeto militante de una verdad.* De este modo, el *cuerpo individual* pasa a formar parte del *cuerpo colectivo de una verdad,* momento donde el individuo "decreta que puede traspasar los límites (…) impuestos por la individualidad" capitalista hegemónica (Badiou, 2010:19).

Ahora bien, si la apuesta badioudiana radica en buscar una nueva forma de negatividad que quiebre las lógicas totalizadoras de la dialéctica hegeliano-marxista, la *Idea de comunismo* no puede ser por lo tanto *total.* Es decir, no puede ser ni plenamente política, ni plenamente histórica, ni plenamente subjetiva[1]. La resurrección de la *Idea* de *comunismo* depende de que se renuncie a la dialéctica hegeliano-marxista y de que no se la haga advenir como el adjetivo que califique a una política instituida, como lo fue en las experiencias socialistas del siglo XX materializadas en las políticas del "partido comunista" o del "Estado socialista". La *Idea comunista* no pre-supone, afirma Badiou, ningún *Sentido de la historia*. La posibilidad de subordinar los *acontecimientos* y las *verdades* al sentido de la historia, es precisamente lo que ha entrado en crisis en este particular período. Los "efectos a largo plazo de los orígenes hegelianos del marxismo" (Badiou, 2010:22) dieron como resultado un discurso teleológico y escatológico de la historia, habilitando que existiera *una* política comunista, *un* partido marxista, *un* estado socialista, y eso es precisamente lo que la *Idea de comunismo* viene a cuestionar:

> "La Historia no puede existir. Lo discontinuo de los mundos es la ley del aparecer (…). Lo que existe, con la condición real de la acción política organizada, es la Idea comunista, operación ligada a la subjetivación intelectual y que integra (…) lo real [componente político], lo simbólico [componente histórico] y lo imaginario [componente subjetivo]. Debemos recuperar esta Idea, desligándola de todo uso predicativo". (Badiou, 2010: 22/23)

Si se liga entonces la *Idea de comunismo* a la de historia, tendremos como resultado la experiencia de los *socialismos realmente existentes*. La historia de *un Estado* que por su propia condición siempre *cuenta-por-uno*: "esta idea del comunismo ha permitido que la política revolucionaria y sus partidos se inscribieran en la representación de un sentido de la Historia del que el comunismo era la consumación necesaria" (Badiou, 2010: 24/25). Pero la *Idea de comunismo* debe estar siempre, ligada al *acontecimiento* que posibilita la apertura constante de la creación de nuevas posibilidades: "La idea es una fijación histórica de lo esquivo, lo que se sustrae, lo inasible que tiene que devenir una verdad" (Badiou, 2010:25). La *idea* pre-supone un *Estado*, pero cuya consecución misma es el resquebrajamiento de sus límites. La *Idea comunista* habitará siempre en esta tensión entre una estructura que cuenta-por-uno (el Estado) y las consecuencias políticas de un acontecimiento que hace agujero en lo instituido. Pero si las experiencias políticas del marxismo han olvidado el acontecimiento haciendo del comunismo una política de

---

[1] En este sentido, y como marcábamos más arriba, Badiou se muestra como un claro heredero de Lacan. Los tres componentes de la idea (la política, la historia, la subjetivación) hacen referencia a la relación real/simbólico/imaginario de "las tres instancias en que el efecto –subjetivo se despliega" (Badiou, 2008/2009:16) en la obra de Lacan. Badiou sostiene que revisar a Lacan "es un recurso obligatorio, incluso para el marxismo en crisis" (2008/2009:17), y agrega: "Para un marxista francés hoy, Lacan funciona como funcionaba Hegel para un revolucionario alemán de 1840" (2008/2009:17).

Estado ahora, desde la inmanencia de esta crisis, es preciso permanecer en el punto de *ruptura* del acontecimiento y la verdad que presenta.

Laclau afirma que su trabajo teórico-político se vincula con la *llamada crisis del marxismo,* a través de un gesto que, similar al de Badiou, supone atravesar la destrucción del marxismo realizando una deconstrucción de dicha tradición. Permanecer en la *crisis* del marxismo, es la condición de posibilidad para declarar que es necesaria una deconstrucción del marxismo, más no su mero abandono:

> "Uno siempre piensa *desde* una tradición. Desde luego, la relación con la tradición no debe ser de sumisión y repetición sino de transformación y crítica. Uno debe construir su propio discurso como *diferencia* en relación con esta tradición y esto implica a la vez continuidades y discontinuidades". (Laclau, 1990/2000:189)

A partir de aquí, Laclau sostiene que es preciso mantener un vínculo con el discurso marxista desde un terreno *pos*marxista. La decisión de mantenerse en un campo, tanto teórico como político *pos*marxista, dice, es el resultado de toda una serie de operaciones e intervenciones realizadas en categorías claves de la tradición marxista –sujeto, totalidad, socialismo, etc.–. En este sentido sostiene que estas operaciones son similares a lo que Heidegger denominó *destrucción de la historia de la ontología*[2]:

> "Para Heidegger, esta 'de-strucción' no significa la operación puramente negativa de rechazar una tradición, sino exactamente lo opuesto: es a través de un cuestionamiento radical que se sitúa más allá de esa tradición pero que es sólo posible en relación con ella, que el sentido originario de sus categorías (desde hace mucho entumecido y trivializado) puede ser recobrado. En este sentido, efectuar una 'de-strucción' de la historia del marxismo implica ir más allá de la engañosa evidencia de conceptos tales como 'clase'". (Laclau, 1990/2000:107)

La *destrucción* del marxismo se afirma a partir de las experiencias traumáticas y políticamente repudiables que significaron los *socialismos realmente*

---

[2] Laclau hace referencia aquí a la obra de M. Heidegger, *Ser y Tiempo* (1927). En el apartado § 6. *La tarea de una destrucción de la historia de la ontología*, Heidegger afirma que "la destrucción tampoco tiene el sentido negativo de un deshacerse de la tradición ontológica. Por el contrario, lo que busca es circunscribirla en lo positivo de sus posibilidades, lo que implica siempre acotarla en sus límites, es decir, en los límites fácticamente dados en el respectivo cuestionamiento y en la delimitación del posible campo de investigación bosquejado desde aquél. La destrucción no se comporta negativamente con respecto al pasado, sino que su crítica afecta al 'hoy' y al modo corriente de tratar la historia de la ontología, tanto el modo doxográfico como el que se orienta por la historia del espíritu o la historia de los problemas. La destrucción no pretende sepultar el pasado en la nada; tiene un propósito positivo; su función negativa es sólo implícita e indirecta" (1927/s/d: 32).

existentes y las transformaciones históricas suscitadas desde finales de los años '70[3]. De este modo, el punto nodal que es puesto en cuestión, en esta particular crisis del marxismo, es el de una "concepción del socialismo fundada en la centralidad ontológica de la clase obrera, en la afirmación de la Revolución como momento fundacional en el tránsito de un tipo de sociedad a otra" (Laclau y Mouffe, 1985/2004:9). Esta crítica supone que, por un lado, la *clase obrera* deja de operar como *clase universal*. Por lo tanto, y al no haber más posibilidad de universales en estos términos, la idea de revolución, como momento de toma del poder del Estado, también se presenta como imposible y debe ser por tanto deconstruida. El *socialismo,* como sociedad futura que adviene luego de un proceso revolucionario de una clase obrera universal, se basa "en la ilusión de la posibilidad de una voluntad colectiva perfectamente una y homogénea que tornaría inútil el momento de la política" (Laclau y Mouffe, 1985/2004:9). Y esto es precisamente lo que no puede sostenerse para Laclau. La *política*, el momento político, asumirá en su apuesta *pos*-marxista una centralidad constitutiva de lo social.

No obstante, si la apuesta teórico-política de Laclau es también (pos) *marxista* es porque éste le permite dejar aún abierta la pregunta por la *emancipación social.* En este sentido, categorías como lucha (de clases), antagonismo, negatividad, hegemonía, desarrollo desigual, sobredeterminación, le permitirán a Laclau comenzar a indagar acerca de cómo es posible transformar lo social en las condiciones contemporáneas del capitalismo. Es el marxismo el que le permite comprender y re-pensar, por un lado, el lugar central de la *negatividad* –la lucha y el antagonismo– en la estructuración de todo sujeto político colectivo y por el otro, le permite afirmar que la opacidad de lo social, es decir, que *la naturaleza ideológica de las representaciones colectivas,* "establece un hiato permanente entre lo real y los sentidos manifiestos de las acciones individuales y colectivas" (Laclau, 1990/2000:108). En definitiva, es a partir de su apuesta *posmarxista* que Laclau ha podido primeramente radicalizar el concepto de *política* y dislocar las determinaciones estructurales totalizadoras de la clase obrera, recuperando los supuestos ontológicos del marxismo que afirman que la negatividad es intrínseca de toda identidad colectiva y que la opacidad es constitutiva de las relaciones sociales.

---

[3] Laclau se refiere en este punto a "las mutaciones estructurales del capitalismo que han conducido a la declinación de la clase obrera clásica en los países posindustriales; penetración crecientemente profunda de las relaciones capitalistas de producción en vastas áreas de la vida social, cuyos efectos dislocatorios (…) han generado nuevas formas de protesta social; la crisis y el descrédito del modelo de sociedad implementado en los países del llamado 'socialismo actualmente existente', lo que incluye la denuncia de las nuevas formas de dominación establecidas en nombre de la dictadura del proletariado" (1990/2000:111).

Estas reformulaciones le permitirán a Laclau preguntarse, en el marco del contexto de un capitalismo en transformación y un socialismo en descomposición, ¿cuáles son las tendencias dislocatorias operantes en el capitalismo neoliberal y cuáles son las nuevas posibilidades de intervención política que ellas abren?, y también, ¿qué nuevas formas de la subjetividad política habilitan? Al respecto formulará dos respuestas generales.

Como crisis teórica, es necesario subvertir las categorías del *marxismo clásico y primeramente dialéctico,* apoyándose en dos categorías marxistas formuladas posteriormente. En primer lugar, comprender "la generalización de los fenómenos del desarrollo desigual y combinado en el capitalismo tardío" (Laclau y Mouffe, 1985/2004:5). A partir de la generalización de esta noción como resultado histórico de las transformaciones del capitalismo, Laclau puede afirmar que la *dislocación* "es el nivel ontológicamente primario de constitución de lo social" (Laclau, 1990/2000:61). Entonces, lo social como constitutivamente dislocado, le permite a Laclau pensar una nueva forma de la *temporalidad* –contingente y no necesaria– de las *posibilidades* emancipatorias –pero ya no revolucionarias– y de la libertad articulatoria –o no determinación de los sujetos por la estructura–. En este sentido, si la dislocación es la condición primaria de lo social, a largo plazo, el carácter de mera posibilidad de cualquier tipo de configuración social se impone a toda necesidad estructural. La dislocación social es la forma misma de la posibilidad de cambio, "no hay *télos* que gobierne el cambio; la posibilidad pasa a ser una auténtica posibilidad, una posibilidad en el sentido radical del término" (Laclau, 1990/2000:59). En definitiva, se abre una temporalización de los espacios y una ampliación del campo de lo posible, pero esto tiene siempre lugar en una situación *determinada.* Es decir, en una situación en la cual hay siempre una estructuración relativa. En segundo lugar, es menester hacer de la categoría de *hegemonía* una lógica política de constitución de lo social, pero recompuesta a un nivel distinto del postulado por la tradición. Este movimiento implica para el enfoque laclausiano abandonar la concepción marxista de la subjetividad (el antagonismo social como lucha de clases) y su visión del curso histórico del desarrollo capitalista, junto con "la concepción del comunismo como sociedad transparente de la que habrían desaparecido los antagonismos" (Laclau y Mouffe, 1985/2004:13). Al respecto Laclau declara que:

> "Gramsci tomó de Marx la idea de que la universalidad surge a nivel de la sociedad civil pero, por otro lado, toma de Hegel la idea de que esa universalidad va a ser una universalidad política, es decir, va a ser una universalidad hegemónica. O sea, que implícitamente –porque esto no está del todo desarrollado en Gramsci– hay la idea de que la dimensión de lo político es algo que no puede ser abandonado". (2012:128)

En este sentido, la segunda apuesta *posmarxista* de Laclau es una respuesta política frente a la crisis del marxismo: "es una decisión inevitable para quien quiera reformular un programa político para la izquierda en las circunstancias históricas prevalentes en la última década del siglo XX" (Laclau, 1990/2000:12). La apuesta política laclausiana es entonces la de redefinir un proyecto político, que si bien ya no es posible de llamar socialista, sí al menos emancipatorio, a partir de la articulación sucesiva de las diferentes luchas –de clase, de género, de raza– contra las formas de subordinación operantes. Pero esta lucha se debe dar sobre todo, en lo que respecta a los *regímenes nacional-populares* de latinoamérica de los últimos años que Laclau está mirando, a partir de "un equilibrio entre construcción política a nivel del Estado, transformación del Estado y extensión horizontal de la lucha" (Laclau, 2012:130). De este modo, si el marxismo le permite a Laclau recuperar la dimensión utópico-política de la transformación hegemónica de lo social, no lo hace a la hora de comprender al *estado* como un momento específico y pasajero de la lucha por la emancipación y no como una forma-institucional necesaria e inerradicable.

Para cerrar esta parte del libro, diremos que las producciones de estos tres pensadores asumen diferentes y complejos modos de entender la actual crisis del marxismo. Mientras, Moreno sugiere que el marxismo debe construir una *lógica marxista* siempre abierta que le permita reformular sus categorías constantemente, a fin de preservar su apuesta revolucionaria y socialista. Badiou dirá que pese a la *destrucción* del marxismo tanto *teórica* como *política*, es fundamental permanecer en la inmanencia de su crisis para, a partir de ella, volver a apostar por una nueva forma de negatividad –no totalizadora– que refuerce la *Idea de comunismo* como gesto de ruptura en las sociedades contemporáneas. Laclau nos propondrá una apuesta posmarxista donde el lugar de la política –hegemónica– se asume como una nueva lógica de constitución y articulación de lo social, a partir de las dislocaciones operantes y en aumento que presentan las condiciones actuales del capitalismo. A partir de aquí, en sus producciones teóricas se trazará una revisión de las categorías clásicas del marxismo develando distintas maneras de concebir al *sujeto* y su vinculación con la lucha, la estructura, la historia y la política. En efecto, ¿cómo impactan estas conceptualizaciones de la crisis del marxismo a la hora de pensar el *sujeto político*, la *emancipación* y al *capitalismo* como modo de *estructuración de lo social*?

Antes de adentrarnos en estas cuestiones, consideramos que es fundamental preguntarnos por la dialéctica (marxista), por el lugar que ocupa en el debate general sobre la crisis del marxismo y en la argumentación de cada uno de estos pesadores. En este sentido, realizaremos un recorrido por algunas discusiones hacia dentro de la tradición marxista y principalmente nos dedicaremos al trabajo de analizar algunas obras de Marx en el camino de explicitar cómo opera la dialéctica en el pensamiento de este último y en un análisis del capitalismo. Para luego sí, adentrarnos en las producciones de Moreno, Laclau y Badiou con el fin de discutir la dialéctica como problema específico de la actual crisis del marxismo.

Segunda parte

Las premisas de la dialéctica marxista

> También el jugador es prisionero
> (la sentencia es de Omar) de otro tablero
> de negras noches y blancos días.
> Dios mueve al jugador, y éste, la pieza.
> *¿Qué Dios detrás de Dios la trama empieza*
> *de polvo y tiempo y sueño y agonías?*
> (Jorge Luis Borges, *Ajedrez*)

> Los economistas nos explican cómo se producen en las circunstancias y relaciones dadas, lo que no nos explican es cómo se producen esas condiciones y relaciones mismas, o sea, el movimiento histórico que les da nacimiento.
> (Karl Marx, *Miseria de la filosofía*)

Capítulo I. Sobre Marx y la dialéctica

I. 1. *La dialéctica en cuestión*

> Nosotros los alemanes somos hegelianos, aunque nunca hubiese habido un Hegel, por cuanto nosotros (…) atribuimos instintivamente al devenir, a la evolución, un sentido más profundo y un valor más rico que a lo que «es»: no creemos apenas en la legitimación del concepto de «ser».
> (Nietzsche, *La ciencia jovial*, §357)

La actual crisis del marxismo se presenta como una crisis de la *dialéctica*. Aquello que revela esta cuestión es que no se han puesto en *crisis* simplemente toda una serie de categorías que posibilitan una secuencia de reformulaciones o ajustes teóricos del marxismo, sino que son los mismos presupuestos de la dialéctica los que se han puesto en entredicho. De este modo, hay algo común en los modos en las que son presentadas las salidas a la crisis del marxismo (ya sean como reconfiguración o como abandono): situar a la herencia hegeliana y a la problemática de la dialéctica como ejes centrales de las discusiones actuales de la crisis. Con ello, nos preguntamos si debatir el legado de Hegel ¿no supone a su vez una crítica de la dialéctica en tanto método del marxismo? Y también, ¿qué dialéctica se está criticando?, ¿el "materialismo dialéctico" pregonado como método científico por la URSS[1] o el método dialéctico propuesto por Marx? Por un lado, es posible suponer que, la crítica a la *dialéctica marxista* se presenta en clave de ataque al *materialismo dialéctico*, vinculado a un repudio del stalinismo saliente y, por otro lado, es posible inferir que, pos-caída del muro y como consecuencia de las mutaciones a nivel capitalista global, se comienza a producir un cuestionamiento de la dialéctica más allá de la versión del método prescriptivo de la burocracia soviética stalinista.

La aseveración de la crisis del marxismo se revela así, en esta, su otra cara, como la afirmación de una oposición teórica consciente frente a la dialéctica marxista, que conduce en reiteradas ocasiones a una lucha política contra la revolución y el socialismo. La tríada de pensadores aquí trabajada no se encuentra exenta de dicho problema. En efecto, si bien los tres plantean salidas disimiles frente a la problemática actual de la dialéctica, no dejan de pensarla como cuestión fundamental a la hora de asumir una postura crítica frente a la actual condición del marxismo. Por su parte, Badiou (2011) afirma que, una vez que se critica la *dialéctica hegeliano-marxista*, aquello que entra en *crisis* es la misma idea de revolución tal como el marxismo la planteaba, abriendo la pregunta por una *negatividad* que supone un nuevo tipo de dialéctica. El pensamiento de Laclau (1985) muestra que asumir una apuesta teórica que se considera *pos*dialéctica permite poner en cuestión la centralidad ontológica de la *clase obrera* y junto con ella a la idea de una sociedad futura pasible de ser socialista. Moreno (1980), si bien argumenta en favor de la dialéctica en tanto método del marxismo, entiende que la nueva etapa socio-histórica exige una urgente *inversión* dialéctica, donde lo determinante en última instancia es la lucha política.

A primera vista parece que la puesta en cuestión de la dialéctica es un gesto político rupturista frente a un momento histórico decisivo del marxismo: terminar de una vez por todas con la aberración de la herencia staliniana que

---

[1] El materialismo dialéctico, también conocido como DIAMAT, "designó la filosofía en la doctrina oficial de los partidos comunistas, pero también en algunos de sus críticos (…). Tras la revolución rusa, la filosofía marxista se divide 'dialécticos' (Deborin) y 'mecanicistas' (Bujarin). El debate es resuelto de manera autoritaria por el secretario general de Stalin, que en 1931 ordena la publicación de un decreto que identifica el materialismo dialéctico con el *marxismo leninismo*" (Balibar, 1993/2006:7).

había transformado la utopía marxista de emancipación humana en uno de los hechos históricos más sangrientos y brutales. En este sentido, la dialéctica devenía sinónimo de adoctrinamiento y ortodoxización. No obstante, el problema radica en que, al cuestionar el materialismo dialéctico staliniano, muchas veces se pone en entre dicho, sin distinción, el gesto revulsivo de Marx frente a la filosofía, frente a la política, frente al conocimiento, frente a la historia, que tiene de dialéctico mucho más de lo que ciertos marxistas pretenderían. Sin embargo, esto no es un hecho casual, la misma historia del marxismo presenta un debate complejo en relación a la dialéctica y a la herencia hegeliana que ella supone. Una gran cantidad de autorxs y militantxs marxistas han tomado postura frente a este problema, y podríamos aventurar que dos han sido las apuestas más consideradas: o bien, se entendía que toda esta confusión del método había sido culpa de Hegel, del hegelianismo de Marx, –posición que tanta mella hizo, que Althusser (1965) la glorificó en su famosa tesis del completo anti-hegelianismo de Marx–; o bien, se comprendía que marginar el legado de Hegel significaba un gesto político, dado que habilitaba la negación de una dialéctica marxista ya sin excusas stalinianas.

Acorde a la primera posición, Marx no solamente no había dejado de ser hegeliano en su madurez, como se afirmaba comúnmente y se acusaba al joven e inexperto Marx de encontrarse empapado del espíritu hegeliano de su época de principiante, sino que Hegel se encontraba ausente de toda su obra. La *revolución teórica de Marx* comenzaba, entonces, con la desaparición de Hegel: "El joven Marx *no fue jamás hegeliano*, sino primeramente kantiano-fichteano, luego feuerbachiano. La tesis del hegelianismo del joven Marx, sostenida corrientemente, es un mito". Y continúa: "si se quisiera pensar el movimiento que lo había hecho pasar de sus *estudios hegelianos universitarios* a una problemática kantiana-fichteana, luego a una problemática feuerbachiana, sería necesario decir que lejos de aproximarse, Marx no había dejado de *alejarse de Hegel*" (Althusser, 1965/2004:26). Por lo tanto, dentro de cierta herencia marxista, a partir de la crisis más general del hegelianismo, ha existido una fuerte tendencia a deshegelianizar a Marx, a borrar todo rasgo de hegelianismo de las obras de Marx, y ligado a ello, un fuerte rechazo de la dialéctica. Podemos nombrar, por ejemplo en el siglo XX, los trabajos de Althusser y su escuela en Francia, pero también al revisionismo de Bernstein en Alemania y la interpretación de Della Volpe y Colletti en Italia, pero también la de Hardt y Negri. La Segunda Internacional (formada en 1889) por su parte, cooperó en la puesta en cuestión de la herencia hegeliana de la dialéctica de Marx. En este sentido podemos incorporar, a su vez, a la corriente denominada *marxismo analítico* que tenía como objetivo librar a Marx de Hegel, y al fin de la dialéctica. Por último, podemos incluir a una generación de filósofos de herencia francesa (conocidos comúnmente como *pensadores de la diferencia*) que, luego de un primer acercamiento a Hegel, reaccionan contra su propia tradición y con ello frente a todo hegelianismo. Ya en su temprano texto *Diferencia y repetición* (1968), Deleuze planteaba que los signos de su época evidenciaban un "anti-hegelianismo generalizado". De este modo, el destino de Marx, si no quedaba ligado al de Hegel, sólo podía rescatarse mediante un distanciamiento respecto de la dialéctica.

La segunda apuesta suponía que marginar el legado de Hegel significaba un claro gesto político, ya que admitía el peligro de echar "el niño con el agua sucia", esto es, descartar en el mismo movimiento la posibilidad *dialéctica de Marx*. El desafío radicaba en la pregunta de tinte lukacsiano: ¿tiene el marxismo alguna especificidad que suponga su propia condición de ser? Es decir, que si esta especificidad no existiera o se demostrara "superada", el marxismo, como afirma Badiou (1985) se encontraría "derrotado históricamente", habiendo perdido su capacidad tanto práctica como teórica para dar cuenta de la "realidad" y al mismo tiempo para ser el "horizonte" de una sociedad nueva. La respuesta de Lukács en este aspecto sería terminante: esa especificidad última es el *método dialéctico*, puesto que es la dialéctica la que habilitaría al marxismo a encontrar aquel método de investigación crítico; método que le ha permitido no sólo analizar la realidad social, sino especificar sus movimientos, su devenir, siendo por tanto la herramienta que le permite pensar la transformación emancipatoria de lo social. La dialéctica, en tanto *movimiento de la realidad*, es para el marxismo la posibilidad de pensar la *revolución*, en el marco más general y más específico de la *lucha de clases* (Lukács, 1923/2002). La respuesta de Lukács no es otra que la de volver a Hegel, para hacer *devenir* hegeliana la dialéctica marxista. Por lo tanto, el gesto lukacsiano es el de retomar la línea que une el pensamiento de Marx con Hegel, pero también con el de Fichte y Feuerbach. Ese gesto no es otro que el de sumergirse en la *dialéctica marxista* para encontrar también allí sus conexiones filosóficas pasadas. Pero esta necesidad no estaba dada por un mero capricho intelectual. Por el contrario, Lukács la consideraba la tarea indispensable de su época, la tarea de pensar desde aquella crisis del marxismo.

En el mundo anglosajón han surgido en las últimas décadas una serie de publicaciones que se proponen reconstruir la dialéctica de Marx en estrecha vinculación con la Lógica de Hegel, lo que se ha dado en llamar la "nueva dialéctica" o "dialéctica sistemática" (Arthur, 2004). Nos referimos a pensadores como Arthur, Murray, Reuten, entre otros, a los que se unen también algunos teóricos latinoamericanos como Robles Báez o Dussel. En Suramérica, también podemos ubicar toda una serie de pensadores, como Borón, Kohan y Löwy quienes sostienen que el desarrollo creador del marxismo y la superación de su actual crisis requieren de la radicalización de su método dialéctico. También podemos ubicar a pensadores como Žižek, Jameson y

Bensaïd, quienes sostienen que la recuperación política del comunismo en la actualidad necesita un apoyo de las prerrogativas totalizadoras de una dialéctica materialista.

Se dicotomiza el tablero: abandono total de Hegel o vuelta inminente a él. Es decir, o bien se margina a Hegel, o bien se lo recupera como parte de una herencia a la que se pretende filtrar, cribar, criticar, para escoger entre los varios posibles de la inyunción, que dice siempre *elige y decide dentro de aquello de lo que heredas* (Derrida, 1993/1995). Pero también se hereda siempre un secreto que implora ser leído. Aquel secreto que atormenta la cabeza de lxs marxistas, aquel espectro que pretende ser aquí conjurado lleva el nombre de *dialéctica marxista*. En efecto, podríamos pensar que esta época, la de la actual crisis del marxismo, nos propone esta otra tarea, nos permite leer este otro secreto, ya sin coartadas ni dicotomizaciones: volver sobre los pasos de la dialéctica en Marx sin pretender ni hegelianizarla, ni deshegelianizarla. Es decir, buscar la dialéctica en las obras de Marx, ubicando a Hegel como una referencia importante e incluso fundamental en el desarrollo del pensamiento marxista, pero con la ambición de que no sea Hegel quien la justifique y la conjure.

El problema no es de fácil solución. Si *El capital* es y ha sido el texto de Marx en el cual el método ha sido más buscado, discutido y criticado, es porque este no se presenta de modo explícito. Como nos advierte Althusser (1965) no hay en *El capital* un trabajo filosófico con respecto a la dialéctica, como sí lo había en la *Lógica* de Hegel. En efecto, la complejidad que supone develar su método ha sido ampliamente debatida, incluso ya en la época del mismo Marx:

> "El método aplicado en "El capital" ha sido poco comprendido, como lo demuestran ya las apreciaciones, contradictorias entre sí, acerca del mismo. Así, la "Revue Positiviste" de París me echa en cara, por una parte, que enfoqué metafísicamente la economía (…), el profesor Sieber [argumentaba que]: "En lo que respecta a la teoría propiamente dicha, el método de Marx es el método deductivo de toda la escuela inglesa" (…), el señor Maurice Block (…) descubre que mi método es analítico y dice, entre otras cosas: "Con esta obra, el señor Marx se coloca al nivel de las mentes analíticas más eminentes"". (Marx, 1873/2002:9/10)

¿Cuál es el método de *El capital*, es metafísico, deductivo, analítico? Marx sostendrá que su método no supone un proceder dogmático que parte de principios *a priori*, como el método *axiomático* que caracteriza la esencia de *lo matemático* y que, a partir Descartes, se instituye como rasgo fundamental de la modernidad. Tampoco sostiene un sentido kantiano que se liga aún a la metafísica tradicional que opera axiomáticamente, es decir, a través de la "facultad de los principios". Es a partir de una re-lectura de Hegel, más precisamente en su Lógica[2], donde se presentan las primeras intuiciones del método de *El capital*, puesto que aquel muestra que no se procede por principios absolutos, sino más bien que los principios son, en todo caso, un resultado, un producto del movimiento mismo en su avanzar (Hegel, 1812-1813/2011).

Un artículo ruso decía al respecto del método de *El capital*:

"Para Marx, sólo una cosa es importante: encontrar la ley de los fenómenos en cuya investigación se ocupa. Y no sólo le resulta importante la ley que los rige cuando han adquirido una forma acabada y se hallan en la interrelación que se observa en un período determinado. Para él es importante, además, y sobre todo, la ley que gobierna su transformación, su desarrollo, vale decir, la transición de una a otra forma, (…). No bien ha descubierto esa ley, investiga circunstanciadamente los efectos a través de los cuales se manifiesta en la vida social (...). No es la idea, sino únicamente el fenómeno (…) lo que puede servirle de punto de partida. La crítica habrá de reducirse a cotejar o confrontar un hecho no con la idea sino con otro hecho (…). Pero, se dirá, las leyes generales de la vida económica son unas, siempre las mismas (…). Es esto, precisamente, lo que niega Marx. Según él no existen tales leyes abstractas... En su opinión, por el contrario, cada período histórico tiene sus propias leyes (…). Marx niega, a modo de ejemplo, que la ley de la población sea la misma en todas las épocas y todos los lugares. Asegura, por el contrario, que cada etapa de desarrollo tiene su propia ley de la población". (Citado, en Marx, 1873/2002:10/11)

Marx respondía: "Al caracterizar lo que él llama mi verdadero método de una manera tan certera, y tan benévola en lo que atañe a mi empleo personal del mismo, ¿qué hace el articulista sino describir el método dialéctico?" (1873/2002:11). Tres preguntas iniciales acechan a la dialéctica en tanto método de *El capital*: una por el *tiempo*, otra por el *movimiento* y una última por el *materialismo*.

La dialéctica es una pregunta por el tiempo, no un tiempo escolástico, sino un tiempo en devenir, un devenir del tiempo. Una idea de dialéctica para la cual el *ser arrojado ahí* supone al *tiempo* como condición de posibilidad de *existencia*. Si la lógica formal, pretendía sostener sus principios desde la

---

[2] Marx relee hacia fines de 1857 la *Lógica* de Hegel, la cual le aporta toda una serie soluciones a la hora de pensar el método con el cual va a trabajar el problema del capitalismo. En una carta a Engels, fechada el 14 de enero de 1858, Marx describe de esta manera su relectura de Hegel: "Por lo demás, doy con magníficos hallazgos. Por ejemplo, he captado en el aire toda la teoría de la ganancia tal como existía hasta ahora. En el *método* de elaboración del tema, hay algo que me ha prestado gran servicio: por pura casualidad había vuelto a ojear la *Lógica* de Hegel (Freiligrath ha encontrado algunos libros de Hegel que habían pertenecido antes a Bakunin y me los ha enviado como regalo)" (Marx, 1859/2003:315).

formula *A es igual a A*, sólo podía sostenerse este enunciado de modo axiomático, es decir fuera del tiempo, de la existencia. Puesto que sólo *A es igual a A*, es decir una cosa es igual a sí misma, si no cambia, si no está en el tiempo, si no existe. La dialéctica, por el contrario, no se afirma de modo axiomático, sino que se presenta en el *devenir*, en el constante cambio de todo.

En este sentido, la dialéctica en Marx es también una pregunta por el movimiento, por la historia. En esta cuestión habita una tensión fundamental. Por un lado, la historia sería comprendida como una historia dada, siempre ya entramada, pero no con mayúsculas. Como sostiene Kourím, "la fidelidad dialéctica exige un examen continuo y pluridimensional de todo dato: un hecho o una estructura deben ser situados en su espacio y sometidas a la 'prueba del tiempo', es decir, analizados en su movimiento desde el pasado al futuro" (1974:17). Esto supone que no habría en la historia leyes naturales y absolutas, o en todo caso la naturalización y absolutización de determinadas leyes se encuentra en íntima relación con momentos históricos determinados; así como tampoco existiría "capitalismo" en general, sino siempre un capitalismo dado. Entonces *El capital* no sería un tratado de economía en general, sino que sería un estudio de la *economía política capitalista* en particular. Sin embargo, Marx hace una constante referencia a que los fenómenos históricos que estudia (por ejemplo el capitalismo) se encuentran en "un determinado nivel de desarrollo", esto supondría que la historia presenta etapas, despliegues, niveles, que se subsumirían a un movimiento histórico general. En este sentido es que se presenta la tensión, puesto que por un lado opera una historia entramada, contingente y compleja, pero que se desprende, por otro lado, de una *sucesión de modos socio-históricos de producción y reproducción* de la vida de las personas que suponen momentos superiores del desarrollo histórico. La dialéctica en Marx, es entonces, una pregunta constante sobre el *movimiento histórico* entre estas dos lógicas.

En reiteradas ocasiones se ha vinculado a la dialéctica, tanto en Hegel como en Marx, a la idea de evolución y progreso. Evolución en Hegel, puesto que comprendía que el despliegue de la historia estaba contenido ya desde el origen, que mostraba su desenvolvimiento de modo creciente, pasando de momento en momento, dando como resultado un fin plenamente desarrollado, es decir arribando así a la *finalidad* de la historia. Progreso en Marx, puesto que la historia era comprendida como la sucesión progresiva de distintos modos de producción: "A grandes rasgos, el modo de producción asiático, el antiguo, el feudal y el burgués moderno pueden designarse como épocas de progreso en la formación social económica" (Marx, 1859/1989:8); que conjugada con la hipótesis comunista supondría la consumación de una sociedad sin clases, como resultado de la superación de las contradicciones y antagonismos, que tendría como corolario el final mismo de la (pre)historia y de la política. Por ello, algunos pensadores afirman que por causa de un extremo positivismo las producciones de Marx son más que refutable. Por ejemplo, A. Wellmer, considera que "el positivismo de Marx, que se observaría, entre otras partes, en *El capital,* es completo y que este positivismo es, probablemente, el obstáculo más importante a la coherencia lógica de las pretensiones revolucionarias del marxismo" (García Cotarelo, 1978:134). En este sentido, es importante comprender que el contexto de producción de Marx estaba signado por un positivismo reinante, que hacía de la idea de *progreso* una categoría central a la hora de entender la historia, a la hora de construir una visión del mundo.

No obstante, si bien comprendemos que dentro de las obras de Marx es claro el contagio de un lenguaje positivista (recordemos que en ellas se encuentra toda una serie de referencias a las ciencias físicas y naturales para explicar lo social) y más aún, la concreción de una idea de progreso de *lo social,* lo cierto es que el *porvenir* en Marx también habilita la irrupción de otra temporalidad. El porvenir lejos de ser aquello que viene *después* del presente, también es lo que difiere de él, lo que lo vuelve diferido de sí mismo, es la posibilidad, la apertura del presente. Así la tensión que marcábamos más arriba continúa operando, puesto que si bien es posible descubrir en Marx, o en un tipo de lectura de Marx, la idea de *progreso* como sustento –más o menos oculto– de todo su desarrollo histórico, económico y político, es preciso escuchar a ese otro Marx que entiende al conflicto social en términos de procesos, a partir de sus cortes y rupturas.

Analicemos un ejemplo que desarrolla Marx en *La miseria de la filosofía* (1847). Para Marx, Proudhon entiende que cada categoría económica muestra la contradicción entre un *lado bueno* y un *lado malo,* es decir entre la ventaja y el inconveniente. El problema sería entonces cómo hacer para conservar el lado bueno, eliminando el malo. Marx responderá frente a este enunciado que no hay posibilidad de tal ecuación. El *lado bueno* no puede ganar, sólo puede ser conservado junto al lado malo, sólo puede expandir sus márgenes, sus límites. Marx propone, entonces, tomar al propio Proudhon como caregoría:

> "Examinemos su lado bueno y su lado malo, sus virtudes y sus defectos. Si en comparación con Hegel tiene la virtud de plantear problemas, reservándose el derecho de solucionarlos para el mayor bien de la humanidad, en cambio tiene el defecto de adolecer de esterilidad cuando se trata de engendrar por la acción de la dialéctica una nueva categoría. La coexistencia de dos lados contradictorios, su lucha y su fusión en una nueva categoría constituyen el movimiento dialéctico. El que se plantea el problema de eliminar el lado malo, con ello mismo pone fin de golpe al movimiento dialéctico. Ya no es la categoría la que se sitúa en sí misma y se opone a sí misma en virtud de su naturaleza

contradictoria, sino que es el señor Proudhon el que se mueve, forcejea y se agita entre los dos lados de la categoría". (1847/1983:58)

Marx reconoce que la historia no se hace por el *lado bueno* –es decir, la fidelidad y universalización de los valores humanistas de libertad y progreso–, sino que esta se escurre por el lado de los intereses, de las crisis, de las revoluciones. O como sostiene Balibar, la historia "no es tanto la epopeya del derecho como el drama de una guerra civil entre clases, aun cuando esta no asuma necesariamente una forma militar" (1993/2006:109). En este sentido, Marx no está interesado en el progreso histórico, sino en su *proceso*, que es siempre contradictorio, que expone constantemente lo negativo, lo reverso, lo conflictivo. El *lado malo* se presenta como insuperable si se pretende continuar por los arduos caminos del devenir dialéctico. En otras palabras, el progreso no está dado, discurre en los procesos siempre antagónicos y concierne en definitiva a estos. El proceso, como categoría compleja de la dialéctica de Marx, es antes que nada un concepto lógico-político. Puesto que, por un lado, apela a la lógica (más allá de Hegel) desde el momento en que se afirma en favor del movimiento dialéctico donde la contradicción es inconciliable. Por el otro, es político, porque no cesa de buscar en las condiciones reales, materiales y específicas del momento histórico, las contracciones y los antagonismos socialmente operantes.

Esto nos conduce a la última cuestión: la pregunta por el *materialismo* de la dialéctica marxista. Es conocida la famosa aseveración de Marx donde sostiene que su método supone una inversión de la dialéctica hegeliana:

"Mi método dialéctico no sólo difiere del de Hegel, en cuanto a sus fundamentos, sino que es su antítesis directa. Para Hegel el proceso del pensar, al que convierte incluso, bajo el nombre de idea, en un sujeto autónomo, es el demiurgo de lo real; lo real no es más que su manifestación externa. Para mí, a la inversa, lo ideal no es sino lo material traspuesto y traducido en la mente humana". (Marx, 1873/2002:11)

Este famoso pasaje se ha entendido a lo largo de la historia del marxismo como una inversión directa de la dialéctica de Hegel. Si para Hegel el sujeto autónomo del proceso es *lo ideal*, para Marx es *lo material*. Así el stalinismo logró hacer de esta inversión el fundamento de todo el problema filosófico-político soviético: la lectura hegemónica de la dialéctica marxista se sustentaba en la presunción de la materia como principio absoluto del materialismo de Marx[3]. Es decir, si Marx había sentenciado que Hegel de-

---

[3] El stalinismo ordena la publicación del opúsculo *El materialismo dialectico y el materialismo histórico* de 1938, donde se codifica "su contenido enumerando las leyes de la dialéctica, fundamento de las disciplinas individuales y, en especial, de la ciencia de la historia, así como

formaba a la dialéctica con su misticismo al colocarla "cabeza abajo", sólo bastaba "darla vuelta, para descubrir así el núcleo racional que se oculta bajo la envoltura mística" (Marx, 1873/2002:11). Entonces, si antes para Hegel lo ideal era, como afirma Marx, el demiurgo de lo social, ahora lo material, como afirmaba la doctrina oficial de la URSS, era el demiurgo de lo social. No obstante, la tesis de la inversión sin más, que develaría una *puesta sobre sus pies*, un enderezamiento del método dialéctico, fue considerada por Althusser como una falta de respeto a la revolución teórica de Marx. La metáfora de la inversión, no implicaría, por lo tanto, la dicotomización del problema del objeto sobre el cual el método opera: la idea para Hegel, la materia para Marx. Supondría, por el contrario, "el problema de la dialéctica considerada en sí misma, es decir, el problema de sus estructuras específicas" (Althusser, 1965/2004:75). Entonces, el materialismo de Marx, dista mucho de ser una simple elevación de la materia al lugar de la idea o, como sostiene Balibar, este "no tiene nada que ver con la referencia a la materia y seguirá siendo así durante mucho tiempo: hasta que Engels se proponga reunificar el marxismo con las ciencias de la naturaleza de la segunda mitad del siglo XIX. Pero por el momento nos vemos ante un extraño «materialismo sin materia»" (1993/2006:29).

¿Por qué "materialismo" entonces? ¿Para diferenciarse, para batallar y desentramar la discusión imperante de su época entre idealistas y materialistas? Puede ser, puesto que sustituir un principio de organización (espíritu) por otro (materia), no hace más que mantener *ocultando* un fuerte componente *idealista,* como sostiene Marx (1873). De ahí que se apueste por el nombre de materialismo, pero ahora combatiendo no sólo al idealismo –que se sostenía en remitir al orden del mundo, a la representación, a la acción de un sujeto que los constituye–, sino también al *materialismo* "antiguo" (como Marx lo llamaba) –que entendía que cualquier explicación del mundo tiene por principio a la materia. Entonces, no es difícil atinar en Marx la siguiente hipótesis de claro tinte dialéctico: sí el *materialismo tradicional* ocultaba en realidad un fundamento idealista (la representación, la contemplación), es posible afirmar que el *idealismo moderno* esconde "una orientación materialista de la función que atribuye al sujeto actuante, si se tiene a bien admitir, al menos, que hay un conflicto latente entre la idea de representación (interpretación, contemplación) y la de actividad (trabajo, práctica, transformación, cambio)"(Balibar, 1993/2006:31/32). El intento de Marx es precisamente el de hacer estallar esta *contradicción,* para demostrar

---

garantía *a priori* de su conformidad con la 'concepción proletaria del mundo'. Este sistema, cuya denominación abreviada es *DIAMAT,* se impondrá en toda la vida intelectual de los países socialistas y, con mayor o menor facilidad, en los partidos comunistas occidentales" (Balibar, 1993/2006:7).

que la actividad –incluso la del pensar– es siempre práctica. Entonces sí hay algo que Marx invierte: la misma consideración sobre *lo ideal*, la perspectiva sobre el proceso del pensar. Para el idealismo, lo ideal es un sujeto autónomo que se produce a sí mismo y se reproduce como un mero epifenómeno exterior. Para Marx (1873), lo ideal expone adecuadamente el movimiento real de la materia, pero solo después de consumar el trabajo de investigación, es decir, luego de apropiarse de la materia y asimilarla. De este modo, el proceso del pensar no es más que la traducción (en el lenguaje de "la cabeza humana") de la vida material. Como sostiene Trotsky la dialéctica es materialista "porque sus raíces no están en el cielo ni en las profundidades del 'libre albedrío', sino en la realidad (…). En este sistema no hay lugar para Dios, ni para el diablo, ni el destino, ni el alma inmortal, ni para normas, ni leyes, ni morales eternas" (1942/1975:28). Materialismo aún, dado que lo significativo no es simplemente aquello que los sujetos reflexionan sobre sus actos, sino sus actos mismos, el hacer mismo de sus actos.

En la *Tesis VIII sobre Feuerbach*, Marx afirma que la vida social es primeramente práctica, por lo tanto "todos los misterios que descarrían la teoría hacia el misticismo encuentran su solución racional en la práctica humana y en la comprensión de esta práctica" (1845/2004:589). En este sentido, la teoría es ante todo *práctica teórica*. Parafraseando a Lenin, podemos decir, que la máxima de esta ecuación conduce a afirmar que sin teoría, sin practica teórica, no hay práctica política, ni revolucionaria. Althusser, en el *Capítulo seis*: "Sobre la dialéctica materialista (De la desigualdad de los orígenes)" de su *Revolución teórica de Marx* (1965), conduce esta tesis hasta los enunciados mismos de la dialéctica[4]. Así, Marx y Lenin estarían yendo más allá de lo que sus propios enunciados muestran, puesto que recordándonos la importancia de la teoría en la práctica revolucionaria marxista enuncian, de hecho, "una tesis que interesa a la Teoría, es decir, la Teoría de la practica en general: la dialéctica materialista" (Althusser, 1965/2004:138). De este modo, para Althusser, la dialéctica materialista, pasaría a ser la Teoría de la práctica en general, es decir, la Teoría de la(s) teoría(s) práctica(s). La Teoría, la dialéctica en cuanto método, no puede ser algo ajeno al objeto al que, como conciencia subjetiva, puede aplicarse, sino que supone el desenvolvimiento mismo de la relación sujeto-objeto. Entonces, el método dialéctico materialista no es algo que se emplea.

La pretensión de Althusser en este escrito es develar el método del marxismo: la dialéctica, para mostrar la especificidad científica de dicha tradición. El problema radica, para Althusser, en que el marxismo, incluido el propio

---

Marx, no ha dejado ningún escrito sobre esta Teoría en modo teórico, sino que simplemente se ha acercado a determinados esbozos del método de forma práctica: "Obsérvese a Marx. Escribió diez obras y ese monumento que es *El capital* sin haber escrito nunca una 'Dialéctica' (…) Lo que quiere decir que no la necesitó, ya que la Teoría de su práctica teórica no era en ese momento esencial al desarrollo de su teoría" (Althusser, 1965/2004:143). Si esto hubiese ocurrido, dice, se hubiera resuelto el problema de la dialéctica que el marxismo acarrea. Podríamos haber contestado ya sin tantos tapujos la pregunta que nos acecha: "¿en qué consiste la especificidad de la *dialéctica* marxista?" (Althusser, 1965/2004:143). La dialéctica marxista, se presenta en estado práctico, en su solución práctica, en la práctica teórica (con minúsculas) de Marx. En efecto, *El capital* resuelve y ajusta cuentas con la dialéctica hegeliana sin poder ser una Teoría de la práctica teórica (la Dialéctica), sino una práctica dialéctica: "He aquí la razón que nos hace lamentar tanto la falta de esta 'Dialéctica' que Marx no necesitó, (…) sabiendo, sin embargo, (…) que la poseemos y en dónde podemos encontrarla; en las obras teóricas de Marx, en *El capital*, etc. (…): sí, allí la encontramos, en estado práctico" (Althusser, 1965/2004:143)[5].

Nos preguntamos, entonces, si la especificidad misma de la dialéctica marxista, es decir, su gesto de ruptura para con Hegel, pero también frente a toda la filosofía precedente, no es justamente esta apuesta *práctica* en que se desarrolla el método. Es decir, no sería precisamente esta la especificidad de la dialéctica de Marx, la de exponer el método a través de una relación irresoluble entre teoría y práctica. Así la dialéctica haría de la praxis su base material pero también teórica, a través de una exposición de un problema práctico como lo es el capitalismo. No habría posibilidad de aplicación del método, este se descubre justamente de las lógicas mismas del "capital", en su propio devenir histórico. El gesto revulsivo de Marx, no sería entonces el de prefigurar que la dialéctica no podría entenderse como un universal o una generalidad del tipo que permite ejemplos o aplicaciones. Sino que cada momento dialéctico es único y no es generalizable, y de ahí que sólo podamos describirla "como referencia a sus diversas formas (…). Solo la historia es única pero significativa de esta manera dialéctica; el capitalismo no es un concepto sino un fenómeno histórico (…); *El capital* es en sí mismo un acontecimiento histórico único, y eso constituye su dialéctica" (Jameson, 2011:168/169).

---

[5] En la práctica política marxista sucede lo mismo, dice Althusser, no hay la Teoría, está ahí pero en estado práctico. Si bien Lenin, en su famoso *¿Qué hacer?,* "desemboca en un programa de acción, no constituye, sin embargo, una reflexión sobre la práctica política como tal. No constituye (…) la teoría de su propio método en el sentido general de la Teoría" (1965/2004:145).

La dialéctica de Marx, encuentra su especificidad en *lo social* mismo como su punto de partida, no en leyes abstractas sino en las complejidades de los procesos históricos. Un método sin principios abstractos ni *a priori*, que supone un proceso dialéctico que se mueve por especificidades complejas y no por simplificaciones silogísticas. Una dialéctica que es materialista, no por partir de la materia, sino de fenómenos sociales enigmáticos, ocultos y confusos. Pero también es una dialéctica que crea totalidades ricas, que se mueven por contradicciones, que no teme nombrar la objetividad de *lo social*. En definitiva, Marx es un pensador que apuesta por el devenir de lo social, por lo social en devenir, a partir de que *asume* un secreto, un método en secreto y que nos invita, ya sin mayúsculas, a heredarlo.

I. 2. *En busca de la dialéctica marxista*

El capital es una obra esencialmente subversiva. No tanto porque conducirá, por las vías de la objetividad científica, a la consecuencia necesaria de la revolución, como porque incluye, sin formularlo del todo, un modo de pensar teórico que trastorna la idea misma de ciencia.

(Maurice Blanchot, *Escritos Políticos*)

El problema de la dialéctica, en la obra de Marx, se presenta de modo confuso puesto que, como afirmábamos, no se explicita de un modo teórico definido y presenta toda una serie de tensiones (progreso/proceso, Historia/historia). Sin embargo, es posible pensar también que la particularidad del método dialéctico reside justamente en esas tensiones, y al mismo tiempo supone una apuesta: la dialéctica ha de presentarse siempre en la *praxis*. Sostenemos entonces que es el análisis del *capitalismo* aquello que expondrá a la dialéctica como método. En este sentido, el problema de la dialéctica en el pensamiento de Marx, principalmente en *El capital*, se presenta de modo misterioso y paradojal, en consonancia con la realidad que atraviesa: el capitalismo. Así, los enigmas que Marx propone atravesar en *El capital* como el del *valor, dinero, trabajo, mercancía, capital,* entre otros, se desarrollan a partir de múltiples y misteriosas relaciones que se *totalizan,* se *mueven,* se *contradicen,* se *objetivan.*

Para realizar esta búsqueda, empezaremos analizando una incógnita que Marx arrastra constantemente en gran parte de sus obras: ¿es posible atribuirle verdades objetivas al pensamiento humano? La respuesta no supondrá una definición o una axiomática del método del conocimiento, sino que implicará la puesta en movimiento de toda una serie de relaciones sociales enigmáticas y contradictorias. La solución será, en efecto, dialéctica: "no disipará la extrañeza de la paradoja (…) inicial por vía de un desenmascaramiento concluyente y racional, sino que preservará la extrañeza del problema en el marco de la nueva extrañeza que aporte la solución dialéctica" (Jameson, 2011:27). En definitiva, la pregunta por la objetividad del pensamiento humano no será resuelta, por Marx, mediante un desarrollo netamente teórico sino a partir de enunciar un problema práctico. De este modo, la posibilidad de objetividad y de verdad de tal o cual pensamiento se resolverá en las prácticas concretas de los seres humanos en un determinado momento histórico. Esto supone una comprensión de *lo social*, no como un fenómeno equilibrado y transparente, sino como la evidencia del conflicto, de la disputa sobre una *verdad* posible de ser pensada pero que se revela siempre opaca y huidiza. Así, este litigio se evidencia siempre desde un problema práctico, puesto que es en la práctica, o mejor dicho a través de ella donde los seres humanos tienen "que demostrar la verdad, es decir, la realidad y el poder, la terrenalidad de su pensamiento" (Marx, 1845/2004:588).

Marx retoma el problema a partir de una pregunta de herencia hegeliana, que no es otra sino la de indagar cómo captar y conocer el "objeto", aquel que para el pensamiento kantiano era incognoscible. La superación que significó el pensamiento hegeliano sobre sus predecesores radicaba precisamente en el descubrimiento de un nuevo método de conocimiento: la dialéctica. El "objeto" no sólo dejaba de ser algo incognoscible, sino que era transformado en el propio proceso de conocimiento. Es decir, para Hegel era posible *conocer* la "cosa en sí"; no obstante, este *conocer* implicaba una construcción tanto del conocimiento como del objeto por medio del pensamiento como *actividad*. La dialéctica, por lo tanto, le permitió a Marx, por un lado, separar los fenómenos de su forma inmediata y encontrar las *mediaciones* por las cuales aquellos pueden ser referidos a sus relaciones y, por el otro, llegar a la comprensión de ese carácter fenoménico, de esa apariencia que se consideraba la forma de aparición necesaria de esos fenómenos. El "objeto", entonces, no se presenta como algo cerrado y acabado, sino que se exhibe para el pensamiento como una *construcción*, como un proceso en movimiento, que parte de abstracciones que se van *sintetizando* en una totalidad cada vez más rica, que se configura a partir de múltiples relaciones y propiedades (concretas). No obstante, el error de Hegel era, según Marx, caer en la "ilusión de concebir lo real como resultado del Pensamiento" (Marx, 1857-1858/1973:11). Es decir, fue Hegel el que comprendió que la relación entre "objetos" no se presenta sólo como la "oposición real" kantiana, sino que "la relación con *el todo* se trasforma en la determinación que condiciona la *forma de* objetividad de todo objeto; todo cambio esencial e importante para el conocimiento se manifiesta como cambio de la relación con el todo y *por eso mismo* como cambio de la forma de objetividad" (Lukács, 1923/2002:50, cursivas en el original). Su error, no obstante, fue el de subyugar lo "real" como un resultado del pensamiento, de un pensamiento que partiendo de *sí mismo*, se *concreta* en sí mismo, se absorbe en sí y se mueve en sí. Mientras que para Marx, "el método que consiste en elevarse de lo abstracto a lo concreto es para el pensamiento sólo la manera de apropiarse de lo concreto" (1857-1858/1973:11). No obstante, lo que caracteriza al *método dialéctico*, aquello que lo diferencia del resto de la filosofía, es el intento de pensar precisamente la *totalidad* y este descubrimiento es un logro de Hegel. En este sentido, y como sugiere Lukács, "lo que distingue de modo decisivo al marxismo de la ciencia burguesa no es [solamente] el predominio de las motivaciones económicas en la explicación de la historia, sino el punto de vista de la totalidad" (1923/2002:20).

Las totalizaciones, que el pensamiento de Marx expone, suponen una relación inmanente entre el método y la historia. Concebir el método ligado al proceso histórico es precisamente el mérito de Hegel en la filosofía de su época. Así, la historia se presenta como una organización de diferentes momentos o períodos, "cada uno de los cuales señala un nivel de desarrollo distinto y representa un estadio definido en la realización de la razón" (Marcuse, 1941/1994:16). De este modo, al mismo tiempo que la historia es comprendida como un proceso en el cual el devenir de la razón es visto en sus diferentes momentos, cada uno de esos momentos debe ser aprehendido, para Hegel, como despliegue de la razón, como *totalidad*, que presenta siempre una particular forma de la vida y del pensar, generando instituciones político-sociales específicas y un momento característico del desarrollo de la *religión* y de la *filosofía*. La dialéctica en el mismo Marx opera con esta *lógica* de Hegel, puesto que la historia, nos dirá Marx:

> "no es sino la sucesión de las diferentes generaciones, cada una de las cuales explota los materiales, capitales y fuerzas productivas transmitidas por cuantas la han precedido; es decir, que, por una parte, prosigue en condiciones completamente distintas la actividad precedente, mientras que, por otra parte, modifica las circunstancias anteriores mediante una actividad totalmente diversa". (1846/2004:33)

La diferencia estriba aquí en que mientras para Marx cada momento, como totalidad, muestra una forma particular de la producción y reproducción de la vida, y las relaciones que estas generan, para Hegel el acento está puesto en las formas particulares que adquiere el desarrollo de la conciencia, del espíritu, que se materializan en la religión y en la filosofía. De todo ello se desprende que para ambos pensadores, ese desarrollo de la historia es un proceso que va transformando la historia en "historia universal". Pero para Marx, esto no implica el desenvolvimiento de "un simple hecho abstracto de la 'autoconciencia', del espíritu universal o de cualquier otro espectro metafísico, sino un hecho perfectamente material y empíricamente comprobable" (1846/2004:34). Y es sólo a partir del desarrollo del capitalismo que la historia puede comenzar a pensarse como "universal", dado que el grado de desarrollo del modo de producción, del intercambio y de la división del trabajo que aparecen en este sistema trastocan el "aislamiento de las diferentes nacionalidades" (Marx,1846/2004:34), internacionalizando las relaciones de producción y reproducción -capitalistas-, el desarrollo de las fuerzas productivas (capacidad y conocimiento de lxs trabajadorxs, tecnología, ciencia, condiciones naturales, medios de producción) y las lógicas culturales operantes. Es importante comprender, de este modo, que la particularidad del método que Marx desarrolla se sustenta en un pensamiento de la totalidad, ya no como lo hacía Hegel, sino ligada a lo que él llama "la realidad". Y esa "realidad", esa "base material", que le otorga el marxismo a la dialéctica, parte necesariamente de comprender a lo social como un entramado complejo de relaciones, como una totalidad que presenta distintos momentos de *desarrollo* comprendidos de modo relacional.

La totalidad se articula a partir del movimiento de las determinaciones inmediatas (ya dadas en el mundo capitalista) hasta avanzar hacia el conocimiento de una *totalidad concreta* como re-producción en el pensamiento de aquella realidad. Para Marx sería pues un error partir tanto de abstracciones que pretendan ser universalizadas más allá del propio proceso de la historia, como afirmar que existe la posibilidad de conocer lo concreto sin mediación, es decir, sin concebir su vinculación con lo abstracto. De este modo, la relación entre *lo abstracto* y *lo concreto*, no es más que una relación mediada, es decir dialéctica, que se afirma como tal a partir de pensar (construir) una totalidad. En este sentido, es fundamental "declarar desde el comienzo que estamos ante una determinada época histórica, por ejemplo, de la moderna producción burguesa" (Marx, 1857-1858/1973:2), y que ésta presentará sus particularidades concretas en tanto formación social histórica de producción. No obstante, como abstracción, la producción en general evidencia ciertas determinaciones, ciertos rasgos comunes a todas las épocas. Sin embargo falta aquí para Marx un movimiento más: lo general sólo tiene sentido, si es a la vez algo articulado con las distintas determinaciones de lo concreto de cada época. El ejemplo que utiliza Marx puede servir para aclarar esta relación.

Marx afirma que si partimos de un análisis de la *población* (en tanto categoría abstracta) no tenemos más que una "representación caótica del conjunto" (Marx, 1857-1858/1973:10). Esta "totalidad caótica" sólo podría comprenderse si se especificaran determinaciones cada vez más concretas: definir la *población* en relación a otras categorías tales como las clases, las naciones, la época, etc. Esto nos conducirá a un camino de "regreso" hacia la *población*, pero ahora se nos presentará ya no como un todo caótico, "sino como una rica totalidad con múltiples determinaciones y relaciones" (Marx, 1857-1858/1973:11). En definitiva, para Marx, el análisis debe tener como punto de partida *lo real* y *lo concreto*, pero de ellos siempre se tiene (puesto que no es posible conocer sin mediaciones) una representación "caótica", es decir confusa. Para Marx, como afirma Dussel, "lo conocido (lo que está 'en la cabeza [*im Kopfe*]'): no puede confundirse con lo real, que guarda siempre una exterioridad de todo posible conocer, contradiciendo la posición fundamental de Hegel, ya que 'Hegel cayó en la ilusión de concebir lo real como resultado del pensar'" (1985:49). Por tanto Marx realiza un movimiento más en relación a Hegel: es necesario volver a lo concreto, para que lo abstracto (deje de ser pensando como real precisamente en abstracto) y se piense en concreto, como una totalidad sobredeterminada por múltiples determinaciones y relaciones de lo concreto mismo. En el siguiente pasaje que citamos *in extenso*, Marx sostiene que:

> "Lo concreto es concreto, porque es la síntesis de muchas determinaciones, porque es, por lo tanto, unidad de lo múltiple. En el pensamiento lo concreto aparece, consiguientemente, como proceso de síntesis, como resultado, y no como punto de partida, a pesar de que es el punto de partida real y, en consecuencia, también el punto de partida de la intuición y la representación. En el primer camino la representación completa se volatiliza en una determinación abstracta; en el segundo las determinaciones abstractas conducen a la reproducción de lo concreto por el camino del pensamiento. De ahí que Hegel cayera en la ilusión de concebir lo real como resultado del pensamiento que se concentra en sí mismo, profundiza en sí mismo y se mueve a partir de sí mismo, mientras que el método de elevarse de lo abstracto a lo concreto sólo es la manera que tiene el pensamiento de apropiarse lo concreto, de reproducirlo como un concreto espiritual. Pero en modo alguno se trata del proceso de génesis de lo concreto mismo. (…) Para la conciencia, por lo tanto -y la conciencia filosófica está determinada de esta forma-, para la cual el pensamiento pensante es el hombre real y, en consecuencia, sólo es real el mundo pensado en cuanto tal -el movimiento de las categorías se presenta como el auténtico acto de producción-, el cual desgraciadamente sólo recibe un impulso desde fuera cuyo resultado es el mundo; y esto sólo es correcto -pero es a su vez una tautología la medida en que la totalidad concreta, en cuanto totalidad de pensamiento, es en realidad un producto del pensamiento, de la concepción; pero, en modo alguno, es el producto del concepto que se piensa y se engendra a sí mismo al margen de y por encima de la intuición y de la representación, sino el producto de la elaboración de la intuición y de la representación en conceptos. El todo, tal como se presenta en la mente como un todo de pensamiento, es un producto de la mente que piensa, que se apropia del mundo de la única forma que le es posible, una forma que es diferente de la apropiación artística, religiosa,

práctico-espiritual del mundo. El sujeto real continúa manteniendo antes como después su autonomía fuera de la mente; al menos, en tanto la mente se comporta exclusivamente de forma especulativa, teórica". (1857-1858/1973:51/52)

En definitiva, la *totalidad* no es un producto del despliegue de la conciencia *en sí* y *para sí*, sino que nunca es dada en lo inmediato al pensamiento y es *concreta*, dado que es la síntesis de múltiples determinaciones y, por tanto, unidad de lo múltiple. Para mostrar esta operación, veamos los conceptos que trabaja Marx en *Elementos fundamentales para la crítica de la economía política (borrador) 1857-1858*. "Producción", "distribución", "intercambio" y "consumo", aparecen siendo partes de una *totalidad* que distinguen al modo de acumulación capitalista. Estos elementos se relacionan, para Marx, de un modo dialéctico puesto que al mismo tiempo que no son "idénticos", no pueden pensarse sin una relación de negatividad que se desarrolla a partir de que sus vínculos son entendidos como un despliegue de contradicciones, que constituyen la posibilidad misma de la *totalidad*. En efecto, la dialéctica marxista parte de concebir una totalidad rica, concreta, constituida por múltiples determinaciones y relaciones que permiten comprender que "producción, distribución, intercambio y consumo no son idénticos, sino que constituyen los miembros de una totalidad, diferencias en el seno de una unidad" (Lukács, 1923/2002:50). En otras palabras, la dialéctica, en el pensamiento de Marx, se presenta como la construcción y el análisis de esa totalidad, que parte de una crítica a la totalidad hegeliana que ligaba a las partes de un *todo orgánico* "a través de un nexo meramente reflexivo" (Marx, 1857-1858/1973:3). Esta apuesta metodológica supone también que los procesos de los diferentes componentes que distinguen a las formaciones sociales capitalistas adviertan disímiles y desiguales desarrollos:

> "En general el concepto de progreso no debe ser concebido de la manera abstracta habitual. Con respecto al arte, etc., esta desproporción no es aún tan importante ni tan difícil de apreciar como en el interior de las relaciones práctico-sociales mismas, por ejemplo, de la cultura. Relación de los *United States* con Europa. Pero el punto verdaderamente difícil que aquí ha de ser discutido es el de saber cómo las relaciones de producción, bajo el aspecto de relaciones jurídicas tienen un desarrollo desigual. Así, por ejemplo, la relación del derecho privado romano (esto es menos válido para el derecho penal y el derecho público) con la producción moderna". (Marx, 1857-1858/1973:60)

Marx pretende demostrar que los diversos elementos que componen al capitalismo deben ser comprendidos como unidades dialécticamente relacionadas en el marco de una totalidad social; a la vez que, no debe olvidarse que cada uno de ellos presenta un desarrollo distinto que complejiza al *todo social* a partir de combinaciones particulares que deben ser entendidas y estudiadas en el marco de un momento histórico concreto, deshabilitando la construcciones de abstracciones totalizadoras y universalizantes del desarrollo histórico.

La dialéctica le habilita a Marx el arma de la crítica, de una crítica que se multiplica a innumerables sentidos y a varios niveles de referencia. La crítica de Marx se dirigirá, a partir de un recorrido por los espacios y tiempos silenciosos y misterios del capitalismo, contra una *economía política* que entiende a lo social como equilibrado e igualitario. Es decir, la crítica dialéctica de Marx será dirigida contra la dinámica del *intercambio* como generador de la equivalencia de valores a través de la demanda y de la oferta, contra el equilibrio de individuos libres que venden y compran mercancías, contra el contrato social que vuelve a los "ciudadanos" iguales frente a la ley. El capitalismo, dice, es el sistema social que, unido por la ausencia de comunidad, ha hecho de la individuación de los seres humanos su arma de poder, a partir del ocultamiento de las relaciones sociales a partir de su *cosificación*. Marx, por lo tanto, no sólo intenta mostrar que en el capitalismo "las relaciones humanas quedan veladas por las relaciones entre las cosas, sino también que, (…) las relaciones sociales de producción inevitablemente adoptan la forma de cosas y no pueden ser expresadas sino mediante cosas" (Rubín, 1928/1974:54). En este sentido, Marx propone buscar, desde un problema práctico, los procesos de producción y reproducción de la vida humana en un momento particular de su desarrollo. Esto ha conducido, en retiradas ocasiones, a sostener que el pensamiento de Marx se sustenta bajo una premisa que supone un tecnologicismo determinante de las relaciones sociales. No obstante, el punto de partida, para develar este enigma reside en la comprensión de la técnica y su desarrollo tecnológico como vínculo activo de los seres humanos con la naturaleza, pero también entre ellos mismos y con sus configuraciones mentales del mundo:

> "La tecnología pone al descubierto el comportamiento activo del hombre con respecto a la naturaleza, el proceso de producción inmediato de su existencia, y con esto, asimismo, sus relaciones sociales de vida y las representaciones intelectuales que surgen de ellas. Y hasta toda historia de las religiones que se abstraiga de esa base material, será acrítica. Es, en realidad, mucho más fácil hallar por el análisis el núcleo terrenal de las brumosas apariencias de la religión que, a la inversa, partiendo de las condiciones reales de vida imperantes en cada época, desarrollar las formas divinizadas correspondientes a esas condiciones. Este último es el único método materialista". (Marx, 1873/2002:394)

Comenzar por el *desarrollo tecnológico* no supone a la técnica como determinante del proceso social, sino que implica una pregunta por el cómo es que se produce y reproduce la vida en un determinado momento histórico.

Es decir, que aquello que le interesa pensar a Marx aquí no es tanto qué se produce, sino cómo es que se produce y bajo qué tipo de relaciones entre los seres humanos y entre ellos y la naturaleza en general se está produciendo el desarrollo técnico. O más específicamente, qué tipo de relaciones se asumen (de poder, de explotación, de dominación) y qué consecuencias conllevan (pobreza, violencia, destrucción ecológica) las generadas en las formaciones sociales capitalistas. Como sostiene Poulantzas, pensar el desarrollo de las fuerzas productivas no tiene ningún sentido si se las considera de manera aislada, sólo adquiere sentido si se las considera ligadas a las relaciones sociales de producción, "sólo a través de la contradicción entre la 'base' –el proceso de producción: combinación fuerzas productivas y relaciones de producción– y una 'superestructura' que no 'corresponde' a este desarrollo" (1970/2005:37). La llamada *superestructura* corresponde precisamente al ámbito de la lucha social –de clases– que no representa de modo alguno un simple despliegue o envoltura de los procesos de desarrollo de las fuerzas productivas, sino que interviene de manera decisiva en las relaciones de producción y en el proceso de producción y reproducción mismo del sistema capitalista. La ambición de Marx en este punto, es la de teorizar este problema práctico a partir de entender *lo social* como una totalidad con múltiples determinaciones. Esto no implica que la totalidad sea consistente al punto tal que podamos ver operando a lo social de modo total, el capitalismo nunca es visible de tal modo. No obstante, sí es posible comprenderla a través de sus síntomas sociales. Entonces, tecnología/ naturaleza/ proceso social de producción de trabajo/ reproducción de la vida/ relaciones sociales/ formaciones políticas y culturales suponen una totalidad conflictiva y en permanente movimiento contradictorio.

En este sentido, las *lógicas* del capital muestran cómo la relación *tecnología o técnica / naturaleza* devela un proceso de destrucción y transformación de la naturaleza pero también un proceso de producción de la misma. El capital es a la vez una forma específica de producción y de destrucción de la naturaleza a través de máquinas: "Un fenómeno como el capitalismo es bueno y malo al mismo tiempo, es la fuerza más productiva y a la vez más destructiva que hemos encontrado" (Jameson, 2011:19). Los procesos de trabajo se producen entonces a partir de condiciones tecnológicas dadas. Es decir, que las transformaciones de las condiciones tecnológicas y de los procesos de trabajo están íntimamente vinculadas. Una sociedad determinada tiene diferentes prácticas de consumo, de producción, de cultura, etc. que se transforman en la medida en que cambian las tecnologías y sus condiciones, y el proceso social de producción y reproducción de trabajo. Pero a su vez, las formaciones político-culturales -con sus cristalizaciones y sus prácticas de resistencia- también transforman las posibilidades tecnológicas, tanto en sus relaciones con la naturaleza, como en la reproducción de las relaciones sociales.

Encontramos en Marx, de este modo, una *totalidad* que se *destotaliza*, en relación al desenvolvimiento conceptual hegeliano, al romper con las nociones comunes de identidad, causalidad y tiempo, al derivar "de una lógica de las relaciones, en la que los elementos determinados de la totalidad se codeterminan a su vez mutuamente. Ese 'saber en círculo' participa de ese movimiento infinito que, 'incluso si fuera posible conocer todo, (…) seguirá asegurando la eterna renovación del conocimiento'" (Bensaïd, 1995:357). En este sentido, las mutaciones y las posibilidades de ruptura de lo instituido son inmanentes a la totalidad que Marx propone. Aquellas no están garantizadas por un elemento transcendente, sino que devienen de las propias relaciones conflictivas de la totalidad. El gesto que propone Marx es el de pensar la multiplicidad dentro de determinadas configuraciones de totalización, y el capitalismo es justamente eso: una serie de fenómenos que operan con determinado tipo de relaciones en momentos históricos específicos, pero los procesos de totalización no suponen *a priori* ningún tipo de determinismo. Es por la vinculación constante de todos los elementos desigualmente desarrollados, no por la determinación preponderante de alguno, que el capitalismo mueve su historia. Los elementos o partes, lejos de constituir identidades y determinaciones homogéneas o fijas, presentan múltiples mutaciones y toda una serie de posibilidades relacionales.

Si volvemos sobre el ejemplo de la *técnica*, podemos afirmar que aquello que Marx quiere subrayar no es tanto cómo la tecnología se desarrolla o se transforma, sino bajo qué tipo de vinculaciones entre los elementos se producen las mutaciones y bajo qué relaciones sociales se desenvuelve. Así, el movimiento técnico del capital, que se manifestó desde la construcción de herramientas a la construcción de máquinas, de máquinas a máquinas que crean máquinas y luego a la industria maquínica de la máquina, no es resultado de un determinismo tecnologicista. Es decir, no es resultado del simple desarrollo tecnológico mismo, sino que es producto de la complejidad del conjunto de elementos y relaciones sociales que intervienen de modo contradictorio y desigual en este desarrollo en un momento histórico dado: las relaciones con la naturaleza, las formas adquiridas en los procesos de producción, las relaciones de (re)producción, las formaciones político-culturales y sus resistencias. Si, como afirma Rubin (1928/1974), el estudio de Marx en general y de *El capital* en particular no atiende simplemente a un análisis de las relaciones entre las cosas o de los seres humanos con las cosas, sino que la clave radica en comprender las relaciones entre los humanos en el proceso de producción y reproducción del capitalismo. Es en este sentido que la relación de producción entre *trabajadorxs* y *capitalistxs* se vuelve fundamental. Es decir que esta relación no adquiere relevancia porque devela una vinculación económico-técnica, sino porque afecta y es afectada por toda una serie de relaciones sociales que configuran lógicas operantes en el sistema capitalista.

Marx argumenta que la relación de producción que se desenvuelve entre trabajadorxs y capitalistxs se encuentra siempre ya atravesada por un *problema político*. *Poder* y *resistencia* son las características constitutivas de estas relaciones. En este sentido, la *producción* de la fuerza de trabajo consiste en la misma capacidad de reproducirse; el *tiempo de trabajo necesario* para la producción y reproducción de aquella se reduce a la producción de los medios de vida necesarios en un determinado momento histórico, que precisan lxs trabajadorxs para subsistir. En palabras de Marx:

> "El tiempo de trabajo necesario para la producción de la fuerza de trabajo se resuelve en el tiempo de trabajo necesario para la producción de dichos medios de subsistencia, o, dicho de otra manera, el valor de la fuerza de trabajo es el valor de los medios de subsistencia necesarios para la conservación del poseedor de aquella. La fuerza de trabajo, sin embargo, sólo se efectiviza por medio de su exteriorización: se manifiesta tan sólo en el trabajo". (Marx, 1873/2002:133)

No obstante, si la lógica del poder del capital, del capitalista personificado, no es otra que la de obtención de su ganancia, termina por reducir la misma capacidad reproductora de la fuerza de trabajo en el instinto de acrecentar y crear la extracción de plus-valor:

> "El capital es trabajo muerto que sólo se reanima, a la manera de un vampiro, al chupar trabajo vivo, y que vive tanto más cuanto más trabajo vivo chupa. El tiempo durante el cual trabaja el obrero es el tiempo durante el cual el capitalista consume la fuerza de trabajo que ha adquirido". (Marx, 1873/2002:195)

Pero entonces *el trabajador* resiste a esta explotación en la venta de su única mercancía -fuerza de trabajo- mostrando cómo *el capitalista* la sobre-consume, siempre que paga la fuerza de trabajo de una jornada diaria, como dice Marx (1873/2002), habiendo empleado la de tres. La resistencia de lxs trabajadorxs frente a los capitalistxs no implica necesariamente que sus demandas se articulen de un modo socialista o revolucionario. Aquello que Marx quiere mostrar aquí es precisamente lo contrario: no son las lógicas políticas socialistas las que conducen a lxs trabajadorxs a resistir, sino que el mismo proceso de explotación del capital y sus supuestos políticos de igualdad (que se basa en la libertad de compra y venta) conducen a mecanismos de resistencia:

> "Esto contraviene nuestro acuerdo y la ley del intercambio mercantil. Exijo, pues, una jornada laboral de duración normal, y la exijo sin apelar a tu corazón, ya que en asuntos de dinero la benevolencia está totalmente de más. Bien

puedes ser un ciudadano modelo, miembro tal vez de la Sociedad Protectora de los Animales y por añadidura vivir en olor de santidad, pero a la cosa que ante mi representas no le late un corazón en el pecho. Lo que parece palpitar en ella no es más que los latidos de mi propio corazón. Exijo la jornada normal de trabajo porque exijo el valor de mi mercancía, como cualquier otro vendedor". (Marx, 1873/2002:196)

Una vez que la *sanción de la ley* impone la reducción de la jornada de trabajo por la movilización de lxs trabajadorxs, "que crea ante todo la condición *subjetiva* para la condensación del trabajo, o sea, la capacidad del obrero para desplegar más fuerza dentro de un tiempo dado" (Marx, 1873/2002:345), lxs capitalistxs generan un salto en el desarrollo técnico de la producción (desarrollo que encuentra como único limite la posibilidad de destrucción de los medios naturales), que se convierte "en las manos del capital, en un medio objetivo y empleado de manera sistemática para arrancar más trabajo en el mismo tiempo" (Marx, 1873/2002:345). En este sentido, con el surgimiento de la industria maquínica, se produce un aumento en la extracción de *plusvalía relativa*, generando así el *fetiche del capitalista* frente a la máquina como productora de su ganancia. En definitiva, la *productividad* del trabajo aumenta por la incorporación de nueva tecnología, es decir, que en el mismo tiempo de trabajo se produce una cantidad mayor que incrementa la plusvalía en términos relativos y *aumenta la tasa de explotación* (que se produce por las relaciones entre el capital variable V, inversión de trabajo necesario para la subsistencia del obrero y la plusvalía P, trabajo excedente para el capitalista que genera capital). Este aumento de la plusvalía es relativo, puesto que si el resto de lxs capitalistxs van incorporando la misma tecnología, o una similar, que equilibre nuevamente los incrementos de productividad, esta producción de plusvalor desaparece. Es por esto que, según Marx, el capitalismo muestra la lucha fetichizada y descarnada por la competencia, puesto que cada *capitalista* se encuentra al acecho de nueva tecnología que posibilite incrementar la producción de plusvalía relativa. De este modo, la sociedad, regida bajo las *lógicas del capital*, no puede dejar de ser tecnológicamente dinámica dado que debe serlo para producir mayor cantidad de plusvalor, que es la lógica de su necesidad inmanente en el proceso de su propia subsistencia. Un ejemplo emblemático es la gran innovación japonesa en la década del '70 "just-in-time-production", que multiplicó la producción de su plusvalía relativa a través de un significativo desarrollo tecnológico intensificando la productividad del trabajo[6].

La producción en el capitalismo no se encuentra regulada de un modo global por los Estados sino que es privada y no de incumbencia pública, en el sentido de que se basa en la propiedad privada de medios de producción a través de la fabricación de mercancías que no están destinadas consuetudinariamente a un uso social, sino que siguen las lógicas del mercado regidas por las dinámicas del intercambio. De este modo, cuando Marx analiza la *jornada de trabajo*, afirma que las relaciones que ésta genera no son determinadas y estáticas, sino dialécticas en tanto se basan en la tensión existente entre un tiempo de *trabajo necesario* y un tiempo de *trabajo excedente,* para acrecentar la extracción de plus-valor por parte de lxs capitalistxs. La *prolongación del trabajo excedente* puede conducir a la *reducción del trabajo necesario;* es decir, puede generar que una parte del tiempo de trabajo que *el trabajador* venia empleando para sí, se convierta en tiempo de trabajo invertido para *el capitalista.* Lo que varía no es necesariamente la *longitud de la jornada de trabajo,* sino su *división* en trabajo necesario y trabajo excedente[7]. El proceso de producción en el capitalismo no comienza entonces sino hasta que los "individuos particulares" no entran en las relaciones de producción al ocupar su lugar en tanto que poseedores de determinadas cosas: *medios de producción* por parte del *capitalista* y *fuerza de trabajo* por parte del *trabajador.* Luego, asumen su rol personificado en "cosas" que se desenvuelven en un constante litigio entre la extracción de *ganancia* por parte del *capitalista* y el derecho al *salario* como medio de subsistencia por parte del *trabajador.* Aquello que Marx (1873) quiere mostrar aquí es que *el capitalista* no hace más que afirmar y defender sus derechos de comprador cuando pretende extender la jornada de trabajo o aumentar su productividad; y de otra parte, el carácter específico de la mercancía vendida –fuerza de trabajo– entraña un límite opuesto a su consumo por el comprador y, al luchar por reducir a una determinada magnitud su jornada de trabajo, *el trabajador* no hace otra cosa que reivindicar sus derechos de vendedor de mercancía.

El estudio de las *relaciones de producción* en el capitalismo condujo a Marx

---

[6] Los procesos de producción de tipo toyotista suponen "una *intensificación de la explotación del trabajo,* ya sea por el hecho de que los obreros trabajen simultáneamente con varias máquinas, o por el aumento del ritmo y la velocidad de la cadena productiva por medio del sistema de luces. O sea, se presencia una *intensificación del ritmo productivo* dentro del mismo tiempo de trabajo o incluso cuando éste se reduce" (Antunes, 2005:42/43).

[7] En este punto se manifiesta la diferenciación que realiza Marx entre *plusvalía absoluta,* que se incrementa partir de una prolongación de la jornada de trabajo, y *plusvalía relativa,* que refiere a la intensificación de la productividad del trabajo que, a partir de la incorporación de nuevas tecnológicas, supone una reducción del tiempo de *trabajo necesario,* independientemente de que los límites de la jornada laboral sean modificados (Marx, 1873/2002: 451).

a preguntarse por qué las relaciones entre las personas asumen la forma de relación entre cosas, al punto tal que la cosa misma parece poseer la propiedad, la *virtud* de establecer las mismas relaciones de producción; por qué el trabajo asume la forma del valor y los medios de producción la forma del capital. Como sostiene Rubín (1928), Marx realizará un despliegue dialéctico de las categorías o de los elementos de la totalidad capitalista partiendo de las formas simples que, mediante el método, llegan a formas cada vez más complejas que explicitan las relaciones contradictorias y conflictivas que el capitalismo genera. Marx nos advierte, entonces, que el problema radica en suponer que los elementos operantes en los procesos totalizadores sean identidades cerradas, fijas y consistentes. La multiplicidad que anunciaba en la complejidad de las relaciones de la totalidad, se manifiesta también hacia dentro de la misma estructura de los elementos. Esta problemática se presenta como fundamental en el análisis del capitalismo puesto que las lógicas de mercado en que se desarrolla, implican la oscura ecuación de hacer equivalentes objetos disímiles. Así, la pregunta guía del análisis sobre *El capital* radica en resolver el misterio sobre *cómo puede un objeto ser el equivalente de otro*; dado que entre dos objetos cualesquiera (por ejemplo una *chaqueta* y un trozo de *lienzo*) aquello que los iguala no puede ser ni una propiedad física, ni química, ni geométrica. La respuesta a esta incógnita será develada por un análisis de la categoría de *mercancía*.

El análisis de la mercancía revela que en los textos de Marx los conceptos mismos presentan, como unidad, el despliegue de relaciones contradictorias. Para comenzar a comprender el enigma que encierra la mercancía, Marx dirá que hay dos formas del *valor* que la componen. La primera, el *valor de uso*, hace referencia a las propiedades materiales de un objeto, que se definen en relación a su capacidad de ser objetos útiles según las circunstancias socio-históricas, lo que equivale a decir, que en tanto *valor de uso* las mercancías representan, ante todo, *cualidades distintas*. La segunda forma, el *valor de cambio*, permite comprender que si prescindimos completamente de las cualidades particulares de cada mercancía, la única forma de equipararlas es comprendiéndolas en tanto productos del *trabajo*. Pero ya no serían productos de un *trabajo concreto*, puesto que si pensamos en el trabajo determinado, por ejemplo el del tejedor, sería imposible equipararlo al trabajo de, por ejemplo, un carpintero, sino que constituirían productos del *trabajo humano abstracto*. Es decir, en tanto *valor de cambio* las mercancías son igualables en relación a un tercer término: el *trabajo humano abstracto*, que ya no representa ningún tipo de trabajo particular. Así, con la pérdida del "carácter útil de los productos del trabajo se desvanece el carácter útil de los trabajos representados en ellos y, por ende, se desvanecen también las diversas formas concretas de esos trabajos; éstos dejan de distinguirse, reduciéndose

(…) a trabajo abstractamente humano" (Marx, 1873/2002:27). Esta forma del trabajo, será medida, en función de equiparar objetos tan disímiles, como *tiempo de trabajo socialmente necesario*. El movimiento que se asume es el de suprimir las cualidades del trabajo concreto en una medida cuantitativa temporal de trabajo humano indiferenciado.

La categoría de *trabajo* no se define por características propias, naturales y ahistóricas que la sociedad capitalista tergiversa sino que, por el contrario, el método de Marx supone comprender qué formas y contenidos ha asumido el trabajo en estas condiciones sociales específicas. De este modo, el método dialéctico le permite a Marx, por un lado, romper con un análisis abstracto y ahistórico de los conceptos y, por el otro, entender que el despliegue mismo de los conceptos no supone un despliegue inmanente del concepto mismo, por la presencia de toda una serie de configuraciones sociales operantes. El trabajo adquiere, en su forma capitalista de producción y reproducción, un *doble carácter*: es *trabajo concreto* –que otorga a la mercancía su posibilidad de ser un objeto de utilización social específica–, que se socializa al adquirir la forma de *trabajo socialmente igualado*; es decir "sólo porque su producto es igualado con los productos de todos los otros productores" (Rubin, 1928/1974:149), asumiendo, de este modo, la forma de *trabajo humano abstracto*. No obstante, este proceso no ocurre por un despliegue interno del mismo concepto de trabajo, sino que implica una relación con el concepto de *valor* y el de *mercancía*. Así, retomando la concepción desarrollada por la economía clásica, Marx afirma que el contenido del valor es el trabajo invertido en la producción de determinado producto. Sin embargo, Marx intenta ir más allá de esta afirmación, al afirmar que si el trabajo no puede ser considerado de forma ahistórica, es necesario radicalizar la apuesta de los clásicos especificando qué tipo de trabajo asume la potencia de crear valor en el capitalismo. Entonces, el contenido del valor, en las sociedades capitalistas, está dado por un trabajo que es socialmente igualado y que ha adquirido la forma de *trabajo abstracto*. De este modo, es importante volver sobre el concepto de *valor* una vez que hemos comprendido su contenido, para definir las *formas* que presenta bajo las lógicas del capital.

El desdoblamiento de la mercancía entre valor de uso y valor de cambio para determinar su *valor* social, le permite a Marx allanar el misterio que representa la *forma del valor* en la sociedad capitalista, que en su movimiento socio-histórico se define desde una forma simple a una expandida y luego a una general que se expresa en la *forma-dinero*. Para descifrar esta incógnita, es necesario comprender la forma simple del valor, dado que "el secreto de toda forma de valor yace oculto bajo esta forma simple de valor. Es su análisis, pues, el que presenta la verdadera dificultad" (Marx, 1873/2002:33). La forma simple del valor, sostiene que X mercancía A = Y mercancía B, o lo que es lo mismo, dice Marx, X mercancía A vale Y mercancía B. La mercancía A, se presenta en esta relación como *valor relativo*, y la mercancía B como *valor equivalencial*. Estos dos semblantes, que constituyen la forma simple del valor, "son aspectos interconectados e inseparables, que se condicionan de manera recíproca pero constituyen a la vez extremos excluyentes o contrapuestos, esto es, polos de la misma expresión de valor; se reparten siempre entre las distintas mercancías que la expresión del valor pone en interrelación" (Marx, 1873/2002:33). Por lo tanto, en la fórmula arriba planteada, se estaría expresando sólo el *valor* de la mercancía A al compararla con una mercancía B, que es de una especie distinta de la primera. No obstante, al afirmar la expresión, B se postula como el equivalente de A, y por lo tanto se afirma que el trabajo contenido en B es idéntico al trabajo que contiene A. De este modo, dice Marx:

> "En la relación de valor, pues, en que la chaqueta [mercancía B] constituye el equivalente del lienzo [mercancía A], la forma de chaqueta hace las veces de forma del valor. Por tanto, el valor de la mercancía lienzo queda expresado en el cuerpo de la mercancía chaqueta, el valor de una mercancía en el valor de uso de la otra. En cuanto valor de uso el lienzo es una cosa sensorialmente distinta de la chaqueta; en cuanto valor es igual a la chaqueta, y, en consecuencia, tiene el mismo aspecto que ésta". (1873/2002:35)

Con esta ecuación, Marx quiere expresar que en la forma equivalente, el valor de uso se convierte en la forma de manifestación de su *contrario*, esto es el valor –que posibilita el intercambio–; y que el trabajo concreto se convierte en la forma de manifestación de su *contrario*, esto es, el trabajo humano abstracto, y que, por último, "el trabajo concreto que produce el equivalente, (…) al servir de simple expresión del trabajo humano indistinto posee la forma de la igualdad con otro trabajo, (…) y así se vuelve (…) trabajo en forma social inmediata" (Marx, 1873/2002:39). Por lo tanto, al ser la forma simple de la mercancía, el germen de la *forma dinero* (Marx, 1873/2002), el dinero, en tanto equivalente universal, reviste en su forma misma el ocultamiento de las relaciones sociales de producción, que son las verdaderas productoras de valor. Así, sostiene Marx:

> "La forma de valor asumida por el producto del trabajo es la forma más abstracta, pero también la más general, del modo de producción burgués, que de tal manera queda caracterizado como tipo particular de producción social y con esto, a la vez, como algo histórico. Si nos confundimos y la tomamos por la forma natural eterna de la producción social, pasaremos también por alto, necesariamente, lo que hay de específico en la forma de valor, y por tanto en la forma de la mercancía, desarrollada luego en la forma de dinero". (1873/2002:60)

El valor se presenta tanto en términos cualitativos como cuantitativos, como la expresión de un trabajo socialmente igualado en abstracto. Por lo tanto, cualitativamente, el valor es la forma social que se realiza en el acto de intercambio de mercancías que expresan el contenido del valor a través de la abstracción de todo trabajo concreto. En términos cuantitativos, la magnitud del valor regula la distribución del trabajo social luego de abstraerse de todo su contenido particular, al referirse en un tercer término que iguala las mercancías en cuanto valor de cambio que se expresa en el *tiempo de trabajo socialmente necesario*. El valor como fenómeno social no contiene, entonces, ni un solo átomo de materia, así como tampoco su contenido específico en las sociedades capitalistas, el trabajo abstracto. Pero, cómo es que estas complejas vinculaciones se objetivan en "la cosa", cómo es que la mercancía expresa esa relación de valor objetivamente. La respuesta sólo se puede averiguar cuando una mercancía entra en relación de cambio con otra. Así, el trabajo (que se objetiva en la cosa) que tiene invertida la mercancía B (forma equivalencial) se transforma en la medida del valor del trabajo abstracto que hay en la mercancía A (forma relativa). Es por esto que el *valor* parece convertirse en una propiedad de la cosa, generando la apariencia de que estas características son naturales y no características socialmente determinadas como consecuencia de las relaciones entabladas entre las personas.

Marx asevera que, en el capitalismo, una *mercancía* se convierte en el equivalente universal de todos los intercambios, esta es, como vimos, la *forma dinero*. Y afirma, a modo de crítica de la *economía política*, que para que esto sucediera, el intercambio tenía que devenir un *acto social regular*. La *forma dinero* surge a partir de una relación de cambio que no es impuesta desde fuera y que no supone una relación causal, sino que surge del desarrollo social del propio proceso de intercambio. Esta forma, así como lo hacía la forma del valor, reviste un carácter doble. El dinero es entendido como *medida del valor* y como *medio de circulación*. En el primer sentido, es la medida del valor de la mercancía como exponente de su *magnitud de valor*, como su patrón de precio, como dinero universal. En el segundo, es el medio de circulación en el proceso de cambio, dinero concreto, formas del dinero que expresan la relación *comprador* y *vendedor* de mercancías. De este modo, como *medio de circulación*, la *forma dinero* reviste el proceso de metamorfosis de la mercancía. Así, en tanto que circulación, lo que se presenta es el andar de la contradicción que, en movimiento perpetuo, la realiza en tanto que la asume, dado que la circulación difiere del mero intercambio (mercancía-mercancía). La mercancía que se vende genera dinero, que a su vez se convierte en otra mercancía necesaria para *aquel poseedor* de dinero. El proceso de circulación ocurre entre dos momentos de metamorfosis, el primero (M-D) que va de lo particular a lo universal, y el segundo (D-M) que de lo universal se mueve a lo particular. Todas las mercancías se igualan, todas se pueden comprar y vender, todas circulan. La D que media el proceso (M-D-M) muestra como el equivalente universal es poder latente, es poder vender, poder comprar, poder circular, poder producir. Deviene *poder social*, que se constituye y se devela a través de este proceso que no detiene su circulación, dado que, como dirá Jameson, "el Muchos de una multitud de bienes individuales y cualitativamente distintos se arremolina, boquiabierto de sobrecogimiento y adoración, en torno al Uno del valor de equivalente", y es en este proceso que "el equivalente pasa a ser el 'valor corporificado', cuyos rasgos contingentes cambian como cada sucesión dinástica, pero cuyo misterioso poder simbólico queda ratificado por el lugar que ocupa en la ecuación" (2011:53). De este modo, si por ejemplo un gran número de *capitalistas* deciden guardar su dinero, el proceso de circulación entrará en una crisis de dinero, crisis de liquidez, crisis de poder. Así, disminuiría la demanda de mercancías y muchas quedarían sin vender. Cierta economía política no veía esta particularidad del sistema capitalista puesto que toda venta, decían, implicaba una compra. El dinero, quiere mostrar Marx, es el lubrificante del proceso de circulación:

> "El proceso de cambio de la mercancía se opera, por tanto, mediante dos metamorfosis antagónicas y que se completan recíprocamente: transformación de la mercancía en dinero y nueva transformación de éste en mercancía. Las dos etapas de la metamorfosis de las mercancías son, a la par, un trato comercial de los poseedores de éstas –venta o cambio de la mercancía por dinero; compra, o cambio del dinero por la mercancía– y la unidad de ambos actos: vender para comprar (...). La primera metamorfosis de una mercancía, su transformación de forma de mercancía en dinero, envuelve siempre, al mismo tiempo, la segunda metamorfosis antagónica de otra mercancía, o sea, su reversión de la forma de dinero a mercancía. (...) La segunda metamorfosis o metamorfosis final de la mercancía: compra. El dinero, forma enajenada de todas las demás mercancías o producto de su enajenación general, es, por ello mismo, la mercancía absolutamente enajenable. El dinero lee al revés todos los precios y se refleja, por tanto, en los cuerpos de todas las mercancías como el material altruista de su propia gestación de mercancías". (Marx, 1873/2002:79)

El desarrollo del capitalismo, en términos históricos, implicó un impulso cada vez más demarcado de una tendencia en aumento de la cantidad de dinero en el proceso de circulación. La velocidad de la circulación se consuma en la suma de los precios, la liquidez y la cantidad de mercancías. El dinero deviene fin en sí mismo, la fórmula deviene entonces D-M-D'. Quienes invierten dinero quieren más dinero buscando acumular poder universal. En este sentido, *los particulares* atesoran el dinero universal, *los individuos* se apoderan del *poder social. El vendedor* se transforma en acreedor de dinero y *el comprador* en deudor. El dinero deviene objeto del proceso de circulación, mercancía universal:

> "El ciclo M - D - M parte de un extremo constituido por una mercancía y concluye en el extremo configurado por otra, la cual egresa de la circulación y cae en la órbita del consumo. Por ende, el consumo, la satisfacción de necesidades o, en una palabra, el valor de uso, es su objetivo final. El ciclo D - M - D, en cambio, parte del extremo constituido por el dinero y retorna finalmente a ese mismo extremo. Su motivo impulsor y su objetivo determinante es, por tanto, el valor de cambio mismo". (Marx, 1873/2002:121)

La fórmula D-M-D' es la que demuestra cómo el dinero se produce como *capital*. La primera dupla de la formula (D-M) muestra cómo el dinero compra mercancía y la segunda (M-D) señala que se compra mercancía para obtener dinero. La fórmula reviste un intercambio de D por D, pero el segundo ya no es igual al primero. D se vuelve D', deviene la suma de sí mismo más un incremento, un excedente, un plusvalor. El proceso de valorización de D es lo que convierte al dinero en capital. De este modo, es capital porque produce un valor excedente, porque genera plusvalía. El movimiento del capital es incesante e ilimitado: "El valor adelantado originariamente no sólo, pues, se conserva en la circulación, sino que en ella modifica su magnitud de valor, adiciona un plusvalor o se valoriza. Y este movimiento lo transforma en capital" (Marx, 1873/2002:122). Sin embargo, este incremento, esta mutación del dinero en capital no es producto de la ley de la *demanda efectiva*, por lo tanto, no surge del proceso de *circulación*, de la relación *comprador-vendedor* de mercancías: la circulación o el intercambio de mercancías no crea valor. Pero, si bien el *plusvalor* no es creado por el proceso de circulación, no podría brotar por fuera de él. En términos lógicos, el dinero, no es necesariamente capital. El capital es dinero empleado de un modo específico. En su forma de circulación, el capital precisa del dinero, mas no lo consume, no lo gasta, sino que lo adelanta para recuperarlo con un plus-valor. Así, el dinero, como capital, se valoriza y esta valorización se materializa en el final del proceso de circulación. Por lo tanto, en un sentido, el capital es un proceso, valor en movimiento, en circulación, es pura expansión sin límites que devino como socialmente necesaria en las sociedades capitalistas. Más el capital no es producto de la circulación, puesto que la circulación no posee la capacidad de crear valor. Es decir, el capital, como valor, puede ser redistribuido a través del mercado pero no creado por éste:

> "Para extraer valor del consumo de una mercancía, nuestro poseedor de dinero tendría que ser tan afortunado como para descubrir dentro de la esfera de la circulación, en el mercado, una mercancía cuyo valor de uso poseyera la peculiar propiedad de ser fuente de valor; cuyo consumo efectivo mismo,

pues, fuera objetivación de trabajo, y por tanto creación de valor". (Marx, 1873/2002:131)

La mercancía que tiene la capacidad de producir valor es, entonces, la *fuerza de trabajo*. Pero cómo es que se determina el *valor* de la propia fuerza de trabajo. Como vimos, el valor de esta, es determinado por el tiempo de trabajo socialmente necesario, que a su vez se determina por el valor de los medios necesarios para asegurar la subsistencia de su *poseedor*. Así, la fuerza de trabajo tiene la capacidad de crear valor puesto que es potencia, es inversión de fuerza, de destreza física y mental, de conocimiento, de información, de capacidad.

En el sistema capitalista, la fuerza de trabajo muestra tres características. Primero, *el trabajador* debe ser *el propietario* libre de su capacidad de trabajo. Marx sostiene que, en el sistema capitalista, y siguiendo irónicamente a la economía política, *el trabajador* y *el propietario* se encuentran en el mercado bajo condiciones de "igualdad", ya que ambos son *poseedores de mercancías*. El primero lo es de su fuerza de trabajo y el segundo del dinero y de los medios de producción. El contrato que se genera entre ellos, los trasforma en vendedor (de su fuerza de trabajo) al primero y en comprador al segundo. Devienen "iguales" ante los ojos de la ley.

Segundo, *el trabajador* se presenta como libre en dos sentidos. En primer orden, es libre de vender su fuerza de trabajo a quien quiera. Luego, se encuentra liberado de cualquier control sobre los medios de producción. Su subsistencia está ligada a la cantidad de *valor de uso* que necesita para sobrevivir; punto que se encuentra completamente ligado al trabajo y las horas de trabajo que desempeña.

Tercero, *el capitalista* sólo desembolsa el dinero del salario una vez que el trabajo ya está realizado. Esto genera toda una serie de problemas en el capitalismo, pues, si al *trabajador* se le debe pagar al valor de una "canasta básica de alimentos" que asegura su subsistencia, esta se encuentra determinada también por los vaivenes del mercado. Es decir que, el mercado, así como los mutaciones y particularidades socio-políticas y culturales, fijaran para cada época cuál será la suma de mercancías necesarias para que garantizar la subsistencia de lxs trabajadorxs. Como afirma Marx, *el trabajador*, lejos de encontrarse en la relación D-M-D' –que atañe al *capitalista*–, se ve inmiscuido en la fórmula M-D-M (fuerza de trabajo- salario-consumo para subsistir) que no produce plusvalor alguno. Por lo tanto, sugiere Marx, el secreto, aquello que estaba oculto, se devela en el *proceso de producción*. Así, el *plusvalor* se crea en el proceso de producción pero se materializa en la circulación.

En el capitalismo, como advierte Marx, la fuerza productiva entra en el proceso de trabajo y genera consumo productivo. El salario que recibe *el trabajador*, por realizar este gasto de fuerza productiva es consumido para comprar sus propios medios de subsistencia (M-D-M), permitiéndole vivir para luego volver a entrar en el proceso de producción. Pero para *el capitalista* la cosa es muy distinta. Éste compra en el mercado medios de producción y fuerza de trabajo para que en el proceso de producción se materialicen mercancías que luego serán vendidas en el mercado generando una ganancia, es decir capital. El dinero vuelve así a entrar en el proceso de trabajo (D-M-D'). ¿Pero qué sucede con la plusvalía? El capitalista reinvierte también parte de la plusvalía para comprar más medios de producción y fuerza de trabajo, que son los capitales necesarios para hacer devenir el dinero en capital. Esto es lo que Marx denomina *acumulación capitalista*, que tiene como objetivo expandir el proceso productivo. Reinvertir es entonces la condición del capitalista. La acumulación por la acumulación, la producción por la producción, se ha convertido en una necesidad social en el capitalismo. Marx afirma, en este sentido, que el crecimiento productivo es una tendencia estructural de este modo de acumulación, sin importar las consecuencias tanto político-sociales como ecológicas. La acumulación del capital es por ello ilimitada y altamente flexible. *El capitalista* no se comporta como lo hacía la aristocracia, que simplemente "consumía lo que existe", sino que, por el contrario, pregona crear para acumular. Pero esta acumulación no es atesoramiento –pues sino el capital volvería a ser simplemente dinero– es reinversión para la producción de *plusvalor*.

Las totalizaciones que constituyen en este extenso y complejo proceso de mutaciones que el capitalismo supone, lejos de ser rígidas –puesto que si así fuera el mismo método que las propone entraría en una contradicción lógica– se desenvuelven de modo *dialéctico* a través de múltiples movimientos dinámicos. La posibilidad de este dinamismo está dada por las determinaciones que devienen y operan por *contradicciones*. Sin embargo, la contradicción no se *supera* pues la categoría de *mercancía*, como vimos, sigue operando como un término contradictorio que adquiere *valor* a partir de la relación de valor de uso/valor de cambio y, por tanto, de la relación de trabajo concreto/trabajo abstracto. La *superación* de la contradicción no se encuentra habilitada dialécticamente para funcionar como aquella que sustenta la posibilidad de una Identidad (la mercancía), sino que la contradicción se asume constantemente entre una *identidad* que *deviene* como *diferencia*: "El desarrollo de la mercancía no suprime esas contradicciones, mas engendra la forma en que pueden moverse. Es éste, en general, el método por el cual se resuelven las contradicciones reales" (Marx, 1873/2002:75). Por tanto, las contradicciones no se *superan* sino que se *resuelven* en el mismo movimiento del *asumir*. En este sentido, aquello que para Hegel se asumiría no es otra cosa que el lado *positivo* de la disolución de la contradicción. Y este lado positivo, Marx lo expresó muy bien, es el engendramiento de una *nueva forma*, que resuelve la contradicción en tanto la asume como tal[8]. Por ello, si hubiese que establecer un orden jerárquico entre identidad y contradicción, esta última sería "lo más profundo y esencial", ya que la identidad es una determinación de lo simple, "del muerto ser" (Hegel, 1812-1813/2011:492). En definitiva, parecería que "todo concepto posterior lleva, en la teoría de Marx, el sello del anterior" (Rubin, 1928/1974:143). De este modo, como mostrábamos más arriba, el *dinero* es *valor* en tanto *equivalente general*, que devine *capital*, que a su vez vuelve a devenir *dinero* con un *plus-valor*; o bien el *salario,* que es el *valor* de una *mercancía* concreta como la *fuerza de trabajo*; o bien, si volvemos sobre el concepto de *valor* se devela todo un gran tratamiento *dialéctico* de su devenir. El valor es primeramente *movimiento*, es aquello que se transfiere en el proceso de intercambio, es un elemento espectral, es el elemento escondido y oculto en las mercancías y es lo que vuelve mercancías a los objetos útiles. Así, la mercancía como "cosa" guarda en ella el trabajo humano *objetivado* y *materializado* o, en otras palabras, el proceso de trabajo se objetiva en una "cosa". Ésta es por lo tanto una *representación* del proceso de creación de valor. El *valor*, como *magnitud del valor*, es el *tiempo de trabajo socialmente necesario* para producir un *valor de uso*, que es a su vez lo que permite la mensurabilidad entre distintas *mercancías,* y esta mensurabilidad, que posibilita el intercambio, desarrolla el *valor de cambio* como representación del *valor*. El valor de una mercancía deja de ser el mismo toda vez que el *tiempo de trabajo socialmente necesario* se modifica a partir de las mutaciones del desarrollo de las *fuerzas productivas* (capacidad del trabajo, tecnología, ciencia, condiciones naturales, medios de producción) y del momento particular en que se encuentren las relaciones de producción. Es decir que, la categoría de valor es una categoría social y relacional, más aún es movimiento de relaciones en una *totalidad* puesto que no se puede desarrollar un análisis de ninguno de estos elementos sin referirse a todos los demás.

Ahora bien, si la totalidad es una categoría central para el pensamiento de Marx, lo es en parte porque se convierte en aquello que condiciona las "formas de la objetividad de todo objeto" (Lukács, 1923/2002:50). Es decir que la objetividad, lejos de ser condición apriorística de las relaciones fenoménicas, es resultado de las particularidades de una totalización social

---

[8] Si bien entendemos que la palabra en alemán que Marx utiliza en relación a la contradicción es *resolver*, no deja de ser sugerente vincularla a la traducción realizada por F. Duque que utiliza el término "asumir", puesto que implicaría en castellano un "hacerse cargo" y no abandonar (como sí lo hacen las traducciones que optan por el término "suprimir" o "eliminar") o "ir más allá" (como indicaría el término "superar") (Duque, 1998:327).

que deviene históricamente bajo determinadas circunstancias más o menos contingentes, a partir del movimiento contradictorio y negativo de sus relaciones. Así, la correspondencia que se presenta entre totalidad y objetividad se vuelve clave para un pensamiento sobre el capitalismo al trazar una nueva lógica de conocimiento de los fenómenos socio-históricos. De este modo, toda transformación esencial para el conocimiento estaría dada por las determinaciones que adquiere esa totalidad y, por lo tanto, por las formas que alcanza una particular objetividad. En consecuencia, si la determinabilidad de un objeto está dada por su vinculación con múltiples determinaciones que forman una totalidad, las formas de la objetividad que adquiere ese objeto son posibles a partir de una fijación particular que se universaliza abstractamente en un momento histórico dado.

La objetividad en la formación social capitalista supone una cristalización a partir del ocultamiento de las relaciones sociales entre personas a través de las relaciones sociales correspondientes entre cosas. El capital es, en este sentido, una relación social que se manifiesta como relaciones entre cosas. Esto supone que el capital adquiere históricamente esta condición de relación social específica; es decir que la condición de capital "no le corresponde a las cosas como tales y bajo cualquier circunstancia, sino que es una función que, según las circunstancias que en ellas ocurran, pueden o no desempeñar" (Rubin, 1928/1974:84). El capitalismo le otorga a las cosas su función como portadoras de las relaciones sociales entre las personas. Esta fijación particular, al universalizarse y volverse abstracta, supone una "naturalidad" de ese vínculo, asimilando así a ese objeto con una determinada característica como intrínseca a sí mismo cuando en verdad es resultado de un proceso histórico con múltiples determinaciones y relaciones sociales específicas. En este sentido, y a modo de ejemplo, podemos recurrir a una cita de *El capital* en la cual Marx afirma que:

> "Una máquina de hilar algodón es una máquina de hilar algodón. Sólo bajo determinadas condiciones se convierte en capital. Desgajada de esas condiciones, la máquina dista tanto de ser capital como dista el oro, (…) de ser dinero y el azúcar de ser el precio del azúcar... El capital es una relación social de producción. Es una relación histórica de producción". (Marx, 1873/2002:730)

La relación dialéctica existe entonces a partir de un doble movimiento. Por un lado, permite ver las trasformaciones de las formas de la objetividad en los fenómenos sociales (la máquina de hilar como capital) y, por el otro, supone la posibilidad de cognoscibilidad de un objeto "partiendo de su función en la *totalidad determinada* en la que funciona" (Lukács, 1923/2002:65).

Entendemos que si transitamos por toda una serie de textos clásicos de Marx —desde los *Manuscritos del 44*, pasando por *La miseria de la filosofía* y la *Contribución a la crítica de la economía política*, hasta llegar a *El capital*—comprendemos que, si bien se teoriza de modos disimiles, el problema de la cosificación de las relaciones sociales bajo las lógicas del capital es un tema recurrente. Entonces, si señalar el *fetichismo de la mercancía* es la forma de revelar el misterio del capitalismo, lo es en parte porque exhibe el modo en el que el trabajo asume la forma de *trabajo alienado* en estas condiciones específicas. Así, *el capitalista* es el propietario privado de los medios de producción que emplea *el trabajador*. En este sentido, la *propiedad privada* es al mismo tiempo productora y generadora del *trabajo alienado*, de la relación externa del *trabajador* con la naturaleza y consigo mismo. Esta relación, dice Marx, se revela de un modo dialéctico puesto que su desarrollo descubre el secreto de la propiedad privada: "en primer lugar que es el producto del trabajo alienado, y en segundo término que es el medio por el cual el trabajo se enajena, es la realización de esta enajenación" (1844/1984:21). En este proceso, el producto del trabajo se aliena también al cristalizare en la categoría de mercancía, que adquiere objetividad en cuanto *valor* aparentando la naturalidad de esta función cuando en realidad es el producto de múltiples y complejas relaciones sociales. Entonces, si bien podemos afirmar que el valor de una mercancía es inmaterial (podemos dar vuelta y mirar una mercancía por todos lados y en ningún sitio encontraremos su valor) no podemos sostener que tal categoría no sea objetiva. Su objetividad está dada en tanto que expresa una relación social que es independiente de la voluntad de los seres humanos, y se encuentra objetivada en la mercancía como "cosa". El carácter enigmático de una mercancía surge de su carácter social. En este sentido, el capitalismo supone el despliegue de "una objetividad fantasmagórica del objeto del valor de cambio, y no se trata de una ilusión puramente subjetiva ni de un capricho individual, sino más bien de un hecho social, una realidad social que desatendemos a nuestro propio riesgo" (Jameson, 2011:41). En el capitalismo, este proceso de cosificación de las relaciones sociales no es simplemente una apariencia que se realiza en la mente de *los productores* de mercancías, sino que se despliega a partir de la estructura interna de las relaciones sociales de producción. De este modo se proyecta ante los seres humanos:

> "El carácter social de su propio trabajo como caracteres objetivos inherentes a los productos del trabajo, como propiedades sociales naturales de dichas cosas, y, por ende, en que también refleja la relación social que media entre los productores y el trabajo global, como una relación social entre los objetos, existente al margen de los productores. Es por medio de este quid pro quo como los productos del trabajo se convierten en mercancías, en cosas sensorialmente suprasensibles o sociales. (…) Lo que aquí adopta, para los hombres, la forma

fantasmagórica de una relación entre cosas, es sólo la relación social determinada existente entre aquéllos". (Marx, 1873/2002:47)

Marx pretende mostrar que la relación social que la forma fetichizada de la mercancía esconde, como categoría celular de las lógicas del capital, no es otra cosa que una *nueva tecnología del tiempo*. La crítica a la *economía política* es una crítica al tiempo del capital. De un tiempo que es abstraído por el *valor* y que deviene medida de toda riqueza. El tiempo es *dinero*, es *capital*, es reducción del trabajo concreto en trabajo abstracto y socialmente determinado. Como afirma Marx: "el reloj es la primer máquina automática aplicada a fines prácticos; toda la teoría de la producción del movimiento regular se desarrolló por su intercambio" (Carta de Marx a Engels de 1863, citada en Bensaïd, 1995/2013:130). El tiempo no es el motor de la historia, puesto que hay que recordar "que Marx insiste en la imposibilidad de pensar el futuro" (Merleau-Ponty, 1956:68). El tiempo es una "economía del tiempo" que devela la relación social conflictiva de la (re)producción y el intercambio. El tiempo de la producción asume el misterio del capital, la creación de *plusvalor*: "la lucha incesante por la división entre trabajo necesario y plustrabajo determina el trazo móvil de la tasa de explotación. La barra que divide ese tiempo en dos segmentos se desplaza en función de la lucha de clases" (Bensaïd, 1995/2013:125). El capital segmentariza el tiempo, lo divide entre aquel que permite al sistema (re)producirse –tiempo de trabajo necesario para garantizar la subsistencia del trabajador–, y el tiempo oculto de la ganancia, del plus que se esconde en la relación entre capital-trabajo.

Pero también hay otro tiempo en Marx, el tiempo que abre la posibilidad del cambio. El presente no es un eslabón más en una cadena histórica teleológica, sino un momento de posibilidad, de selección de los posibles. Si "los hombres hacen su propia historia", no la hacen a su libre arbitrio, la hacen bajo circunstancias existentes, encontradas, transmitidas, operantes y conflictivas. La política es ese presente que abre posibles en el modo de hacer a partir de esas circunstancias. Aquello que Marx intenta analizar son las circunstancias sobre las cuales el quehacer político opera. Marx exige abandonar las personificaciones sociales, dado que no hay *la* sociedad, no hay *el* individuo, no hay *la* clase en términos abstractos y ahistóricos. Clase es relación, es movimiento, es tiempo. Pero es relación conflictiva, es movimiento desigual, es tiempo desajustado. No hay clase sino relaciones de clases, que se confunden en la relación fetichizada de la mercancía bajo las lógicas del capital. En este sentido, las formas político-culturales no se presentan, en Marx, como un subproducto de las relaciones materiales, es decir, como si la política y la cultura fueran "un producto funcional meramente pasivo de la vida social, pero tampoco Marx concibe construcciones discursivas puras, sin relaciones vinculares con clases e intereses históricos. Entre relaciones sociales y cultura hay, para Marx, relaciones dialécticas" (Sotelo, 2015:20).

Los distintos *marxismos* han puesto el acento en los distintos tipos de relaciones que hemos desarrollado a lo largo de este apartado. Desde qué marxismo en efecto vamos a hablar, como nos sugería Castoriadis, se responde a partir de un análisis sobre cómo han ponderado una u otra de las intersecciones de los elementos que señalábamos a la hora de pensar la posibilidad de cambio de lo social. En este sentido, podemos decir que los disímiles *marxismos* ponderaron como determinantes en última instancia diferentes figuras relacionales y contradictorias de la totalidad que Marx presenta en *El capital,* ya sea porque consideraban que determinado momento histórico suponía como fundamental alguna de las relaciones, o bien, que alguna de las relaciones era ontologizable.

En los discursos marxistas más tradicionales u ortodoxos el acento se encuentra puesto en la relación tecnología/ naturaleza/ proceso social de producción, como índice topológico de posibilidad del cambio social. Este fue el caso que mayormente se extendió en la segunda internacional, pero también a partir del *marxismo analítico* de G. Cohen, J. Elster, E.O. Wright, que pretendían hacer del materialismo histórico una teoría tecnologicista. Aquí se argumentaba, en defensa del *Prefacio a la crítica de la economía política* de 1859, que hay una *primacía de las fuerzas productivas,* dado que "la historia es (…) el desarrollo de la capacidad productiva del hombre y que las formas de sociedad surgen y desaparecen en la medida en que permiten y promueven, o impiden y obstaculizan, ese desarrollo" (Cohen, 1984:65).

Otros marxismos más heterodoxos, han puesto el acento en las *relaciones sociales de producciones* y sus vinculaciones, como la *reproducción social* y las *concepciones mentales del mundo.* Entre los casos más clásicos del marxismo –salvando sus diferencias– podemos encontrar el pensamiento de Luxemburgo, Trotsky y Gramsci. También podemos referenciar a pensadores contemporáneos, como Moreno, que sostiene una primacía de la lucha -política- de clases como motor de la historia y a A. Petruccelli (2010), quien impulsa una primacía de las relaciones sociales de producción por sobre el desarrollo de las fuerzas productivas.

Otras posturas podrían definirse a partir del concepto de sobredeterminación trabajado por Althusser que, si bien continúa haciendo referencia a la determinación en última instancia por la economía, abre toda una nueva serie de discusiones en relación al modo de pensar la totalidad de lo social en el discurso marxista. En este sentido, las posturas denominadas posmarxistas, como las de Laclau y Badiou, parten de la comprensión sobredeterminada de la totalidad althusseriana, pero apuestan por una crítica a Marx no simplemente por el problema de la determinación última por la economía, sino precisamente por el carácter cerrado que le atribuye a la categoría de totalidad. La teoría badioudiana presenta una ontología de "lo múltiple", que si bien tiene como condición de posibilidad la tensión entre orden y ruptura, hace de la ruptura y del sujeto múltiple que de ella surge, su apuesta inmanente. Mientras que lo ontológicamente primario para Laclau no es la multiplicidad, sino la unicidad fallida.

Por ello, en el próximo capítulo nos interesará continuar con un análisis de las producciones de la triada de pensadores propuesta, poniendo el acento en el problema del método dialéctico ligado a la problemática más general de la crisis del marxismo que sus apuestas teórico-políticas suponen. Así, desarrollaremos los modos en que teorizan y formulan sus distintas críticas a la dialéctica, con la mira puesta en repensar la posibilidad histórica de un sujeto o de múltiples sujetos que habiliten una brecha en lo social para transformarlo.

Capítulo II. Moreno, Badiou y Laclau. Sobre el método en cuestión

Hay que asumir, tal como Marx, en tanto que autor, lo hizo en El Capital, el elemento épico. Marx reconoció que la historia del capital sólo puede construirse dentro de la armazón férrea, de tensiones amplias, de una teoría.

(WALTER BENJAMIN, *Sobre el concepto de historia*)

Las producciones de Moreno, Laclau y Badiou suponen una comprensión común respecto a la crisis del marxismo que se exhibe tanto en términos teóricos como políticos, como resultado de un balance negativo de las experiencias de los socialismos realmente existentes y de las transformaciones del sistema capitalista a nivel global. Cuestión que los conduce a preguntarse por la potencialidad actual o por el fracaso de la *dialéctica* en tanto un modo específico de comprender las lógicas del capitalismo y los procesos de resistencias. De este modo, asumir la crisis teórica y política del marxismo exigía, no solamente una puesta en cuestión de toda una serie de categorías que eran consideradas claves (como los modos de comprender al sujeto, a la estructura y a la política), sino, y más fundamental aún, la puesta en entredicho del modo en que el *método dialéctico* trazaba las vinculaciones, las determinaciones y los movimientos de dichas categorías. Por tanto, otra vez se presenta la incógnita en relación a qué tipo de dialéctica se está discutiendo, ¿si la versión del método prescriptivo que sostuvo la burocracia soviética o el método dialéctico propuesto por Marx?

Para Moreno la crisis teórica del marxismo supone una discusión con el *materialismo dialéctico* staliniano, y propone recuperar las potencialidades *dialécticas* que presentaba el pensamiento de Marx para conjugarlas con nuevos aportes categoriales no sólo de pensadorxs marxistas sino también no-marxistas. En términos políticos, esta crisis admite un corte respecto de la burocratización de las direcciones paritarias y sindicales, pero una vuelta a la idea de organización política internacional que luche en pos de un proceso revolucionario. En el caso de Badiou y Laclau, la crítica a la dialéctica como método es al mismo tiempo un cuestionamiento teórico-político de la URSS y de la dialéctica marxista en términos específicos. Sin embargo, si bien esta doble crítica conduce a Laclau a desestimar a la dialéctica más allá de su interpretación soviética, Badiou entenderá que es necesario una vuelta a ella para reconfigurarla con nuevas categorías al librarla de su determinación hegeliano-marxista.

En el capítulo anterior mostramos como las distintas ponderaciones sobre los presupuestos de la dialéctica -totalidad, contradicción, negación- definían, hacia dentro de la historia del marxismo, distintos modos de comprender lo social y sus posibilidades de cambio. En lo que refiere a esta problemática, Moreno argumenta en favor de la dialéctica como método fundamental para formular una *lógica marxista* contemporánea. Puesto que entiende que la importancia de continuar pensando en términos dialécticos se afinca en las potencialidades de comprender a la *multiplicidad* de lo social como una *totalidad* en permanente movimiento que presenta interrelaciones complejas y sobredeterminadas. Sin embargo, afirma que la nueva etapa socio-histórica, que se abre a partir de la década del '70, exige ubicar al momento *contradictorio* de la lucha (de clases) como determinante en última instancia. Por su parte Laclau asume una apuesta teórica *pos*dialéctica a partir de comprender lo social como constitutivamente dislocado. Si bien Laclau no abandonará la categoría de *totalidad*, está lejos de ser una categoría cerrada y desarrollada a partir de un despliegue inmanente de sus contradicciones, se articulará a partir de una apertura constitutiva que permitirá comprender los procesos sociales de totalización siempre de un modo fallido. Esta reformulación le permitirá poner en cuestión la centralidad ontológica de la *clase obrera* y junto con ella la idea de una sociedad futura pasible de ser *socialista*. Por último, Badiou afirmará que aquello que ha entrado en *crisis* es la dialéctica en su sentido hegeliano-marxista. Esta crisis le permitirá a la filosofía desestimar la misma idea de *revolución* tal como el marxismo la planteaba, habilitando una pregunta por una nueva forma de *negatividad* política a partir de una *dialéctica materialista* que se afirme sobre la idea de una *tríada del no-todo*. Por tanto, el objetivo que aquí se asume supone analizar cómo entienden y teorizan, pero también cómo se relacionan, estos tres pensamientos con el método dialéctico marxista.

II. 1. *Lo múltiple en el todo*

Moreno propone dos grandes y complejas tareas que el marxismo debería asumir si pretende encontrar una salida al atolladero en que se encuentra inmerso. En primer lugar, Moreno sostiene que la actual *crisis del marxismo* se presenta en una de sus caras como una *crisis teórica* del marxismo, de este modo la tarea es sistematizar una *lógica marxista* que no pierda su capacidad de apertura. La subsistencia del marxismo, en tanto práctica teórico-política, se asienta en la apuesta de mantener su lógica siempre abierta a partir de un ejercicio constante de reformular sus categorías, teniendo en cuenta las producciones científicas, filosóficas y epistemológicas contemporáneas y ponerlas en permanente diálogo con el *método dialéctico* propuesto por Marx y re-trabajado por Trotsky. En segundo lugar, teniendo en cuenta que la crisis del marxismo es para Moreno también una *crisis política*, es necesario comprender que, a partir de las trasformaciones mundiales sufridas primeramente luego de la *Primera Guerra Mundial* y profundizadas hacia finales de la década del '60, los procesos económicos no pueden ser comprendidos como los determinantes en última instancia, sino que el *factor político* deviene fundamental para continuar en el camino de una transformación radical de lo social. El morenismo establece en consecuencia una *dialéctica invertida* en contraposición a la propuesta hegemónica del *materialismo dialéctico* staliniano[1]. Más aún, Moreno define a esta reformulación como una *ley de inversión histórica* (1980/1990), que consiste, al decir de Palti, en que "ya no son los factores objetivos sino el más *subjetivo* de ellos, la presencia o no de un partido revolucionario (...), el que se convierte, en el período de crisis capitalista, en el determinante en última instancia" (2005:58). No obstante, es preciso aclarar que si bien en términos analíticos es importante exponer estas dos tareas diferencialmente, para Moreno ambas son complementarias, puesto que el marxismo es un *pensamiento de la praxis*.

La construcción de una *lógica marxista*, sostiene Moreno, supone al "método dialéctico (...) como un elemento decisivo" (1981:92). Sin embargo afirma que, por un lado, es importante separarla y distinguirla de la dialéctica hegeliana, puesto que la dialéctica marxista supone una *lógica concreta* que implica una ruptura frente al despliegue abstracto de la lógica hegeliana: "la lógica marxista no es la de Hegel perfeccionada o expurgada de visión idealista. Es una nueva lógica concreta, porque es una nueva combinación de

---

[1] Recordemos que Moreno está escribiendo antes de la caída del muro de Berlín y es un dirigente importante de la IV Internacional socialista. De este modo, concebía al stalinismo como un problema fundamental a resolver para salir de la crisis en la que el marxismo se encontraba inmerso.

métodos, con un nuevo criterio de verdad totalmente diferente al de Hegel" (Moreno, 1981:92). Por el otro, esta nueva *lógica marxista* admite una ruptura frente al método propuesto por el stalinismo que sostenía una superación dialéctica de la relación sujeto/objeto a partir del advenimiento de la transformación socialista, como forma superadora de desarrollo histórico y como resultado de un salto cualitativo[2]. Con respecto a este punto, Moreno sostiene que a partir de la misma práctica histórico-política se ha demostrado que existe una "desigualdad permanente entre el objeto y el sujeto, que le exige al conocimiento que pruebe su verdad en la realidad" (1981:92/93).

Con el fin de exponer esta problemática, Moreno propone recuperar el aporte en el campo epistemológico realizado por Piaget[3]. Su revisión del pensamiento de Piaget en lo que respecta a la relación sujeto/objeto y pensamiento/conocimiento, lo conducirán a una gran disputa teórica con la escuela de DellaVolpe[4], que era reivindicada por los dirigentes de la IV Internacional (entre ellos Ernest Mandel). Moreno hace hincapié en la importancia de recuperar el pensamiento de Piaget dado que este postula que entre invención y descubrimiento hay una relación dialéctica. Así, el *sujeto* no es capaz de descubrir nada nuevo si previamente no realiza un proceso de invención, al mismo tiempo que no puede inventar nada si no descubre algo previamente. Moreno sostiene que este criterio, que supone considerar al "conocimiento (…) *como una construcción,* como un intermediario dialéctico entre el sujeto y el objeto" (1981:13), va contra la concepción del conocimiento como *copia reflejo de la realidad.* El *sujeto* no puede establecer una relación directa con el *objeto,* entre ellos se encuentra algo que los media: la acción, el pensamiento como acción. Por tanto, el *sujeto* construye a través del pensamiento una estructura para lograr una *asimilación del objeto.* Todo conocimiento del *objeto*, sostiene Moreno, "es siempre asimilación a esquemas, y estos esquemas llevan consigo una organización lógica o matemática, aunque sea elemental" (1981:13). Para Moreno, el error teórico de DellaVolpe y de su escuela,

---

[2] Como sostenía Stalin en su texto *Sobre el materialismo dialéctico y el materialismo histórico* de 1938: "El método dialéctico entiende que el proceso de desarrollo debe concebirse no como movimiento circular, (…) sino como un movimiento progresivo, como un movimiento en línea ascensional como el tránsito del viejo estado cualitativo a un nuevo estado cualitativo, como el desarrollo de lo simple a lo complejo, de lo inferior a lo superior" (1938/1979:267).

[3] Moreno recupera fundamentalmente los siguientes textos de Piaget: *Psicología de la inteligencia* (1960), *Lógicas Elementales* (1967), *El estructuralismo* (1968), *Biología y Conocimiento* (1969), *Las nociones de estructura y génesis* (1969), *La epistemología Genética* (1970).

[4] Galvano DellaVolpe (1895-1968) es un militante reconocido internacionalmente del PCI y una de las figuras principales de la filosofía marxista italiana. DellaVolpe y su escuela fueron resueltamente anti-hegelianos y sostuvieron que el pensamiento de Marx representó una ruptura completa en relación a Hegel (al respecto ver *Lógica come scienza positiva* de G. DellaVolpe, 1950). Otros textos de DellaVolpe que retoma Moreno son: *Rousseau y Marx* (1957), *Crítica a la ideología contemporánea* (1967), *Sobre la dialéctica* (1978).

radicaba en considerar que el conocimiento se generaba a partir de los sentidos y no de las *acciones de los hombres* (eje central para el pensamiento marxista).

Moreno toma como máxima la premisa marxista de que la praxis es la fuente primera del conocimiento y, por tanto, posibilitadora de un criterio de *verdad histórica relativa* y el punto nodal para poder *transformar el mundo* (como sostiene la tan nombrada tesis XI de Marx). De este modo, Moreno critica a la escuela de DellaVolpe por sostener que el pensamiento abstrayente es reproductor de lo real dado que "la contradicción objetiva es permanente (…) la única dialéctica capaz de reproducir[la] (…) en el pensamiento no es otra que una dialéctica de las abstracciones determinadas o científicas" (DellaVolpe, 1978:215). Moreno (1981) afirma entonces, que la apuesta metodológica dellavolpiana, al suponer que en Marx existe una suerte de "galileismo moral", termina por abandonar la dialéctica hegeliano-marxista por considerarla una pura especulación metafísica, incapaz de pensar la lógica determinada del objeto concreto. En este sentido, Moreno dirá que no es posible pensar *lo abstracto* sino como producto de una actividad del *sujeto* y, por lo tanto, al igual que como vimos en Marx, *lo concreto* es entendido como una síntesis de múltiples determinaciones y es, a su vez, una suerte de construcción mediada por la actividad de los sujetos. Además, la *lógica marxista* no supone una concepción de las contradicciones como absolutas y estáticas, ya que no parte de principios (o conduce a resultados) que impliquen una contradicción absoluta entre "la realidad y el hombre, entre el objeto y el sujeto, sino que enriquece esa contradicción, volviéndola más dinámica y siempre abierta, con soluciones relativas" (Moreno, 1981:94).

La *lógica marxista* debe antes que nada recuperar un gesto fundamental de la dialéctica de Marx: "La construcción debe tener como resultado un todo o una totalidad de relaciones y no una unidad simple" (Moreno, 1981:77). Para Moreno debe ser recuperada la intuición que Marx encontró en Hegel: la idea de que lo múltiple se presenta como totalidad. Dicho de otro modo, la lógica marxista no puede abandonar ontológicamente el hallazgo de Hegel reelaborado por Marx, que no es más que el de haber pensado a *lo múltiple* como *un* todo *contradictorio*:

> "Ese es el mérito de Hegel y de Marx: haber metido lo múltiple y el análisis en el todo (…). El secreto de la dialéctica hegeliano-marxista es la relación orgánica. Las contradicciones están en una relación, unidad o totalidad determinada. Descubrir esa relación y su dinámica determinada es la tarea de la dialéctica marxista y donde se diferencia no sólo de la abstracción determinada de DellaVolpe, sino de las relaciones y totalidades abstractas de Hegel". (Moreno, 1981:29)

La forma del aparecer de la multiplicidad es siempre una totalidad, sin embargo, está lejos de ser rígida, presupone una apertura empujada por un movimiento incesante. Marx comprendió, afirma Moreno, que las totalidades, como forma de presentación de lo múltiple, son siempre abiertas dado que "vienen de otras y van hacia otras en un movimiento perpetuo que hace de la totalidad una realidad relativa, no absoluta" (1981:94). La totalidad es *lo concreto,* como movimiento de múltiples relaciones, que siempre se presenta a través de mediaciones y combinaciones específicas, siendo el movimiento lo único que permanece, dado que cualquier cristalización social totalizadora se produce en el tiempo y tiene por tanto una historia. El movimiento, así como era entendido en Marx, es siempre contradictorio en su devenir. En este sentido, si bien Moreno recupera la idea marxista de que el movimiento contradictorio no supone el trazado de una línea que avanza hacia formas evolucionadas en relación con las anteriores, su *lógica* presupone la posibilidad de superaciones en el devenir de un *movimiento elíptico* constante. Así, la contradicción admite el advenimiento de *lo negativo,* es decir que la transformación de unas totalizaciones en otras implica la irrupción de la negatividad como condición de posibilidad del movimiento: "se logra construir el todo con un movimiento que es producto de sucesivas negaciones, ya que la contradicción es la raíz de todo movimiento y vitalidad" (Moreno, 1981:80). Una totalidad presupone, entonces, la irrupción de una negatividad que conlleva la posibilidad de una superación dialéctica que conserva y suprime en un mismo movimiento: "Toda superación dialéctica (…) es por un lado, conservación de algo y supresión por el otro. Es un superar suprimiendo y conservando" (Moreno, 1981:82).

La apuesta de Moreno no sólo se sostiene sobre el constante movimiento de determinados procesos totalizadores a otros nuevos, sino que también se pregunta por las formas que posibilitan el cambio de las cristalizaciones sociales operantes. Para comprender este fenómeno específico Moreno advierte que es necesario recuperar dos conceptualizaciones fundamentales de la tradición marxista: la *sobredeterminación* althusseriana y la *ley del desarrollo desigual y combinado* expuesta por Marx y re-trabajada por Trotsky.

Moreno propone recuperar el concepto de *sobredeterminación* althusseriano, retomando de este modo la crítica que conlleva sobre el pensamiento hegeliano. Althusser sostenía que para Hegel las contradicciones no se encuentran *sobredeterminadas,* sino que por el contrario "constituyen todas juntas una totalidad orgánica original, más aún y sobre todo porque esta totalidad *se refleja en* un *principio interno único,* que es *la verdad* de todas las determinaciones concretas" (Moreno, 1981:54). Es decir, lo que Moreno rescata de Althusser es la idea de que Hegel desarrolla siempre una contradicción en una sola dirección sin pensar la sobredeterminación operante entre todos los elementos de la totalidad específica. La noción de *sobredeterminación* habilitó un debate importante dentro de la tradición marxista: el de admitir claramente que las dimensiones de lo social se encuentran sobredeterminadas poniendo en tensión el desarrollo necesario de la historia frente a la irrupción de la *contingencia* inmanente de los procesos sociales. De este modo, el concepto de *sobredeterminación* le permitió a Moreno comprender que la aparición de un momento de *contingencia* en el proceso social dislocaría el "sentido inevitable de la historia" declarado por el pensamiento stalinista hegemónico. En este sentido, la apuesta de Moreno le otorga al *momento actual* una reflexión más compleja que la que presentaba el marxismo hegemónico, al sostener una unidad plural de contradicciones. A ello se añade que, esta categoría, le permite complejizar el lugar de la disputa política al contaminarlo con las relaciones de producción y reproducción capitalistas y no distinguirlo como un subproducto de estas sino entenderlo como resultado del despliegue de una múltiple acumulación de contradicciones sobredeterminadas. No obstante, y como desarrollaremos a continuación, la *contradicción fundamental* sigue estando presente en el pensamiento de Moreno. Pero aquello que este diálogo con Althusser le permite especificar es que la *contradicción histórica* se encuentra siempre y por principio sobredeterminada[5]. En efecto, el gesto althusseriano que recoge Moreno no es otro que el de sostener que las leyes de la historia ya no demarcan una relación invariable sino que, por el contrario, son resultados variables de un proceso que es histórico. Las leyes de la historia pueden ser, por tanto, transformadas. En otras palabras, que estas muestran una lógica contingente y que, por ello, pueden sufrir cambios y variaciones en múltiples sentidos.

Moreno afirma, sin embargo, que si bien el concepto de *sobredeterminación* es fundamental para comprender los fenómenos socio-político actuales, debe ser complementado con la *ley del desarrollo desigual y combinado* trabajada por Trotsky. Con ello Moreno quiere decir que la *sobredeterminación* opera siempre en fenómenos que se encuentran *desarrollados desigualmente* y que en determinados momentos históricos se *combinan contingentemente* de

---

[5] Moreno retoma esta idea a partir de esta referencia de Althusser: "Las '*diferencias*' que constituyen cada una de las instancias en juego (…) al fundirse en una unidad real, no se '*disipan*' como un puro fenómeno en la unidad interior de una contradicción simple. (…) *Constituyendo* esta *unidad*, *constituyen* y llevan a cabo la unidad fundamental que las anima, pero, haciéndolo, indican también la *naturaleza* de dicha unidad: que la 'contradicción' es inseparable de la estructura del cuerpo social todo entero, en el que ella actúa, inseparable de las condiciones formales de su existencia y de las *instancias* mismas que gobierna; que ella es ella misma *afectada*, en lo más profundo de su ser, por dichas instancias, determinante pero también determinada en un solo y mismo movimiento, y determinada por los diversos *niveles* y las diversas *instancias* de la formación social que ella anima; podríamos decir: *sobredeterminada en su principio*" (Althusser, 1965/2004:81).

modos específicos, dando como resultado nuevos fenómenos antes impensados. Este par conceptual, afirma Moreno, es fundamental no solamente para pensar las nuevas complejidades que presenta el capitalismo en su momento actual, sino que también es determinante para analizar los particulares procesos socio-económicos que presentan las sociedades latinoamericanas que, lejos de seguir los patrones del desarrollo capitalista europeo que Marx analizaba, exhiben múltiples excepciones frente a aquella regla histórica.

El problema, dice Moreno, es entonces el de como pensar el surgimiento de *lo nuevo,* una vez que se entiende que lo novedoso no puede ser entendido como un despliegue de una forma que se encontraba ya en la anterior, ni tampoco puede ser algo completamente distinto de ella. En este sentido, la *ley del desarrollo desigual y combinado* formulada por Trotsky (1932) será, para el morenismo, la encargada de resolver este problema teórico-práctico. Dicha ley alude a la necesidad de que el marxismo conciba la existencia de un *desarrollo desigual* que puede *combinarse* de distintas maneras localmente. Es decir, que los elementos que se vinculan dentro de la totalidad presentan desarrollos desiguales, que producen variantes combinatorias particulares, pudiendo dar como resultado una amalgama de formas arcaicas y modernas. Para precisar mejor el contenido de la *ley* podemos utilizar las palabras de G. Novack:

> "Tiene un carácter dual o, mejor dicho, es una fusión de dos leyes íntimamente relacionadas. Su primer aspecto se refiere a las distintas proporciones en el crecimiento de la vida social. El segundo, a la correlación concreta de estos factores desigualmente desarrollados en el proceso histórico (…) Estas variaciones entre los múltiples factores de la historia dan la base para el surgimiento de un fenómeno excepcional". (1973:8/9)

El problema de *lo novedoso* se liga a la relación de los dos conceptos centrales de la llamada *ley.* Así *lo nuevo* no solo se explica por el desarrollo desigual de formaciones o elementos anteriores o por la sobredeterminación de las relaciones, sino por su combinación que supone la aparición de una *nueva forma* que no se desprende de un *desarrollo necesario* de las formaciones anteriores. Moreno sostiene que los elementos que son abstraídos de totalizaciones anteriores se transforman en las relaciones actuales al generar nuevas combinaciones, dando de este modo "lugar a una nueva composición operatoria de conjunto, distinta de la composición anterior de la cual ellos formaban parte" (Moreno, 1981:61). Es por combinación, por mutua relación de los elementos que se "engendra la composición no contenida en las precedentes" (Moreno, 1981:61). En consecuencia, esta ley le otorga a la *lógica marxista* la posibilidad de pensar qué es y cómo surge lo *nuevo,* a la vez que abre a la posibilidad de pensar lo novedoso de modo contingente, como momento excepcional de la historia y no como el desarrollo de un despliegue necesario que se encuentra contenido en las formaciones anteriores. Moreno se permite, así, ir más allá del salto –hegeliano– de cantidad en calidad[6] para poder explicar *lo nuevo* que ya no se encontraba en *lo viejo*:

> "La ley del desarrollo desigual y combinado es la única que explica el surgimiento de una nueva estructura, además de los cambios dentro de ella, que ya habían sido explicados en cierta medida por el salto de cantidad en cualidad. Sólo la combinación de lo desigualmente desarrollado originará una nueva estructura". (Moreno, 1981:61)

Para el morenismo, el marxismo, al tener la capacidad de precisar *lo nuevo* y sus implicancias para el pensamiento y la praxis, es la única lógica concreta existente que tiene la capacidad de reformular constantemente su teoría para mantener intacta su apuesta de lucha revoluciona. De este modo, Moreno sostiene que analizar las sobredeterminaciones concretas y los desarrollos desigualmente combinados que el capitalismo presenta, abre un mundo por-venir que se revoluciona "desarrollando las posibilidades, las hipótesis, las tendencias que existen en la realidad misma" (1981:102). No obstante, si bien "ni en el primer instante ni en el último, suena jamás la hora solitaria de la última instancia" (Althusser, 1965/2004:89), la *última instancia* es para Moreno aquello que le otorga coherencia lógica a la dialéctica entre necesidad/contingencia, entre la contradicción fundamental (burguesía/ proletariado) y las contradicciones particulares de cada formación social concreta. En definitiva, la *última instancia* es la determinación mediante la cual podemos seguir sosteniendo *la regla* que permite y habilita *lo excepcional* de la historia. Para Moreno, entonces, esta *contradicción fundamental* se materializa en la contradicción *entre* burguesía y proletariado, aunque dicha contradicción se deba precisar en cada momento histórico[7]. Es decir, Moreno sostiene la idea de que el sistema capitalista es pensable a partir de distinguir las contradicciones entre: relaciones de producción capitalistas/ desarrollo de las fuerzas productivas; propiedad privada de los medios de producción / producción social; burguesía/ proletariado; países imperialistas/ países coloniales, pero esas contradicciones deben pensarse de modo concreto en cada momento histórico y no suponen una resolución unilateral y abstracta. En este sentido, la manera de superar dichas contradicciones ya no será pensada

---

[6] Como sostiene Moreno: "Sartre (…) critica a Engels por sostener que la ley hegeliana del salto de cantidad en cualidad explica la novedad (…). Este autor señala un hecho cierto: la ley citada jamás podrá explicar el surgimiento de lo verdaderamente nuevo. El salto de cantidad en cualidad explica los cambios de forma dentro de lo ya existente" (1981:60).

[7] La contradicción que distingue el momento histórico que Moreno analiza, como desarrollaremos más adelante, es *revolución-contrarrevolución* (Moreno, 1980/1990).

por Moreno a partir de una causalidad histórica, es decir, el devenir histórico no conducirá inevitablemente a la superación de dicha contradicción.

La crítica de Moreno a Mandel es ampliamente ilustrativa para analizar esta problemática. La polémica giraba alrededor de una discusión acerca de cómo debía construirse la *IV Internacional* y cómo debía entenderse la revolución socialista. Esta crítica culminó en un texto titulado "Un documento escandaloso" en el cual Moreno pretende evidenciar las tendencias "revisionistas" del sector encabezado por Mandel[8]. Para Moreno, una de las principales causas de la crisis del marxismo, y por ende del desajuste de la IV Internacional, la constituían las direcciones stalinistas que no encontraban resistencia. Sin embargo, Moreno sostiene que desde 1953 comienza un proceso que podría trasformar dicha situación:

> "Desde el año 1953 han surgido brotes poderosos del proceso de revolución política, que preanuncian un fenómeno generalizado. Esta revolución política comienza (…) con las huelgas de Berlín en Alemania Oriental en el año 1953, pero explota con Polonia y, sobre todo, con el comienzo de una revolución política directa en Hungría en el año 1956. El otro hecho espectacular ha sido 'la primavera de Praga' en 1968. Esto indica cómo la revolución política es un proceso inevitable, que todavía no se ha generalizado y que no ha llegado a la URSS más que incipientemente". (Moreno, 1980/1990:30)

El morenismo afirmaba que un proceso de *revolución política* en los Estados del Este sería un salto fundamental en la lucha de clases a nivel mundial. Dicha revolución terminaría con el stalinismo, iniciando un proceso de democratización en la Unión Soviética, a la vez que abriría un proceso coyunturalmente favorable para la revolución a nivel mundial[9]. Por su parte, la postura mandelista, se caracterizó por un acercamiento al movimiento comunista confiando en su propia regeneración. Esta postura se materializó en un cambio de estrategia de la IV Internacional que se denominó *Entrismo sui generis*; este fue elaborado como producto de la conclusión postulada por

---

[8] La polémica entre Moreno y Mandel es ampliamente conocida entre las filas trotskistas y en cierto universo marxista en general. Como afirma Palti, Moreno "fue el fundador y dirigente más importante de la corriente interna del trotskismo que más sistemáticamente combatió a la dirección europea de la IV Internacional, encabezada por el dirigente belga Ernest Mandel" (2005:57). "Un documento escandaloso" fue publicado en 1974, en el Décimo Congreso Mundial del secretariado de la IV Internacional como respuesta a un material presentado por Mandel titulado: "En defensa del Leninismo, en defensa de la Cuarta internacional". Posteriormente el documento de Moreno, con varias modificaciones y ampliando su extensión, fue publicado como libro: "El partido y la revolución". Este libro es el utilizado en el presente trabajo.

[9] Moreno, quien muere en 1987, no pudo ver el desenlace de dicho proceso: el fracaso de la revolución política y la restauración capitalista penetrando en casi todos los puntos geográficos del globo.

Mandel, la misma aludía a que los partidos comunistas y las corrientes de izquierda de los movimientos nacionalistas burgueses iban a formar guerrillas para llevar adelante luchas revolucionarias. En este sentido, dicha estrategia proponía a los militantes de la IV ingresar a los partidos comunistas hasta que se tomara el poder, para luego comenzar a diferenciarse. Mandel deja, de este modo, de concebir al stalinismo como *contrarrevolucionario*, abandonando la tesis de Trotsky avalada por Moreno. Para Moreno, este supuesto curso hacia la izquierda de los partidos stalinistas llevó a Mandel a no prever la lucha de los obreros de Alemania, Hungría y Polonia posteriormente. El punto crítico que Moreno quiere resaltar en su *documento escandaloso* es que si, como sostenía Mandel, el stalinismo estaba virando hacia la izquierda "¿qué necesidad tenían los trabajadores (…) de realizar la revolución política?" (Moreno, 1985/1989:230). Sin embargo Mandel fue consecuente con su estrategia del *entrismo sui- generis*, más allá de las objeciones del morenismo[10].

El partido revolucionario y la IV Internacional deben trabajar, para Moreno, a partir de una teoría que ha sido probada por los acontecimientos históricos (refiriéndose al caso ruso, pero también al cubano), la teoría trotskista de la *revolución permanente*. Esta teoría es la única que para el morenismo se erige contra la teoría del *socialismo en un solo país* impulsada por el stalinismo. Puesto que sostiene que la revolución socialista será a nivel mundial o estará destinada a caer en la derrota de la burocratización. Dicha teoría proyecta el *programa de transición* al socialismo, proponiendo que la revolución socialista empieza en la palestra nacional, pero luego debe desarrollarse a nivel internacional. Así, la revolución se convierte en *permanente* en un sentido nuevo: sólo se consuma con la victoria definitiva de la nueva sociedad a nivel mundial. Es decir, para el morenismo siguiendo a Trotsky, ya no es posible sostener las teorizaciones de la II Internacional y de ciertos sectores de la III que afirmaban la necesidad para *los países atrasados* de realizar la revolución socialista atravesando una etapa de revolución democrático

---

[10] Moreno observa que el *impresionismo* de Mandel se deja entrever también en otras épocas donde propuso, coyunturalmente, distintas estrategias. Luego de la revolución cubana, propuso la *lucha armada* para América Latina, a la vez que mantuvo por 17 años el *entrismo sui generis* para los Estados del Este, y un trabajo hacia la *vanguardia de las masas* en Europa. En consecuencia, Moreno concluirá que las propuestas mandelistas, para llevar adelante la revolución, oscilan según el factor coyuntural entre el *oportunismo* y el *ultra-izquierdismo*. El problema principal del análisis mandelista es el de confundir tres elementos claves para la política trotskista (morenista): teoría-estrategia-táctica. Para Moreno es condición *sine qua non* que se distinga a la estrategia como el objetivo a largo plazo y a las tácticas como los medios para llegar a ese objetivo. A la vez que se comprenda que la teoría no es ni lo uno ni lo otro, "puesto que hace a las leyes generales del proceso histórico y no a los objetivos estratégicos ni a las tácticas" (1985/1989:212).

burguesa que consolidara las relaciones de producción capitalistas. Laclau muestra de manera elíptica dichas afirmaciones:

> "Diferentes de las demandas democrático-(burguesas) eran las demandas socialistas, que implicaban trascender la sociedad capitalista y correspondían a un estadio más avanzado del desarrollo histórico. Por lo tanto, en los países donde el punto principal de la agenda era el derrocamiento del feudalismo, la tarea de las fuerzas socialistas debía ser el apoyo a la revolución democrático-burguesa". (Laclau, 2005/2013:159)

Es pertinente la pregunta que formula Laclau para comprender el contexto en el que escribía Trotsky, pero también Moreno: "¿qué ocurre si, en un determinado país, la tarea de derrocar al feudalismo retiene toda su centralidad, pero la burguesía como fuerza social es demasiado débil para llevar a cabo su propia revolución democrática?" (2005/2013:159). ¿No es ese el caso específico de Rusia? ¿No corrobora la importancia de la pregunta de Laclau la relación entre la revolución de Febrero y la de Octubre? Pero a su vez, Moreno se preguntaría ¿no es ese el caso también de Latinoamérica? Son precisamente estas condiciones las que conducen a Trotsky a teorizar sobre el carácter *permanente* de la revolución:

> "La revolución permanente (…) quiere decir una revolución que no se aviene a ninguna de las formas de predominio de clase, que no se detiene en la etapa democrática y pasa a las reivindicaciones de carácter socialista, abriendo la guerra franca contra la reacción; una revolución en la que cada etapa se basa en la anterior y que no puede terminar más que con la liquidación completa de la sociedad de clases". (Trotsky, 1929/1973:29)

La teoría de la revolución permanente encierra tres series de ideas íntimamente relacionadas. La primera de ellas se afirma contra la idea del "marxismo vulgar" que sostiene un esquema de la evolución histórica según el cual la sociedad burguesa debe llegar a la revolución democrática para que a la sombra de tales acontecimientos surjan las condiciones para la revolución socialista. Por el contrario, la *revolución permanente* sostiene que, en los países con menor desarrollo, los objetivos democrático-burgueses conducen a la dictadura del proletariado. El segundo aspecto caracteriza a la revolución socialista en sí misma y al carácter político permanente de la metamorfosis hacia la nueva sociedad. Y por último, la tercera idea, es la que marca el carácter internacional de la revolución socialista, como consecuencia del estado actual de la economía y de las relaciones políticas capitalistas. En efecto, mediante la teoría de la *revolución permanente* se sostiene que el carácter de la revolución debe ser internacional y permanente, en contraposición a las definiciones que afirman la índole nacional o regional y por etapas, del proceso revolucionario. Es importante, para comprender el pensamiento morenista, rescatar un cuarto aspecto teorizado por Trotsky. A las tres ideas antes descriptas se le agrega una cuarta, *de carácter subjetivo*, que es la condición de posibilidad del triunfo revolucionario y, en definitiva, lo que marca la diferencia entre la revolución de febrero y la de octubre: *el partido*[11]. Es precisamente a partir de la suma de estos cuatro factores, desde donde el morenismo construye su estrategia política. Moreno plantea que el trotskismo debe tener sólo dos estrategias imprescindibles a largo plazo, construir el partido y luchar por la toma del poder junto a las masas trabajadoras: "si algo podemos asegurar es que para los trotskistas hay a largo plazo dos estrategias fundamentales a escala internacional y nacional: tomar el poder (…) y construir el partido como la única herramienta para lograrlo" (Moreno, 1985/1989:213). En consecuencia, todas las demás políticas son tácticas que se realizan en el corto plazo para la consecución de las estrategias. Es necesario utilizar la táctica adecuada en cada momento, es decir, hacer *entrismo*, concurrir a elecciones, impulsar el frente único revolucionario, plantear la lucha armada. Todas las tácticas son válidas sí se adecuan al momento concreto y presente de la *lucha de masas*.

Ahora bien, ¿por qué Moreno propone como estrategia la construcción del partido?, ¿por qué le otorga al *factor subjetivo* un lugar fundamental para la consecución revolucionaria, si para el marxismo, históricamente, el factor determinante era el objetivo? Para Moreno, a partir de la finalización de la Primera Guerra Mundial, pero fundamentalmente hacia finales de los años 60, los procesos económicos dejan de ser los determinantes en última instancia y el factor subjetivo –la construcción de un partido revolucionario– se convierte en determinante del proceso revolucionario. De este modo, la *contradicción actual* entre la posibilidad revolucionaria a nivel mundial y la contrarrevolución que restauraría al capitalismo como sistema predominante, se produce en un contexto donde están las "condiciones objetivas más que maduras para el socialismo, y falta una dirección revolucionaria del movimiento de masas" (Moreno, 1981:102). Las condiciones objetivas, que abren posibilidades reales para un proceso revolucionario, se sustentan en la generalización de un desarrollo desigual y de una sobredeterminación de las relaciones sociales. Por un lado, el desarrollo actual de las fuerzas productivas "no mejora el nivel de vida de las masas sino que, por el contrario, provocaba miseria creciente y nuevas guerras" (Moreno, 1980/1990:4). Es decir, no es que el desarrollo de las fuerzas productivas se haya detenido –como afirmaba

---

[11]Al respeto ver: "La inminencia de la revolución ¿Qué es la situación revolucionaria?", en *Actualización del programa de transición* (Moreno, 1980/1990:106/108), donde Moreno analiza la diferencia entre la revolución Rusa de Febrero y el rol jugado por el partido Bolchevique en la revolución de Octubre.

la vieja fórmula mecanicista–, sino que ha ido por caminos que ponen en peligro la vida misma de la humanidad fomentando un desarrollo destructivo en manos de la técnica. Por otro lado, y de modo complementario, el desarrollo de las fuerzas productivas ha entrado en contradicción "no sólo con la propiedad privada capitalista e imperialista sino también con la existencia de los estados nación" (Moreno, 1980/1990:4). El morenismo establece como consecuencia de este análisis una *dialéctica invertida,* o como la denomina el propio Moreno: una *ley de inversión histórica* (Moreno, 1980/1990:11).

En este sentido, ya no es posible pensar que el devenir histórico nos conducirá inexorablemente hacia el socialismo, sino que la *lucha política* es la que abrirá –o no– la posibilidad de una sociedad emancipada: "La crisis definitiva de una sociedad está íntimamente relacionada con las luchas y los acuerdos para la lucha entre todos" (Moreno, 1986a:2). En efecto, ya no podemos sostener que haya una movimiento *necesario* que conduzca a la historia hacia el socialismo; la posibilidad o no de una sociedad futura socialista será definida por el resultado contingente de la lucha política[12]. Al decir de Moreno es difícil negar que haya una lucha de lxs oprimidxs, lo que ya "no puede decirse de antemano es quien la ganará. Lo que es indudable es que esa lucha existe" (1986a:13). En definitiva, las totalizaciones actuales abren un horizonte nuevo de posibilidades, que lejos de determinarse como consecuencia de un desenvolvimiento mecánico de la totalidad misma, suponen la puesta en marcha de una lucha política que revela el carácter contingente y conflictivo del devenir social. La lucha de las masas trabajadoras deberá encontrar su contenido socialista en su relación con el partido revolucionario y develar su destino en el barro mismo de la historia.

II. 2. *La totalidad fallida*

El pensamiento de Laclau, al contrario del de Moreno, permanece en un plano teórico-político dentro de un proceso de descomposición del pensamiento marxista. En este sentido, si bien ambos distinguen una auténtica crisis teórico-política del marxismo, Laclau conducirá esta máxima hasta sus últimas consecuencias afirmando el quiebre de cualquier tipo de *Sentido* del devenir histórico. Esta apuesta, afirma Laclau (1985), debe realizarse

---

[12] Si bien Moreno no utiliza los términos *necesario/contingente,* en reiteradas ocasiones hace uso de esta relación a partir de dicotomías como *necesario/lucha política, historia/azar.* De este modo, hemos decidido utilizar los términos de necesidad y contingencia puesto que consideramos contribuyen a la lectura de un pensamiento como el de Moreno, donde aquella última es fundamental para comprender toda lucha política por el socialismo.

desde un terreno que no abandone por completo al marxismo como horizonte teórico-político pero que tampoco lo presuponga. Laclau ubicará, así, su trabajo dentro de lo que denomina un terreno posmarxista. *Pos*(marxista), en lo que atañe a una crisis teórica del marxismo, puesto que su crítica no hace –como sí hacia la de Moreno– simplemente una revisión conceptual de la dialéctica sino que la pone en entredicho al deconstruir toda la serie de categorías que entrelazaba (totalidad, objetividad, contradicción, negación), para re-articularlas en el concepto de *hegemonía*. (Pos)*marxista*, dado que la *tradición marxista* ha comprendido la importancia de las discontinuidades y desarrollos desiguales en el capitalismo contemporáneo y ha hecho de la categoría de *hegemonía* una clave fundamental para pensar las lógicas sociales.

La apuesta de Laclau, en su obra *Hegemonía y Estrategia Socialista* (1985), es la de trabajar hacia dentro de la historia del marxismo para demostrar que, en reiteradas ocasiones, nuevos conceptos y vinculaciones categoriales, que excedían las premisas reduccionistas del marxismo hegemónico de cada época, han sido necesarias para un análisis de las formaciones sociales concretas. Aquello que intenta rescatar Laclau aquí es un gesto que atraviesa la propia historia del discurso marxista, develando su capacidad exploratoria en los *momentos históricos de excepción*. En efecto, en las producciones de muchxs teóricxs del marxismo[13], la conocida tesis burguesía/proletariado será desbordada a partir de la necesidad de complejizar la pretendida polarización social a la hora de abordar los análisis históricos concretos. En este sentido, la preocupación laclausiana se inscribe en el problema de pensar por qué es que grandes teóricxs marxistas han complejizado la determinación en última instancia por la economía, al mismo tiempo que, no han podido superar los límites teóricos por ella establecidos. De esta preocupación inicial se desprende otra, que será fundamental en el trabajo de Laclau: si aceptamos que lo económico no sostiene específicamente ningún espacio más o menos totalizante de lo social, si aceptamos que la distinción entre estructura y superestructura se ha demostrado caduca para pensar las lógicas socio-políticas concretas, si aceptamos que *lo político* no supone simplemente un espacio con una relativa autonomía frente a lo económico desde la modernidad hasta el presente, entonces ¿qué nuevas lógicas debemos pensar para comprender las complejas totalizaciones sociales?

El problema teórico-político al que debemos enfrentamos es, para Laclau, el de cómo continuar pensado las totalizaciones sociales una vez que las despojamos de su determinación y desarrollo dialéctico. Puesto que, para Laclau, la totalidad dialéctica admitía un auto-despliegue necesario de las

---

[13] Laclau hace referencia a: Luxemburgo (1974); Althusser (2004, 2003); Poulantzas (1979); Gramsci (2003); Trotsky (1975, 1973), entre otrxs.

contradicciones sociales que supondrían la transformación de lo social, y aquello que muestra esta crisis del marxismo es la caducidad de esta referencia. Por tanto, aquello que no puede ser sostenido es esa relación de interioridad "inmanente" que la dialéctica presupone. La tensión que se hace evidente en el discurso marxista, afirma Laclau, habita en la relación entre una lógica estructural, como determinante en última instancia de la subjetividad, y un momento político que exhibe la dificultad cada vez mayor de reducir las relaciones sociales a momentos estructurales: "el problema del marxismo a partir de entonces habrá de ser el de cómo pensar las discontinuidades y, a la vez, el de las formas de reconstitución de la unidad de elementos heterogéneos y dispersos" (Laclau y Mouffe, 1985/2004:45).

Es precisamente *la discontinuidad* aquello que la dialéctica no puede pensar. Si se entiende, como lo hace Laclau, que el marxismo tiene a la dialéctica como método, es necesario teorizar más allá del marxismo para poder pensar una nueva forma de totalización de lo social: la *articulación hegemónica*. En este sentido, Laclau realizará una radicalización del vínculo entre *necesidad* y *contingencia,* ubicándose teóricamente en el *campo de la articulación social hegemónica* que presupone "la apertura de lo social como constitutiva (…) y a los diversos 'ordenes sociales' como intentos precarios y en última instancia fallidos de domesticar el campo de las diferencias" (Laclau y Mouffe, 1985/2004:132). De este modo, para transitar el camino de una nueva concepción de la *totalidad*, es fundamental comprender la generalización de fenómenos desigualmente desarrollados en el capitalismo actual. Puesto que éstos habilitan a comprender a *lo social* como constitutivamente dislocado y contingentemente articulado, deconstruyendo las determinaciones estructurales últimas. En términos concretos, la creciente fractura de *lo social*, propia de las relaciones de un capitalismo desorganizado, es para Laclau el punto de partida desde el cual es imposible pensar *sujetos* determinados estructuralmente. O para ser más precisos, y fieles a las palabras de Laclau, la posibilidad de ser *sujeto* radicará únicamente en el propio campo de articulación política. El *sujeto* no es más que un *sujeto político* articulado hegemónicamente. La propia condición de la subjetividad es constituida por procesos relacionales contingentes, que descentran y trastocan la posibilidad de pensar una determinación social última.

La crítica a la totalidad marxista que realiza Laclau no pretende abandonar la noción misma de totalidad sino reformularla; porque la totalidad (ahora suturada precariamente a partir de una articulación hegemónica) continúa siendo la condición de posibilidad (y de imposibilidad) de lo social. Entonces, criticar la ontologización marxista del concepto de totalidad, como *un* todo *cerrado*, no supone abandonarla como categoría sino que implica comprender a las totalizaciones sociales como formaciones o estructuras discursivas articuladas precariamente. Si bien la *totalidad discursiva* supone una cristalización de relaciones sociales específicas, presupone también una apertura irreductible y constitutiva de lo social. De este modo, la totalidad social se encuentra siempre abierta y fracturada, y por lo tanto la ontología, afirma Laclau, debe entenderse a partir de esa apertura constitutiva que presupone un *todo fallido* y no una totalidad dialécticamente desplegada.

El *uno fallido* se afirma sobre el papel ontológicamente primario que Laclau le otorga a la lingüística. No obstante, esta apuesta laclausiana no apunta a reducir la perspectiva ontológica a un dominio regional del lenguaje, sino que trata de analizar si en aquella disciplina "no se exploran ciertas categorías cuya validez excede en mucho las áreas regionales en las que fueron formuladas" (Laclau, 2008:102). En primer término, el terreno de la *discursividad* constituye el lugar primario de la constitución de la *objetividad* en cuanto tal. Esto significa que los múltiples elementos, que componen *lo social,* adquieren su identidad en la medida en que, a partir de sus diferencias, entran en relación. Así, este complejo de relaciones por diferencias juega un rol constitutivo: "esto significa que esos elementos no son preexistentes al complejo relacional, sino que se constituyen a través de él" (Laclau, 2005/2013:92). Este punto es retomado por Laclau de la teoría de F. Saussure quien afirmaba que los elementos, que componen una lengua, adquieren sentido sólo en relaciones con otros elementos, puesto que el lenguaje no existe en términos positivos sino sólo en términos relacionales. Por tanto los significantes obtienen sentido sólo a través de sus relaciones diferenciales con otros significantes[14]. Es en este sentido que Laclau entiende por *discurso* una configuración de elementos lingüísticos y no lingüísticos, es decir, no sólo componentes verbales, sino también prácticas o acciones. De este modo, las acciones adquieren consistencia, al igual que los elementos lingüísticos, sólo a través de sus diferencias con otras acciones y otros significantes. A partir de la noción de discurso, la teoría laclausiana, pretende subrayar que "toda configuración social es una configuración significativa" (Laclau, 1990/2000:114). Desde esta perspectiva no hay nada más allá del juego de las diferencias, es decir, no existe "ningún fundamento que privilegia *a priori* algunos elementos del todo por encima de los otros" (Laclau, 2005/2013:93). Si bien con esta afirmación Laclau pretende demostrar que no es posible sostener elementos privilegiados *a priori* en la estructura de lo social –y ello le permite desestimar la centralidad marxista de la categoría de *clase* como elemento privilegiado de la configuración social–, hasta aquí no dice nada acerca de que estas configuraciones sean una totalidad *fallida.* Para completar

---

[14] Al respecto consultar, Saussure *Curso de lingüística general* (1916/2007).

su esquema teórico necesita, en segundo término, incluir dos conceptos más: el de significantes vacíos y el de hegemonía.

Los conceptos mencionados abordan el problema de la totalidad en cuyo seno se constituyen las identidades sociales sin presuponer ningún centro estructural necesario, es decir, "dotado de una capacidad *a priori* de 'determinación en última instancia', [sino que] cualesquiera que sean los efectos 'centralizadores' que logren constituir un horizonte totalizador precario, deben proceder a partir de la interacción de la propias diferencias" (Laclau, 2005/2013:93/94). Esto se debe a que para la ontología laclausiana, la totalidad debe estar presente en cada acto individual de significación, en cada identidad-diferencia, y, de este modo, la totalidad deviene la condición misma de la significación. No obstante, para comprender la totalidad debemos marcar sus límites, y esto para Laclau no es más que distinguirla de algo diferente de sí misma. A primera vista, parecería que aquello diferente de ella sólo podría ser otra *diferencia*. Pero si se intenta marcar los límites de una *totalidad* –que, como tal, abarca a todas las diferencias– aquella "otra diferencia" sería interna y no externa a ella. Es decir que, "los límites de la significación sólo pueden anunciarse a sí mismos como imposibilidad de realizar aquello que está en el interior de esos límites, si los límites pudieran significarse de modo directo ellos serían límites internos a la significación, ergo no serían límites en absoluto" (Laclau, 1995:70/71). Por lo tanto, ¿cómo es posible tener un verdadero exterior, un verdadero límite? La posibilidad radica en concebir un exterior que no fuera ya sólo un elemento más de la cadena de diferencias, sino el resultado de una *exclusión* que permitiera, al fin, constituir la totalidad. En este sentido, la posibilidad misma de la totalidad como tal está dada por el acto mismo de *exclusión radical* que interrumpe el juego de la lógica de las diferencias, puesto que aquello que se encuentra excluido de la totalidad (o sistema, como también la llama Laclau) es lo que la funda. Esto es así en tanto que, en ese mismo acto de exclusión, las diferencias que constituyen la totalidad son presentadas como expresiones equivalenciales frente a un exterior constitutivo. Este movimiento es el que autoriza la emergencia, en la ontología laclausiana, de la categoría de *significante vacío*, es decir, de un significante "de la cancelación de toda diferencia" (Laclau, 1996:73)[15]. En otras palabras, con respecto al elemento excluido, las diferencias son equivalentes

---

[15] El libro *Emancipación y diferencia* (Laclau, 1996), se compone de una serie de artículos que Laclau escribe entre 1989 y 1995, entre los cuales se presentan: "Más allá de la emancipación" (1992); "Universalismo, particularismo y la cuestión de la identidad" (1991); "¿Por qué los significantes vacíos son importantes para la política?" (1994); "Sujeto de la política, política del sujeto" (1995); "El tiempo está dislocado" (1995); "Poder y representación" (1989). La cita de la que se desprende esta nota hace referencia al artículo "Sujeto de la política, política del sujeto".

entre sí en su rechazo común frente a lo que queda por fuera. De este modo, la teoría laclausiana se afirma en que mientras que *la equivalencia* es lo que subvierte de cierto modo a *la diferencia*, toda identidad está constituida por una tensión entre estas dos lógicas.

Ahora bien, para que sea posible la estructuración de una cadena equivalencial de diferencias –unidas por un rechazo a un exterior que la constituye– es necesario que éstas se articulen a través de la lógica de un *significante vacío*. La totalidad laclausiana encuentra su condición de posibilidad en el hecho de que una diferencia –sin dejar de ser un *particular*– asuma la representación de una totalidad/universalidad inconmensurable consigo misma. Es decir, que una diferencia (o significante particular) encarne el lugar de un *significante vacío* (o de vacuidad tendencial) no es otra cosa que la *lógica de la hegemonía*. Para Laclau, la *hegemonía* supone el acto mediante el cual un particular asume el rol de un universal imposible. En este sentido, dado que la totalidad "es un objeto imposible, la identidad hegemónica pasa a ser algo del orden del significante vacío" (Laclau, 2005/2013:95). En definitiva, para Laclau la categoría de totalidad no puede ser erradicada, pero, lejos de ser un fundamento, es un horizonte. *Hegemonía* es aquello que hace alusión a una totalidad que Laclau considera ausente pero necesaria.

La diferencia ontológica que Laclau pretende marcar entre su teoría y el marxismo lo habilitará a "radicalizar" el propio concepto de *sujeto*, en tanto que lo disloca de su vinculación estructural y transmuta la posibilidad misma de la subjetividad en un acto contingente de *decisión*. Para Laclau, este acto se inscribe en una brecha entre un particular y un universal fallido que exige un acto de hegemonización que descansa en la contaminación de dos lógicas constitutivas de lo social: "la brecha entre la estructura diferencial del orden social positivo –lógica de las *différences*– y el antagonismo político en sentido propio, que involucra la lógica de la *équivalence*" (Žižek, 2001:185/1999). Así, el acto hegemónico es la radicalización de *lo político* mismo. El lazo hegemónico supondrá la condición de posibilidad de lo social y, al mismo tiempo, de su imposibilidad, en tanto implica un gesto de ruptura, de disenso, de quiebre de lo instituido. *Lo político* asume el lugar de aquel nudo ontológicamente necesario que posibilita, con su irrupción contingente, la dislocación del orden y la configuración de uno nuevo hegemónicamente articulado. Asimismo, *lo político* anuda lo social posibilitando su constitución precaria, al mismo tiempo que supone la posibilidad de un corte de la significación cristalizada. Justamente, es *lo político* aquello que posibilita una transformación de la estructura social, o como dice Laclau, aquello que tiene la capacidad de desestabilizar la sutura precaria de una pretendida totalidad estructural que es, por su condición de tal, siempre fallida y perpetuamente excedida por un resto imposible de asir. En este sentido,

Marchart (2009) afirma que el pensamiento laclausiano se sostiene sobre una *diferencia política* que supone una distinción entre *lo político* y *la política*. Lo político marca el lugar de posibilidad de la ruptura del orden y la política supone la condición de posibilidad de un cierre, de una estructuración (precaria) de lo social[16]. De este modo, se evidencia en los escritos de Laclau una tensión indecidible en la dicotomía orden-ruptura. El conflicto mismo que genera la tensión orden-ruptura es el lugar propio de la *diferencia política*.

Laclau reconoce que es el *discurso marxista* aquel que ha podido comprender a lo social como fundamentalmente conflictivo y como una configuración antagónica históricamente determinada. No obstante, los antagonismos sociales han sido reducidos a un momento interno del despliegue de la contradicción dialéctica. Por tanto, la apuesta laclausiana será la de pensar un antagonismo radical donde no haya una conexión interna. Es decir, Laclau propone entender que los antagonismos suponen una *negatividad* que no puede ser pensada más que en condiciones de una contingencia primaria. De esto modo, aunque cierto marxismo (como marcábamos más arriba) haya logrado comprender que el momento antagónico supone la contingencia de toda lucha, nunca dejó de vincular esa lucha (en tanto lucha de *clases*) a un momento determinado de necesidad estructural. La dificultad del marxismo reside entonces en el hecho de no aceptar que si "la contradicción fuerzas productivas/ relaciones de producción es una contradicción *sin* antagonismo, la lucha de clases es, por su parte, un antagonismo *sin* contradicción"

---

[16] Es pertinente aclarar que en la producción de Laclau no se especifica del modo que hemos recuperado de Marchart, la distinción entre *lo político* y *la política*. Sin embargo, la diferenciación que realiza entre "la sociedad" y "lo social" nos permite sostener nuestro punto: "Entiendo que 'sociedad' significa (…) la posibilidad de clausura de todo significado social en torno a una matriz" (Laclau, en Marchart, 2009:180) y "lo social" es entendido como "procesos (…) que disrumpen constantemente el significado" (Laclau, en Marchart, 2009:180).

(Laclau, 1990/2000:23)[17]. Puesto que, afirma Laclau, no hay nada en el concepto de antagonismo que nos diga que *necesariamente* este pre-supone un carácter clasista, sino que habilita una negatividad intrínseca que admite la imposibilidad de fijarlo a algún plano *necesario* de objetividad. El momento de contingencia, que supone el antagonismo, subvierte los límites de la objetividad y traza nuevas fronteras. Para el marxismo, sostiene Laclau (1990), el antagonismo marca la posibilidad de constituir la identidad, mientras en su teoría, se anuda a la imposibilidad de constituirla plenamente. Así, el concepto de antagonismo, al igual que el de hegemonía, asume la capacidad de constitución y transformación de lo social a partir de la premisa ontológica que le otorga a *lo político* un lugar constitutivamente primario en relación a lo social. Es decir, el lugar de lo político, como posibilidad articulatoria hegemónica a través del acto de trazar una frontera antagónica, subvierte los planos de objetividad de una estructura social precaria, al mismo tiempo que permite constituirla. La apuesta laclausiana no consiste en negar la necesidad, sino que es en la propia relación *necesidad/contingencia* donde subyace el elemento que trastoca la posibilidad de una sutura última. La práctica articulatoria no es más que una fijación parcial de sentidos, que supone en sí misma la posibilidad/imposibilidad de lo social. En este sentido es que la subversión no es otra cosa que la "presencia de lo contingente en lo necesario" (Laclau y Mouffe, 1985/2004:154).

En el planteo de Laclau, el *antagonismo* no puede ser concebido como una *conexión interna* (despliegue de la contradicción *fuerzas productivas y relaciones sociales de producción*), ya que lejos de ser el resultado de una contradicción previa, es producto de la contingencia de lo social mismo. Esto supone "la imposibilidad de fijarlo *apriorísticamente* a ningún plano de

---

[17]Aquí radica la *diferencia ontológica* entre el Laclau de *Política e ideología en la teoría marxista* (1977) y el de *Hegemonía & Estrategia Socialista* (1985), que se evidencia en una nota al pie de Laclau y Mouffe, en la cual aclaran que su opinión actual respecto a la no equivalencia entre contradicción y antagonismo "difiere de la expresada por uno de los autores de este libro en un trabajo anterior, en el que el concepto de antagonismo es asimilado al de contradicción" (Laclau y Mouffe, 1985/2004:167). Esto se evidencia, también, en el libro *Política e ideología en la teoría marxista*, donde Laclau utiliza los términos como congruentes: "En un primer sentido, la lucha de clases se plantea a nivel del modo de producción: la relación de producción que constituye a sus polos como clases es una relación antagónica. La plusvalía, por ejemplo, constituye a la vez, la relación entre capitalistas y obreros y el antagonismo entre ambos; o, mejor dicho, constituye a dicha relación como una relación antagónica. De esto se siguen dos conclusiones: 1) que no hay clases excepto en una relación de lucha; 2) que el nivel de análisis que hace inteligible dicho antagonismo es el del modo de producción. Pero el concepto de lucha de clases ha tendido también a ser aplicado a otro tipo de antagonismo: aquel en que la lucha entre las clases sólo resulta inteligible si se hace intervenir al conjunto de las relaciones políticas e ideológicas de dominación que caracterizan a una formación social determinada" (Laclau, 1977/1986:118).

objetividad" (Laclau, 1990/2000:20). Por tanto, las *relaciones de producción* no pueden ser comprendidas como intrínsecamente antagónicas, pues, para sostener lo contrario, habría que evidenciar que el *antagonismo* surge lógicamente de la relación comprador/vendedor de la fuerza de trabajo, y eso es precisamente lo que no puede ser demostrado. Su argumento es el siguiente: sólo en caso de que *el trabajador resista*, la relación capital-trabajo podría volverse *antagónica*, pero no hay nada en la categoría de "vendedor de su fuerza de trabajo" que permita deducir lógicamente una resistencia frente al capitalista. De este modo, el antagonismo no se da en el interior de las *relaciones de producción* sino entre estas y una *identidad del trabajador* que es *externa* a las mismas. Así, afirma por ejemplo que, una baja en los salarios niega la *capacidad del obrero* en tanto *consumidor,* pero la categoría de consumidor no puede ser deducida lógicamente de la de vendedor de la fuerza de trabajo. Esto implica, por tanto, que la categoría de consumidor es externa a las *relaciones sociales de producción*.

No obstante, ¿es posible aceptar que la categoría de consumidor sea externa a la de vendedor de la fuerza de trabajo, esto es, que la condición de consumidor del trabajador es externa a las *relaciones sociales de producción*? Si retomamos el capítulo anterior, podríamos decir que parece difícil aceptar esta externalidad, dado que la identidad de *consumidor* del *trabajador* se constituye en íntima relación con *el capitalista*, en tanto que "vendedor de su fuerza de trabajo". Pero esta afirmación, claro está, no podría ser aceptada por Laclau, dado que esto implicaría comprender al antagonismo como una relación "interna" en el marco de una totalidad concreta (el capitalismo). Por el contrario, el argumento de Laclau se basa precisamente en que el antagonismo y la articulación hegemónica son los modos constitutivos desde los cuales *lo social* se presenta, en tanto suponen una externalidad radical que deja en evidencia que la totalidad es siempre fallida.

En definitiva, Laclau pretende demostrar que las condiciones mismas de *lo político* se presentan en una lógica radical de contingencia y no como el sub-producto de un despliegue necesario de las contradicciones sociales dialécticamente desplegadas, como sostenía el discurso marxista hegemónico bajo la concepción stalinista del "materialismo dialéctico" pero también como principio operante en las producciones de los fundadores de dicho discurso. De este modo, si en Moreno encontramos que la condición de posibilidad de lo social estaba signada por la formación de una totalidad en permanente movimiento inmanente de sus contracciones siempre sobredeterminadas y desigualmente desarrolladas, en Laclau la posibilidad de cambio de lo social está dada por la apertura constitutiva, es decir por la falla que es condición de posibilidad de la totalidad.

II. 3. *La triada del no-todo*

La crisis actual del marxismo, dice Badiou, debe ser pensada no sólo como un fallo de los socialismos realmente existentes sino, y más aún, como una crisis de la idea de *revolución* y de la posibilidad de *otro mundo* en clave marxista. En términos teóricos, esta crisis se evidencia en una puesta en cuestión de la dialéctica en su sentido hegeliano-marxista. Frente a ella son posibles dos respuestas: o bien abandonar la idea de revolución, reconociendo que el mundo capitalista es el mal menor; o bien buscar una nueva forma de la negación, de la emancipación distinta de la dialéctica marxista.

Badiou (2006) apuesta por la segunda opción, afirmado que en respuesta al "régimen actual de lo Uno", el *materialismo democrático*, que sostiene como axioma "no hay más que cuerpos y lenguajes", es preciso oponerle una "dialéctica materialista" (ya no un materialismo dialéctico o histórico). Así, el filósofo propone una dialéctica que marque la diferencia de la soberanía del dos (cuerpos y lenguajes), a partir de un tercer término. La forma badioudiana de suplementación del dos sería la siguiente: no hay sólo cuerpos y lenguajes, sino también hay *verdades*. En sus palabras, "no hay más que cuerpos y lenguajes, *sino que* hay verdades" (Badiou, 2006/2008:20). Las *verdades* existen como excepciones a lo que hay –cuerpos y lenguajes–, y el *sino que* existe en tanto que adviene un sujeto. Entonces, la dialéctica materialista que Badiou expone se afirma sobre la *triada del no-todo* compuesta por: la *multiplicidad pura* (i.e., la ontología); el *mundo* (i.e., lógica del aparecer); los *procedimientos de verdad* (i.e., suplemento del aparecer o lógica subjetiva). Sin embargo, para que el pensamiento de la triada del no-todo funcione, es preciso añadir un cuarto término –ni lógico ni ontológico– que los relacione:

> "Para que las verdades (tercer término) (…) suplementen a los mundos (segundo término, la lógica) cuyo múltiple puro es el ser (primer término, la ontología), (…) necesitamos una causa evanescente, que es exactamente lo contrario del Todo: un esplendor abolido, al que denominaremos el acontecimiento". (Badiou, 2006/2008:168)

Para abordar el problema ontológico, como primer término de la tríada del no-todo, es necesario que la filosofía transforme el concepto de *infinito* y deje de pensarlo, de una vez por todas, ligado al de *finito* y de sojuzgarlo a la influencia de lo *Uno* (Badiou, 1998/2002). Es necesario, entonces, que la filosofía libere a lo *infinito* de toda condición de totalidad y que el pensamiento filosófico declare: lo *Uno-no-es*, por lo tanto el ser es *múltiple*. Esto supone un momento de distanciamiento respecto al marxismo, puesto que para el pensamiento badioudiano el error ontológico de aquel (que se materializaba en el régimen totalitario de la URSS) era ligar la idea de Sentido (precisamente con mayúsculas) a la de totalidad, por ende, a la de lo Uno[18].

Pero, ¿por qué es necesario declarar la multiplicidad del ser? ¿Por qué es preciso declarar que lo Uno-no-es? ¿Cuáles son las premisas ontológicas que toma Badiou para pensar al ser como múltiple? Para responder a estas preguntas, Badiou afirma que es menester afirmar la muerte de tres dioses, que han ligado el relato del ser al uno: el de la religión, el de la metafísica y el del poema. El primero, hace referencia al Dios *vivo* de los cristianos, que se encarna en la figura de *Jesús,* aquél que ha muerto. Por tanto, sobre la muerte de este Dios es preciso entender la fórmula nietzscheana al "pie de la letra (…) Es algo que ha ocurrido, o como decía Rimbaud, es algo que ha pasado. Dios se acabó. Y la religión también se ha acabado" (Badiou, 1998/2002:13).

El segundo Dios es el de la metafísica, que "no se ajusta en realidad sino a un Dios muerto, un Dios ya muerto, o un Dios muerto desde siempre" (Badiou, 1998/2002:15), que tiene como condición de posibilidad la existencia y posterior muerte del primer dios. Este segundo toma del primero la idea de *Principio* que liga un *Sentido* que a su vez encierra una *Totalidad*. Enlaza al igual que el primero la idea de infinito a la de lo Uno, sosteniendo una trascendencia que ya no se encarnará en los cielos sino en la tierra, y a un dios que no será Dios sino el *Hombre*. De esta manera, para Badiou, la metafísica representa nuevamente al olvido del Ser, más aún supone el olvido de ese olvido, al ocultar la cuestión del ser por la del ente *supremo*[19].

La filosofía ha pensado, también, un tercer Dios. Respecto a este, afirma Badiou, es necesario volver sobre la *aporía* de Heidegger, para quien el Dios que puede salvarnos "no es el Dios-Principio que concentra el olvido del ser en la metafísica occidental (…), [ni] tampoco puede tratarse el Dios vivo de las religiones" (1998/2002:18). Por consiguiente, además del Dios históricamente muerto de las religiones y del Dios de la metafísica, es necesario que se proponga al pensamiento un tercer Dios –*ya ni vivo-ni muerto*–, el del *poema*. Precisamente este Dios tiene como *condición de posibilidad* a los dos

---

[18] Badiou afirma que a partir de las experiencias del *Mayo del 68* y "la política de los maoístas franceses entre 1966 y 1976, que intenta pensar y practicar una fidelidad a dos acontecimientos entreverados: la Revolución cultural China y Mayo del 68 en Francia"(1993/ 1994:32), la pregunta por lo infinito adviene como cuestión central en sus obras: "Fue así que me comprometí en una larga investigación sobre la cuestión del infinito, de los diferentes conceptos matemáticos que lo conciben, de la tradición filosófica de ese concepto y del lugar que debería asignarle en mi propio emprendimiento. Debido a esto la cuestión del infinito ocupa un lugar determinante en *El ser y el acontecimiento*, en el cual se intenta pensar la infinidad subjetiva, quizás por primera vez, de una manera totalmente liberada de la teología" (Badiou, 2000:3).

[19] Badiou manifiesta explícitamente la recuperación del pensamiento de Heidegger en relación al problema del Ser y de su olvido. Al respecto ver *Breve tratado de ontología transitoria* (Badiou, 1998/2002).

primeros: si bien no es el Dios vivo/muerto de la religión, tampoco puede ser el principio de la metafísica, "se trata de encontrar junto a él el fugaz sentido de la Totalidad" (Badiou 1998/2002:19). Este Dios no está por tanto ni vivo ni muerto, sino que podríamos sostener –como afirmaba Heidegger– que "se ha retirado" dejando al mundo desencantado, al *hombre* arrojado, convirtiendo al ser en *un ser para la muerte*. Esta visión nostálgica, afirma Badiou, nos invita a esperar que "el Dios del poema" nos traiga la salvación. Dicho en sus palabras: (para Heidegger) "la deconstrucción de la metafísica y la aquiescencia otorgada a la muerte del Dios cristiano mantiene abiertas las posibilidades del Dios del poema" (1998/2002:19). Queda así habilitada, de este modo, la posibilidad de un *retorno*[20].

En este sentido, para Badiou es necesario que la filosofía deje de pensar el devenir de la finitud, aceptando la muerte de estos tres dioses, para así poder volver a pensar lo infinito, ya liberado de su colusión con lo Uno: "No hay ningún Dios. Lo que también se dirá: el Uno no es" (Badiou, 1993/1994:51). Y a partir de aquí ya no es posible hablar de Sentido con mayúscula. El Sentido también ha muerto. Entonces, la tarea de la filosofía es la de encontrar los sentidos, declarando que el *ser-es-múltiple,* al tiempo que lo *Uno-no-es.* Como sostiene Badiou:

> "Abandonando el anclaje en toda finitud, habitemos en el infinito (…) Y aceptemos que cuando en el azar de un acontecimiento una verdad cualquiera nos arrastre en pos de la inalcanzable infinitud de su trayecto, la búsqueda del sentido se reduzca para nosotros únicamente a la tarea de cifrar esa finitud". (1998/2002:21)

El enunciado filosófico del que parte Badiou (1988) sostiene que las *matemáticas* configuran la ontología: ellas son *iguales* a la definición de lo ontológico, a la pregunta del ser en tanto que ser. De este modo, su decisión ontológica se origina en un axioma: el no-ser de lo uno. Este es el punto de partida por el cual el filósofo vuelve a la pregunta por el ser y retoma el gesto heideggeriano, sustrayendo la unicidad como condición del ser. El olvido del ser va de la mano, para Badiou, de la misma historia de la filosofía, que desde Platón ha olvidado la pregunta por el ser y que posteriormente –en la modernidad para ser más exactos– retomando a Heidegger se ha *olvidado de ese olvido,* signando un apresamiento del ser por lo uno. Así, la debilidad del *materialismo dialéctico,* sostiene Badiou (1998), radica en que ha postulado, bajo la forma de la generalidad de las leyes, la compatibilidad entre la

---

[20] Badiou elige una opción alternativa a la de Heidegger: "La investigación de Badiou no se somete al lenguaje de los poetas que por sí solos serían capaces de rescatar el claro del ser. En vez de destruir la filosofía en nombre de la poesía (…) la crítica de la metafísica, en este caso, está condicionada por la fidelidad deductiva de las matemáticas puras" (Bosteels, 2007:120/121).

dialéctica de la naturaleza y la de la historia, comprendiendo la dialéctica como una *totalidad*, y por tanto ha contestado otra vez la pregunta por el ser a través del *Ente*[21].

Badiou en respuesta a esta crisis realiza un retorno a Platón, principalmente, al gesto platónico que se esfuerza por pensar una *multiplicidad* que ya no sea una, que ya no sea *un* múltiple. Es en el *Parménides* de Platón donde se hace concebible, para la filosofía, pensar una *multiplicidad inconsistente*, es decir una *multiplicidad* que sea pura presentación, que se encuentre por fuera de los efectos de lo Uno, que no esté *contada-por-uno*. Sin embargo, Badiou dirá que pese a que el filósofo griego realiza estos hallazgos, claudica ante la presencia de lo Uno, sosteniendo la idea de que ningún ser separado de lo uno es concebible. En efecto, si bien Platón comprende que lo *Uno no es* sino que *hay* Uno, no puede desprender de ese *"hay-uno"* la pregunta por el ser. Para Badiou no sólo hace falta declarar el *no-ser-de-lo-Uno*, sino que también es necesario declararse a favor de la *Multiplicidad-del-ser*:

> "La decisión inicial consiste entonces en sostener que aquello que, perteneciente al ser, resulta pensable, se halla contenido en la forma de lo múltiple radical, de lo múltiple que no se halla sometido a la potencia de lo uno, de aquello que he llamado (…) lo múltiple sin-uno". (Badiou, 1998/2002:27/28)

En consecuencia, la apuesta ontológica badioudiana radica en distinguir dos tipos de múltiples, y en llevarlos hasta su más profunda diferenciación. El *múltiple inconsistente*: el *ser-sin-uno*, por tanto la pura presentación; y el *múltiple consistente*: compuesto por *unos*, es decir el *"hay-un-múltiple"*. El segundo múltiple es lo que supone que "se pueda contar, y en consecuencia, que una cuenta-por-uno estructura la presentación" (Badiou, 1988/2003:47). El primer múltiple, el que in-consiste, no tiene demarcación alguna, carece de límite:

> "La multiplicidad pura (…) despliega el recurso ilimitado del ser como evitación de la potencia de lo uno, no puede adquirir consistencia por sí misma. En efecto, hemos de asumir, (…), que el despliegue de lo múltiple no sufre la coerción de la inmanencia de un límite. Pues resulta más que evidente que esa coerción verifica la potencia de lo uno como fundamento mismo de lo múltiple". (Badiou, 1998/2002:28)

En este sentido, dicha ontología se halla en la difícil tarea de tener que marcar lo pensable del *múltiple puro* sin jamás poder decir qué es lo que permite reconocer el múltiple como tal, ya que no puede demarcar un límite

---

[21] Como sugiere Bosteels: "Para Badiou la ontología de la multiplicidad pura concuerda, en este sentido, con la crítica de la metafísica de la presencia, de manera que su destrucción del Uno es otra forma de declarar la muerte de Dios" (2007:120).

130

porque en el mismo momento en que lo hiciese el múltiple correría el peligro de *consistir.* Lo múltiple puro es en el pensamiento badioudiano lo *in-finito.*

Pero ¿qué es esta forma de pensamiento que se halla coartada en su propia posibilidad-imposibilidad de existir? La apuesta badioudiana radica en el *Axioma,* abandonando así todo tipo de de-finición, ya que el axioma se mueve a través de términos no de-finidos. La forma del axioma, al decir de Badiou, prescribe sin nombrar. La ontología al "tener que pensar lo múltiple puro sin recurrir a lo Uno, (...) es necesariamente axiomática" (Badiou, 1988/2003:562). Para Badiou la ciencia del ser en tanto ser, es la *Presentación* de la presentación. Ella se realiza como pensamiento de lo múltiple puro –o en términos matemáticos como la teoría de conjuntos de Cantor[22]–, que es el punto nodal que le permite pensar la ontología matemáticamente. Para luego afirmar el axioma: *ontología=matemática.* Las matemáticas no presentan, en un sentido, nada, no hay objetos matemáticos. Son la presentación misma, es decir *lo múltiple.* Esta cualidad permite a las matemáticas, al igual que a la ontología, conformar un discurso sobre el *ser en tanto ser.* En sus palabras:

> "La tesis que sostengo no declara en modo alguno que el ser es matemático (...). No es una tesis sobre el mundo, sino sobre el discurso. Afirma que las matemáticas, en todo su devenir histórico, enuncian lo que puede decirse del ser-en-tanto-ser. Lejos de reducirse a tautologías (...), la ontología es una ciencia rica, compleja, inconclusa, sometida a la dura coerción de una fidelidad". (Badiou, 1988/ 2003:16)

Las premisas ontológicas de las obras de Badiou y de Laclau parten indudablemente de una crítica común a la dialéctica marxista: lo *uno no es.* Es decir, si para ambos el ser no es uno, ya no es posible sostener ontológicamente la *unicidad* del ser. Pero, entonces, "¿cuál es, en efecto, la alternativa a la unicidad del ser?" (Laclau, 2008:100). Desde la perspectiva de Laclau, como vimos, aquello que se presenta como ontológicamente primario no es la multiplicidad, como afirma Badiou, sino la unicidad *fallida.* La diferencia entre ambos pensadores supone que, mientras que para Badiou debe sostenerse la distinción entre aquello que es ontológicamente *múltiple* y aquello que se presenta como Uno fallido (cuenta-por-uno) en el aparecer de un mundo -segundo término de la tríada del no-todo-, para Laclau ese gesto de cierre -ese uno fallido- es condición de posibilidad de la propia ontología.

---

[22] La *teoría de conjuntos* de Cantor es central para el pensamiento de Badiou. En ella se encuentra la posibilidad de pensar, para la filosofía, la multiplicidad pura: "Para Badiou el lugar donde se desarrolla el discurso ontológico hoy en día (...), se encuentra en la teoría axiomática de conjuntos desde Cantor hasta Cohen. El resultado elemental de esta investigación metaontológica de la teoría de juntos, entonces, sostiene que todo lo que se presenta, en cualquier situación, es múltiple de múltiples, o múltiple puro, sin Uno" (Bosteels, 2007:119).

La apuesta fundamental de su libro *El ser y el acontecimiento* (1988) radica en demostrar que la ontología no es más que en situación. Por lo tanto, lo que cuenta-por-Uno escinde al múltiple presentado en "consistencia (composición de unos) e inconsistencia. Sin embrago, la inconsistencia como tal no resulta verdaderamente presentada, ya que toda presentación cae bajo la ley de la cuenta" (Badiou, 1988/2003:67)[23]. Podríamos aventurar entonces, que una *situación estructurada*, es decir contada-por-uno, se compone por aquello que está presentado, *ya* contado por uno, volviéndose así en un múltiple consistente, y aquello que está presente por su ausencia, que in-consiste, o en términos de Badiou, aquello que excede a la situación estructurada. Es decir que en una situación no ontológica, *lo múltiple* es posible si es contado por uno. Pese a este esquema, para el filósofo estos dos lugares se superponen, ya que *el fantasma de la inconsistencia* acecha sobre toda estructura: "lo uno de la cuenta (…) deja como resto fantasmal que lo múltiple no se encuentra originariamente en la forma de lo uno (…) [Esto] autoriza a pensar que lo uno no es, que el ser de la consistencia es la inconsistencia" (Badiou, 1988/2003:68).

La tesis de Badiou -*hay* Uno- se diferencia de la de las ontologías de la presencia -lo Uno *es*-, porque estas últimas sostienen que la inconsistencia *no es*, mientras que la ontología badioudiana afirma que la inconsistencia *es nada*. Por lo tanto, si analíticamente sostenemos, como hace Badiou, que antes de la cuenta hay *nada*; ese *hay nada* afirma que es en ese ser-nada donde habita la inconsistencia del ser: "la nada no es sino el nombre de la impresentación en la presentación. Su estatuto de ser consiste, al ser lo uno un resultado, en que es preciso pensar que 'algo'-que no es un término-en-situación y, por lo tanto, es nada- no ha sido contado" (Badiou, 1988/2003:70). Esa inconsistencia -esa nada- es, en otras palabras, *el vacío* que constituye a toda estructura. Es el punto en donde Badiou reniega de la *totalidad* sostenida por el marxismo. Puesto que para este último, la nada es, de esta manera, ese indecidible de la presentación que es su impresentable; es el "no-término de toda totalidad y el no-uno de toda cuenta-por-uno" (Badiou, 1988/2003:70)[24]. Es decir, la nada es *la nada* de la situación, el punto vacío y no situable donde se constata que la situación está, por su propia condición de situación, *fallida*, suturada al ser. Entonces, aquello que se presenta, merodea en la presentación bajo la forma de una sustracción a la cuenta, realizada por la situación. La sutura del ser es

---

[23] La cuenta-por-uno refiere aquí a un nivel todavía ontológico, que Badiou desarrollará luego como lógica de los mundos cuando pase de su ontología a su lógica en la explicación de aparecer mundano.

[24] Como sostiene Bosteels: "Todas las ideas ontológicas establecidas axiomáticamente en la teoría de conjuntos, proceden de la nada o conjunto vacío (…), que debe postularse como el único nombre propio del ser. El conjunto vacío en efecto esta universalmente incluido en todo otro conjunto, mientras que él no tiene elementos que le pertenezcan; como tal 'funda' todos los conjuntos matemáticos" (2007:121).

el vacío de toda situación, que indica la falla de lo uno y constituye el no-del-todo. El vacío, que es el nombre del ser-de-la-inconsistencia, no se encuentra entre los entes sino que está forcluido de la presentación. No obstante, el vacío es en situación, al igual que el axioma ontológico. En este sentido, desde que el vacío es plausible de ser pensado por la filosofía, se abre la posibilidad de pensar el exceso de/en la situación. El vacío y su posibilidad-de-ser, axiomáticamente tratado, provoca un exceso sobre la cuenta-por-uno, o, lo que es lo mismo, *una irrupción de inconsistencia* o al menos una posibilidad de irrupción:

> "Aplicado a una situación -en la que 'pertenecer' quiere decir: ser una multiplicidad consistente, por lo tanto, estar presentado o existir-, el teorema del punto de exceso se enuncia de manera sencilla: siempre hay submúltiples que, pese a estar incluidos en la situación (…) no pueden ser contados en ella como términos, y, en consecuencia no existen". (Badiou, 1988/2003:115)

La crítica ontológica que Badiou apunta contra el marxismo supone que, este último, no consigue salir del atolladero que lo vincula a la filosofía hegeliana. El problema radica en considerar que, en última instancia, hay *un* ser de lo Uno: "el *impasse* ontológico propio de Hegel equivale a considerar (…) que hay un ser de lo Uno o, más precisamente, que *la presentación genera la estructura*, que lo múltiple puro encierra en sí mismo la cuenta-por-uno" (Badiou, 1988/2003:183). Para Hegel, hay *identidad* en tanto *hay* interioridad de lo negativo, por tanto el *ser* es a la vez su propio *no ser*. En consecuencia, el ser se encuentra de-limitado por su no-ser, que es a la vez su condición de posibilidad de ser. El ser es el ser de lo Uno, es el ser del Hay. En palabras de Badiou: "Lo uno sólo se dice del ser cuando el ser es su propio no-ser (…). Para Hegel, hay una identidad en devenir del 'hay' (presentación pura) y del 'hay uno' (estructura), cuya *mediación es la interioridad de lo negativo*" (1988/2003:184, cursivas en el original). Este es el punto fundamental de la dialéctica que le permite a Hegel establecer una ley de lo infinito, a través el despliegue del espíritu, donde el ser se consuma atravesando su no ser.

Ahora bien, con la aparición de su libro *La lógica de los mundos. El ser y el acontecimiento, 2* (2006), Badiou conduce su teoría de un plano ontológico a uno óntico, o, como él lo denomina, a un plano de la lógica -del aparecer del mundo-. Así, si las categorías que analizamos hasta aquí, referían a la ontología badioudiana, las categorías que presentará en su "gran lógica" trataran los mismos fenómenos pero ahora desde el lugar del aparecer de un "mundo". En definitiva, si *El ser y el acontecimiento* era un intento de responder a la pregunta por el ser-en-tanto-ser, la *Lógica* será el intento de tratar al ser en su aparecer mundano. El mundo, se refiere por tanto a un sitio local de identificación de los entes. Éste marca, entonces, la situación de ser para un ente particular que "lo inscribe [en] un procedimiento local de acceso a su identidad a partir de otros entes" (Badiou, 2006/2008:136). El mundo prescribe determinadas formas de identidad, puesto que la *mundanización* de un múltiple (ontológico), que no es otra cosa que su ser-ahí o su aparecer, es:

> "Una operación lógica: el acceso a una garantía local de su identidad. Esta operación es susceptible de producirse de muchas maneras diferentes y de apoderarse, como fondo de las operaciones que ella instruye, de mundos totalmente distintos. No sólo hay pluralidad de mundos, sino que el mismo múltiple —ontológicamente 'mismo'–copertenece, en general, a muchos mundos". (Badiou, 2006/2008:136)

Los agentes, o como los llama Badiou, los *animales humanos*, son aquellos que *aparecen* en un gran número de mundos: "El ente que, de todos aquellos cuyo ser constatamos, aparece lo más múltiplemente. El animal humano es el ente de las mil lógicas" (Badiou, 2006/ 2008:136).

El mundo presenta, al igual que la ontología, un operador de cerramiento a través de lo que Badiou denomina *indexación trascendental*. Esta supone que los entes, contados de un mundo, tienen "un valor de aparición indexado en el trascendental de ese mundo, que es una estructura de orden" (Badiou, 2006/2008:149). En definitiva, a fin de resolver el problema que presentaba la totalidad dialéctica del marxismo, Badiou propone dos tipos de respuestas. Por un lado, la respuesta ontológica será la de comprender que la multiplicidad del ser y por tanto el no ser del Uno, sino el *hay-Uno*. Por otro lado, la respuesta óntica, se afirmará sobre la consistencia de una totalidad, un mundo que, si bien desde su perspectiva no accede al *hay* de su totalidad sino que la entiende como un *es*, se encuentra por su misma condición siempre acechada por un vacío –o un exceso–constitutivo que habilita la finitud de esa unicidad operatoria.

En el pensamiento de Badiou, la causa evanescente que (pre)supone la no posibilidad del todo, es la irrupción de un acontecimiento -cuarto término de la triada del no-todo-. Esta es la categoría que posibilita la disrupción de la cuenta-por-uno, y ella no es ni ontológica, ni lógica (trascendental). Puesto que, el acontecimiento surge de aquel lugar que es situado como nada, como sitio vacío por la cuenta totalizadora. El sitio de acontecimiento, es la localización de la negatividad (de la cuenta fallida) que está presente desde el comienzo, antes incluso de que algo acontezca. Por tanto, el sitio de acontecimiento supone aquel lugar vacío de toda situación contada-por-uno, desde el cual podría advenir un acontecimiento-ruptura de una lógica trascendental de un mundo. El acontecimiento es la categoría central por la cual se desenvuelve un múltiple puro, a la vez que, es producto de una nominación subjetiva y resultado de una fidelidad a esa nominación. En definitiva, para

Badiou el acontecimiento es fruto de un sujeto que lo nombra, es, en última instancia, producto de una *decisión*: "El acontecimiento autoriza que el ser, lo que se llama el ser, funde el lugar finito de un sujeto que decide" (Badiou, 1988/2003:477). El mismo acto de decisión es lo que torna contingente la posibilidad de la acontecimentalidad. El sujeto es ahora quien decide, ya no su condición estructural, sino su posibilidad de excederla.

El lugar que se abre al nombrar un acontecimiento no es más que el lugar de una *verdad* -tercer término de la tríada del no-todo-. Ella es en definitiva la que trasciende la norma, haciendo un agujero en el *saber del mundo*. El *saber* se realiza como enciclopedia, ya que ignora al acontecimiento por tener un nombre supernumerario que no pertenece al lenguaje de la situación. Precisamente el lenguaje de la situación es el contenido del propio *saber*. Verdad y acontecimiento se contraponen al saber, o para decirlo en términos de Badiou, hacen un agujero en él, en el ser-de-lo-uno, en la situación, posibilitando de este modo la apertura de un presente que apuesta por transformar las lógicas mundanas.

Hasta aquí, hemos intentado mostrar cómo el problema de la totalidad y sus vinculaciones con la negatividad y la objetividad de lo social han sido resueltas de modos disimiles en las producciones de cada uno de estos tres teóricos. Por tanto, hasta aquí hemos propuesto una forma posible de estructurar las respuestas de esta tríada frente al problema de la dialéctica de un marxismo en crisis. De este modo, explicitamos que Moreno afirma su pensamiento sobre las potencialidades de concebir a lo social como una multiplicidad que se presenta siempre como una totalidad desigualmente desarrollada y sobredeterminada, pasible de transformarse a partir del permanente movimiento de las contradicciones de la lucha político-social operante. En las obras de Laclau y Badiou, desarrollamos sus críticas de la totalidad -marxista-, a partir de explicitar que lo uno no *es* sino que opera como una construcción socio-política de un *hay*. No obstante, vimos que Laclau comprende que esta falla constitutiva -desde la que se afirma la posibilidad de que *lo social* se presente como *una sociedad*- es resultado de una articulación hegemónica como condición ontológica de lo social mismo; y que para Badiou, aquello que es ontológicamente primario es la multiplicidad y que, por lo tanto, el lugar de apertura del *cuenta-por-uno* -como cierre mundano de la lógica del aparecer- será el elemento político constitutivo desde el cual la ruptura y transformación de lo social es aún posible de ser pensada. En consecuencia, estas tres formas de comprender el problema de la dialéctica a partir de la crisis del marxismo, conducirán a estos pensadores a reformular la tríada conceptual *sujeto-política-estructura* y a (re)pensar la actualidad de la posibilidad emancipatoria en el marco de una estructuración social como la del capitalismo neoliberal.

135

TERCERA PARTE

Las repuestas de Badiou, Laclau y Moreno

> Un mapa del mundo que no incluya Utopía no es digno
> de ser visto.
>
> (OSCAR WILDE, *EL ALMA DEL HOMBRE BAJO EL SOCIALISMO*)

> Los conceptos nuevos tienen que estar relacionados con problemas que sean los
> nuestros, con nuestra historia y sobre todo con nuestros devenires.
>
> (GILLES DELEUZE Y FÉLIX GUATTARI, *¿QUE ES LA FILOSOFÍA?*)

Capítulo I. ALAIN BADIOU

> Es al hablar sin sentido cuando uno llega a la verdad.
> Hablo sin sentido, por tanto soy humano.
>
> (FYODOR DOSTOEVSKY, *CRIMEN Y CASTIGO*)

> Aquí está el lugar del devenir de las verdades, Aquí somos infinitos. Aquí es donde
> no se nos ha prometido nada, excepto la posibilidad de ser fieles a lo que nos sucede.
>
> (ALAIN BADIOU, *BREVE TRATADO DE ONTOLOGÍA TRANSITORIA*)

El pensamiento filosófico de Badiou mantiene un interrogante constante: cómo pensamos, cómo es posible pensar, el surgimiento de *lo nuevo* en una situación estructurada. Badiou se pregunta por la *posibilidad de lo novedoso*, como transformación de las estructuras existentes, una vez que se ha asumido que el marxismo, como respuesta a esta pregunta, ha entrado en crisis. De este modo sostiene que: "Mi única pregunta filosófica (…) es la siguiente: ¿podemos pensar que hay algo de nuevo en una situación? No fuera de la situación ni tampoco algo nuevo en algún lugar, sino ¿podemos realmente pensar la novedad y tratarla dentro de la situación?" (Badiou apud Bosteels, 2010:11). Las categorías a las que el filósofo apela para dar respuesta a este interrogante -tales como las de acontecimiento, estructura, matemáticas, multiplicidad, etc.- están destinadas exclusivamente a pensar lo nuevo en términos de la situación.

A fin de analizar las posibilidades de surgimiento de *lo novedoso*, para el pensamiento badioudiano, en una situación particular como lo es el capitalismo contemporáneo, organizaremos este capítulo en cinco apartados. En el primero, abordaremos el concepto de *estructura* (re)formulado por Badiou, en relación al pensamiento marxista. Aquí, las nociones de *Estado* -como segundo cierre de la cuenta-, y de *mundo* -como lógica del aparecer estructural- serán los ejes vertebrales de esta apuesta. En el segundo apartado, mostraremos el lugar que Badiou considera como el *sitio* de la posibilidad de lo verdaderamente nuevo en una situación estructurada. Aquí conceptos como los de *acontecimiento* -como singularidad- y de *verdad* -como procedimiento genérico-, nos darán las pistas para una respuesta frente a tal interrogante. En el tercer lugar, analizaremos el *nexo* entre las lógicas estructurales y la singularidad acontecimental. Lugar que es asumido en el pensamiento badioudiano a partir de la categoría de *sujeto*. En el cuarto apartado, nos preguntaremos por la *política* como condición de una verdad subjetiva. Para luego, finalmente, en un quinto apartado, señalar algunas tensiones que se desprenden del pensamiento de Badiou en relación a la posibilidad efectiva y transformadora una ruptura acontecimental.

I. 1. *Del doble cierre de la cuenta a la lógica de los mundos*

En sus primeros escritos, Badiou continúa trabajando sobre las inquietudes teóricas de su maestro Althusser y se pregunta por la relación entre *ciencia* e *ideología*, que había sido central en el pensamiento marxista. Concluye que Althusser había sido capaz de pensar la relación entre ciencia e ideología a partir del *materialismo histórico*, puesto que este asumía el lugar científico que –a partir de pensar *lo ideológico*– conseguía generar un conocimiento objetivo del mundo concreto. Badiou si bien plantea una propuesta distinta a la de su maestro, traza una distinción entre ciencia e ideología a partir de preguntarse: "cómo el ámbito de la ciencia surge, no en oposición, sino del seno del campo de la ideología y, al mismo tiempo, lo trasciende" (Palti, 2005:171).

Badiou afirma que la *ideología*, en el marco teórico de Althusser, supone un pensamiento de *lo múltiple*, a partir de la noción de *prácticas*: "ese múltiple, irreductible, es el de las prácticas. Digamos que 'práctica' es el nombre de la multiplicidad histórica. O el nombre de lo que llamo situación, desde el momento en que se piensa en el orden de su despliegue múltiple" (Badiou, 2008/2009:63). Así, ideología, historia y situación estructurada, se presuponen mutramente. De este modo, pese a que el *materialismo histórico* pudo desarrollar una *historia de la(s) ideología(s)*, no pudo, según Badiou, realizar una periodización de *lo novedoso*, de la ruptura de una situación que cuenta-por-uno. La ciencia, por su parte, debe pensarse en relación ya no directa con la ideología -si bien la presupone-, sino ligada a la posibilidad de la filosofía, como advenimiento de una *verdad* en una situación histórica. Badiou recupera otra intuición althusseriana: "la relación justa entre la existencia de la filosofía y de la ciencia no es una relación de objeto, o de fundamento, sino una relación de condición" (Badiou, 2008/2009:70). No hay para Badiou objetos filosóficos, sino condiciones de la filosofía[1], y la ciencia es una de ellas. Por tanto, la filosofía es la condición de posibilidad para delimitar el campo de la ciencia frente al de la ideología que cuenta-por-uno: "La filosofía no inscribe en sí misma ninguna relación con lo real historiado de las ciencias y las ideologías prácticas. Su acto es la invención de un trazado que delimita, en el interior de sí misma, y no por fuera de sí misma, lo científico de lo ideológico" (Badiou, 2008/2009:72). La condición de toda la ontología badioudiana es que aquello que es posible pensar, ha de ser pensado en una situación. En este marco, la ciencia (pre)supone una situación. Ahora bien, si lo ideológico corresponde al campo de la historia de la situación estructurada, a la ciencia atañe el problema del surgimiento de *lo nuevo* (en situación).

El pensamiento de Badiou se despliega en tres planos específicos que se presuponen mutuamente: la ontológica de lo múltiple -multiplicidad del ser y *hay* Uno-; la situación estructurada o mundo -\campo de la historia y de la ideología-; lo novedoso en situación -el acontecimiento y el advenir de una verdad científica, amorosa, artística o política-. Podríamos decir, siguiendo a R. Farrán (2010), que cohabitan tres temporalidades complejas y heterogéneas en la filosofía de Badiou. La primera refiere a la ontología/matemática, pensamiento de lo múltiple y los conjuntos. La segunda refiere a una lógica situacional estructural y, por tanto, ideológica que cuenta-por-uno. Finalmente, la tercera refiere a una temporalidad evanescente e infinita signada por una lógica acontecimental como posibilidad del surgimiento de una verdad en determinada situación. Es a partir de la vinculación de estos tres planos o formas temporales desde donde Badiou asumirá la tarea de indagar sobre una nueva conceptualización de la categoría de *sujeto*.

---

[1] La filosofía tendrá para Badiou solamente cuatro condiciones, o procedimientos genéricos: La ciencia, la política, el arte y el amor, como veremos luego.

En *Teoría del sujeto* (1982), Badiou plantea que la ruptura de una situación (que cuenta-por-uno) ocurre no sólo cuando se ocupa el *lugar vacío* de la estructura sino también cuando se la excede, y este es precisamente el lugar de la *subjetividad*. El Sujeto es un acto de fuerza, de forzamiento sobre una estructuración determinada, que desde el lugar vacío, que posibilita la cuenta, fuerza el devenir de un exceso imposible de asir por la estructuración[2]. Badiou afirmaba en esta primera obra que la relación entre *burguesía* y *proletariado* no puede simplemente ser reducida a una determinación regional de la economía, sino que debe ser comprendida como una *relación antagónica* y por tanto, primeramente, política (no estructuralmente determinada). Esto es resultado de que el *proletariado* es producto de la *lógica del vacío* y del *exceso* de la situación burguesa operante[3]. Badiou llega aquí a la conclusión de que la relación social (al igual que la relación sexual de Lacan) no existe, por tanto la relación *burguesía/proletariado* es a su vez una no-relación:

> "Si lo real del psicoanálisis es la imposibilidad de lo sexual como relación, lo real del marxismo se enuncia: «No hay relaciones de clase». ¿Qué es lo que quiere decir, que no hay relaciones de clase? Eso se dice, de otra manera: antagonismo. El antagonismo burguesía/proletariado designa la relación de las clases como imposible, delimitando así lo real del marxismo. (…)Pues el objeto del marxismo, lo dijimos y repetimos, no es sino su sujeto, el sujeto político". (Badiou, 1982/2009:153)[4]

---

[2] *Teoría del sujeto* es la primera obra extensa de Badiou, donde, además, comienza a desarrollar sus primeras indagaciones filosóficas sobre el problema del *sujeto,* que en esta ocasión lo conducirán a retornar a la idea de Hegel de *sujeto como fuerza* (Badiou, 1982/2009). Esta apuesta se vincula quizás con otra más compleja, la de (re)problematizar su mismo concepto de *sujeto,* influido por la obra de Lacan, a partir de lo que denominará la *lógica del vacío y del exceso*. Estas primeras conclusiones lo conducirán posteriormente en su libro *El ser y el acontecimiento* a desarrollar las nociones de *verdad* y *acontecimiento*.

[3] Al respecto Badiou afirma: "Pensamos, (…) en su determinación antagónica específica a la nueva burguesía revisionista, el proletariado emerge como novedad positiva –y esto, tímidamente, en Francia de Mayo del 68; con estrepito, en enero de 1967 en China–, por ejemplo, bajo las especies de un marxismo retransformado (el maoísmo). La interioridad propia de A [Proletariado] viene así a *determinar la determinación*. Después de todo, en la Revolución Cultural, es el pueblo revelado el que designa la nueva burguesía burocrática, en cuanto determinación global del antagonismo revolucionario mismo. Hay, pues, que afirmar, sin perjuicio de que lo nuevo del proceso dialéctico se anule en la recaída pura en P [Burguesía], lugar o espacio de emplazamiento, una determinación de la determinación, o sea: A (A (A)) (1982/2009:33).

[4] Siguiendo con su lectura de Lacan –como aporte fundamental al marxismo– Badiou afirma que: "Adoptamos, pues, tal cual, la máxima de Lacan: lo real, es lo imposible. Si, sin ningún problema. Lo real del marxismo, es la revolución. ¿Qué nombra la revolución? La única forma de existencia histórica de la relación de clase, del antagonismo, la cual revela ser *la destrucción de lo que no era*" (1982/2009:153).

Por este camino, Badiou señalará una auténtica crisis conceptual e histórica del marxismo, mostrando el quiebre completo de todo sentido del devenir teleológico de la historia. Sus obras posteriores (principalmente *El ser y el acontecimiento* y *La lógica de los mundos*) significarán una apuesta por determinar, como afirma Palti, "qué tipo de lógica se despliega a partir del punto en que se disloca toda lógica, y toda coherencia se vuelve incierta" (2005:21). De este modo, para Badiou (2006), es importante comprender cómo se estructura el capitalismo –ya sin los estados socialistas en su frente–, es decir, qué tipo de situación se estructura una vez una vez que la revolución se ha mostrado traicionada. El régimen de lo Uno, es ahora el capitalismo-parlamentario, signado por un "materialismo democrático": "El término 'democracia' es, hoy, el organizador principal del consenso. Se pretende reunir bajo esa palabra tanto el derrumbe de los Estados socialistas, como el supuesto bienestar de nuestros países, o las cruzadas humanitarias de Occidente" (Badiou, 1997/1999:1).

Badiou parte de la afirmación de que lo uno no *es*, sino que *hay* uno. Por tanto, lo uno existe solamente como operación, se constituye a partir de la operación de una cuenta. Badiou llama *situación* a toda multiplicidad presentada, que se encuentra ya contada por-uno. La *estructura* entonces será entendida como aquello que se cohesiona a partir de una cuenta. Al decir de Badiou, "la definición más general de una *estructura* es la que prescribe, para una multiplicidad presentada, el régimen del cuenta-por-uno" (Badiou, 1988/2003:34). Es por esta misma composición de la situación estructurada, que ésta contiene a lo que *in-consiste* -como presencia/ausencia- como fantasma que acecha a la consistencia de la cuenta. Por tanto, existe en dicha situación una *angustia situacional al vacío,* que es provocada por el acecho de la misma in-consistencia. Junto con el miedo al vacío surge la imperiosa necesidad de evitarlo. En otras palabras, es necesario, para que la estructura mantenga su condición de tal, impedir el encuentro con el vacío que llevaría al advenimiento de la inconsistencia, por lo tanto, a la ruina de lo uno. Es en este sentido, y como correlato del miedo a la inconsistencia, que Badiou afirma que la estructura tiene un segundo cierre, además del de la cuenta, denominado *metaestructura*: "Para impedir la presentación del vacío *es necesario que la estructura esté estructurada*, que el 'hay uno' valga para la cuenta-por-uno. La consistencia de la presentación exige que toda estructura sea *duplicada* por una metaestructura que la cierre a toda fijación del vacío" (Badiou, 1988/2003:112). La estructura cierra en la cuenta, en la *presentación* de los múltiples, es decir de los conjuntos (en términos matemáticos). La metaestructura tiene el dominio de las partes de un múltiple, garantizando de esta manera la *inclusión* y la *representación* de las partes. Es decir, mientras que la estructura o situación garantiza la pertenencia y la presentación de los múltiples, la metaestructura o *Estado* -de la situación- asegura la inclusión y la representación de las partes de dichos múltiples en la cuenta[5].

Ahora bien, Badiou se pregunta ¿cómo es posible exceder el doble cierre de la cuenta? Es decir, ¿es posible no caer bajo alguna de las cuentas de la situación? ¿Es posible estar presentado pero no representado, o a la inversa?, y si es posible ¿qué sucede o qué características tienen los múltiples o sus partes que no se cierran a la cuenta-por-uno? Por tanto, la verdadera amenaza radicaría en que algo se escape no solamente al primer cierre -lugar que determina el vacío de toda situación-, sino que también escape al cerramiento de la segunda cuenta, algo que exceda al conteo del estado de la situación. Es decir, existiría un doble riesgo que la cuenta no consigue asimilar. Puesto que existen "elementos singulares que pertenecen a la situación sin estar documentados como parte de su estado o, puesto al revés, partes inexistentes que están incluidas en el estado sin tener elementos considerados como pertenecientes a su masa" (Bosteels, 2007:122). Como sostiene Badiou: "que haya una parte inexistente hace posible que lo uno, en algún punto, no sea; que la inconsistencia sea la ley del ser; que la esencia de la estructura sea el vacío" (1988/2003:115).

Para aclarar esta situación Badiou distingue tres tipos de múltiples. En primer lugar, existe un múltiple *Normal*, que se ve alcanzado por el doble cierre. Es decir, que está presentado y, por tanto, pertenece a la situación (cierre estructural) y, al mismo tiempo, se encuentra representado y de este modo incluido en la situación (cierre metaestructural). Este múltiple no generaría mayor problema para la situación ya que está doblemente estructurado, es un término-parte de la estructuración. Sin embargo, existen múltiples que, distintos del *normal*, amenazan con trastocar la estructuración de dos maneras diferentes: el *múltiple singular* y el *múltiple genérico*.

Un segundo múltiple, el *singular*, es aquel que está presentado en la situación (primer cierre) pero no está re-presentado, es decir que no ha sido contado por el estado de la situación. Lo que equivale a decir que un múltiple de esta característica *pertenece* a la situación *sin* estar *incluido* en ella. No obstante, para que esto suceda es necesario que alguno de los términos, es decir, de los sub-múltiples de ese múltiple no haya sido contado como término de la situación. Por lo tanto, un múltiple con dicha particularidad no podría ser jamás re-presentado por la situación. Si llevamos al extremo la noción de múltiple *singular*, tendremos un múltiple que, como tal, está

---

[5] Como afirma Bosteels, no es casual que "una operación tal como un censo recurrente será un rasgo característico del Estado moderno. ¿Qué produce en efecto un censo si no la cuenta de la cuenta? El problema no es sólo determinar cuántos ciudadanos pertenecen a una nación, sino también cómo se distribuyen estos en partes de acuerdo con subconjuntos o grupos definidos de distintas formas" (2007:122).

presentado en la situación, pero cuyos términos no están presentados en ella. En consecuencia, ese múltiple está compuesto de múltiples no presentados. Esto quiere decir que desde el punto de vista de la situación "hay *nada*" en ese múltiple, puesto que ninguno de sus términos está contado-por-uno. Badiou llamará *sitio de acontecimiento* a un múltiple de tales características, el cual se encuentra por su propia composición *al borde del vacío*, es decir, es el sitio que es capaz de generar que advenga la inconsistencia, es el sitio de la falla estructural. En efecto, el sitio de acontecimiento es lo que marca la *falla* constitutiva de toda estructura.

El tercer término, la *excrecencia*, es un múltiple existente para el *estado de situación* pero no para la *situación*. La *excrecencia* muestra un término que está representado, incluido pero no presentado, es decir, no pertenece a la situación, mostrando así que el segundo cierre genera un *exceso* con respecto al primero. Es decir, para Badiou el estado de la situación siempre genera, es decir tiene, un exceso respecto a la situación misma. En otras palabras, al contar el *estado de la situación* con partes que no están presentadas en la situación, el cierre metaestructural excede al cierre estructural. Aquello que está representado pero no presentado es lo que Badiou llamará *múltiple genérico*, es decir, un múltiple que sólo se tiene a sí mismo como elemento. A partir de esta configuración de lo múltiple, Badiou prescribe la posibilidad de recuperar, por parte de la filosofía, la noción de Verdad.

Como infiere Palti, el ejemplo máximo de la *excrecencia* que muestra Badiou, es el concepto marxista de *Proletariado*. El proletariado denota "aquella instancia que hace agujero en lo social, que forma parte constitutiva de su ámbito, pero que no se cuenta en él, al mismo tiempo inmanente y trascendente a ese orden" (2005:176). O como afirma Badiou (1982/2009), el gesto de Marx fue el de dar el nombre de proletariado a aquello que se encontraba ausente como tal, otorgándole de este modo la posibilidad de constituirse como colectivo y de adquirir una identidad. De este modo, el proletariado, para Badiou, nunca puede ser pensado no-situado, es decir, no podría *ser* más allá de la estructura, aunque tampoco puede ser considerado ya como un mero efecto estructural. El proletariado muestra, en un momento histórico particular, un quiebre con la estructura.

Badiou intenta hacer jugar, a partir de aquí, a la teoría marxista dentro de sus propios enunciados, para mostrar las diferencias en el análisis del Estado. Señala que el dispositivo conceptual marxista, al igual que el suyo propio, concibe al Estado relacionado directamente con los sub-múltiples de la situación. El marxismo entiende que el Estado no es el que garantiza, originariamente, la "cuenta-por-uno de lo múltiple de los individuos, sino de lo múltiple de las clases de individuos" (Badiou, 1988/2003:124). Para Badiou, en el pensamiento de Marx, la burguesía no se presenta a través del

Estado, sino a través del primer cierre estructural como la clase poseedora de los medios de producción y del capital, es decir a través del régimen de propiedad privada. Sin embargo, la tradición marxista considera, en términos generales, que el Estado *es* el estado de la clase dominante, algo inconcebible para la reformulación teórica de Badiou, para la cual el Estado: "sólo ejerce su dominación según una ley que hace-uno de las partes de la situación y su función es calificar una por una todas las composiciones de composiciones de múltiples, cuya consistencia general queda asegurada (…) por la situación" (Badiou, 1988/2003:124).

La noción de Estado como el *estado de la clase dominante* sólo tiene sentido si hace referencia a este efecto-de-uno, mas no si se refiere a que el Estado es un instrumento que una clase *posee*. El Estado no puede ser un instrumento de clase dado que la clase (el múltiple) adquiere consistencia como subconjunto una vez que sufre la torsión del cierre. En efecto, para Badiou, el marxismo entiende que el cierre originario de la burguesía no estaría dado en el Estado, sino en la estructura (económica). Es decir, en términos de Badiou, la burguesía representaría a un múltiple *normal,* aquel múltiple que se halla presentado y re-presentado. El problema comenzaría en el punto en el cual el marxismo entiende que la clase burguesa *posee* el dominio del aparato estatal. De este modo, el Estado sería entendido como algo que puede ser poseído, dejando de ser la metaestructura, como segundo cierre de la cuenta-por-uno. Es decir, Badiou se aleja del marxismo, a partir de que este último considera al Estado como una *excrecencia*, y no como un segundo cierre ontológicamente constitutivo de lo social. Pensar al Estado como excrecencia, es lo que lleva para Badiou a la tradición marxista a confeccionar una teoría que comprenda un programa político de supresión revolucionaria del Estado.

Concebir de esta manera el Estado, y a la clase burguesa, supone que la teoría marxista considera al proletariado como un múltiple *singular,* ya que está presentado (está incluido en la estructura económica) pero no representado (dada su condición de dominado); mientras que, como vimos, para Badiou el proletariado constituiría la *excrecencia*. Es decir, el marxismo piensa a la *clase obrera*, y a su proyecto, desde una determinación estructural, mientras que para Badiou la estructura no determina proyecto político alguno, sino que la posibilidad política del proletariado estará dada, precisamente, desde el lugar vacío de la estructuración.

Para el marxismo entonces, afirma Badiou, sólo bastaría que la singularidad devenga universal a través de la toma del Estado, es decir, eliminando la *excrecencia,* y terminando, de este modo, con la lucha antagónica entre lo normal (la clase burguesa) y lo singular (el proletariado). Por tanto, para Badiou el marxismo se equivoca al pensar a la política como el asalto del Estado porque el lugar que ocupa este, en un momento de cambio político, es bien distinto: "el camino de la radicalidad justiciera, si bien mantiene al Estado en las inmediaciones de su recorrido, no puede de ninguna manera desplegarse a partir de él, ya que el Estado (…) no es político. Por esto no podría cambiar, a no ser de manos" (Badiou, 1988/2003:129/130).

En *La lógica de los mundos. El ser y el acontecimiento 2* (2006), Badiou sostiene que el doble cierre de la cuenta-por-uno será denominado *mundo* cuando se analicen ya no las categorías desde un plano ontológico sino desde una lógica del aparecer. Por tanto, el mundo hará referencia a un sitio local de identificación de los entes. De este modo, la lógica de los mundos supondrá un operador de cerramiento a través de lo que Badiou denomina *indexación trascendental*. Esta supone que los entes, contados de un mundo, tienen "un valor de aparición indexado en el trascendental de ese mundo, que es una estructura de orden" (Badiou, 2006/2008:149). Es decir, el fin de la lógica de los mundos, es el de totalizar las partes que lo componen. Pero, como vimos, todo mundo es ontológicamente *infinito*: puesto que cuando se pasa del múltiple a sus partes, se genera un exceso inasible de ser contado por la situación. O como afirma Badiou: "como el Absoluto hegeliano, un mundo es el despliegue de su propia infinidad. Pero, contrariamente a ese Absoluto, no puede construir en interioridad la medida, o el concepto, del infinito que él es" (2006/2008:344). Esta imposibilidad es lo que asegura que un mundo esté *clausurado* desde su propia óptica, puesto que este exceso no es representable desde el interior y se distingue como un Todo (cerrado). Esta es la propiedad paradójica de la ontología de los mundos, signada por una clausura operatoria y una apertura inmanente: "todo mundo está afectado por una clausura inaccesible" (Badiou, 2006/2008:344).

El *estado de la situación*, es decir el cierre *metaestructural*, al pasar de la ontología a la lógica será comprendido como un concepto histórico social. De este modo, los distintos Estados nacionales representan, para Badiou, una forma histórica que permite distinguir el doble cierre de lo Uno. El Estado es el *estado de la situación* histórico social. En este mismo sentido, el parlamentarismo se ha convertido históricamente en el régimen de lo Uno desde el derrumbe de los Estados del este: "Políticamente, nos hallamos bajo el régimen de lo Uno y no bajo el régimen de lo múltiple. El parlamentarismo capitalista es tendencialmente el único modo de [lo político]" (Badiou, apud Marchart, 2009:152). Los Estados parlamentarios son, coyunturalmente, entendidos por Badiou como la muestra de que lo Uno ha triunfado sobre lo múltiple. Es decir, este *estado de la situación* parlamentario y capitalista define cómo los subconjuntos, o partes, son ordenados dentro de la situación. El *mundo* actual -*materialismo democrático*- se caracteriza por ser un *mundo átono*, en apariencia estable por el trascendental que lo ordena: *no hay más que cuerpos y lenguajes*. Este axioma, muestra que por un lado, "el cuerpo es la única instancia concreta de los individuos productivos que aspiran al goce" y, por el otro, que la ley absorbe las diferencias, puesto que supone la igualdad jurídica de la pluralidad de lenguajes (Badiou, 2006/2008:18).

Para Badiou, si bien el marxismo pudo distinguir que hay un doble cierre de la estructuración, no pudo pensar el lugar abierto y vacío de toda totalización social. Es decir, el marxismo no ha podido pensar a lo social como fallido, no ha podido localizar el *sitio vacío,* el *sitio de acontecimiento,* toda vez que le ha otorgado a la economía un lugar determinante. Y como vimos, la economía es, en términos de Badiou, el primer cierre de la cuenta de la *situación estructurada.* El Estado, por tanto, no muestra antagonismo algo, pero entonces: ¿cuál es la condición de posibilidad de una transformación de la estructura? Para comenzar a indagar sobre esta pregunta, Badiou, retoma su argumento sobre la crisis del marxismo. La dialéctica del no-todo, encuentra su condición de posibilidad en la presentación de un cuarto término: el acontecimiento, que a partir de la localización de su *sitio* -aquel lugar vacío para la estructuración- adviene forzando el devenir de una verdad[6]: "Para que las verdades (…) suplementen a los mundos (…) necesitamos una causa evanescente, que es exactamente lo contrario del Todo: un esplendor abolido, al que denominamos el acontecimiento" (Badiou, 2006/2008:168).

I. 2. *De lo singular como acontecimiento.*
De lo genérico como verdad

Volvamos sobre la preocupación inicial de Badiou: cómo surge *lo nuevo* en una situación estructurada. Para responder a esta pregunta entramos en el campo de la tercera forma de la temporalidad que presenta la obra de Badiou: el acontecimiento, el advenimiento de la singularidad. De este modo, esa causa evanescente (que marca la no posibilidad del todo) que denomina acontecimiento -como categoría del cambio o de la singularidad- no puede ser ni ontológica, ni lógica. La irrupción acontecimental muestra que "ni en el orden de la matemática, o pensamiento del ser en tanto ser, ni en el de la lógica, pensamiento del ser-ahí o del aparecer, se encuentra con qué identificar al cambio" (Badiou, 2006/2008:397).

El acontecimiento es, entonces, la única verdadera posibilidad de ruptura respecto a una situación estructurada o *mundo.* Éste (pre)supone el

---

[6] De este modo, para Badiou, ya no se puede pensar la historia en términos de necesidad. La posibilidad de cambio, de transformación de lo existente no es más que la irrupción de *lo singular,* que genera una ruptura de la cuenta, de la estructura, y que habilita la posibilidad de un exceso. No obstante, esto puede suceder o no, ese es su carácter contingente.

advenimiento mismo del vacío, de la nada de la situación. Por tanto, es preciso comprender cómo el acontecimiento surge de aquel lugar que es situado como nada por la situación estructurada. Es decir, cómo es que la negatividad está presente desde el comienzo, *antes* de que advenga un acontecimiento: "Ningún acontecimiento es posible sin ella, sin lo que Badiou llama 'sitio de acontecimiento'" (Stavrakakis, 2010:176). El sitio de acontecimiento demarca el lugar vacío de toda estructura, que podría devenir en acontecimiento-ruptura de una lógica trascendental mundana.

El sitio presupone entonces que la estructuración de la situación se presenta a partir de esta vinculación con el acontecimiento como posibilidad. Más aun, que haya un sitio supone que *acontecimiento* y *estructura* presentan un vínculo irresoluble. El *sitio de acontecimiento* se encuentra, de este modo, al *borde del vacío, es fundador.* El *borde del vacío* significa que desde el punto de vista de la situación es un múltiple que sólo está compuesto de múltiples no presentados, es decir que no existen para la situación aunque él se encuentre en la misma. Por tanto, como afirma Bosteels, parecería que "un acontecimiento no es pura novedad e insurrección, sino que es tributario de una situación por medio de su sitio específico" (2007:150). Si el acontecimiento supone una ruptura de una situación, lo es en parte porque su sitio es el lugar vacío de esa situación particular. Es decir, para que el acontecimiento verdaderamente suplemente a la estructuración, un *forzamiento* de esa estructura debe ser realizado. Así, mientras que el *sitio de acontecimiento* es el sitio contingentemente necesario de la estructura, el acontecimiento depende de que un forzamiento suceda para que un cambio verdaderamente acontezca a partir de la decisión de un sujeto, que surge en el mismo momento en que fuerza el vacío de una situación. Además, no toda irrupción acontecimental supone la fractura del cuenta-por-uno. El acontecimiento no es inmune a ser *contado* por la situación, es decir, a ser *normalizado.* Como afirma Badiou, el acontecimiento es un término evanescente, puesto que se presenta tan sólo para desaparecer. El problema radica entonces en registrar sus consecuencias en el aparecer[7].

Para Badiou, ya no es posible pensar un múltiple acontecimental si no es situado, es decir, *en* situación. Dirá, por tanto, que el *sitio de acontecimiento* es siempre local; con ello lo que quiere señalar -mientras intenta al mismo tiempo alejarse de- es la noción de historia moderna y particularmente el sentido marxista de la historia:

---

[7] Al respecto Badiou hace referencia a la "Comuna de parís" como un caso ejemplar: "En efecto, lo que cuenta no sólo es la intensidad excepcional de su surgimiento –el hecho de que se trata de un episodio violento y creador del aparecer– sino también lo que, en la duración, ese surgimiento, a pesar de haber desaparecido, dispone como gloriosas e inciertas consecuencias" (2006/2008:396).

> "Se trataba de refutar la concepción marxista vulgar sobre el sentido de la Historia (…) vuelvo a encontrar esa idea bajo la forma siguiente: hay sitios de acontecimiento en situación, pero no situación de acontecimiento. Podemos pensar la *historicidad* de ciertos múltiples, pero no *una* Historia. (…) Toda acción transformadora radical se origina *en un punto*, que es, en el interior de una situación, un sitio de acontecimiento". (Badiou, 1988/2003:199)

El *sitio de acontecimiento* está ligado, entonces, por su misma definición, a un *lugar*, a un punto en la situación, aunque de algún modo la exceda, ya que se encuentra al *borde del vacío*. En otras palabras, todo acontecimiento tiene un punto singularizable en una situación histórica; la existencia de este sitio, es la condición de posibilidad de la historicidad. Pero también el acontecimiento es un momento dislocador y disruptivo:

> "El acontecimiento es Ultra-Uno porque, además de interponerse entre el vacío y el propio acontecimiento, es donde se funda la máxima hay dos. El Dos así aludido no es la reduplicación del Uno de la cuenta, la reduplicación de los efectos de ley. Es un Dos originario, un intervalo en suspenso, el efecto escindido de una decisión". (Badiou, 1988/2003:231)

Esto nos conduce a realizar dos aclaraciones. Por un lado, que la lógica de un mundo no es invariante -aunque esto no supone la posibilidad real de un cambio-, puesto que Badiou no desconoce que, si "un mundo es todo lo que tiene lugar", las *modificaciones* que se suscitan en él son parte de la propia lógica de ese mundo: "Llamaremos 'modificación' al aparecer reglado de las variaciones intensivas que un trascendental autoriza en el mundo del que es el trascendental. La modificación no es el cambio. O no es más que su absorción trascendental, la parte de devenir constitutiva de todo ser-ahí" (Badiou, 2006/2008:399-400). Por el otro, nos lleva a diferenciar al sitio lógica y ontológicamente; como veíamos es en el lugar del *sitio* (evanescente) desde donde es posible pensar la posibilidad del cambio, en palabras de Badiou:

> 1) "Un sitio es una multiplicidad reflexiva, que se pertenece a sí misma y transgrede, así, las leyes del ser".
> 2) "Un sitio es la revelación instantánea del vacío que habita las multiplicidades, por la anulación transitoria que opera de la distancia entre el ser y el ser-ahí".
> 3) "Un sitio es una figura ontológica del instante: no aparece sino para desaparecer". (Badiou, 2006/2008:409)

Pero el sitio también debe ser entendido desde un despliegue lógico o mundano, a partir de sus *consecuencias*. Puesto que, si el sitio es ontológicamente una figura del instante, su impacto verdadero como cambio o ruptura, pude ser medido sólo desde sus consecuencias. En este sentido, un sitio puede ser ontológicamente asimilable con la singularidad, más no serlo lógicamente si su aparecer no irrumpe con su capacidad máxima de cambio. Pero si la singularidad es conducida hasta sus máximas consecuencias deviene *acontecimental*: "es un sitio cuya intensidad de existencia es máxima" (Badiou, 2006/2008:413). Así, el acontecimiento es una singularidad que conduce hasta el máximo sus consecuencias, presentando un inexistente del mundo del que es acontecimiento.

En su libro *El ser y el acontecimiento*, la posibilidad de medir las consecuencias máximas de un acontecimiento se relaciona con el forzamiento de un sujeto que, a partir de un acto de decisión, nombra una verdad que transciende las lógicas de la cuenta. El lugar que se abre al *nombrar* un *acontecimiento* no es más que el lugar de una *verdad*. Ella es en definitiva lo que trasciende la norma, haciendo un agujero en el *saber de la situación que cuenta-por-uno*. El *saber* ignora al acontecimiento por tener este último un nombre supernumerario que no pertenece al lenguaje de la situación. Precisamente el lenguaje de la situación es el contenido del propio *saber*. Verdad y acontecimiento se contraponen al saber. Por tanto, el acontecimiento esta *forcluido* al saber, dado que este último: "es el régimen de la relación con el ser en circunstancias en que no está a la orden del día una nueva fundación temporal, y en que las diagonales de fidelidad han llegado a un deterioro tal que ya no pueden creer demasiado en el acontecimiento que profetizan" (Badiou, 1988/2003:327).

La *verdad*, será, en términos de Badiou, ese *múltiple Genérico* que adviene a través de la nominación acontecimental. Es aquello indiscernible, que no precisa de ningún *saber*. Es decir, lo *genérico* es para la teoría badioudiana aquello que no se puede discernir por la situación. Al decir de Badiou, "lo 'Genérico' pone en evidencia la fundación de verdad de lo indiscernible (…) una verdad es siempre lo que agujerea el saber" (1988/2003:363). Lo *genérico* de una verdad, es lo que posibilita el advenimiento de lo universal, en la medida en que aquella verdad es "para todos" y "sin excepción". Por tanto, lo verdadero es lo universal: "No hay Uno sino para todos, y procede, no de la ley, sino del acontecimiento" (Badiou, 1997/1999:88). La verdad es un proceso que rompe con el trascendental que rige una situación (en el caso actual el estado parlamentarista y democrático y las lógicas económicas del capital). Es decir si la verdad "interrumpe la repetición, y no puede en la permanencia abstracta de una unidad de cuenta (…), ninguna verdad puede, por consiguiente, apoyarse en la expansión homogénea del capital" (Badiou, 1997/1999:12).

Badiou afirma que es preciso que la filosofía pueda continuar pensando la *universalidad*, puesto que luego de la caída de los *socialismos realmente existentes*, la misma ha quedado desdibujada en la *globalización mercantil capitalista*. Los procesos que han pretendido ser emancipatorios en esta etapa, lo han hecho en repudio a la *universalización* y *uniformidad* capitalista mundial, y en favor de los particularismos y de los nacionalismos, "que no tienen otro objetivo que afirmar su propia diferencia" (Badiou, 2000:3). Por tanto, sostiene Badiou, un proceso de verdad no puede anclarse en lo identitario como particularidad, dado que si toda verdad surge a partir de la singularidad acontecimental, "su singularidad es inmediatamente universalizable" (Badiou, 1997/1999:12). Así, la filosofía tiene que declarar a la vez, la validez de lo singular y de lo universalidad, dado el carácter abstracto y mundial del mercado capitalista: "por un lado, se debe sostener la singularidad de las creaciones –y, en consecuencia, la singularidad de los acontecimientos– pero, por otro lado, es preciso mantener que toda verdad es universal, y luchar contra el enclaustramiento en comunidades cerradas" (Badiou, 2000:4).

De este modo, la teoría badioudiana presenta una relación fundamental entre *lo particular, lo singular* y *lo universal*. Es decir, en una situación *particular*, un acontecimiento sucede en el despliegue *singular* de sus máximas consecuencias, y por tanto un sujeto al *nominar* abre un proceso de verdad, que es genérico, que deviene *universal*. Como sostiene Badiou:

> "Uno de los problemas más complejos, que se incluyen en *El ser y el acontecimiento*, es que la singularidad va a estar del lado del acontecimiento. Es el propio acontecimiento el que va a ser la marca de lo singular. Lo universal va a estar del lado de lo genérico, del lado del hecho de que el devenir de todo esto atraviesa la particularidad y está dentro de la particularidad, pero de una manera que se sustrae de ella y no se identifica con ella, pese a que sea su materia". (Badiou, 2000:6)

La nominación subjetiva de una verdad, es decir de un procedimiento genérico, es aquello que da curso universal a las consecuencias acontecimentales, pero también es aquello que podría conducir a la *normalización* y *particularización* de la posibilidad de la ruptura. Es decir, la nominación pone en peligro al acontecimiento si no opera el *conector de fidelidad. La fidelidad* del acontecimiento no depende en ningún sentido del saber, ella, lejos de ser *sapiente*, es un trabajo militante, que se constituye a partir de una *decisión* y la posterior apuesta afirmativa de esa decisión. De esta manera, lo verdadero se encuentra siempre vinculado al principio de *fidelidad*, ligado al despliegue de las consecuencias acontecimentales[8].

Una verdad es producida en un tiempo empírico mensurable, o contado, es decir, que supone una irreductible insistencia de su aparecer, donde ella "toma un lugar entre los objetos de un mundo" (Badiou, 2006/2008:55). Pero, por otro lado, una verdad (un proceso de verdad) es siempre eterna e infinita, "por el hecho de que en todo otro punto del tiempo (...) sigue siendo íntegramente inteligible que ella constituye una excepción" (Badiou, 2006/2008:51). Sin embargo, que una verdad sea infinita no habilita que un punto *local* de esa verdad, también lo sea. En otras palabras, una *verdad* es infinita pero el *sujeto* de esta verdad es el despliegue finito de las consecuencias del acontecimiento. La verdad no depende, afirma Badiou, del despliegue de la historia, sino del surgimiento singular de un acontecimiento. El error del marxismo radica, precisamente, en haber ligado necesariamente el proceso de una verdad al desarrollo ulterior de la historia:

> "La verdad era desplegada históricamente, a partir de acontecimientos revolucionarios, por la clase obrera (...) no impedía que el saber (y, paradoja, el

---

[8] La fidelidad es un concepto ético, es *una ética de las verdades*. La ética supone una apuesta por no ceder, por parte del sujeto, frente al acontecimiento que ha posibilitado el surgimiento de la verdad. Puesto que, tres *males* acechan todo procedimiento de verdad: El primer mal, es denominado como simulacro o terror, y supone que un acontecimiento convoca no al vacío sino al pleno de la situación anterior: "El 'acontecimiento' hace advenir al ser, nombra, no el vacío de la situación anterior, sino su completud. No la universalidad de lo que no se sostiene (...) en ningún múltiple particular, sino la particularidad absoluta de una comunidad, ella misma enraizada en los rasgos de la tierra, la sangre, la raza" (Badiou, 1993/1994:32). Este es para Badiou el caso del nazismo, donde "la fidelidad a un simulacro (...) regla su ruptura (...) sobre la particularidad cerrada de un conjunto abstracto -los 'Alemanes' o los 'Arios'" (Badiou, 1993/1994:32). El segundo mal, es el mal como traición que supone un decaer de la fidelidad: "Se trata aquí de los que se pueden llamar los momentos de crisis. No hay en sí 'crisis' de un proceso de verdad. Iniciado por un acontecimiento, se despliega rectamente al infinito. De lo que puede haber crisis es de uno o varios 'alguien' que entran en la composición del sujeto inducido por este proceso. Todo el mundo conoce los momentos de crisis de un amante, de desaliento de un investigador, de desánimo de un militante, de esterilidad de un artista" (Badiou, 1993/1994:34). El último, es el mal como desastre que supone indicar una verdad con una potencia total: "Toda absolutización de la potencia de una verdad organiza un Mal. No solamente este Mal es destrucción en la situación [porque la vocación de aniquilar la opinión en el fondo es idéntica a la vocación de aniquilar, en el animal humano, su animalidad misma, o sea su ser], sino que, finalmente, también es interrupción del proceso de verdad en cuyo nombre se efectúa, al no preservar en la composición de su sujeto, la duplicidad de los intereses [interés-desinteresado e interés a secas]. Es la razón por la cual llamamos a esta figura del Mal un desastre, desastre de la verdad, inducido por la absolutización de su potencia" (Badiou, 1993/1994:38). En el lugar del *desastre*, Badiou analiza la experiencia de los *socialismos realmente existentes*, que pretendieron finalmente, al igual que las lógicas universalistas del capital, construir "otro proyecto universal (...) descarriado y sangriento" (Badiou, 1997/1999:8) (Al respecto consultar *De un desastre oscuro: Sobre el fin de la historia del estado*, Badiou, 2006).

saber marxista mismo) pudiera siempre considerar que 'los obreros' caían bajo un determinante enciclopédico (sociológico, económico, etc.), que el acontecimiento no tenía nada que ver con ese siempre-ya-contado, y que la pretendida verdad no era más que una veracidad sometida al lenguaje de la situación". (Badiou, 1988/2003:370/371)

Por lo tanto, para Badiou, un procedimiento de fidelidad es *una verdad* que determina el término Genérico. En efecto, lo genérico supone que *nada* de él se encuentra sojuzgado bajo un determinante enciclopédico. La verdad no es más que un resultado de un procedimiento acontecimental. La verdad no es un juicio, sino una *apuesta,* una producción, una creación. El momento acontecimental conlleva consigo que estas verdades –que primeramente no eran más que una parte, por lo tanto, una excrecencia en la situación–, se conviertan en pura presentación. Este recorrido se puede dar gracias al *procedimiento fiel genérico:*

> "Una verdad forzaría a la situación a disponer de manera tal que esa verdad, en un principio contada por uno de manera anónima únicamente por el estado, puro exceso indistinto sobre los múltiples presentados, sea finalmente reconocida como un término (…) Un procedimiento fiel genérico hace inmanente lo indiscernible". (Badiou, 1988/2003:380)

La verdad presenta, en el pensamiento de Badiou, una relación irresoluble entre contingencia y necesidad. Es contingente, ya que surge como resultado de una acontecimentalidad desplegada localmente que puede surgir como no hacerlo. Es necesaria, en tanto sólo existen cuatro tipos de *verdades genéricas*: el amor, el arte, la ciencia y la política. Estas son para Badiou las cuatro condiciones de la filosofía, las cuales son *invariables:*

> "Las condiciones de la filosofía son transversales, se trata de procedimientos uniformes, reconocibles a distancia, y cuya relación con el pensamiento es relativamente invariable. El *nombre* de esta invariación es evidente: se trata del nombre 'verdad'. Los procedimientos que condicionan a la filosofía son los procedimientos de verdad". (Badiou, 1989/2007:13)

Acordamos con Žižek cuando afirma que Badiou, en este punto introduce una tensión entre la necesidad de una situación particular y la emergencia contingente de la verdad pos-acontecimiento: "Para Badiou, (…) la necesidad es una categoría de la veracidad, del orden del ser-de-lo-uno, mientras que la verdad es intrínsecamente contingente, puede aparecer o no" (Žižek, 1999/2001:196). Las cuatro condiciones de la filosofía son designadas como *procedimientos genéricos*. Esto quiere decir que sólo se puede hablar de cuatro verdades. Es decir, sólo existen formas de la verdad: amorosas, artísticas, científicas y políticas. Estos procedimientos genéricos se distinguen de la acumulación de saberes de la situación por ser su origen el acontecimiento.

Para que advenga una *verdad amorosa* es preciso que su acontecimiento sea un encuentro que tenga como vínculo *el amor*. Este tipo de verdad es una verdad individual, ya que interesa solamente a lxs involucradxs. Las verdades artísticas y científicas, serán denominadas por Badiou como *situaciones mixtas*, en el sentido de que si bien el primer impulso es individual, los efectos conciernen a lo colectivo. Al decir de Badiou, la ciencia y el arte "constituyen redes de procedimientos fieles, cuyos acontecimientos son las grandes mutaciones estéticas y conceptuales (…), su producción infinita es indiscernible" (Badiou, 1988/2003:377). Por lo tanto no hay *saber* ni del arte, ni de la ciencia en tanto procedimientos genéricos de ruptura.

El último y más importante de ellos, que profundizaremos más adelante, es la política misma. Ella, como verdad, es un procedimiento de fidelidad que es siempre *colectivo*. Los acontecimientos de las verdades políticas son aquéllos que marcan un quiebre en la historia, convocando permanentemente al *vacío de lo social*:

> "Sus operaciones son variables, sus producciones infinitas son indiscernibles (en particular, no coinciden con *ninguna parte nombrable según el Estado*), no siendo más que cambios de la subjetividad política de la situación y sus indagaciones son la actividad militante organizada". (Badiou, 1988/2003:378)

En definitiva, para que advenga un procedimiento de verdad en una situación, es necesario que un acontecimiento suplemente a la situación. La nominación y las consecuencias del acontecimiento no son discernibles para la situación, ya que ponen en juego un nombre-de-más (un exceso), es decir un no existente para la situación estructurada. De este modo *el arte, el amor, la ciencia, y la política* "cambian el mundo, no por lo que disciernen en él, sino por lo que indisciernen. Y la omnipresencia de una verdad no consiste en sino cambiar lo que es" (Badiou, 1988/2003:380). Entonces, la tarea misma de la filosofía es disponer un lugar de las verdades, no establecer ninguna verdad. En consecuencia, la filosofía debe, proponer un espacio conceptual "donde encuentren su lugar las nominaciones de acontecimientos que sirvan de punto a los procedimientos de verdad" (Badiou, 1989/2007:17).

El acontecimiento es, en conclusión, un *dos* en un doble sentido. Por un lado, el acontecimiento no puede ser reconocido, ni discernido por la situación de la que emerge. Por tanto, un acontecimiento es el advenimiento del dos a partir de una decisión subjetiva que genera un procedimiento de verdad. Este procedimiento genera una separación *de* y *contra* la situación, posibilitando la apertura de una brecha radical en la estructura. Por el otro, el acontecimiento se encuentra *localizado* dentro de una situación a partir de su *sitio,* cuyos elementos son indiscernibles para ella: "pero en la medida que su advenimiento es declarado y sostenido por los sujetos que constituyen su despertar, este acontecimiento ocurre oportunamente como algo que puede ser identificado a través de un nombre propio" (Hallward, 2010:131). Por tanto, para que el sitio de acontecimiento y el acontecimiento posterior que produce el advenimiento genérico de una verdad sucedan es necesario de un tercer término: el sujeto, que es a su vez un resultado acontecimental.

I. 3. *La temporalidad acontecimental.*
Sujetos de la verdad

Para Badiou no hay *sujeto* anterior a un acontecimiento, sólo hay un *animal parlante* que es convocado por las circunstancias -acontecimentales- para devenir *sujeto.* Las *circunstancias* se generan por la dislocación de la estructura a causa de un acontecimiento, produciéndose así el advenimiento de una verdad que suplementa la situación. Se debe suponer entonces que aquello que convoca al advenimiento subjetivo es un *plus,* el cual es producto de una *nominación* indecidible para la situación: "Decimos que un sujeto, que sobrepasa al animal (pero el animal es su único soporte) exige que algo haya pasado, algo irreducible a su inscripción ordinaria en 'lo que hay'" (Badiou, 1993/1994:19). O bien, para decirlo en los términos de *La Lógica de los Mundos,* aquel acontecimiento que afecta a *un* mundo, tiene siempre por efecto el transmutar localmente la forma de organización trascendental de ese mundo, y este efecto lo vemos a través de las consecuencias que el acontecimiento produce[9]. En efecto, podríamos decir que ese acto, que supone una modificación en las condiciones del aparecer, altera la *objetividad* del mundo. Devenir sujeto es, precisamente, tener "por condición que la lógica del objeto sea perturbada" (Badiou, 2006/2008:251).

El sujeto, tal como lo entiende Badiou, es una configuración local *finita* de un procedimiento genérico, es un conjunto finito de indagaciones. Más aún, *sujeto* es el que efectúa un indiscernible, quien fuerza una *decisión,* la cual lleva consigo que el mismo se relacione con la situación desde la ruptura, desde el punto de un suplemento acontecimental. En consecuencia, para Badiou, el proceso de subjetivación sólo ocurre si se decide mantener una fidelidad acontecimental respecto del mundo reglado. Esto quiere decir que el sujeto

---

[9] Siguiendo a Bosteels (2007) podríamos decir que si en El ser y el acontecimiento el gesto de fidelidad subjetiva a un acontecimiento radica en nombrarlo, en La Lógica de los Mundos, el énfasis de la potencialidad subjetiva no está puesto tanto en el acto de nombrar, sino en la fidelidad a las consecuencias acontecimentales.

de la teoría badioudiana no es pensado como *sustancia*. Éste no constituye la organización de un *sentido* de la experiencia, no tiene una función trascendental. Por tanto, si bien el sujeto surge en una estructura particular, no es mero efecto de ella. Para que haya sujeto, un *exceso de la situación* tiene que haber sucedido. De este modo, el sujeto no es resultado así como tampoco es origen de la estructura. Parafraseando a Badiou, el sujeto es *raro* por el hecho de que el procedimiento genérico es una diagonal de la situación. En definitiva, el sujeto de una verdad no es más que la fidelidad militante a una *ruptura inmanente* y el proceso de subjetivación es la emergencia de *un operador de conexión fiel*. Como sostiene Badiou en su pensamiento hay una apuesta por construir una *teoría del sujeto*:

> "Esta teoría del sujeto, que no se deduce de la teoría de las estructuras, plantea la idea de que todo sujeto es algo que surge. Surge en una estructura, atraviesa una estructura, pero no es un efecto de ella. Entonces para comprender el sujeto se debe pensar la estructura, pero también se debe pensar otra cosa –y más– que la estructura: una especie de suplemento que surge al azar y al cual yo le doy el nombre de acontecimiento. Entonces, de una manera muy abstracta, podemos definir a un sujeto como una fidelidad, en la situación, a un acontecimiento. El sujeto es, por lo tanto, una operación compleja que supone la estructura de la situación, pero que también supone una ruptura en esa estructura. Como si sólo hubiera sujeto donde hay un defecto de la estructura. Esta teoría del sujeto permite dar cuenta de fenómenos de creación y de novedad, y, en este sentido, todo sujeto es una novedad". (Badiou, 2000:2)

En consecuencia, *sujeto* es lo que liga el acontecimiento como *intervención* y el *procedimiento de fidelidad* como *operador de conexión* de un acontecimiento. Sólo hay sujeto si se es fiel al acontecimiento-verdad del que es parte. En este sentido, si para Badiou, sólo hay sujeto en tanto hay fidelidad a una verdad, sólo es posible que la subjetividad sea amorosa, artística, científica y política. Lo que equivale a decir que hay sujeto individual en tanto hay amor, sujeto mixto en tanto hay arte o ciencia y sujeto colectivo en tanto hay política. El sujeto es *contingente* al igual que la verdad que lo subjetiviza. No obstante, solo una verdad es infinita, pero al sujeto no le es coextensivo. Este es puramente local y finito. De esta manera, el proceso de subjetivación es el que hace posible una verdad, a la vez que la verdad es la condición de posibilidad del sujeto.

El sujeto es, entonces, esa misma temporalidad, o como dice Palti (2005) es la acontecimentalidad desplegada. Es también, el que establece una conexión con el exceso, invocando a una verdad a la que presupone, y con el vacío, como *sitio de acontecimiento* que marca la falla de toda cuenta. El sujeto es un *evaluador local* de una verdad infinita, a la vez que es un militante de ella y de su fidelidad. La *militancia* del sujeto "no es sino una apuesta

al encuentro azaroso de una intervención con un sitio de acontecimiento"
(Palti, 2005:179). Badiou recupera aquí la concepción lacaniana para la cual
un sujeto tiene el estatus de ser un intervalo entre dos significantes. De este
modo, el sujeto es lo que un acontecimiento (localización del sitio) es para
otro acontecimiento (advenimiento genérico de una verdad)[10].

Ahora bien, como agrega Badiou en *La lógica de los mundos*, un sujeto es
compuesto siempre por un *cuerpo*, que no es más que aquello que soporta
la forma subjetiva, confiriéndole así, al surgir de una verdad en un mundo
dado, "el estatuto fenoménico de su objetividad" (2006/2008:54). En otros
términos, si un *cuerpo* se muestra capaz de producir efectos que excedan a
la situación, "y tales efectos se llaman verdades, se dirá de ese cuerpo que
está subjetivado" (Badiou, 2006/2008:64). Pero ese proceso de subjetivación
"abre un espacio (…) configurado por la interacción compleja entre la figura
de la fidelidad y sus contrapartes oscuras o reactivas" (Bosteels, 2007:142).
De ahí Badiou tipifica cuatro *destinaciones* de la posibilidad subjetiva[11]. La
primera, es la forma del *sujeto fiel* –que posibilita un cambio emancipatorio
con respecto a un mundo dado– denominada *producción*; la segunda, es la
negación, correspondiente a un *sujeto reactivo* al acontecimiento; la tercera,
es la *ocultación*, producto de un sujeto oscuro; y la cuarta es la *resurrección*
de las consecuencias acontecimentales[12]. De este modo, si como refiere en *La
ética*, las posibilidades del *mal* radican en la forma de la nominación acontecimental –como simulacro, traición y desastre–, ahora estas formas asumen
distintos cuerpos subjetivos como respuestas frente al advenir de un acontecimiento. El sujeto fiel y la resurrección, podrían caer en el *mal* como *traición*,
al no continuar siendo fieles al acontecimiento y sus consecuencias. El *sujeto
reactivo* supone el *mal* como *simulacro*, y el *sujeto oscuro* el mal como *desastre*.

La *resurrección*, que es el último término, supone la vuelta de una verdad, que había quedado sin producir todos sus efectos. En este sentido, la
resurrección soporta los contenidos del sujeto-fiel, al mostrar que, si bien un
acontecimiento es siempre un comienzo -puesto que es una ruptura frente

---

[10] Al respecto consultar Bosteels, 2007, Stravrakakis, 2010, y Lacan, *Seminario 17. El reverso del
psicoanálisis* (1969/1970).

[11] Como sostiene Badiou: "Llamamos *destinación* de una figura subjetiva a esta operación
sintética en que el sujeto se revela contemporáneo del presente acontecimental sin tener que
incorporarse, necesariamente, a él" (2006/2008:81).

[12] El *sujeto-fiel* -y por tanto, la resurrección- se presenta, sostiene Badiou, bajo la fórmula:
$(\varepsilon/\cancel{c}) \Rightarrow \pi$, ε (acontecimiento); | (subordinación); $\cancel{c}$ (cuerpo tachado); $\Rightarrow$ (consecuencias); π
(presente). De este modo, el sujeto fiel es la fórmula por entera, que supone que un cuerpo
dividido, tachado ($\cancel{c}$) deviene debajo de la barra como el inconsistente activo de la huella de
un acontecimiento (ε), que explorando las consecuencias ($\Rightarrow$) de lo ocurrido genera un nuevo
presente (π), exponiendo así una verdad. La producción del sujeto, muestra que "fiel a ε, y, por
lo tanto, a ese acontecimiento desvanecido del que ε es la huella, la obra de esa fidelidad es el
nuevo presente que recibe, punto por punto, la nueva verdad" (Badiou, 2006/2008:72).

a una situación-, solamente como recomienzo se produce la verdad de ese acontecimiento. Por tanto, la apuesta ética de un sujeto-fiel es siempre un *recomenzar* de la política emancipatoria.

Las otras dos formas de destinación subjetiva (la *negación* y la *ocultación*) si bien no forman parte del despliegue de las consecuencias acontecimentales, se encuentran vinculadas a ellas, ya sea por negarlas o por pretender ocultarlas. El *sujeto reactivo*, es aquel que para resistir al advenimiento de *lo nuevo*, crea argumentos de resistencia ajustados a la misma novedad que niega. Así, toda disposición reactiva es contemporánea al presente frente al que reacciona. El *sujeto oscuro*, por su parte, se sostiene sobre la *ocultación* del nuevo presente: "El pasado se ilumina para ellos con la noche del presente (…). [Evidenciando] la oscuridad en la que hay que encerrar al presente" (Badiou, 2006/2008:77)[13]. En suma, si el sujeto designa un sistema de formas y operaciones, el cual tiene como soporte material un cuerpo, la producción de ese sistema será una verdad (sujeto-fiel o resurrección), la negación de una verdad (sujeto reactivo), o la ocultación de una verdad (sujeto oscuro).

Para Badiou entonces, es necesario abandonar toda noción bajo la cual se afirme que el sujeto es poseedor de una verdad. El sujeto, al ser el momento finito y local de una verdad, falla en sostener su adjudicación global. En efecto, toda verdad es trascendente al sujeto. La apuesta de Badiou radica en que el sujeto *cree* que hay una verdad y esta creencia genera una confianza en aquella verdad incognoscible e incompleta. De este modo, el sujeto fiel badioudiano es un sujeto activo, siempre militante, que apuesta por la creencia de una verdad imposible de asir plenamente. La verdad aproximativa, conocida por el sujeto es producto de que todo sujeto genera nominaciones. Los nombres que utiliza suplementan a la situación, no tienen un referente en ella. De ahí que para la situación los nombres utilizados por el sujeto carezcan de sentido y se ubiquen en el entrecruzamiento del saber y la verdad. En tanto que configuración local de un procedimiento genérico, el sujeto es capaz de *forzar la veracidad* de un enunciado para una *situación por-venir*, es decir que puede forzar el ad-venir de una verdad.

Badiou pretende demostrar que ya no es posible pensar al sujeto, como el marxismo lo hacía, a partir de una determinación estructural o como resultado de un proceso de interpelación ideológica, como afirmaba Althusser,

---

[13] Badiou afirmaba en *La ética* que el mal como simulacro podía comprenderse a partir del nazismo, y el mal como desastre a partir del stalinismo. De este modo, estas dos figuras –el simulacro como el derechismo extremo y el desastre como el izquierdismo extremo- pueden asimilarse a la destinación *subjetiva reactiva* y *oscura* respectivamente: "La figura reactiva vuelve a representar la desviación 'derechista' (…), mientras que la figura oscura se embelesa con una solución 'izquierdista', lo cual hace que el acontecimiento pase de ser una condición singular a ser origen (…) inalcanzable que desde épocas inmemoriales precede y colma la búsqueda de una verdad específica" (Bosteels, 2007:145).

puesto que *"la ley no prescribe que haya sujeto"* (Badiou, 1988/2003:434). En el marxismo, afirma, la política quedaba ligada así a la estructura económica y a la "falsa conciencia". Por tanto, toda forma de la política se organizaba en torno a la estrategia *antagónica* (burguesía/proletariado) a partir del problema del *poder estatal*. De este modo, el marxismo sostenía que la transformación de lo social se estructuraba en torno a una *lógica radical del dos, burgueses* y *proletarios*, determinada económicamente. Badiou dirá que el *viejo marxismo* planteaba que "o bien (…) un sujeto 'emerge' de la objetividad (paso de la 'clase-en-sí' a la 'clase-para-sí', generalmente en virtud del partido), o bien, (…) destituye el sujeto a favor de la objetividad (para Althusser la materia de la verdad es competencia del proceso sin sujeto" (1989/2007:64).

La tarea de Badiou es entonces, la de pensar un concepto de sujeto sin objeto. En definitiva, el sujeto fiel –como sujeto político colectivo– es el que interviene en las producciones de verdades, que hacen advenir en el *aparecer* novedades, antes impensables en la lógica de los mundos. La apuesta badioudiana supone pensar la existencia (de las verdades) sin finitud. Así, el pensar la infinitud de las verdades es "el imperativo liberador, que disocia el existir de su atadura al significante último de la sumisión, que es la muerte" (Cerdeiras, 2010:3). La posibilidad de la emancipación descansa en este gesto creador que supone la infinitud de una verdad. Por tanto, para que la eternidad advenga es necesario que *aparezca*. La apuesta badioudiana se podría comprender del siguiente modo: el acontecimiento, como irrupción contingente de una excepción del mundo, se despliega a través de la huella que se materializa en un cuerpo-sujeto político, que puja por crear un nuevo presente.

I. 4. *La política como verdad subjetiva*

Producto de una *verdad política*, el sujeto es quien da nombre, constituyéndose en el único *hay-dos* colectivo que subvierte la lógica estructural. De ahí que Badiou sostenga que *la política* es el más importante de los cuatro procedimientos genéricos y que, por tanto, su lugar refiera a la posibilidad de la verdad colectiva. De este modo, es preciso distinguir cualquier política concreta, que es siempre particular y estatista, de lo que se entiende por *la política*. Ésta, al igual que la filosofía y el sujeto, no tiene objeto. Dado que la política sólo *es* producto de una decisión de un sujeto militante y, por lo tanto, no representa nada, es un procedimiento de *irrepresentación*. En consecuencia, los lenguajes de la lucha política no deben ser traducidos en los términos de la estructura[14].

Para Badiou, la política no puede ser pensada de manera objetiva, sino que debe ser concebida como una lucha *radicalmente subjetiva,* que deja entrever la posición de los individuos respecto de la verdad de un acontecimiento. De esta manera, la política, no es más que aquello que interrumpe la ficción de lo Uno, es decir de *lo político,* como estructura de una cuenta. En este sentido, la esencia de la política es para Badiou emancipadora. Ella se dirige contra el Estado por definición. Sin un acontecimiento no hay política, porque todo lo que le concierne al Estado y a lo social es, para Badiou, *a*-político, es decir corresponde a la ficción de lo político:

> "La primera tarea, para fijar en ficción *lo político* y orientarse hacia *la política,* consiste en liberar a esta última de la prescripción del Lazo. Hay que efectuar (…) la desfijación, desficcionalización de la política como lugar comunitario o relación. Conviene postular como axioma que la movilidad liberada de la política tiene que ver con que ella toca lo real en el modo de un corte (…). Y es un pensamiento activo interpretante, y no la asunción de un poder". (Badiou, 1985/2007:13)

Aquello que ha demostrado la historia con el derrumbe de la URSS, es precisamente la *ficcionalidad* de lo político y con ello el comienzo de su *crisis.* Es decir, lo que revela la *crisis de lo político* es la inconsistencia de todos los conjuntos. Deja en evidencia la inconsistencia misma de la *representación:* "ya no hay franceses ni proletariado" (Badiou, 1985/2007:10). Por tanto, la actual *crisis del marxismo* es un síntoma de *la crisis de lo político en su integridad.* El *acontecimiento* de la *crisis del marxismo* es producto de la inconsistencia de los conjuntos, el proletariado no puede existir más que como fracaso de *lo político.* Es decir, para Badiou luego de los '60 –más precisamente desde el *Mayo Francés*– y la posterior caída de la URSS, ya no es posible seguir pensando en los términos que el marxismo proponía: lucha de clases, revolución, determinación estructural, etc. Es decir, ya no se puede pensar el *Dos* de manera antagónica y determinado estructuralmente. Para Badiou es preciso buscar:

> "Un pensamiento de la política que, aunque tratando el conflicto, (…) no tenga al Dos por esencia objetiva. O más bien, a la doctrina objetivista del Dos (las clases) (…) [se] intenta oponer una visión del Dos 'en historicidad', lo que quiere decir que el Dos real es una *producción* del acontecimiento, una

---

[14] Žižek, apoyándose en Badiou, afirma que este fue precisamente el error del stalinismo: "aunque existe un vínculo entre 'clase obrera' como grupo social y el 'proletariado' como posición del militante que lucha por la verdad universal, ese vínculo no tiene las características de una conexión causal determinante (…). Ser un 'proletariado' supone asumir una cierta *posición subjetiva* (…) que en principio puede adoptar *cualquier* individuo" (1999/2001:247).

producción política, y no un presupuesto objetivo, o 'científico'". (Badiou, 1989/2007:62)

Para Badiou lo propio de la política es el conflicto –siempre producto de un proceso de subjetivación–, y ya no el antagonismo, como contradicción fundante de la estructura y sobredeterminante de la totalidad social. El conflicto se genera por la presentación de la falla estructural -sitio de acontecimiento-, que despliega toda una serie de consecuencias de acontecimiento y, también, como resultado de una *decisión* subjetiva fiel y militante. Por lo tanto, es importante entender qué características asume un acontecimiento para *develar* una verdad política.

En su libro *Compendio de metapolítica* (1998) afirma Badiou que un acontecimiento será político si se cumple una serie de condiciones. La primera condición prescribe que, para que un acontecimiento sea político deber ser colectivo; es decir, el acontecimiento sólo es atribuible a la multiplicidad de un colectivo. Es importante aclarar que Badiou no piensa a *lo colectivo* como un concepto numérico, sino como aquello que le otorga a una verdad política un locus *universalizable*. El sujeto político será definido como un militante muy particular: "A quienes se constituyen en sujetos de una política se los llama *militantes* del procedimiento genérico. Pero 'militante' es una categoría sin fronteras, una determinación subjetiva" (Badiou, 1998/2009:109).

La segunda condición, para distinguir un acontecimiento político, radica en que es la política la que presenta el carácter infinito de la situación. Todo acontecimiento político -que es siempre *emancipatorio*- convoca al infinito, en contraposición a lo finito que no es más que aquello que se encuentra contado-por-uno. De este modo, "la política exhibe (…) la infinitud de la situación. Toda política emancipatoria refuta la finitud, refuta el 'ser para la muerte'" (Badiou, 1998/2009:110).

La tercera y última condición, será llamada *prescripción política*. Dicha condición se presenta cuando, luego de un acontecimiento, el Estado se muestra, es decir, muestra su exceso con respecto a la situación. En efecto, la política convoca a la potencia del Estado, cuya forma habitual es la *represión*. No obstante, para la política, este es el momento de mayor libertad, es el momento en el cual ella muestra la libertad de no *ser-contado*.

El acontecimiento político es lo que deja en evidencia, entonces, la ficcionalidad de *lo político*, es lo que demarca la diferencia entre la ficción y la verdad, entre lo político y la política. Sin embrago, la condición de universalidad de la política ya no se encuentra derivada de la posición estructural del sujeto, sino que es resultado de una decisión. En otras palabras, la *decisión* pasa a ser una pieza central de la política, que debe afirmar algo allí donde hay una declaración de imposibilidad. Por tanto, la política debe mantener una independencia total del proceso político del Estado y abandonar la idea de representación. La *organización* política no puede ser más pensada como un partido político, ya que todo partido es determinado por el Estado. Badiou (1985) afirma que este fue indudablemente el error del marxismo y aquello que lo ha llevado a cometer un *desastre oscuro* como lo fue el stalinismo. No obstante, es preciso recuperar un gesto de Lenin: la idea de que sin disciplina no se pueden tratar las consecuencias.

Badiou propondrá así, una forma distinta de disciplina que llamará inmanente ("trabajar la inmanencia –es decir construir efectivamente procesos políticos que no estén sometidos a jerarquías– es un problema de la nueva disciplina" (Badiou, 2007:31). Esta forma de disciplina ya no puede seguir pensando, al igual que el leninismo, que la política es reemplazar una forma de poder por otra, ya que el poder devora a la política. En este sentido, la apuesta badioudiana radica en mantener la política en la inmanencia y profundizar sus consecuencias. La disciplina de la inmanencia no es más que la ética de la verdad de la política, la cual nos permite tratar las consecuencias: "Hay que tratar el problema concreto, no tener un programa para la toma del poder. La idea del marxismo que no podemos sostener más es: la idea de la organización es una expresión: las clases están representadas por el partido" (Badiou, 2007:34).

Para Badiou, de este modo, la *política emancipadora* comprende a la *justicia como igualdad*. Así, la justicia, que convoca un acontecimiento político, supone una forma antiestatista de la disrupción. Esta forma de la justicia presupone un axioma que se caracteriza por su negatividad, es decir, por su ruptura con el orden existente de cosas. La justicia badioudiana, lejos de presuponer una determinación objetiva y jurídica, afirma la transformación de la *situación subjetiva* como producto de dos consecuencias: concebir al cuerpo inseparable de la idea y sostener que los seres humanos somos iguales:

> "La política será justa para la filosofía si ella afirma dos cosas, en primer lugar que el cuerpo no debe ser separado de la idea (...), en segundo lugar, que ninguna víctima debe ser reducida al sufrimiento (...) [Hay que partir de] la afirmación de la igualdad de todos y la igualdad de todos precisamente como cuerpo ligado a la idea (...) Llamaremos específicamente *justicia* a la transformación subjetiva por esas consecuencias, es decir la manera como las consecuencias de esas dos afirmaciones transforman al sujeto". (Badiou, 2007:23/24)

La apuesta badioudiana radica en mantener y profundizar las consecuencias acontecimentales. La acción política se transforma en una tarea ética de la justicia y la igualdad, la de permanecer fiel al acontecimiento. Si los procesos de fidelidad de una verdad demarcan una ruptura del régimen de lo Uno, la ética de la verdad no es más que el proceso de continuación de esa ruptura, logrado mediante la *disciplina inmanente* de un sujeto colectivo. Fidelidad de la fidelidad, es lo que le da consistencia al proceso de subjetivación post-acontecimental: "la ética de las verdades es siempre más o menos militante, combatiente. Ya que su heterogeneidad respecto a las opiniones y los saberes establecidos se da concretamente en la lucha contra todo tipo de tentativas de interrupción, de corrupción" (Badiou, 1993/1994:32).

Por último, diremos que toda apuesta política emancipadora tiene que ver para Badiou con el carácter invariante de la *Idea comunista*. Todo acontecimiento colectivo emancipador "será siempre cuestión de comunismo, aún si la palabra, manchada, deja lugar a cualquier otra designación del concepto que recubre. Concepto filosófico, en consecuencia eterno, de la subjetividad rebelde" (Badiou, 1992:16). La *Idea comunista* convoca un ser-común sin precedentes, dado que no presupone ningún carácter de clase definido sino que sintetiza "la aspiración universal de los explotados para destituir cualquier tipo de principio de explotación y opresión" (Bosteels, 2007:178). Badiou concluye que debemos reconstruir al marxismo volviendo a la idea de comunismo, desde las mismas ruinas de la experiencia marxista del siglo XX.

I. 5. *Sobre la posibilidad de la ruptura*

En este punto, la apuesta teórica de Badiou nos genera el siguiente interrogante: ¿no queda acaso coartado ese gesto rupturista en función de la sutura que otorga al Estado como cierre provisorio o punto de partida para pensar la posibilidad de la política? Es decir ¿no cobra acaso el Estado -como cierre- un lugar de primacía que termina reduciendo la potencialidad disruptiva de sus conceptualizaciones de la política, que pretendían ser radicales?

El acontecimiento, como lugar ontológico de la ruptura del cuenta-por-uno, falla siempre en su gesto disruptor. Puesto que, si en el plano óntico, según argumenta Badiou, nos encontramos siempre ya en un mundo, y *un* mundo es precisamente eso, un *uno*, un cuenta-por-uno, su ruptura es de algún modo siempre negada. Negada, no en un sentido concreto, coyuntural, puesto que con esto no estamos diciendo que en ningún plano de lo socialmente instituido se modifique, sino que, si la disrupción de lo múltiple se encuentra siempre coartada en un plano óntico, es porque para Badiou la *lógica del aparecer* es siempre *ya* contada por uno. Es decir, que el acontecimiento desde el momento en que surge está destinado a caer en la cuenta (con las trasformaciones concretas en las que haya operado) y, por lo tanto, a perder su capacidad disruptiva. El acontecimiento es un acto evanescente por excelencia.

En términos generales, este no sería un problema para Badiou. El problema se presenta, cuando afirma que el segundo cierre de la cuenta, la meta-estructura, es en términos concretos: el Estado, y no un estado cualquiera, sino el Estado *democrático-parlamentario* (que en términos marxistas no es otra cosa que el Estado burgués). En este sentido, si llevamos su argumentación hasta el extremo podríamos decir que el acontecimiento se convertiría en una especie de presentación de una *crisis* que exhibe los desajustes de un sistema (que al contar por uno siempre es opresor). Queremos decir con esto que el cierre de la cuenta siempre deja un resto por fuera en un doble sentido.

Por un lado, nombra determinadas "partes" de los conjuntos, como es el caso de los inmigrantes en Francia para Badiou, que si bien están contados como "trabajadores", no están contados en su lugar de "franceses". Por lo tanto, si el acontecimiento ("inmigrantes" para seguir con el ejemplo) presenta lo no contado de la situación, como aquel sujeto que pretende trastocar los límites de lo Uno, terminaría por trasformar el *cierre metaestructural*, no por una ruptura del mismo como cierre, sino como una modificación de ciertos límites de este. Es decir, ahora el Estado francés, reconocería a los inmigrantes como "franceses". El significante –francés– trastocaría sus límites, y junto con él la forma de cierre del Estado –democrático parlamentario–. Por otro lado, podríamos decir que Badiou, cuando refiere al cierre de lo uno por lo Estatal, no se queda sólo con la idea de un Estado democrático-parlamentario, sino que se está refiriendo al propio concepto de Estado como tal, pues reconoce que la lógica de *lo estatal* puede significar cosas distintas (burocratismo, dictaduras, totalitarismos, parlamentarismo, republicanismo). Más aún, parecería, que aquello que el acontecimiento no puede romper es la forma de *lo estatal* mismo. Puesto que, si el Estado (no importa su contenido particular) es uno de los cierres necesarios de la lógica de lo *uno*, de la lógica de lo mundano, el acontecimiento está condenado siempre a caer en el mismo cierre, más allá del predicado que este adquiera. En este sentido, la política, estaría siempre condenada a caer en las garras de lo político (en la ficcionalidad de lo político).

Esto se vería relativizado en el caso en que Badiou presentara la posibilidad de una forma de lo social pos-estatal, cosa que no sucede. Sólo hace al respecto referencias vagas como la de "una sociedad más justa" a partir de la *Idea comunista*, que terminan mermando la capacidad disruptiva que está en el origen mismo de la búsqueda de su filosofía. En este sentido, parecería que aquello que el acontecimiento no puede romper es la propia forma lógica del cuenta-por-uno, que como segundo cierre –metaestructural- se manifiesta como la forma misma de la estatalidad. Es decir, el acontecimiento no podría subvertir el modo bajo el cual la cuenta cierra, y esa forma no es otra que el Estado. Distinto sería si Badiou habilitara a pensar diferentes formas del cierre de la cuenta; algo que creemos no atina a hacer puesto que la única forma de cierre que presenta queda atada a la lógica del Estado.

De alguna forma, entendemos que Badiou percibe esta tensión existente en su pensamiento. Es por esto que en sus escritos de análisis de coyuntura[15], afirma que luego del momento disruptor de un acontecimiento, el *Estado* se muestra, es decir, muestra su exceso con respecto a la situación. Es en este sentido que la política, para Badiou, convoca a la potencia del Estado. La forma habitual de la potencia estatal es la *represión* frente a lo que surge. Por ello, la política/acontecimiento, debe mantener una independencia total respecto del proceso político del Estado, ante el peligro inminente de ser contado por éste y abandonar así, toda idea de representación en los términos de lo político. En este sentido, propone una organización política marginal que sostenga siempre un gesto de ruptura, puesto que desde el momento en que incluya en su lógica algo más que no implique una apuesta de fidelidad, pasará a estar contada por la situación estructurada. Pero, a fin de que esta apuesta se sostenga, afirma, la política debe conectarse estrechamente con los conceptos de *justicia e igualdad*. Badiou necesita entonces incluir estos dos términos de modo axiomático, a fin de ponderarlos en su negatividad, es decir, en un plano de ruptura frente al orden existente de las cosas.

No obstante, sigue recayendo en la misma aporía que marcábamos más arriba, puesto que, al decir de Žižek, "la 'justicia', la rectificación imposible de la justicia ontológica y constitutiva del universo, aparece como una demanda incondicional imposible, sólo posible contra el fondo de su propia imposibilidad" (1999/2001:253). La idea de justicia, al igual que la de acontecimiento, no es más que una apuesta riesgosa, condenada siempre a su propia imposibilidad constitutiva. La justicia pretende transformar la *situación subjetiva,* siendo producto de dos consecuencias: concebir al cuerpo como inseparable de la idea y sostener que los seres humanos somos iguales. El cuerpo ha sido pensado, como cuerpo-espectáculo, reducido a un cuerpo consumidor o sufriente. El cuerpo *debe ser*, por el contrario, un cuerpo creador, ligado a la idea, al pensamiento. La igualdad, por su parte, no es concebida como algo a lo que haya que arribar, sino que es una declaración, la declaración de que todos *somos iguales*.

Si, como el propio Badiou afirma, la justicia es algo que puede *perderse* fácilmente –dado que es frágil y se encuentra siempre amenazada– el

---

[15] Tales como: "Compendio de metapolítica" (1998/2009), "El despertar de la historia" (2012), "Justicia, filosofía y literatura" (2007), "Reflexiones sobre nuestro tiempo. Interrogantes acerca de la ética, la política y la experiencia de lo inhumano" (1999/2000), entre otros.

problema de la justicia y de sus consecuencias es, en definitiva, resuelto como una cuestión ética. Seamos realistas, diría Badiou, pidamos lo imposible, mantengámonos en lo imposible a fin de resistirnos a caer en la lógica de lo estatal. Lo que encontramos en lo que respecta a la política es una ética de la justicia y de la igualdad, ligada a las premisas de lucha de los años '60 –en los cuales Badiou fue un militante apasionado– que declaraba: la *posibilidad de lo imposible*. La ética formulada por Badiou, podríamos decir, intenta escapar del orden de lo simbólico por definición. Para decirlo en otras palabras, la ética representa en el pensamiento badioudiano la fidelidad de un proceso de verdad. Por lo tanto, la acción política se transformaría así en una tarea ética, la de permanecer fiel al acontecimiento. Es preciso entender este punto: los procesos de fidelidad a una verdad demarcan una ruptura del régimen de lo Uno. La ética de la verdad no es más que el proceso de continuación de esa ruptura. La ética es, por tanto, una apuesta por la fidelidad de la fidelidad, es lo que le da consistencia al proceso de subjetivación post-acontecimental.

De este modo, si bien la inclusión del problema de la ética es el intento de escapar al problema del cierre de la cuenta (como lógica de lo estatal), esta resolución presenta el peligro de caer en una suerte de *eticismo*, al pensar la política suturada a la ética. En efecto, ¿no es la fidelidad acontecimental como momento primordial de la política, una sutura de la política realizada por la ética de la fidelidad? De esta manera, parece haber una implícita relegación de la dimensión óntica que mina las posibilidades del filósofo de concebir una realidad política en la que están (ya) operando diferentes sujetos, relaciones de poder, etc. Esta reducción de la política a una *apuesta ético-ontológica* y la constitución subjetiva en una relación de verticalidad con el acontecimiento, obliga a Badiou a "salir del momento maquiaveliano de lo condicionado, es decir del poder y la estrategia (…). La acción política se convierte en la tarea ética (…) de permanecer fiel a un acontecimiento específico mediante el propio pensar y actuar" (Marchart, 2009:172/173).

Por ello entendemos que Badiou no logra salir de la tensión aporética que supone el propio cierre de la cuenta que predica. En consecuencia, si como vimos, la nominación acontecimental, no puede ser entendida por la situación, dado que la excede en tanto nombra el vacío, ese dejar vacío supone dos conclusiones posibles. O bien que aquello que nombra el vacío, sea contado por la situación estructurada. O bien que al dejar vacía la referencia, suponga la apuesta de que ese vacío "se llenará cuando se alcance la meta, cuando la verdad se actualice como una nueva situación" (Žižek, 1999/2001:147)[16]. El nombre del acontecimiento pretende mantenerse *vacío*, precisamente porque

---

[16] El reino de Dios en la tierra en el caso de San Pablo, y la sociedad emancipada para el marxismo (Badiou, 1997/1999).

se refiere a una *plenitud* futura. En otras palabras, la nominación es el *nuevo significante* que pretendería establecer el orden por-venir basado en una decisión. Pero si la forma constitutiva del cierre es para Badiou, en uno de sus aspectos, la forma de lo estatal como tal, parecería que no habría posibilidad de pensar un nuevo orden, un nuevo cierre, más allá de la propia lógica del Estado.

A partir de aquí, podemos decir que, por un lado la nominación no puede ser total porque condenaría al fracaso del acontecimiento. Es decir, existe la posibilidad de que la nominación quede atrapada bajo la simbolización de la situación estructurada, coartando así toda posibilidad del acontecimiento. De este modo, como sostiene Palti (2005), la *nominación acontecimental* no es más que la posibilidad-imposibilidad de una *verdad*. Por otro lado, la *política-acontecimiento,* como verdad de un sujeto colectivo, no puede escapar de la necesidad de fundar un *orden nuevo,* puesto que de no hacerlo cedería en su fidelidad y quedaría atrapada bajo la lógica de la situación. Pero también, las teorizaciones de Badiou se sostienen a partir de la posibilidad-imposibilidad de verdaderamente poder arribar a una comunidad tal, puesto que de hacerlo se volvería a caer en las lógicas de lo Estatal (claro que sería una estatalidad diferente a la anterior), y es precisamente de la cuenta de ese cierre que el acontecimiento pretende escapar. Es decir, si realmente pudiésemos pensar en una transformación radical de la sociedad nos encontraríamos nuevamente bajo la simbolización de una nueva *estructura,* volviendo a contar la multiplicidad de lo múltiple. En consecuencia, es pertinente la pregunta que formula Žižek:

> "¿No es Badiou un comunitario anticomunitario? ¿No introduce una brecha en la idea de comunidad, entre las comunidades positivas basadas en el orden del ser (Estado-nación, etc.) y la 'imposible' comunidad por-venir fundada en la fidelidad al acontecimiento-verdad, como la comunidad de los creyentes en Jesús o la comunidad revolucionaria (…)?". (Žižek, 1999/2001:184)

El acontecimiento es siempre para Badiou, aquello que es ruptura de la situación estructurada, esto supone que éste no es, ni puede ser, "la realización de una posibilidad inherente a la situación misma (…). Un acontecimiento es la creación de nuevas posibilidades" (Badiou, 2010:23). Como sostiene en su *Lógica de los mundos,* el acontecimiento está completamente por fuera de la situación. En este sentido, la "Historia", su *Sentido,* es siempre una historia del estado. No habría entonces historia de las verdades-acontecimientos, puesto que éstas no pueden confundirse con las acciones históricas del Estado. El acontecimiento y la verdad, se encuentran completamente por fuera de la lógica de la situación –si bien son *en* situación–, y de la Historia, del Sentido (con mayúsculas) de la historia. Sin embargo, si seguimos los argumentos

166

de Badiou, en sus obras más filosóficas y sistemáticas, encontramos rápidamente cómo operan las afirmaciones que acabamos de describir. Por el contrario, si nos adentramos en sus escritos de análisis situados, aquellos que intentan poner en funcionamiento la máquina de pensamiento badioudiana, veremos que la frontera rígida entre acontecimiento y Estado de la situación, se vuelve mucho más difusa.

En un primer momento se podría sostener que el "afuera" acontecimental significa que, con respecto a una situación o un mundo particular, el acontecimiento abre la posibilidad de aquello que, desde el punto de vista de la situación, es propiamente imposible de advenir a la presentación. En este sentido, el Estado de la situación y el mundo, quedarían paralizados, sin comprender qué es lo que sucede, puesto que se ha presentado algo que es entendido como puro "ruido" dentro de su propia lógica situacional. Sin embargo, Badiou deja entrever por momentos que el Estado, con su cierre particular, no es más que aquel que prescribe lo que, en esa situación dada, es "lo imposible propio de esa situación" (Badiou, 2010:23). Esta afirmación, supone algo cualitativamente distinto a la afirmación anterior. Puesto que ahora el Estado, sin definirlo –en tanto el Estado no puede nombrar aquello que supone como vacío de su situación–, prescribiría aquello que en la situación no va a ser, ni puede ser, incluido en ella.

Esta segunda afirmación ya no supone un devenir acontecimental ligado plenamente a la disrupción azarosa de la ruptura, sino una tensión –que parecería irresoluble– entre necesidad y contingencia, entre Historia (del Estado) e irrupción de una verdad. Esta tensión se presenta cuando Badiou (1993) afirma que el acontecimiento siempre es situado, es en situación. Es un acontecimiento de tal o cual situación y no de otra. Pero es a la vez, suplementario de esa situación, esto supone que al hacer advenir lo imposible (de esa situación) se desliga de las reglas por ella prescritas. Pongamos un ejemplo, Badiou sostiene que el *acontecimiento Haydn* (acontecimiento artístico-musical), presenta una ruptura frente a la situación musical estructurada (el estilo barroco). El *acontecimiento Haydn* del estilo clásico es un acontecimiento de/para la situación (barroco), al mismo tiempo que aquello que el acontecimiento presenta no es "legible desde la plenitud alcanzada por el estilo barroco" (Badiou, 1993/1994:30). Esto parecería mostrar que en toda situación estructurada hay un vacío (siempre situado) alrededor del cual se sustenta y organiza la plenitud de la situación barroca en este caso. De este modo, dice Badiou: "En el corazón del estilo barroco llegando a su saturación virtuosa, se encuentra el vacío (tan desapercibido como decisivo) de un pensamiento verdadero de la arquitectónica musical. El acontecimiento Haydn se da como una suerte de 'nominación' musical de este vacío" (Badiou, 1993/1994:30).

El *acontecimiento Marx*, como lo llama Badiou, también supondría la nominación del vacío de las sociedades burguesas: "Ya que el proletariado, sumido en la privación total, ausente de la escena política, es aquello alrededor de lo cual se organiza la plenitud satisfecha del reino de los propietarios de capitales" (Badiou, 1993/1994:30). En definitiva, parecería que el estilo clásico (acontecimiento Haydn) y el proletariado (acontecimiento Marx), lejos de ser el surgimiento del puro azar, irrumpen contingentemente, en el marco de una situación (estilo barroco/sociedad burguesa) que les otorga su condición de posibilidad, en tanto son el espacio vacío de esa situación particular. Contingencia del acontecer, y necesidad de ser el vacío particular de una situación nos muestran, cómo la Historia, en tanto historia del Estado y la irrupción de los acontecimientos de ciertas situaciones que posibilitan el aparecer de una verdad, se encontrarán en una estrecha e inmanente vinculación. Entonces, podemos ver funcionando una especie de relación estructural desplegada a partir del señalamiento de un sitio vacío que determina que el acontecimiento sucede en esa situación particular y no en cualquier otra.

La pregunta que surge en el marco más general de la "crisis del marxismo" es "¿qué constituye hoy el Estado respecto a lo posible político"? (Badiou, 2010:23). El Estado hoy, el cierre hoy, afirma Badiou, está compuesto por distintos dispositivos, tales como "la economía capitalista, la forma constitucional de gobierno, las leyes (...) referentes a la propiedad y a la herencia, el Ejército, la policía" (Badiou, 2010:23), bajo los cuales el Estado organiza (y pretende mantener) la distinción entre aquello que es posible y lo que no lo es. Ahora bien, ¿Qué es, para Badiou, aquello que el Estado mantiene fuera de los límites de lo posible?

En la respuesta a esta pregunta, creemos, se presenta un indicio de porqué Badiou continúa dentro de los límites del pensamiento marxista. Esto es así en tanto afirma que aquello que el Estado intenta mantener fuera de los límites de lo posible no es otra cosa que la *Idea comunista*. Todos los dispositivos del Estado hoy "podrían definirse por un objetivo común: prohibir que la Idea comunista designe una posibilidad" (Badiou, 2010:24). La noción de *Idea* supondrá en sí misma la tensión entre contingencia y necesidad, ente verdad e historia. Es decir, la Idea sería una condensación de tres elementos: la política, la historia y el sujeto. En este sentido, si la historia es historia del Estado, el acontecimiento, que se sostiene en el surgir de una *Idea*, marca la reapertura de la historia, abre la historia a la consecución de nuevas posibilidades.

El comunismo, que sería lo imposible/posible del estado actual de cosas, supone una vinculación particular de los tres componentes de la idea. En el componente político, la idea comunista abre la posibilidad de una verdad política, que pone el acento en un proceso colectivo de emancipación (como contraposición al individualismo reinante de la cuenta-por-uno del capital). En el plano histórico, se manifiesta como la forma local, que se fija en "actos prepolíticos del despertar de la Historia por medio de las revueltas que superan a la revuelta inmediata" (Badiou, 2012:70), y factual de una verdad universal, puesto que comienza a convertirse en un proceso de revuelta que es histórica, precisamente porque abre la posibilidad de lo imposible. Por último, en el plano subjetivo, supone la conformación de un sujeto colectivo/múltiple. De este modo, la idea se convierte en una mediación operatoria entre lo real (el procedimiento de verdad) y lo simbólico (la historia del *cuenta-por-uno*). Pero la idea es en sí misma una fijación histórica de lo esquivo de una verdad. Así, la historia se abre a nuevas posibilidades bajo el nombre de la *Idea comunista*, idea que no supone ya un proceso revolucionario *global*, ni *un* sujeto, sino que por el contrario se afirma en la posibilidad de que un acontecimiento surja, en la posibilidad de que las revueltas inmediatas se transformen en históricas, en la posibilidad de que el sujeto aparezca y sea fiel al proceso que lo hizo advenir.

Si como vimos, aquello que estaba en crisis hoy día era, para Badiou, la idea misma de revolución tal como el marxismo la había concebido, la idea comunista presenta–bajo la forma de la revuelta histórica– la posibilidad de profundización de un proceso acontecimental que debe ser masivo "en el que la intensificación, la contracción y la localización sustituyen un objeto identitario y los nombres separadores que lo acompañan con una presentación real de la fuerza genérica de lo múltiple" (Badiou, 2012:91). Así, para Badiou, el sujeto que suponía al proceso revolucionario marxista también entra en crisis, dado que la revuelta histórica supone un sujeto que deja de ser clasista, para convertirse en un sujeto que incluya dentro de sí la variedad de *lo múltiple*. En efecto, la masividad del sujeto, supone para Badiou la posibilidad actual que "designa un aspecto originariamente comunista de la puesta en movimiento popular, su aspecto genérico, a partir del movimiento en que la revuelta se convierte en histórica" (Badiou, 2012:97). En suma, si la clase –trabajadora–, ya no ocupa el lugar del sujeto de la emancipación, sí lo hace *un sujeto fiel* que –en tanto presentación de la multiplicidad– se transforma en el principio activo que abre la posibilidad de un movimiento emancipador que fuerza el advenir comunista de lo social.

Capítulo II. Ernesto Laclau

Hay más cosas, Horacio, en el cielo y en la tierra de las que sueña tu filosofía.
(WILLIAM SHAKESPEARE, *HAMLET*)

Debemos pues considerar a la apertura de lo social como constitutiva, como "esencia negativa" de lo existente.
(ERNESTO LACLAU, *NUEVAS REFLEXIONES SOBRE LA REVOLUCIÓN DE NUESTRO TIEMPO*)

Si realizáramos un recorrido por los textos centrales del pensamiento de Laclau, descubriríamos que la noción de *totalidad fallida* es una constante que se estructura a partir de una serie de diferentes conceptos –según la obra que estemos tratando–. Conceptos tales como *hegemonía, antagonismo, dislocación, populismo* y *heterogeneidad* mostrarán una tensión irresoluble entre lo universal y lo particular, siendo a la vez la condición de posibilidad de la totalidad social –fallida– como tal, y de las formas articulatorias a partir de las cuales un *sujeto –político–* es capaz de constituirse. Por tanto, para abordar críticamente el distanciamiento teórico que Laclau propone frente a la tradición marxista es pertinente primeramente realizar un recorrido por dos de sus textos fundamentales poniéndolos en relación: *Hegemonía & Estrategia socialista* (1985) y *Nuevas Reflexiones sobre la realidad de nuestro tiempo* (1990); para luego adentrarnos en dos textos posteriores, *Emancipación y diferencia* (1996) y *La razón populista* (2005).

A fin de analizar las posibilidades de articulación de *las totalizaciones sociales –como acto de constitución política–* a partir de los conceptos fundamentales del pensamiento de Laclau, dividiremos este capítulo en tres apartados. En el primer apartado, atravesaremos las los dos primeros escritos que marcábamos, con el fin de explicitar la relación entre *estructura, sujeto* y *política*. En este sentido, la categoría de *articulación hegemónica* y sus relaciones con los conceptos de *antagonismo* y *dislocación* serán centrales. En el segundo apartado, indagaremos los conceptos centrales de sus dos últimas grandes obras, nuevamente con el fin de explicitar la compleja relación entre sujeto, política y estructura que Laclau propone. En este caso, conceptos como los de *emancipación, populismo, significante vacío* y *heterogeneidad* nos conducirán a la apuesta laclausiana sobre las nuevas subjetividades contemporáneas. Finalmente, en el tercer apartado, nos proponemos analizar críticamente algunas de las conexiones conceptuales que Laclau propone. Aquí los conceptos de *antagonismo* y *contradicción*, pero también los de *capitalismo* y *Estado* serán convocados al debate.

II. 1. *De la articulación hegemónica a la dislocación estructural*

En *Hegemonía & Estrategia socialista*, Laclau pone en juego dos conceptos –marxistas– fundamentales: *estructura* y *sujeto*. La noción de *estructura* que Laclau desarrolla, tendrá como punto de partida el terreno del marxismo como un discurso en crisis; ya no siendo posible sostener teóricamente la concepción de estructura social tal como el marxismo la entendía. Aquella, lejos de conformarse a partir de las determinaciones económicas, es decir a partir de las relaciones de producción y su vínculo con el desarrollo de las fuerzas productivas, es comprendida como una *estructura discursiva*. En otras palabras, la estructuración de la estructura, como *formación discursiva,* se constituye a partir de una práctica articulatoria de fijación/dislocación de un sistema de diferencias, que atraviesa de modo más o menos totalizante a las instituciones y a las diversas prácticas culturales, conformando *una* sociedad.

El *sujeto*, por su parte, lejos de encontrarse determinado por las relaciones de producción a nivel estructural, pasa a ocupar diversos lugares o posiciones –subjetivas– de aquella *estructura discursiva*. Laclau advierte que: "Siempre que en este texto utilicemos la categoría de 'sujeto', lo haremos en el sentido de 'posiciones de sujeto' en el interior de una estructura discursiva" (Laclau y Mouffe, 1985/2004:156). Con la noción de *posiciones de sujeto*, Laclau pretende mostrar que la vinculación subjetiva con la estructura (discursiva) no puede admitir a una de esas posiciones como determinante, –como lo hacía el marxismo con la posición de la producción–. Laclau no está pensando en la determinación última de una posición, sino en la sobredeterminación de posiciones que constituyen al sujeto, retomando el concepto althusseriano y/o freudiano de *sobredeterminación*. El sujeto –en sus diversas posiciones– se mueve en un campo de identidades que nunca logran fijarse plenamente y este es, precisamente, el campo de la sobredeterminación. Así, toda posición de sujeto se encuentra por su misma definición sobredeterminada por múltiples posiciones. Por tanto, intentar, desde la teoría, hacer de una de ellas la determinante, no es otra cosa que definir a un sujeto *políticamente*.

La pretensión de Laclau en este libro, es la de romper con la noción de sujeto como origen de las relaciones sociales. Por lo tanto, si el sujeto es producto de la estructura discursiva, entonces no es ni puede ser anterior a ella. El sujeto no es ni origen, ni fundamento de lo social, toda posición de sujeto es producto del carácter discursivo de la estructura. Laclau sostiene que, al rechazar cualquier tipo de noción que ubique al sujeto como una totalidad originaria y fundante, "el momento analítico que debía afirmarse era el de la dispersión, la destotalización, el descentramiento de unas posiciones respecto a las otras" (Laclau y Mouffe, 1985/2004:156). La *totalidad social* mostraría por tanto un carácter incompleto e imposible que tiene, no obstante, como soporte algún tipo de cierre, por más precario e inestable que sea, a fin de que *la sociedad* sea posible. De este modo, la totalidad y la necesidad sólo existen como limitación a la radical dispersión y contingencia que supone el terreno de la *discursividad*. En este sentido es que *hay* estructura discursiva.

Laclau también quiere demostrar el reverso de esta posibilidad. El carácter contingente de lo social y del propio sujeto develan la condición también precaria y contingente de toda necesidad y totalización social: "Si toda posición de sujeto es una posición discursiva, el análisis no puede prescindir de las formas de sobredeterminación de unas posiciones por otras –del carácter contingente de toda necesidad que, (…), es inherente a toda diferencia discursiva–" (Laclau y Mouffe, 1985/2004: 157). A partir de aquí, toda identidad discursiva (sujeto) supone la marca incompleta del carácter polisémico de la sobredeterminación. Por tanto la estructura, como totalidad discursiva, no tiene, *ni puede tener* un cierre completo, así como tampoco un punto central determinante. Toda estructura social se halla suturada precariamente, lo que indica que la presentación de una sutura plena, la posibilidad de la *Sociedad* no es más que una quimera. El carácter no fundante y sobredeterminado del sujeto muestra la imposibilidad de marcar un centro fijo de lo social:

> "Por esa misma falta de sutura última es por lo que tampoco la dispersión de las posiciones de sujeto constituye una solución: por el mismo hecho de que ninguna de ellas logra consolidarse finalmente como *posición separada*, hay un juego de sobredeterminación entre las mismas que reintroduce el horizonte de una totalidad imposible. Es este juego el que hace posible la articulación hegemónica". (Laclau, 1990/2000:164)

La *articulación hegemónica*, supone la posibilidad de constitución de un sistema discursivo, dado que limita parcialmente el "exceso de sentido". No obstante, el propio exceso, como campo de la discursividad, es la marca que acecha y subvierte a la pretendida totalidad. El exceso es, entonces, la posibilidad misma de constitución de toda práctica social y de su imposibilidad[1].

Como vimos anteriormente, la crítica a la totalidad marxista que realiza Laclau, no pretende deshacerse de la noción misma de totalidad sino reformularla. Porque la totalidad (suturada precariamente) es la que continua presentando la posibilidad/imposibilidad de lo social. Por lo tanto en *Hegemonía & Estrategia socialista* parecería que la lógica del exceso, de lo diferido, tanto en el campo de la discursividad como en la propia sobredeterminación del sujeto, es aquello que supone la no posibilidad de fijar apriorísticamente algún *sentido* último. Sin embargo, un sentido se fijará aunque de modo precario y siempre acechado por el exceso de múltiples sentidos.

La *hegemonía*, como práctica articulatoria que se encuentra siempre operando –de no hacerlo la sociedad no existiría–, consiste en la fijación parcial del sentido a través de la construcción de *puntos nodales*. No obstante, todo discurso –toda estructura discursiva– es desbordado por el campo infinito de la discursividad primaria. De este modo, lo social encuentra su condición de posibilidad en esta tensión permanente entre una fijación parcial de puntos nodales, resultado de prácticas articulatorias que son hegemónicas en un determinado momento histórico, y el acecho constate del exceso de sentido, del movimiento incesante de un desplazamiento metonímico que subvierte cualquier tipo de fijación metafórica de lo social[2]. Con la introducción de estos conceptos, se habilita la posibilidad de pensar el lugar ontológicamente constitutivo que le otorga Laclau a *lo político*.

Lo político es la manifestación misma de la tensión que marcábamos. Dado que, es al mismo tiempo posibilidad articulatoria hegemónica –es decir, fijación parcial del sentido, por tanto estructura discursiva–, y subversión de toda lógica de objetividad de lo social, es decir, es irrupción del exceso, de lo precario y de lo contingente. De este modo, la apuesta teórica laclausiana no consiste en negar el lugar de la necesidad en la formación de lo social, sino que en la misma tensión irresoluble entre *necesidad/contingencia* subyace la posibilidad de la fijación articulatoria –la posibilidad de la sociedad– y la imposibilidad de una sutura última de lo social –la apertura constitutiva para que todo orden sea posible–. Por lo tanto, la práctica articulatoria no es más que una fijación parcial de sentido, que supone en sí misma la posibilidad/

---

[1] Esta tensión irresoluble entre condición de *posibilidad/imposibilidad* se repetirá a lo largo del pensamiento de Laclau y también se presentará en otras dicotomías tales como *lo universal y lo particular, lo necesario y lo contingente*. Esta lógica de una estructura posible e imposible se presenta como una crítica a los esencialismos, en este aspecto Laclau es un heredero del pensamiento de la deconstrucción derridiana.

[2] Recordemos que Laclau toma a la lingüística de Saussure como base para explicar su formulación ontológica.

imposibilidad de lo social. Así, la *subversión* no es otra cosa que la "presencia de lo contingente en lo necesario" (Laclau y Mouffe, 1985/2004:154).

Laclau sostiene que la llamada *crisis del marxismo* es producto de la evidencia cada vez más marcada de la opacidad de lo social signada por la complejización y fragmentación de las posiciones subjetivas en el actual *capitalismo desorganizado*. De este modo, la práctica de unificación de la clase trabajadora, como el sujeto homogéneo que el marxismo pregonaba, si bien en un momento histórico pudo haber mostrado su potencialidad política real, se exhibe como caduca en un contexto donde la estructura social es más compleja y no precisamente más simple –dicotomía burguesía/proletariado–. Aquello que le interesa demostrar a Laclau aquí no es sólo esta pérdida de capacidad política articulatoria del marxismo frente a una estructura compleja, sino precisamente que este "cooptar" agentes trabajadores en favor de sus *intereses históricos* es "una práctica articulatoria que construye un discurso en el que las demandas concretas de un grupo –los obreros industriales– son concebidas como pasos hacia una liberación total que implique la superación del capitalismo" (Laclau y Mouffe, 1985/2004:162). No hay, no puede haber, para Laclau, alguna determinación estructural que garantice *a priori* que las demandas proletarias sean articuladas del modo que el marxismo proponía, o de ningún otro modo, dado que la relación articulatoria no es una relación necesaria sino política. Y para Laclau, la práctica política construye los intereses que representa: "Lo que el discurso de los 'intereses históricos' hace es *hegemonizar* ciertas demandas" (Laclau y Mouffe, 1985/2004:162/163).

En definitiva, Laclau quiere demostrar que no hay *agentes apriorísticamente privilegiados* en la estructura social con capacidad de transformar el orden operante como lo eran las clases para el marxismo. El límite de la totalización social hegemónica no puede estar dado por una *contradicción* fundamental a nivel estructural (desarrollo fuerzas productiva y relaciones de producción; o contradicción capital/trabajo). No obstante, hay para Laclau, una forma posible de marcar el límite de la totalidad social: "La experiencia del límite de toda objetividad tiene una forma discursiva precisa, y esta es el *antagonismo*" (Laclau y Mouffe, 1985/2004:164). Por tanto, la posibilidad de marcar *un límite* de lo social será conformada como momento radical gracias al antagonismo; la presencia del *otro*, que marca un límite a la identidad, aparece como aquello que impide completarla plenamente. La relación que supone el antagonismo, entonces, implica que no hay identidades plenas, sino una imposibilidad radical de conformarlas totalmente. En la medida que hay antagonismo los dos polos de la relación no pueden conformarse como una presencia plena. El *ser objetivo* de cada uno de los polos es el símbolo del no ser (pleno) del otro, desbordando así una plenitud de sentidos que impide que cualquiera de los dos sean fijados como una positividad plena.

La concepción de clases del marxismo, hacía de la burguesía y del proletariado positividades plenas, puesto que eran identidades constituidas en el seno de una totalización cerrada y por tanto, no eran resultado de una negatividad radical como la supuesta por el antagonismo; este, fija los límites de toda objetividad social, de toda estructura discursiva: "Si la lengua es un sistema de diferencias, el antagonismo es el fracaso de la diferencia y, en tal sentido, se ubica en los límites del lenguaje, y sólo puede existir como disrupción del mismo" (Laclau y Mouffe, 1985/2004:168). De este modo, el antagonismo no marca sólo un límite interno, sino un límite externo de lo social. En él subyace la imposibilidad última de la sociedad:

> "El antagonismo (…) lejos de ser una relación objetiva, es una relación en la que se muestran (…) los límites de toda objetividad. Pero si (…) lo social sólo existe como esfuerzo parcial por instituir la sociedad -esto es, un sistema objetivo y cerrado de diferencias- el antagonismo, como testigo de la imposibilidad de una sutura última, es la «experiencia» del límite de lo social. (…) Los antagonismos no son interiores sino exteriores a la sociedad; o, mejor dicho, ellos establecen los límites de la sociedad, la imposibilidad de esta ultima de constituirse plenamente". (Laclau y Mouffe, 1985/ 2004:169)

El error del marxismo, desde Lenin a Gramsci sostiene Laclau, fue el de concebir que el núcleo último de la fuerza hegemónica estaba constituido por una *clase social fundamental*. Por tanto, aquella tradición no ha podido pensar el verdadero antagonismo, no ha podido introducir un momento de *exterioridad real* en la estructura social. Las dos fuerzas antagónicas principales del marxismo –burguesía y proletariado– no demarcan el límite de toda objetividad social, puesto que no marcan un límite externo sino interno, determinado estructuralmente.

Laclau sostiene que la complejidad y la fragmentación de lo social no han hecho sino aumentar desde *las revoluciones de 1848*, dando como resultado una inestabilidad esencial de los espacios políticos. De este modo, "la identidad de las fuerzas en lucha está sometida a constantes desplazamientos y requiere de un incesante proceso de redefinición" (Laclau y Mouffe, 1985/2004:193). Por tanto, desde aquí en más no hubo, ni puede haber política sin hegemónica. El proceso de generalización de la forma hegemónica de la política "se impone como condición de emergencia de toda identidad colectiva, una vez que las prácticas articulatorias han llegado a determinar el principio mismo de la división social (Laclau y Mouffe, 1985/2004:193), y esto es precisamente lo que el marxismo no ha podido teorizar. La hegemonía es, por tanto, la forma que la política ha asumido desde la modernidad y no se constituye simplemente como resultado del momento articulatorio, sino que la articulación debe verificarse a través de cada enfrentamiento de prácticas antagónicas. En este sentido es que la hegemonía encuentra su condición de posibilidad en un campo social atravesado por antagonismos que demarcan límites y fronteras en la constitución de las totalizaciones sociales.

Ahora bien, entendemos que en el libro *Nuevas reflexiones sobre la revolución de nuestro tiempo*, Laclau profundiza la propuesta teórica esbozada en *Hegemonía y estrategia socialista*. En esta oportunidad, si bien mantiene el antagonismo como práctica de construcción socio-discursiva, introduce como novedoso el concepto de *dislocación estructural*. El lugar de la dislocación se conforma como un "espacio más primario", y el *sujeto* es equivalente a la forma pura de la dislocación de la estructura (Laclau, 1990/2000). Es decir, mientras abandona el concepto de *posiciones de sujeto*, incorpora la noción de *dislocación estructural*. Esta asume ahora el lugar de condición de posibilidad del sujeto, a partir de la *falla* constitutiva de toda estructura discursiva, y no ya simplemente como la pululación inacabable de un *exceso de sentido*: "Esta no es la libertad de un sujeto que tiene una identidad *positiva* –pues en tal caso sería tan sólo una posición estructural– sino la libertad derivada de una falla estructural" (Laclau, 1990/2000:76).

Laclau comienza este texto, poniendo en tensión dos conceptos claves –y a la vez polémicos– de la tradición marxista: *contradicción y antagonismo*. Analiza la vinculación entre los "dos motores de la historia" teorizados por Marx: la sucesión de *modos de producción* y la *lucha de clases*. Para el primero, menciona la contradicción entre fuerzas productivas y relaciones de producción ejemplificada en el prefacio a la *Contribución a la crítica de la economía política* (1859), donde Marx afirmaba que:

> "Al llegar a una determinada fase de desarrollo, las fuerzas productivas materiales de la sociedad chocan con las relaciones de producción existentes (…). De formas de desarrollo de las fuerzas productivas, estas relaciones se convierten en trabas suyas. Se abre así una época de revolución social". (Marx, 1859/1989:8)

Para el segundo, hace referencia al famoso pasaje del *Manifiesto comunista* (1848) donde la historia es leída en clave de la *lucha de clases*:

> "La historia de todas las sociedades que han existido hasta nuestros días es la historia de las luchas de clases. (…) Opresores y oprimidos se enfrentaron siempre, mantuvieron una lucha constante, velada unas veces y otras franca y abierta: lucha que terminó siempre con la transformación revolucionaria de toda la sociedad o el hundimiento de las clases beligerantes". (Marx y Engels, 1848/1974:62/63)

La primera pregunta que formula Laclau es si es posible seguir manteniendo la lectura, hecha por gran parte de la tradición marxista, acerca de la supuesta compatibilidad entre la contradicción –desarrollo de las fuerzas productivas/ relaciones de producción– y el antagonismo –entre clases sociales–. La empresa laclausiana partirá de la negativa a dicha equivalencia:

> "En el caso de la dualidad fuerzas productivas / relaciones de producción, se trata de una contradicción en el sentido estricto del término: la continuidad de la expansión de las fuerzas productivas más allá de un cierto punto constituye, dado un cierto sistema de relaciones de producción, una imposibilidad *lógica*, y esta imposibilidad se traduce, a corto o largo plazo, en el colapso mecánico del sistema. (…) Pero esta es una contradicción *sin antagonismo*. Del hecho de que exista un cierto punto y que esto conduzca a su colapso no se sigue *necesariamente* que este colapso deba adoptar la forma de un enfrentamiento entre grupos". (Laclau, 1990/2000:23)

Para muchos marxistas enrolados en las filas de la *II Internacional Comunista*, es en las contradicciones de la base económica donde reside en última instancia la posibilidad del cambio social[3]. Es decir que, para esta versión del marxismo, sólo bastaría que las contradicciones entre el *desarrollo de las fuerzas productivas* y las *relaciones de producción* se tensen al máximo para dar lugar a un proceso revolucionario. Por tanto, si fuera posible reducir el marxismo a este enunciado, no podríamos concederle a la *lucha de clases* ningún lugar significativo en el devenir de la historia. No obstante, la historia del marxismo no se agota en un modelo que supone "la emergencia de una serie de etapas necesarias y deducibles lógicamente las unas de las otras" (Petruccelli, 2010:299), sino que, por el contrario, es una historia rica que pone en cuestión aquel modelo determinista. En este sentido, son conocidas las versiones del marxismo que argumentan que, incluso en un momento histórico de tensión máxima de las contradicciones, no es deducible *a priori* un proceso revolucionario subsiguiente –como es el caso de Moreno que aquí analizamos y de tantos otrxs marxistas–[4]. El lugar donde reside la posibilidad del *cambio social* no es entonces simplemente un producto del despliegue de las contradicciones en la base económica, sino que la esfera misma de la *lucha de clases* es el lugar donde la disputa antagónica sería resuelta. Pero Laclau no está dispuesto tampoco a aceptar esta versión del marxismo. Como él sostiene, sobredeterminar estos dos planos no resuelve el problema central, ya que reconocer esto no implicaría comprender que la lucha de clases es un antagonismo *sin* contradicción, sino que ella continúa operando bajo las lógicas estructurales determinantes. Por tanto, aquello que hay que deconstruir es, para Laclau, la afirmación de que en última instancia la lucha de clases

---

[3] Laclau (1990/2000) hace referencia aquí fundamentalmente al pensamiento de K. Kautsky y de E.Bernstein.

[4] Nos referimos a Luxemburgo, Trotsky, Lenin, Althusser. Poulantzas, Gramsci, entre otrxs.

sería resultado del despliegue necesario de las contradicciones en el plano de la economía.

Laclau considera que una corriente del marxismo ha sabido reflexionar en torno a la *dislocación* y a la posible productividad política que de ella se desprende. El trotskismo, con las teorías de "la revolución permanente" y "el desarrollo desigual y combinado" (Laclau, 1990/2000:61), ha hecho de la *dislocación* una estrategia política, puesto que la posibilidad misma de la revolución pasa a depender de los desniveles estructurales. No obstante, Laclau señala dos aspectos problemáticos en el pensamiento de Trotsky. En primer lugar, aquello que se *combina* son los momentos históricos delimitados en el marco más general del despliegue de modos de producción preestablecidos; y en segundo lugar, el sujeto revolucionario se encuentra definido estructuralmente, más allá de los desniveles que operan y de la introducción de la contingencia en las articulaciones políticas. En definitiva, no importa si el marxismo ha podido pensar la complejidad de la transformación de lo social, no necesariamente vinculada al desarrollo de las fuerzas productivas, pues, seguirá comprendiendo al *antagonismo* como un despliegue interno de la *contradicción*, ya que sostiene un *fundamento último* de lo social determinado por la economía.

La ruptura de Laclau en este punto con respecto al marxismo es tajante: el antagonismo conlleva una negatividad intrínseca que supone la imposibilidad de fijarlo *aprioristicamente* a cualquier plano de objetividad. En consecuencia, éste no puede ser reducido a un momento interno del despliegue de la contradicción. Puesto que, el antagonismo exhibe su radicalidad, al trazar un *límite externo,* que supone un momento dislocatorio constitutivo de la totalidad social y no simplemente una conexión interna de aquella estructura. De este modo, Laclau propone una radicalización del *antagonismo* y, por tanto, de la *negatividad,* dado que deben considerarse bajo las condiciones de una contingencia primaria de lo social y ya no como el despliegue necesario de las contradicciones en la base económica. Para Laclau, aunque el marxismo haya logrado comprender que el momento antagónico supone la contingencia de toda lucha, nunca dejó de vincular esa lucha (en tanto lucha de *clases)* con un momento determinado de necesidad estructural. En cambio, en la apuesta teórica laclausiana, el momento de *contingencia,* que supone el *antagonismo y la negatividad,* subvierte los límites de la objetividad y traza nuevas fronteras. Si para el marxismo, el antagonismo marcaba la posibilidad de constituir la identidad, ahora este expresa la imposibilidad de constituirla plenamente.

La condición de toda identidad es, entonces, la *dislocación* en tanto *falla* estructural. La *dislocación* atraviesa toda identidad y sólo a partir de ella es que el sujeto –a través de actos– puede identificarse. Toda identidad es así fallida y no consigue cerrarse en sí misma. Las *identidades,* lejos de ser positivas se constituyen en el terreno de la negatividad a partir de un exterior constitutivo que es a la vez su posibilidad/imposibilidad: "toda identidad es dislocada en la medida en que depende de un exterior que, a la vez que la niega, es su condición de posibilidad" (Laclau, 1990/2000:55). Aquello que pretende marcar Laclau en este libro, de manera bien explícita, es que si la propia estructura es por su condición de tal *fallida* y se halla dislocada, el *sujeto* no puede estar nunca completo por ser parte y a la vez exceso de esa misma estructura. La estructura dislocada es, por su condición ontológica, indecidible, y por lo tanto, toda decisión de sutura parcial que opere no es más que contingente, así como el sujeto que constituye. Es decir, la contingencia misma es la que se radicaliza:

> "En primer lugar, si la indecibilidad reside en la estructura en cuanto tal, en ese caso toda decisión que desarrolle *una* de sus posibilidades será contingente –es decir, externa a la estructura–. (...) Pero en segundo término, el agente de esa decisión (...) no debe ser considerado como una entidad *separada* de la estructura, sino constituido en relación con ella. (...) Esto se debe a que la estructura misma es indecidible y en tal sentido no puede ser enteramente repetitiva, ya que las decisiones tomadas a partir de ella –pero no determinadas por ella– la transforman y subvierten de manera constante". (Laclau, 1990/2000:46)

Es decir, al igual que en *Hegemonía & estrategia socialista*, el sujeto tampoco puede ser pensado simplemente como externo a la estructura y, sin embargo, ya no hay posiciones de sujeto. Por tanto, la posibilidad *subjetiva* adquiere una relativa independencia con respecto a la estructura, ya que el sujeto es ahora quien toma una *decisión* contingente sobre una estructura que es ontológicamente indecidible. Es decir, el sujeto se constituye en el *locus* de la *decisión* que la estructura ni pre-supone ni determina. De este modo, la posibilidad de la subjetivación está dada a partir de la distancia entre una estructura indecidible y un acto contingente de decisión. Podríamos decir que en términos ontológicos, "la decisión tiene (...) un carácter fundante tan primario como el de la estructura a partir de la cual es tomada, ya que no está determinada por esta última" (Laclau, 1990/2000:47).

Para retomar la crítica al pensamiento marxista, Laclau dirá que si bien cierto marxismo piensa desde las dislocaciones sociales, estas suponen un sentido último *objetivo*, que las liga a *una estructura como totalidad* y que, por consiguiente, "el *sujeto* del cambio es interior a ese proceso y está predeterminado por el mismo. El sujeto es enteramente absorbido por la estructura" (Laclau, 1990/2000:57. Cursivas en el original). Mientras que para Laclau, el sujeto asume el lugar de la dislocación estructural. De este modo, aunque el sujeto no sea exterior a la estructura, tampoco se halla determinado por ella.

El sujeto no es más que aquello que resulta de la imposibilidad de constituir la estructura como objetividad plena.

El pensamiento de Laclau cohabita en esta tensión irresoluble entre una totalidad social y la imposibilidad de constituirla objetiva y efectivamente. La totalidad es la condición para que *la sociedad* exista –como orden social específico–, pero para que esto se efectivice debe ocurrir un momento político anterior –donde las categorías de *articulación, hegemonía* y *antagonismo* son centrales– que funde aquel orden social imposible. De esta afirmación se podrían desprender dos puntos importantes. Por un lado, habría en el pensamiento de Laclau una primacía de "lo político respecto de lo social" (Laclau, 1990/2000:50). Esta primacía se sustenta en el hecho de que el orden social es resultado de un acto contingente, hegemónico y articulatorio. Por tanto, *lo político* deja de ser una simple categoría regional de lo social, para ocupar el lugar determinante en la constitución de lo social mismo. El tiempo de institución originaria de la sociedad es "el momento en que *se muestra* su contingencia ya que, (…) esa institución sólo resulta posible a través de la represión de alternativas que estaban igualmente abiertas" (Laclau, 1990/2000:51). Así, la *lucha* de esas alternativas, o mejor aún el resultado precario de esa lucha, no es otra cosa que el lugar fundante de lo político frente a lo social. Como sostiene Laclau:

> "Las formas sedimentadas de la 'objetividad' constituyen el campo de lo que denominaremos 'lo social'. El momento del antagonismo, en el que se hace plenamente visible el carácter indecidible de las alternativas y su resolución a través de relaciones de poderes lo que constituye el campo de 'lo político'". (1990/2000:51/52)

Por el otro, Laclau rechaza la premisa marxista de que lo social se afirma sobre una determinación económica –el modo de producción capitalista–. Esto conduce a que, en las producciones de Laclau, se arribe a una conclusión opuesta: la *economía desaparece como el sitio fundamental de la lucha* (Žižek, 2004/2006). En otras palabras, si lo social no se funda en el modo de producción sino en lo político, Laclau termina desestimando las relaciones de producción y negando la lucha de clases misma: "el demiurgo de la historia pasa a ser la lucha a secas" (Petruccelli, 2010:300). Agregaríamos que la lucha no es a secas, como sostiene Petruccelli, sino que toda lucha es por definición política para ser justos con el esquema teórico de Laclau. Esto quiere decir que la lucha es *política* puesto que está compuesta por sujetos antagónicamente constituidos, en el marco de una disputa hegemónica global, donde la economía no determina nada, excepto la potencialidad de una diferencia que, como cualquier otra, puede ser articulada con otras luchas. Es decir, que la sociedad sea capitalista, no implica que las *relaciones de producción*, en definitiva las clases sociales, tengan ningún tipo de privilegio articulatorio frente a otras luchas –como las raciales, de género, anticoloniales, etc. –. De aquí que Laclau resalte los distintos modos de pensar un *proyecto socialista*:

> "Para el marxismo clásico la posibilidad de trascender la sociedad capitalista dependía de la simplificación de la estructura social y de la emergencia de *un* agente privilegiado del cambio histórico. Para nosotros, por el contrario, la posibilidad de una transformación socialista y democrática de la sociedad depende de una proliferación de nuevos sujetos del cambio, lo cual sólo es posible si hay algo realmente en el capitalismo contemporáneo que tiende a multiplicar las dislocaciones y a crear, en consecuencia, una pluralidad de nuevos antagonismos". (1990/2000:57)

El proyecto político de Laclau (1990/2000) se afirmará en sostener a *lo político* como momento fundante de una sociedad futura pasible de ser llamada socialista, pero fundamentalmente democrática. Es decir, si el *socialismo* puede subsistir como proyecto político emancipador, debe ser antes que nada *democrático*, no puede sostenerse más la concepción marxista de *lucha armada*, ni de *dictadura del proletariado*. Por tanto, el sujeto que pueda trastocar los límites de la sociedad capitalista deberá ser resultado de la articulación hegemónica de una multiplicidad de luchas que antagonicen al sistema como *lo otro capitalista*. De este modo, el sujeto será siempre un *sujeto político* –al igual que la lucha–, puesto que es resultado de una práctica política contingente. En consecuencia, este sujeto, ya no tendrá una determinación estructural y por tanto clasista, sino que asumirá el nombre del *pueblo*.

II. 2. *Entre lo universal y lo particular. El pueblo como sujeto político*

Esta peculiar crisis del marxismo exhibe, para Laclau, que tanto el proyecto socialista, como el comunista y también su sujeto, la clase trabajadora, no alcanzan un lugar determinante en el proceso histórico, sobre todo a partir de las configuraciones de un capitalismo posindustrial. Pero entonces, ¿es posible aún pensar en términos emancipatorios? En todo caso, afirma Laclau, toda una serie de reformulaciones tienen que ser realizadas. Por un lado, afirma, será necesario discutir y cuestionar la idea de *revolución*. La consumación de un proceso revolucionario como lo fueron las revoluciones del siglo XX ya no son posibles en las actuales condiciones político-sociales. Por el otro, la *emancipación* debe pensarse como un problema hegemónico-político y no socio-estructural, generando un corte con la distinción de una *emancipación humana* distinta de una *emancipación política* –tal como refería Marx en *La cuestión judía* (1843) –. En este sentido, para Laclau ya no es posible la realización efectiva de un evento revolucionario a gran escala, así como tampoco la emancipación puede ser distinguida entre política y humana.

Retomando a Marx, es posible distinguir que el proceso emancipatorio puede ser pensado mediante una separación entre una *emancipación política,* bajo la cual un particular asume el lugar ficticio de un universal que lo excede -ampliando determinado derecho al conseguir determinada conquista social-, y una *emancipación humana,* que supone una transformación de la sociedad toda donde, de algún modo, ya no media una particularidad en el alcance de la universalidad. Para Laclau, esta distinción debe ser abandonada. La emancipación, si es que aún hoy puede ser concebida, supone una relación indecidible entre *lo universal* y *lo particular.* Es decir, toda emancipación es para Laclau, política. La universalidad y el particularismo no son dos conceptos que puedan comprenderse separadamente sino que deben ser pensados a partir de una *articulación política.* Por tanto, el concepto de articulación es fundamental en el pensamiento de Laclau para criticar aquellas formas de universalismo que, como la marxista, presuponían una identidad universal en sí sin mediación de particulares y como resultado del desarrollo de estructuras objetivas. Laclau afirma que toda identidad es *diferencia* –por tanto, particular–, y contingente –por tanto, no es determinada por la estructura–:"Cada identidad es lo que es sólo a través de su diferencia con otras" (Laclau, 1996:52)[5].

---

[5] Laclau tampoco resuelve el problema a favor de un puro particularismo, puesto que afirma que el cerramiento en la pura diferencia, en la pura particularidad conduce a un política reaccionara: "Todas las formas de subordinación y exclusión pueden consolidarse con la excusa de mantener las identidades puras" (Laclau, 1996:47). La cuestión de los inmigrantes en Europa, afirma Laclau, es el gran exponente del problema político que implica una concepción que mantendría las identidades puramente particularizadas. Por tanto se pregunta Laclau ¿cómo es posible transformar las relaciones de opresión? Un sistema de opresión, es decir un cierre, puede ser combatido de dos maneras: o bien, se invierte produciendo un nuevo cierre. Pero, dice, "si simplemente *invertimos* la relación de opresión, el otro (el antiguo opresor) es mantenido como el ahora oprimido y reprimido, pero la inversión de los *contenidos* deja inalterada la forma de la opresión. Y como la identidad de los grupos recientemente emancipados ha sido constituida a través del rechazo de los antiguos grupos dominantes, éstos continúan moldeando la identidad de los primeros" (Laclau, 1996:48), y en tal caso ninguna transformación sustantiva estaría siendo realizada. O bien, se realiza a través de la negación del sistema en su misma dimensión universal a través de la distinción del antagonismo constitutivo de todo sistema, y se cuestiona el cierre totalizador como tal. En tal caso, "la referencia al otro es también mantenida (…), pero como la inversión tiene lugar en el nivel de la referencia universal y no de los contenidos concretos de un sistema opresivo, han cambiado radicalmente las identidades tanto de los opresores como de los oprimidos (Laclau, 1996:49). Esta será la apuesta laclausiana. Las citas corresponden al artículo "Universalismo, particularismo y la cuestión de la identidad" (1991), en *Emancipación y diferencia* (1996).

Toda *identidad* (política) se constituye entonces como articulación de elementos. La identidad articulatoria se forma en el marco de totalidades discursivas que, como aquella, se encuentra dislocada y acechada por un exterior que la constituye. Por tanto, la *completitud* de toda identidad –y de la totalidad social– es imposible. Esta posibilidad final de completitud, se ve obliterada por aquello que Laclau denomina una *fuerza antagónica*. Esta última es, al mismo tiempo, la posibilidad de la construcción de toda identidad y de la totalidad social, y su negación, su imposibilidad. En este sentido es que el *antagonismo* se convierte en el límite y en la posibilidad de toda objetividad social. El *sistema social* (la totalidad) al igual que el sujeto (las identidades) se encuentran penetrados por una falla constitutiva, por un límite antagónico.

Ahora bien, la posibilidad de la *emancipación* se encuentra íntimamente vinculada a la posibilidad de pensar la universalidad, dado que si simplemente se la liga a *lo particular* no podría haber emancipación alguna. Puesto que desde una transformación particular el sistema no cambiaría sino que simplemente mutarían sus límites internos y aquello que el antagonismo presenta es justamente la posibilidad de un límite externo. Sin embargo, dice Laclau, sin la emergencia de *lo universal* dentro del terreno histórico (colgado de elementos particulares y concretos), la emancipación deviene también imposible. Por tanto la posibilidad de la emancipación debe encontrarse en algún lugar *entre* lo universal y lo particular.

Para el marxismo, la universalidad surgía sin ninguna mediación dado que "la 'clase universal' en Marx puede asumir la tarea emancipatoria porque ha pasado (…) a ser pura esencia humana despojada de toda pertenencia particularista" (Laclau, 1996:31)[6]. El proletariado asumiría de esto modo el lugar de un sujeto que expresa lo universal desde su particularidad de "forma tan directa, que su advenimiento es concebido como el fin de la necesidad de todo proceso de representación" (Laclau, 1996:28)[7]. Y junto con este resultado, se afirma la posibilidad de poner fin a la política como proceso constituyente de lo social. Entonces, para Laclau, aquello que media, que se encuentra entre lo universal y lo particular, es un *proceso político de representación* que no puede ser erradicado. En este sentido, Laclau afirma que sostener la universalidad de la tarea socialista ha sido un problema para el marxismo, frente a una *clase obrera* que siempre ha operado como cualquier otra diferencia del sistema social. En todo caso, sostiene Laclau, la tarea ha sido la de cómo hacer que la particularidad de la clase trabajadora devenga el

---

[6] "Más allá de la emancipación" (1992), en *Emancipación y diferencia* (1996).
[7] "Más allá de la emancipación" (1992), en *Emancipación y diferencia* (1996).

locus de la tarea universal del socialismo[8]. La emancipación requiere por tanto de un acto creativo que haga advenir una universalidad siempre elusiva: "La emancipación está estrictamente ligada el destino de lo universal, ya sea que la dimensión de fundamento prevalezca, o que la emancipación resulte de un verdadero acto de fundación radical, su presencia no puede provenir de ningún agente social particularizado" (Laclau, 1996:30)[9].

Entonces, si la emancipación encuentra su condición de posibilidad a partir de una mediación entre *lo universal* y *lo particular* – y este es para Laclau el lugar de la representación–, la *hegemonía* devine una categoría central. Un acto hegemónico, como vimos, no es más que la reinscripción de las particularidades –las diferencias– en una cadena de equivalencias que refieren a un *universal* como lugar vacío pero necesario. La pregunta que se presenta entonces es qué significante –puesto que para Laclau toda estructura es una totalidad discursiva– asumirá el lugar de representar una universalidad huidiza pero inerradicable. La respuesta será para Laclau, la *producción social de significantes vacíos*.

El significante es *vacío* –o de vacuidad tendencial– cuando no opera una determinación estructural última que ligue la *forma* y el *contenido* del significante antes del momento político de articulación hegemónica. De este modo, el *proletariado* no tiene ningún lugar estructural privilegiado *antes* del acto hegemónico. El significante vacío puede *atraer* distintos significantes en contextos distintos, es una significación precaria y contingente. Tampoco cualquier posición en la sociedad, cualquier lucha (política) es capaz de transformar sus contenidos en un *punto nodal* de articulación social. Así, Laclau rechaza a la vez la idea de que la particularidad de cualquier grupo está predestinada a ser el contenido de tal función universalizante (como una clase universal: como lo era la *clase obrera* para Marx) y la noción de que la particularidad de cualquier grupo es constitutivamente incapaz de llegar a ocupar el lugar del contenido universal (como por ejemplo las "mujeres", los "negros", etc.). En definitiva, Laclau rechaza, por un lado, la idea de que un grupo pueda ocupar el lugar de *lo universal* sin ningún tipo de mediación política, y por el otro, la idea de que los grupos están condenados a su contenido particular sin jamás poder asumir hegemónicamente el lugar de *lo universal*. Esto indica que, para Laclau, la posibilidad de *lo universal* se da en el seno mismo de *lo particular*, y que la relación entre uno y otro supone

---

[8] Según afirma Laclau, la *II Internacional* resolvió este problema a partir del supuesto de una "creciente simplificación de la estructura social bajo el capitalismo" (Laclau, 1996:92); pero esta justificación no podría ser sostenida puesto que como vimos, para Laclau, el capitalismo no ha simplificado su estructura sino que la ha complejizado, haciendo que lo social sea cada vez más opaco y fragmentado.

[9] "Más allá de la emancipación" (1992), en *Emancipación y diferencia* (1996).

una *relación hegemónica* que, por tanto, atañe al problema de los *significantes vacíos*.

Como vimos, un significante vacío solo puede surgir si hay una imposibilidad estructural de la significación como tal. La totalidad es esencialmente requerida dado que si las diferencias no constituyen un sistema, ninguna significación sería posible. Por tanto, como afirma Laclau, un límite es requerido; pero éste constituye a la vez la posibilidad/imposibilidad del sistema totalizador. Por ello, el límite nunca puede ser *neutral*[10], sino que requiere de una exclusión: la partición del todo en dos lugares antagónicos. En otras palabras, si se pretende determinar los límites de la significación en cuanto tal:

> "Esos límites no pueden ser ellos mismos significados, sino que tienen que mostrarse a sí mismos como interrupción o quiebra del proceso de significación. De tal modo, nos encontramos en la situación paradójica de que aquello que constituye la condición de posibilidad de un sistema significativo –sus límites– es también aquello que constituye su condición de imposibilidad – un bloqueo en la expansión continua del proceso de significación–". (Laclau, 1996:71)[11]

El antagonismo, como proceso de exclusión radical, marca los límites auténticos porque la actualización de lo que hay, más allá del límite de la exclusión, ciñe a la imposibilidad de lo que hay de este lado del límite. De ahí que el verdadero límite sea *antagónico*. Cada particularidad –cada diferencia– del sistema tiene, por un lado, una identidad que es diferente a otras –en este sentido, *diferencia* sería igual a *identidad*–. Pero por otro lado, todas las diferencias son equivalentes si están de este lado del límite de exclusión frente a aquel exterior. Por tanto, la identidad de cada elemento particular está constitutivamente dividida. Laclau observa un doble movimiento, cada diferencia se expresa a sí misma como diferencia, a la vez que cada diferencia se cancela al entrar en una relación de equivalencia con otros elementos trazando un límite frente a otros. Así, la exclusión antagónica funda al sistema (y a cada elemento particular). Aquello que es excluido del sistema, afirma Laclau (1996), lejos de ser algo objetivo, es el *principio de no ser algo puramente positivo*. Esto anuncia, entonces, la importancia del *significante vacío* en el esquema teórico de Laclau. Este es el significado de la cancelación de toda diferencia -de un lado de la exclusión-. Por tanto, el lugar de significante vacío es garantizado porque aquello que está del otro lado de la

---

[10] Laclau afirma al respecto: "Un límite neutral implicaría que él es esencialmente continuo con lo que está a sus dos lados, y que estos dos lados serían simples diferencias el uno del otro" (Laclau, 1996:72).

[11] "¿Por qué los significantes vacíos son importantes para la política?" (1994), en *Emancipación y diferencia* (1996).

frontera de exclusión es reducido a la *pura negatividad*. Ese *otro lado*, ese *más allá*, deviene el significado de la pura carencia, de la pura negatividad, y por ello *hay límite y sistema como un orden objetivo. Pero también, desde el lado de la significación excluida, todas las diferencias excluidas tienen que cancelar sus diferencias a través de una cadena de equivalencias que el sistema rechaza en orden de constituirse como tal.*

En suma, para Laclau sólo se pueden marcar límites sociales *subvirtiendo* el proceso de significación como tal: "no hay forma directa de hacerlo excepto a través de la subversión del proceso de significación" (Laclau, 1996:74)[12]. Y esto es posible mediante un acto hegemónico, donde un significante asume el rol de representante de la sistematicidad del sistema, por tanto, el sistema significa como totalidad: "La sistematicidad del sistema, o –su reverso– la pura negatividad de los excluido, requiere de la producción de significantes vacíos" (Laclau, 1996:74). En este sentido, el error del marxismo fue el de considerar que la socialización de los medios de producción no era más que una demanda limitada a la esfera de la economía y no "el 'nombre' de una amplia variedad de efectos equivalenciales que irradiaban al conjunto de la sociedad" (Laclau, 1996:105/106). Lo universal para Laclau:

> "no tiene contenido propio, sino que es una plenitud ausente o, más bien el significante de la plenitud como tal, de la idea misma de plenitud; (…) lo universal sólo puede emerger a partir de lo particular, ya que es sólo la negación de un contenido particular lo que transforma a ese contenido en el símbolo de una universalidad que lo transciende; (…) puesto, sin embargo, que lo universal –tomado en sí mismo– es un significante vacío, qué contenido particular va a significar a aquél es algo que no puede determinarse ni por un análisis de lo universal en cuanto tal. La relacione entre los dos depende del contexto del antagonismo y es, en el sentido estricto del término, una operación antagónica". (Laclau, 1996:33/34)[13]

El acto hegemónico supone que la relación entre universal y particular no implica la realización de una esencia, pero tampoco la superación definitiva de todas las diferencias, sino un proceso de medición continuo y conflictivo a través del cual las luchas antagónicas articulan distintas demandas sociales y diferentes estrategias políticas. Por tanto, las relaciones entre lo particular y lo universal asumen en el pensamiento de Laclau una relación hegemónica: "La sistematicidad del sistema, el momento de su imposible totalización, será simbolizado por particularidades que asumen contingentemente esa función

---

[12] "¿Por qué los significantes vacíos son importantes para la política?" (1994), en *Emancipación y diferencia* (1996).

[13] "Más allá de la emancipación" (1992), en *Emancipación y diferencia* (1996).

representativa" (Laclau, 1996:98)[14]. El acto hegemónico no es otra cosa que la *subversión* de *lo particular* de la particularidad en función de representar un *universal ausente*. De ello se desprende, en primer lugar, que ninguna de estas diferencias tiene inscripta *a priori* el lugar de representar a la totalidad, y en segundo lugar, que no puede haber una fijación final de la universalidad. En todo caso, concluye Laclau, el no reconocimiento del carácter precario, inestable e imposible de la totalidad social es un acto político/ideológico, así como el de privilegiar a determinados sujetos[15].

El objetivo central de su libro *La razón populista* (2005) es adjudicarle al *populismo* la primacía ontológica de ser "un modo de construir lo político" (Laclau, 2005/2013:11). Dicho modo no es, en ningún sentido, uno más entre tantos otros, sino que asume el nombre del *momento equivalencial*, y por tanto se convierte en "el cimiento mismo del tejido social" (Laclau, 2005/2013:86). De este modo, la constitución *subjetiva* que el populismo supone, el pueblo, es ponderado como aquel *sujeto político* que, por constitución, (re)presenta una capacidad disruptiva de lo socialmente instituido. Es decir que asume el lugar, una vez abandonada la categoría marxista de clase, de ser el sujeto político con potencialidades emancipatorias.

Ahora bien, cabe entonces preguntarnos, ¿en qué consiste el populismo en su versión laclausiana?, ¿cuál es su condición de posibilidad?, ¿por qué Laclau le otorga un lugar ontológicamente primario? El primer rasgo que debe presentar lo social, para que opere una *razón populista*, no es muy diferente a la partición del espacio social que presentaba la categoría de *antagonismo*. Es decir, el populismo tiene, como primera condición, la formación de una *frontera antagónica* que dicotomiza el espectro político como consecuencia de la *articulación* de una cadena equivalencial de *demandas sociales insatisfechas* por el orden hegemónico operante (Laclau, 2005/2013:99)[16].

---

[14] "Sujeto de la política, política del sujeto" (1995), en *Emancipación y diferencia* (1996).

[15] Como afirma Bosteels, haciendo referencia a la teoría de Laclau: "La ideología es una fantasía cuyo objetivo es ocultar la inconsistencia esencial del campo socio político. La fantasía ideológica fundamental, por lo tanto, siempre es una versión de la idea de que la sociedad constituye un todo orgánico, cohesivo e íntegro. Extrañamente, al definir la sociedad como imposible, la nueva doctrina se proporciona a sí misma un parámetro infalible para redefinir la ideología en términos de un falso reconocimiento estructural, pero en esta ocasión no de una especie de realidad concreta oculta bajo el velo de una falsa conciencia, sino más bien del hecho de que la ideología no esconde nada en absoluto o esconde esa 'nada' de la estructura" (2007:64/65). Por un lado, podríamos decir que los pensamientos de Badiou y de Laclau se tocan en este punto. Para Badiou también el cierre de la cuenta supone una práctica ideológica. Por otro lado, Laclau está criticando al pensamiento marxista, por el hecho de hacer de su propia teoría una ideología: la totalidad dialéctica sin fallas y la clase obrera como universal.

[16] La categoría de *demanda social* viene a ocupar el lugar de aquello que en la ontología Laclau presentaba como *diferencia* o como elemento diferencial.

Las demandas sociales pueden adquirir dos formas específicas: o bien pueden ser *demandas democráticas*, aquellas que permanecen de modo aislado como simples diferencias; o bien, pueden pasar a ser *demandas populares*: "la pluralidad de demandas que, a través de su articulación equivalencial, constituyen una subjetividad social más amplia" (Laclau, 2005/2013:99). Es decir que si un conjunto de *demandas insatisfechas* se articula en una cadena equivalencial, comienza el proceso de formación de una frontera antagónica que abre la posibilidad primera del populismo, y el *pueblo*, de manera aún incipiente, comienza a operar como sujeto político. Por tanto, si aquello que prima en el espacio social son demandas democráticas, aún el pueblo como sujeto político no se ha constituido, pero si aquellas demandas comienzan a articularse de modo equivalencial, se constituyen en una cadena de *demandas populares* que prefiguran la organización del *pueblo* como sujeto político.

Podríamos decir entonces que la separación en dos tipos de demandas supone, para Laclau, la presencia de dos lógicas de constitución de lo social. La primera es una *lógica institucional*, que inscribe de modo diferencial a las demandas democráticas (aisladas), sean estas satisfechas o no por parte del Estado. La segunda corresponde a la *lógica de la equivalencia*, que se forma cuando un grupo de demandas insatisfechas (ahora llamadas demandas populares) trazan una frontera antagónica frente a lo instituido. La primer lógica supone la afirmación de la *particularidad*, "cuyos únicos lazos con otras particularidades son de naturaleza diferencial" (Laclau, 2005/2013:104), mientras que la segunda lógica conlleva "una claudicación parcial de la particularidad, destacando lo que todas las particularidades tienen, equivalencialmente, en común" (Laclau, 2005/2013:104); es decir, el rechazo al sistema. En definitiva, la segunda lógica implica el trazado de una frontera antagónica, en tanto que la primera no[17].

Ahora bien, si esta primera distinción supone un paso necesario para comprender la "razón populista", no agota el proceso de conformación de

---

[17] Estas dos lógicas de lo social se hallan siempre imbricadas, una no puede operar sin la otra. Puesto que, dice Laclau, pensar lo social bajo una lógica de la absoluta diferencia, sin ninguna articulación equivalencial –por más mínima que fuera– no permitiría ningún tipo de consistencia sistémica. Por otra parte, pensar que esa consistencia, que esa equivalencia pueda ser total es imposible dado que supondría pensar lo social como un todo cerrado y, como vimos, esto es inadmisible en el esquema de Laclau. No obstante, si tuviéramos que llevar hasta el extremo a ambas lógicas, sólo a fines analíticos, podríamos decir que la lógica institucionalista es aquélla que pretende hacer coincidir sus propios límites (en tanto formación discursiva) con los límites de la comunidad en cuanto tal. Por lo tanto, "el principio universal de la 'diferencialidad' se convertiría en la equivalencia dominante dentro de un espacio comunitario homogéneo" (Laclau, 2005/2013:107). Mientras que en el caso del *populismo*, la lógica de la equivalencia supone el trazado de una frontera de exclusión que divide a la sociedad en dos campos antagónicos. De este modo, "el 'pueblo' (…) es algo menos que la totalidad de los miembros de la comunidad" (Laclau, 2005/2013:108).

un pueblo, dado que este, en el pensamiento de Laclau, supone *un grado más estable de significación*. En un primer momento, vimos que el antagonismo no puede ser comprendido como contradicción en el sentido dialéctico-marxista, puesto que sería para Laclau "totalmente incapaz de capturar lo que está en un antagonismo social" (2005/2013:112). El antagonismo, lejos de ser el despliegue de una contradicción primaria de lo social, es estrictamente constitutivo de este último. De este modo, la *frontera antagónica* supone "una exterioridad que puede ser, ciertamente, vencida, pero no puede ser dialécticamente recuperada" (Laclau, 2005/2013:112). No puede ser dialécticamente recuperada ya que esto supondría el despliegue inmanente de una totalidad, y la noción de *antagonismo constitutivo*, requiere siempre de un espacio social fracturado e imposible y presupone la constitución de una lógica trascendente. La fractura de lo social no puede ser nunca recuperada en vista a que ella misma es la condición de posibilidad/imposibilidad de lo social como tal. Por tanto, que lo social sea siempre una *totalidad fallida*, que suponga una plenitud de la *comunidad* que está siempre ausente, es lo decisivo, según Laclau, para poder pensar la constitución, no ya de un sujeto anclado en la totalidad de lo social (como era la clase) sino un sujeto (político) que encuentre su condición de posibilidad precisamente en la falla de lo social (el pueblo). De este modo, la noción de *populismo* "va a ser el intento de dar un nombre a esa plenitud ausente. Sin esta ruptura inicial de algo del orden social (…), no hay posibilidad de antagonismo, de frontera o, en última instancia, de 'pueblo'" (Laclau, 2005/2013:113). Por lo tanto, sin constitución del pueblo (como sujeto que precisa, para presentarse, del trazado de una frontera antagónica junto con el intento de nombrar la plenitud ausente) no habría posibilidad de *hegemonía* (acto en el cual un particular asume el rol de un universal más amplio). Es decir, populismo y hegemonía, se presuponen en el esquema laclausiano. Puesto que si la hegemonía es un concepto central de la ontología laclausiana, el populismo es la apuesta de ponerla a actuar en un plano óntico.

El pueblo, como sujeto de ruptura del orden social instituido, es siempre una construcción –que presume una disputa hegemónica– dado que ningún contenido particular tiene inscripto de antemano "su significado en el seno de una formación discursiva, todo depende del sistema de articulaciones diferenciales y equivalencíales dentro del cual está situado" (Laclau, 2005/2013:114). Así, que un contenido particular asuma el rol de un universal que lo excede, es resultado, y no principio, de un proceso de articulación hegemónica. En este sentido, por ejemplo, la noción de *trabajador* puede –al igual que cualquier otro tipo de fijaciones parciales contingentes–, en determinado contexto histórico, o bien, "agotarse en un significado particularista, o bien puede convertirse en la denominación del 'pueblo'" (Laclau,

2005/2013:114). No obstante, no puede ser deducida como el sujeto que a priori encarna un papel determinante en la lucha hegemónica como sujeto de la emancipación.

El *pueblo* pasará a ocupar el lugar de la universalidad imposible y a la vez necesaria de constitución de lo social. Pero para que esta universalidad –política– funcione precisa, además, que un particular de aquella cadena equivalencial pase a *representar* el lugar hegemónico. Es decir, para que el pueblo se constituya como un sujeto político es necesario que una *demanda particular* de la cadena cristalice una identidad popular más amplia que ella misma. Por tanto, aquella demanda que ocupe el lugar de un significante vacío se encontrará siempre dividida: "por un lado, es una demanda particular; por el otro, su propia particularidad comienza a significar algo muy diferente de sí misma: la cadena total de demandas equivalencíales" (Laclau, 2005/2013:124). Esta división también debe presentarse en las demandas restantes de la cadena. Así, la significación *cristalizada* en este significante, como punto nodal del proceso articulatorio, es transferida *necesariamente* a las otras demandas populares, a fin de constituir una identidad popular. Como afirma Laclau, "esta significación más universal es (…) transmitida a los otros elementos de la cadena, que de esta manera se dividen también entre el particularismo de sus propias demandas y la significación popular dada por su inscripción dentro de la cadena" (2005/2013:124).

En un principio, la *identidad popular* supone una *negatividad* específica subyacente al lazo equivalencial mismo: aquello que comparten las demandas de la cadena –es decir aquello que les permite *formar* una cadena– es el hecho de no encontrarse satisfechas por el *sistema institucional* operante. Es decir, aquello que en un primer momento permite la formación de la cadena equivalencial es lo que las demandas tienen en común, más allá de sus diferencias particulares: el rechazo al sistema dominante. Pero este vínculo comienza a presentar una significación *más positiva,* dice Laclau, a través del proceso hegemónico, mediante el cual una demanda particular de esa cadena pasa a ocupar el lugar de un universal más amplio –el significante vacío–. Así, el lugar este significante permite que una pluralidad de demandas refuercen positivamente el lazo identitario, haciendo que la cadena conforme una identidad *extensivamente rica*, y a la vez, *intensivamente pobre*, dado que el particularismo del significante nodal debe cada vez más despojarse de sus "contenidos particulares a fin de abarcar demandas sociales que son totalmente heterogéneas entre sí" (Laclau, 2005/2013:125). No obstante, aquel significante es *tendencialmente* vacío, o de vacuidad tendencial, puesto que nunca puede sufrir un proceso total de vaciamiento de su particularidad. Por tanto, la configuración de la identidad popular se mantendrá siempre en esta condición de precariedad identitaria y estructural, aunque logrará constituirse positivamente en un sujeto político a partir del mecanismo de articulación hegemónica que condensa el *significante vacío.*

En este momento de la argumentación Laclau afirma que, una cadena equivalencial se expresa, entonces, mediante "la catexia de un elemento singular" (Laclau, 2005/2013:126). Esto supone que ese elemento singular –que ocupa el lugar de lo universalidad ausente– es investido libidinalmente a fin de que la cadena de equivalencias adquiera una significación más estable. Este proceso supone que el *nombre* que adquiera ese significante, se trasformará retrospectivamente en el *fundamento* de la identidad popular. Esta identidad se constituye a partir de un efecto retroactivo del acto del nombrar; es allí donde se inscribe "el punto nodal (*point de capiton*) cuyo nombre genera la unidad de una formación discursiva" (Laclau, 2005/2013:134) que, al igual que el objeto *a* lacaniano, no tiene ninguna identidad positiva propia sino que supone una objetivación del mismo vacío[18]. En otras palabras, este acto es "una discontinuidad abierta en la realidad por la emergencia del significante" (Žižek, 1989/1992:95). Esto sólo puede ser posible si, al igual que para el pensamiento badioudiano, la nominación no es subordinada a ninguna designación precedente. De este modo, este proceso se torna plausible en tanto que existe siempre un punto dentro el sistema de significación que permanece vacío. No obstante, cierta parte del vacío en la teoría laclausiana puede ser nombrada "porque es un vacío *dentro* de la significación" (Laclau, 2005/2013:136).

En suma, si bien Laclau introduce el vacío de la situación –dado que toda totalidad es fallida– nos muestra al mismo tiempo cómo el proceso de conformación de identidades populares supone una nominación parcial de ese vacío. El límite que traza la frontera antagónica populista, parecería ser un límite interior y no la fijación de un exterior radical como pretende el mismo Laclau. Esta tensión intenta ser resuelta sobre el final del libro, donde Laclau distingue un concepto nuevo, que marcaría el lugar de la falla de lo social como tal. Así, la categoría de *heterogeneidad,* se convierte ahora en el sitio real del vacío y del exceso de la significación misma. La *heterogeneidad* se presenta, en un primer momento, a partir de que una demanda particular no puede ser satisfecha dentro de un sistema específico, y, por lo tanto, *excede* "lo que es diferencialmente representable dentro de él" (Laclau, 2005/2013:139). En efecto, lo heterogéneo vendría a ser aquello que carece de una ubicación

---

[18] Al respeto Stavrakakis, *Lacan y lo político* (2007). Este afirma que el *objeto petit a* lacaniano es la figura que encarna el universal sin dejar de ser un particular, algo que claramente retoma Laclau para explicar el funcionamiento de la lógica de la hegemonía.

diferencial dentro del orden simbólico. Laclau (2005) afirma que esta forma de la heterogeneidad sería, de algún modo, equivalente al real lacaniano[19].

Lo heterogéneo parece no agotarse en ese punto dentro del esquema laclausiano, sino que supondría también aquello que deriva de "las relaciones mutuas entre [las] demandas insatisfechas" (Laclau, 2005/2013:139) que forman una cadena equivalencial. Estas, como vimos, son heterogéneas entre sí, y sólo son capaces de unirse cuando logran reflejar un fracaso parcial del sistema institucional. Sin embargo, en la medida en que la unidad de las demandas se articula en el efecto retroactivo del nombrar, este se convierte en el *significante* de "lo que es heterogéneo y excesivo (…), [y por lo tanto, pasa] a ejercer una atracción irresistible sobre *cualquier* demanda (…) insatisfecha y, como tal, excesiva y heterogénea con respecto al marco simbólico existente" (Laclau, 2005/2013:140). No obstante, dado que, el nombre es siempre un "significante vacío, es (…) incapaz de determinar qué tipo de demandas entran en la cadena equivalencial" (Laclau, 2005/2013:140). Así, podemos inferir que la heterogeneidad de la cadena es irreductible puesto que no se encuentra nunca completamente cerrada, sino que se erige sobre una frontera que siempre es móvil y que, por tanto, presenta un exceso constitutivo.

La irreductibilidad de la heterogeneidad supone que la frontera antagónica de lo social no se encuentra nunca cerrada, sino que los significantes son *flotantes*, y que, por tanto, pueden pasar de un lado a otro de la cadena. Es decir, mientras que, por un lado, el *significante vacío* es "la construcción de una identidad popular una vez que la presencia de una frontera estable se da por sentada" (Laclau, 2005/2013:167); por el otro, el concepto *significantes flotantes* le permite a Laclau comprender conceptualmente la lógica de los desplazamientos de la frontera sin abandonar el intento de marcar el lugar de un exterior constitutivo signado por una heterogeneidad radical, que siempre excederá a la configuración parcial articulatoria de las identidades sociales. En este sentido, la inestabilidad de una cadena equivalencial no sólo está dada por su oposición directa con un poder antagónico, sino que también se opone a una otra cosa (heterogeneidad radical) que no tiene acceso a un

---

[19] Nuevamente ver Stavrakakis y las relaciones que traza entre Lacan y Laclau. *Lo Real lacaniano* como aquello que resiste la simbolización, y el proceso de construcción de realidad como un momento discursivo marcan la relación entre *lo heterogéneo* y *el populismo* en la obra de Laclau. A la vez que esta distinción y complementación son una constante en la obra de Laclau, no puede negarse por tanto la influencia de la obra de Lacan: "Lo que señala Laclau es que el nivel de lo objetivo, la realidad social misma en tanto sedimentación de sentido, existe en una dialéctica irreductible con el momento (…) de su propia dislocación. La realidad social es excéntrica a sí misma porque está siempre amenazada por una exterioridad radical que la disloca. Además, este momento de dislocación es justamente lo que causa la articulación de nuevas construcciones sociales que intentan suturar la falta creada por la dislocación" (Stavrakakis, 2007:107)

espacio general de significación. Como sostiene Laclau este "oponerse" tiene significados bien diferentes según de qué lado se lo piense. De este modo, "oponerse" en el campo *antagónico* es algo que se encuentra:

> "enteramente representado como el inverso negativo de una identidad popular que no existiría sin esa referencia negativa; pero en el caso de una externalidad que se opone al interior sólo porque no tiene acceso al espacio de representación, 'oposición' significa simplemente 'dejar aparte'". (Laclau, 2005/2013:176)

Por tanto, *antagonismo* aceptaría, en este último libro de Laclau, alguna clase de inscripción discursiva que antes negaba, y la *heterogeneidad social* seria ahora la encargada de presuponer "no sólo una exterioridad a algo dentro de un espacio de representación, sino respecto del espacio de representación como tal" (Laclau, 2005/2013:176). La heterogeneidad no sólo marca entonces el lugar de las *diferencias* como tales sino que estaría señalando el lugar de la ausencia de un espacio común.

Laclau realiza, a partir de aquí, otra crítica al pensamiento marxista. Según afirma, el marxismo no ha podido pensar la heterogeneidad constitutiva de lo social, puesto que ha concebido al espacio histórico dominado por una lógica cerrada. Por tanto, si bien Marx pudo intuir lo heterogéneo –por ejemplo, a través de la figura del *lumpemproletariado* que se encuentra, según sostiene Laclau, fuera del proceso productivo–, ha reducido ese exceso de lo social a un momento inmanente. El *lumpemproletariado*, en el proceso del devenir social, debe, o bien culminar del lado de la clase burguesa, o bien formar parte de la clase obrera. Es decir, que si bien el marxismo ha podido pensar el exceso de lo social, lo ha inscripto dentro de una lógica totalizadora sin fisuras posibles. El *lumpemproletariado*, dirá Laclau, representa a lo *político* en cuanto tal, en la medida en que muestra la misma complejidad y opacidad de lo social; y esto Marx lo deja en evidencia en el *18 brumario de Luis Bonaparte*, aunque sin hacerse cargo de que la "emergencia de la articulación política" es constitutiva del lazo social (2005/2013:183). Esto devela, la crisis del esquema teórico marxista, puesto que lejos de ser lo económico la determinación última, es una más de "las fuerzas sociales [que] constituyen el agrupamiento de una serie de elementos heterogéneos reunidos mediante la articulación política" (Laclau, 2005/2013:184). La articulación política es entonces constitutiva y fundante de lo social, y no la consecuencia de algún movimiento más profundo subyacente. Es imposible determinar *a priori* puntos privilegiados por la estructura; es imposible determinar cuál va a ser el *sujeto popular* hegemónico de esa lucha.

En definitiva, para Laclau, lo político será el momento por excelencia de institución de lo social. Aunque parecería tener aquí un nombre propio:

populismo, pues "no existe ninguna intervención política que no sea hasta cierto punto populista" (Laclau, 2005/2013:195). Si lo político es el momento de institución de lo social, y de ruptura de lo instituido, el populismo es aquella forma de la política que presenta el carácter ontológico de subvertir el "estado de cosas existente y también [es] el punto de partida de una *reconstitución* más o menos radical de un nuevo orden" (Laclau, 2013:221/2005). El populismo, como forma de la política, pretende terminar con las determinaciones últimas de lo social, mostrando que la posibilidad de la objetividad está dada sólo cuando un "objeto parcial se convierte él mismo en una totalidad" (Laclau, 2013:145/2005). Pero si el populismo opera exactamente igual que la lógica de la hegemonía, como vimos más arriba, entonces la hegemonía es el momento de institución de *la sociedad* como tal. Es así que para Laclau, "no existe ninguna universalidad que no sea una universalidad hegemónica" y populista, en el sentido de constitución de una cadena de equivalencias articuladas por un significante vacío. No hay nada en las particularidades que las determine *a priori* a funcionar como un todo: "Cuál fuerza social se va a convertir en la representación hegemónica de la sociedad como un todo, es el resultado de una lucha contingente; pero una vez que una fuerza social particular pasa a ser hegemónica, permanecerá como tal por todo un período histórico" (Laclau, 2005/2013:148). Entonces, no existe ninguna plenitud social alcanzable, excepto a través de la hegemonía. En definitiva, la historia no sería para Laclau la sucesión de distintos modos de producción ni la conformación de distintas clases sociales, sino que presumiría una pérdida del *Sentido* (con mayúsculas), dando lugar a la presentación de múltiples sentidos. La historia se encontraría atada a una lógica de la contingencia que se presenta ahora bajo la "sucesión discontinua de formaciones hegemónicas que no puede ser ordenadas de acuerdo con ninguna narrativa universal que trascienda la historicidad contingente" (Laclau, 2005/2013:281), y sería el resultado de la lucha de sujetos políticos populares frente a la institucionalización hegemónica de los distintos sistemas operantes.

II. 3. *Aporías pos-marxistas*

Una de las preguntas que formula Laclau –y sobre la cual sustenta gran parte de su producción teórica– es si es posible sostener la lectura marxista acerca de la compatibilidad entre *contradicción* y *antagonismo*. Vimos ya que la apuesta laclausiana parte de la negativa a dicha equivalencia. Para sostener esto, Laclau afirma que, para el marxismo, tanto la vinculación entre *fuerzas productivas* (F.P.) y *relaciones de producción* (RR.PP), como la relación entre *trabajo* y *capital,* pueden ser concebidas como contradictorias. Esta afirmación supone que, si la relación F.P./RR.PP. es una contradicción *strictu sensu,* en un determinado punto de desarrollo de las F.P. entrarían en contradicción con el sistema de RR.PP operantes. Al desplegarse esta primera contradicción, se deduce entonces que las propias RR.PP. –en este caso la relación capital/trabajo–, también entrarían en contradicción. Este esquema presumiría, por lo tanto, que la segunda relación no es más que un momento interno del despliegue dialéctico de la primera contradicción, basada en el desarrollo sistemático de las F.P. Así, la *lucha de clases* sería comprendida en este esquema como un *subproducto* del desarrollo productivo.

A partir de aquí, Laclau (1990/2000) intenta mostrar que la dificultad reside en que si la relación F.P/RR.PP. es una contradicción *sin antagonismo,* la lucha de clases parecería constituir un antagonismo *sin contradicción.* En el planteo de Laclau el *antagonismo* no podría ser concebido mediante una conexión interna (despliegue de la contradicción F.P. y RR.PP.), en tanto que este, lejos de ser el resultado de la tensión de una relación previa, es producto de la contingencia de lo social mismo, y esto supone "la imposibilidad de fijarlo *apriorísticamente* a ningún plano de objetividad" (Laclau, 1900/2000:20). Laclau pretende señalar que al afirmar que el supuesto *antagonismo* entre capital/trabajo carece de un carácter contradictorio, se desprendería la conclusión de que las RR.PP. no pueden ser comprendidas como intrínsecamente antagónicas. Para sostener lo contrario, habría que evidenciar que el *antagonismo* surge lógicamente de la relación comprador/vendedor de la fuerza de trabajo, y eso es precisamente lo que no puede ser demostrado para Laclau. Su argumento, como vimos, sostiene que sólo si el trabajador *asume un acto de resistencia,* la relación capital/trabajo se presentará como *antagónica.* Así, para que esta relación sea efectivamente antagónica, algo externo a la categoría de *trabajador* debe comenzar a operar. En este sentido, Laclau afirma que la categoría de *consumidor* del *trabajador* no se deduce lógicamente de su condición de *vendedor de la fuerza de trabajo* si, por ejemplo, una disminución salarial niega la capacidad de *consumo* del *trabajador.*

Atendiendo al pensamiento de Marx, podríamos decir que parece difícil aceptar esta exterioridad, dado que la identidad de *consumidor* del *trabajador* se constituye a partir de su relación con el *capitalista,* en tanto "vendedor de su fuerza de trabajo". En este sentido podríamos retomar a Marx para afirmar que: "producción", "distribución", "intercambio" y "consumo", forman parte de una totalidad específica: el modo capitalista de producción (Marx, 1857-1858/1973). De este modo, la vinculación entre estos términos mostraría que, al mismo tiempo que no son "idénticos" entre sí (eje en el cual se sustenta Laclau para evidenciar la externalidad de la relación consumidor/

vendedor de fuerza de trabajo), no podrían pensarse sin esa *relación* que constituye la posibilidad del sistema capitalista como totalidad. En efecto, vendedor de fuerza de trabajo y consumidor, son elementos constitutivos de una totalidad rica, concreta, constituida por múltiples determinaciones, que permite comprender que "producción, distribución, intercambio y consumo no son idénticos, sino que constituyen los miembros de una totalidad, diferencias en el seno de una unidad" (Lukács, 1923/2002:50). Pero esta afirmación, no podría ser aceptada por Laclau, por el contrario, su argumento se basa precisamente en que el *antagonismo* es la lógica de *constitución de lo social*, en tanto supone una externalidad constitutiva que deja en evidencia que la totalidad es siempre fallida.

Volviendo al posible abordaje de este problema desde el propio Marx, podríamos recordar simplemente que frente a quien lo emplea, el *trabajador* no está en la posición de un libre vendedor (Marx, 1844/1984:70). El único que se encuentra en una situación de libertad es el *capitalista* a la hora de *comprar* el trabajo, mientras que el *trabajador* está siempre *obligado a venderlo* (Marx, 1844/1984). Justamente, dicha "obligación" muestra que no es posible concebir como externa la relación vendedor de fuerza de trabajo/consumidor. En este sentido, Marx sostiene que, a diferencia del resto de las *mercancías*, la *fuerza de trabajo* no es pasible de generar ni acumulación ni ahorro, sino que el trabajo es propiamente vida, y "si la vida no se entrega cada día a cambio de alimentos, sufre y no tarda en perecer" (Marx, 1844/1984:70). Marx aquí quiere arribar al siguiente punto: el *trabajador* vende su fuerza de trabajo porque de no hacerlo no podría consumir, y consumir es sinónimo –en lo que respecta al *vendedor de su fuerza de trabajo*– de su posibilidad de subsistencia. Por tanto, *vendedor de fuerza de trabajo* y *consumidor* no pueden pensarse como categorías de una relación de externalidad, dado que de no consumir el trabajador no podría vender su fuerza de trabajo, y viceversa. Más aun, en las sociedades actuales, la lógica del consumo no sólo se constituye como practica de *subsistencia* sino que ha hegemonizado los modos de configuraciones subjetivas permeando a todos los grupos y clases sociales.

Por ello se distingue entonces, que la relación entre *compradores y vendedores de fuerza de trabajo* nunca es una relación simétrica, haciéndose valida la pregunta por si la *resistencia* no es algo que se halla ya operando en estas relaciones. En efecto, en el desarrollo histórico del capitalismo podemos encontrar desde componentes de resistencias menores, en los lugares de trabajo, hasta resistencias más organizadas (huelgas, tomas de los lugares de trabajo, organización de sindicatos, comienzos de actividad insurreccional, etc.). No es casual entonces que "todo orden basado en la explotación económica se encuentre garantizado por un poder militar especializado, y que instituya en la producción toda una serie de agentes destinados a controlar a los trabajadores" (Petruccelli, 2010:306) tales como mecanismos de regulación laboral, sanciones a los empleados, etc. Sostener, por el contrario, que la resistencia sólo surge como algo externo a esta relación –es decir, como momento excepcional en determinadas circunstancias– supone concebir una sociedad en la cual la relación capital/trabajo se presente de un modo armónico, lo cual no sólo no tiene sentido, sino que carece de ejemplos históricos que lo respalden. Pero Laclau jamás reconocería que tal armonía es posible. De hecho, en su texto *Emancipación y diferencia* afirma que:

> "Podemos, desde luego, perfectamente bien argumentar que el proletariado es el producto del desarrollo capitalista, ya que sólo este último crea la separación entre productor directo y la propiedad de los medios de producción, pero esto sólo explica la emergencia del proletariado como posición de sujeto particular en el seno de la sociedad capitalista, no su emergencia como sujeto emancipatorio". (Laclau, 1996:28/29)[20]

El problema no radicaría por tanto en comprender al *trabajador* como resultado de las lógicas capitalistas, sino que de su relación con el capitalista no se desprende necesariamente que lxs trabajadorxs tengan inscripto de antemano un lugar privilegiado para asumir *su emergencia como sujeto emancipatorio*. Para que una *posición de sujeto particular* asuma el rol de un sujeto político emancipador, afirma Laclau: "necesitamos mostrar que el capitalista niega en el obrero algo que no es mero producto del capitalismo. En nuestra terminología: necesitamos mostrar que hay una dicotomía antagónica que no es reducible a un fundamento único" (Laclau, 1996:29)[21].

Llegados hasta aquí, podemos afirmar que para Laclau (1990/2000) toda *relación social* no es otra cosa que una *relación de poder*. En efecto, argumenta que toda decisión es un *acto de poder* que se funda en una ambigüedad fundamental: "reprimir supone la *capacidad* de reprimir –lo que implica poder; pero supone también la *necesidad* de reprimir –lo que implica limitación del poder" (Laclau, 1990/2000:76). La necesidad de reprimir muestra que, como limitación del poder, todo poder se enfrenta a resistencias. Es decir, *poder* y *resistencia* se encontrarían en una relación de mutua correspondencia. Por tanto, no habría posibilidad de poder sin resistencia. En este sentido, si tal como afirma Laclau, toda *relación social* es una *relación de poder*, y si la posibilidad misma del antagonismo está dada por el surgimiento de una *resistencia* frente a una relación determinada, podríamos inferir entonces que la relación comprador/vendedor de la fuerza de trabajo (en tanto que relación social) es, hilada a los argumentos arriba expuestos, una *relación antagónica*.

---

[20] "Más allá de la emancipación" (1992), en *Emancipación y diferencia* (1996).
[21] "Más allá de la emancipación" (1992), en *Emancipación y diferencia* (1996).

El gesto de desmentir el carácter interno del antagonismo en la relación *capitalistas/trabajadores* no puede ser abandonado en el pensamiento de Laclau, puesto que de hacerlo trastocaría el punto donde se ancla su hipótesis principal. La idea de que el antagonismo encuentre su *condición de posibilidad* en la vinculación entre las *RR.PP.* y algo exterior a ellas (el lugar de *consumidor*) es desde donde Laclau sostiene que no hay, ni puede haber, lugares privilegiados *a priori* en la estructuración de lo social. Con esta operación, Laclau pretende criticar el nudo principal de la teoría marxista y a partir de allí abrir la posibilidad de elaborar una nueva teoría de la subjetividad; camino que termina conduciendo a sus conceptualizaciones sobre el *populismo* y el *pueblo*.

Para Laclau no es posible encontrar lugares estructuralmente privilegiados, y por tanto es imposible determinar cuál va a ser el sujeto hegemónico de la lucha emancipatoria. En efecto, aquello que Laclau quiere remarcar aquí es que ninguna lucha tiene inscripta *a priori* la garantía de ser el *locus* privilegiado de efectos políticos universalizantes, puesto que, por definición, el *locus* se da mediante un proceso de *articulación hegemónica contingente*[22]. Para Laclau, toda realidad es el resultado de articulaciones contingentes inestables, sin *ningún* nivel fundamental o privilegiado. Por tanto no hay nada en las particularidades que las determine a funcionar como un todo: "ningún contenido particular tiene inscripto, en su especificidad óntica su significado en el seno de una formación discursiva, *todo depende del sistema de articulaciones* diferenciales y equivalenciales dentro del cual está situado" (Laclau, 2005/2013:114, cursivas nuestras).

Pero ¿qué significa que "todo depende" de las configuraciones articulatorias específicas? Significa, como el mismo Laclau aceptaría, que el significante privilegiado en cada momento de cristalización de lo social es producto de la historia contextual en la que surge. Esto quiere decir que no existe ninguna plenitud social alcanzable, excepto a través de la hegemonía. Es decir, que la fijación (precaria) de la fuerza social que se va a erigir en la representación hegemónica de la sociedad es resultado de la lucha contingente, pero esto supone también que "una vez que una fuerza social particular pasa a ser hegemónica, permanecerá como tal *por todo un período histórico*" (Laclau,

---

[22] Sin embargo, hasta un marxista como Moreno sostiene que no existe ninguna garantía *a priori* sobre quien hegemonizará la lucha puesto que el problema de definir los efectos universalizantes "es mucho más complejo, ya que entran en juego los sujetos históricos, que son las clases, con sus sectores, grupos y dirigentes" (Moreno, 1986a:2). No obstante, Laclau podría seguir argumentando que la diferencia radica en que si para Moreno la contingencia se funda sobre una relación privilegiada del sistema capitalista –la relación capitalista/vendedor de la fuerza de trabajo– aunque la lucha de este último no suponga el desarrollo necesario de efectos políticos universalizantes, sí otorga una primacía que resulta en último término incuestionable.

2005/2013:148)[23]. Por lo tanto, en esa configuración social cristalizada, en esa historia contextual, determinados significantes serán privilegiados con respecto a otros y determinados elementos podrán, en el marco de la disputa hegemónica, agotarse en su significación particularista, mientras que otros podrán convertirse en la denominación del sujeto que puede subvertir los límites de *la sociedad*.

En este sentido, ¿cuáles son los elementos que en la configuración del capitalismo actual asumen los lugares que recién marcábamos? El problema de intentar responder esta pregunta aparece cuando se intenta comprender qué es lo que Laclau entiende por capitalismo. En un primer acercamiento podemos decir que el capitalismo constituye *un sistema de poder* (Laclau, 1990/2000). Dicho sistema, en su etapa actual, presenta un proceso creciente de fragmentación y opacidad de los agentes sociales, consecuencias de "la multiplicidad de las dislocaciones resultantes del 'capitalismo desorganiza-do'" (Laclau, 1990/2000:97). No obstante, esta definición de *sistema de poder* puede ser utilizada para cualquier tipo de configuración de lo social según el esquema teórico de Laclau, es decir, no nos dice nada acerca de la particulari-dad del capitalismo. Dado que la posibilidad misma de lo social se afirma en la constitución de un proceso hegemónico articulatorio, entonces *el poder* –la configuración de las relaciones de poder– constituye la condición de posibi-lidad de lo social como tal. En este sentido, queda sin responder la pregunta por la especificidad del capitalismo en tanto sistema de poder.

Lo distintivo del capitalismo para Laclau se encontraría en dos defini-ciones complementarias. Por un lado, argumenta que "es un sistema de producción basado en el trabajo asalariado" (Laclau, 1990/2000:230). Por el otro, el capitalismo en su especificidad misma, es una forma de organiza-ción económica basada en la *propiedad privada* de los *medios de producción* (Laclau, 1996)[24]. En función de estas definiciones que marcan dos especi-ficidades del capitalismo, es decir, *trabajo asalariado* y *propiedad privada* de los *medios de producción*, que como sabemos no son para Laclau producto

---

[23] La posibilidad de cristalización de los procesos hegemónicos, deja en evidencia que para Laclau la *hegemonía* no hace referencia a un tipo limitado de articulación en el campo de la política, sino que por el contrario implica "la construcción de una nueva cultura –y esto afecta a todos los niveles en que los hombres conforman su identidad y sus relaciones en el mundo" (Laclau, 1990/2000:199).

[24] También esta afirmación puede inferirse de una nota al pie de su libro *Nuevas reflexiones sobre la revolución de nuestro tiempo*, donde sostiene que el socialismo es una "forma de organización económica basada en la exclusión de la propiedad privada de los medio de producción" (Laclau, 1990/2000:142). Por lo tanto, si el socialismo es la forma de organización social que lógicamente sigue al capitalismo, su definición negativa (exclusión de la propiedad privada), supone que el capitalismo es aquella forma anterior donde la propiedad privada era la condición de articulación de lo social.

del efecto del despliegue teleológico de una lógica general de lo social sino resultado de prácticas hegemónicas contingentes, nos preguntamos si: no habilitan a pensar que lxs trabajadorxs ocupan un lugar clave (privilegiado) en las luchas-anticapitalistas, o que, al menos, suponer un triunfo efectivo de estas luchas sin su participación protagónica no sería más que una quimera. En efecto, si el capitalismo es un sistema basado en la propiedad privada de los medios de producción, que se sustenta sobre la venta de fuerza de *trabajo*, la participación de lxs trabajadorxs en una lucha contra el sistema capitalista parecería ser insoslayable. En definitiva, ¿no sería una "lucha anti-capitalista sin la participación primordial de los trabajadores (…) algo tan improbable (…) como una lucha por la liberación *mapuche* en la que los *mapuche* no fueran actores principales, o una lucha por la liberación de la mujer encabezada por varones" (Petruccelli, 2010:324)?

La respuesta de Laclau seguirá siendo negativa. Por un lado dirá, como ya vimos, que el hecho de que el capitalismo sea un sistema de producción basado en el trabajo asalariado no presupone que el antagonismo social derive de la *RR.PP.*, puesto que el antagonismo se presenta entre estas y algo exterior a ellas. Por el otro, dirá que la definición de capitalismo como sistema basado en la propiedad privada de los medios de producción, no le otorga a la *economía* ningún punto fundamental en el sistema articulatorio del capital. Es comprensible que Laclau sostenga esta negativa, puesto que de aceptar la relevancia de las relaciones de (re)producción y un análisis que proponga una perspectiva desde la *economía política,* todo su sistema teórico comenzaría a temblar. Como vimos, la condición de lo social misma está dada, en el esquema laclausiano, por el lugar ontológico que asume *lo político* (en tanto articulación hegemónica contingente). En este sentido, Laclau dirá que el capitalismo no puede ser comprendido como una totalidad inmanente, "gobernada por movimientos derivados de las contradicciones de la mercancía como forma básica" (Laclau, 2005/2013:285). Aquello que Laclau pretende marcar aquí, es que el capitalismo no puede ser comprendido como una realidad puramente económica, sino que es "un complejo en el cual las determinaciones económicas, políticas, militares, tecnológicas y otras –cada una dotada de cierta autonomía y de su propia lógica– entran en la determinación del movimiento del todo" (Laclau, 2005/2013:285/286). Pero esta definición, no conduce necesariamente a deslegitimar el lugar privilegiado de lxs trabajadorxs en la lucha anti-capitalista, al mismo tiempo que no desconoce la pluralidad de sujetos que pueden formar parte de esa lucha dada las condiciones actuales del capitalismo. Teóricxs y militantxs marxistas, como por ejemplo Althusser, Poulantzas, Gramsci, Trotsky –y hasta incluso el mismo Marx– estarían de acuerdo con la afirmación laclausiana que acabamos de exponer, puesto que ella no niega (como tampoco lo hace Laclau) que el capitalismo sea un sistema de producción basado en el trabajo asalariado.

Para aclarar este punto diremos que: o bien Laclau, tendría que aceptar dentro de su misma lógica de la contingencia el lugar privilegiado (en las actuales condiciones de la historia contextual) que asumen lxs trabajadorxs –sin desconocer su complejidad presente–, o bien, debería sostener su argumentación hasta las últimas consecuencias, sin reconocer la especificidad del capitalismo como un sistema de poder, propiedad y producción basado en el trabajo asalariado. En este sentido, el problema no radica en comprender, como lo hace Laclau, que la "heterogeneidad pertenece a la esencia misma del capitalismo" (Laclau, 2005/2013:286), sino en negar que de las estabilizaciones parciales (hegemónicas) algún elemento puede surgir, sino como privilegiado, al menos como *ponderado* de un modo diferente.

En relación a esto, y como afirma Žižek, creemos que la forma de pensar la política de Laclau definitivamente tiene un gran mérito en tanto que "'repolitiza' una serie de ámbitos anteriormente considerados 'apolíticos' o 'privados'" (Žižek, 2000/2003a:106), incluso por el mismo discurso marxista – como por ejemplo las problemáticas de género y raza–. No obstante, "lo cierto es que, (…) no repolitiza de hecho al capitalismo, ya que la noción y la forma misma de 'lo político' dentro del cual opera se fundan en una despolitización de la economía" (Žižek, 2000/2003a:106). Es decir, la teoría de Laclau, se funda en una profunda despolitización de las *RR.PP* y deriva en una incapacidad de poder pensar las transformaciones que han sufrido en las condiciones actuales del capital, obliterando la sobredeterminación que entablan con las categorías de género y raza, que Laclau mismo propone. En definitiva, como afirma Žižek:

> "si debemos jugar el juego posmoderno de la pluralidad de subjetivaciones políticas, es formalmente necesario que *no* hagamos ciertas preguntas (sobre cómo subvertir el capitalismo en sí, o sobre los límites constitutivos de la democracia política y/o sobre el Estado democrático en sí)". (2000/2003a:106)

La pregunta por estos límites y más específicamente por la subversión del Estado, nos conducen al último de los ejes sobre los que buscamos examinar críticamente a Laclau. Indagar sobre los límites del Estado y del mismo capitalismo, nos lleva a preguntarnos si las teorizaciones laclausianas en torno a la proliferación y a la dispersión de los antagonismos y la hegemonía (momento en el cual un particular asume el rol de un universal), no tienen lugar siempre dentro de los márgenes del propio capitalismo. Puesto que como asume Laclau, la lógica de la hegemonía no dista mucho del lugar de equivalente universal que asume el dinero bajo las lógicas del capital según el propio Marx:

"Precisamente porque la comunidad en cuanto tal no es el puro espacio diferencial de una identidad objetiva sino una plenitud ausente, ella no puede tener ninguna forma propia de representación y tiene que tomar esta última en préstamo de alguna identidad constituida en el interior del espacio equivalencial –del mismo modo que el oro es un valor de uso que asume, al mismo tiempo, el valor en general–". (Laclau, 1996:80)[25]

Más aún, el esquema de Laclau parece concluir en que ya no es posible, dadas las condiciones actuales del *capitalismo desorganizado*, concebir una transformación radical del propio capitalismo. De este modo, emprender la lucha anticapitalista sólo sería viable en términos anti-neoliberales, es decir, sin buscar la supresión del capitalismo como sistema global de producción y reproducción. Así, su apuesta parece ser la de luchar políticamente por la superación del modelo económico neoliberal mediante la introducción de una regulación Estatal y del control democrático de la economía, de modo de evitar los peores efectos de la globalización (Laclau, 2005/2013). Esto se puede afirmar en parte en función de los postulados teóricos que subyacen en la "razón populista", pero creemos también que ya su teoría general de la hegemonía prefiguraba de algún modo esta resolución limitada. Es decir si la *política hegemónica* de Laclau, afirma que lo social se configura en esa lucha hegemónica donde un particular asume el rol de un universal, podemos relacionar esta conceptualización a la idea de la encarnación política del rol del Estado que sostienen ciertos pensadores de la tradición marxista. Para estos, el Estado era aquel,

"fabricante de abstracciones, en razón de la ficción unitaria (o de consenso) que tiene por misión imponer a la sociedad. La universalización de la particularidad es la contrapartida de la constitución del Estado, comunidad ficticia, cuyo poder de abstracción compensa la falta real de comunidad en las relaciones entre los individuos". (Balibar, 1993/2006:56)

Esa forma de la política, que se presentaba para los marxistas en las configuraciones particulares del capitalismo, no delineaba necesariamente la forma general de la política. Por el contrario, para el pensamiento laclausiano, la política hegemónica parece ser la forma óntica –pero también ontológica – de la política. Podemos afirmar que para Laclau el pasaje de una formación hegemónica a otra implica no sólo una ruptura radical, sino también y necesariamente la constitución de una nueva totalidad hegemónica (fallida). Puesto que, como vimos, la totalidad fallida es la condición de posibilidad de lo social mismo –al mismo tiempo que la característica de articulación de esa totalidad– es siempre resultado de un proceso hegemónico. De este modo, en

---

[25] "Sujeto de la política, política del sujeto" (1995), en *Emancipación y diferencia* (1996).

el esquema de Laclau, concebir una "sociedad emancipada" es prácticamente imposible, puesto que "el poder es condición de posibilidad de lo social
(…). [Entonces] trastocar lo social, incluso en el más radical y democrático
de los proyectos, significaría por lo tanto construir un nuevo poder" (Laclau,
1990/2000:50). En este punto, se comprende que, si bien la posibilidad de
una transformación de lo social se localiza en la consecución necesaria de
nuevas relaciones de poder, de esto no se desprende lógicamente que el lugar
de este "nuevo poder" se encuentre encarnado en la figura del Estado. Pero el
argumento de Laclau, no se detiene aquí; por el contrario, avanza y concluye
del siguiente modo:

> "Si la democratización radical de la sociedad emerge de una variedad de
> luchas autónomas que son sobredeterminadas por formas de articulación hege-
> mónica, si, además, todo depende de una proliferación de espacios públicos de
> argumentación y decisión por la que los agentes sociales son capaces de asumir
> la gestión de sus propios intereses, entonces resulta que este proceso no pasa
> por un ataque directo a los aparatos del Estado, sino que implica la consolida-
> ción y reforma democrática del Estado liberal". (Laclau, 1990/2000:144)

Es decir, parecería que dadas las condiciones actuales en las que la lucha
se presenta (pluralidad de agentes sociales, proceso de fragmentación creciente, etc.) la única forma posible de transformación de lo social radicaría
en la consolidación y profundización del conjunto de los principios constitutivos –la división de poderes, el sufragio universal, el sistema multipartidista,
los derechos civiles, etc. (Laclau, 1990/2000:144) – del Estado liberal. En
definitiva, para Laclau, sólo desde este marco es posible hacer avanzar las luchas actuales en torno a la raza, las identidades de género y las diversidades
sexuales, como la lucha anti-capitalista en general (Laclau, 1990/2000:144).
Nuevamente creemos que Laclau olvida que la formación de ese Estado del
que él habla, y los principios a los que refiere, surgieron en el marco más general del desarrollo del capitalismo.

Laclau, de este modo, oblitera la especificidad de las relaciones de (re)pro-
ducción y la forma y contenido político de las mismas y del Estado, que lejos
de ser un conjunto más o menos neutral de instituciones tienen como soporte lógicas patriarcales, racistas y empresariales, e insiste en una dicotomía
cuyos efectos prácticos consideramos inconsistentes: recae en la distinción
entre un buen y un mal Estado, es decir, entre un Estado justo y democrático
–a través del cual se constituye el *pueblo*–, y un Estado injusto que defiende
los intereses de un sector frente al desmedro de la gran mayoría de la sociedad. Esto se sustenta en que su producción teórica sobre el *populismo* define
el problema de la subjetividad bajo la lógica de la *demanda social* que presupone un vínculo que se constituye a partir de las lógicas estatales. En este

sentido ¿es posible dentro del marco categorial del pensamiento laclausiano concebir una futura sociedad pos-capitalista?, y también, la concepción de lo social que subyace en la producción de Laclau ¿no deja acaso vedada la posibilidad de pensar la hegemonía desligada de la política como estatalidad?

En definitiva, algunos de los desplazamientos conceptuales que realiza Laclau al teorizar sobre la crisis del marxismo, no son sino una manera particular de asumir el descarte del sentido teleológico de la Historia que un cierto marxismo pregonaba. Por tal motivo y dadas el estadio actual de las transformaciones del capitalismo, entendemos que este tipo de búsquedas teóricas que intentan poner el acento en conceptos como el de política y sujeto abren posibilidades y nuevos aportes para aquél pensamiento político contemporáneo que pretenda ser crítico y procure repensar y recrear sus conceptos. Esto no implica, como vimos en este capítulo, acordar con las resoluciones particulares que estas respuestas trazan ante estos dilemas y desconocer con ello las tensiones que presentan, sino, simplemente, rescatar la relevancia de los interrogantes que generan, que es el intento general de este libro.

Capítulo III. Nahuel Moreno

La política es el arte de inventar un recurso a cada nuevo recurso de los contra-
rios, de convertir los reveses en fortuna; de adecuarse al momento presente, sin que
la adecuación cueste el sacrificio, o la merma importante del ideal que se persigue; de
cejar para tomar empuje; de caer sobre el enemigo, antes de que tenga sus ejércitos
en fila, y su batalla preparada.

(José Martí, *Carta al Director de La Opinión Nacional*)

Ser trotskista hoy día no significa estar de acuerdo con todo lo que escribió o
lo que dijo Trotsky, sino saber hacerle críticas, igual que a Marx, que a Engels o
Lenin, porque el marxismo pretende ser científico y la ciencia enseña que no hay
verdades absolutas. Eso es lo primero, ser trotskista es ser crítico, incluso del propio
trotskismo.

(Nahuel Moreno, *Ser trotskista hoy*)

La potencialidad que encuentra Moreno en la dialéctica radica en que
permite comprender la *multiplicidad* de lo social como una *totalidad* en permanente movimiento de interrelaciones complejas y sobredeterminadas. En
este sentido, lo constante en los procesos sociales son las totalizaciones y sus
movimientos permanentes. Las partes o elementos de la totalidad (capitalista
en este caso) se desarrollan desigualmente, se combinan, se contradicen, se
niegan, se transforman, se sobredeterminan. Si a grandes rasgos, este es el
método general que propone Moreno, ahora se vuelve fundamental precisar
el contenido y las complejidades que las totalizaciones sociales capitalistas
han asumido a partir de la década de los '70, a fin de comprender la crisis del
marxismo y vislumbrar una salida a la misma en clave morenista. Puesto que,
si la constante del proceso histórico son las totalizaciones en movimiento,
cada etapa y cada coyuntura exige un análisis que especifique cómo se relacionan las partes o elementos en juego.

A fin de analizar la articulación de dichos elementos en el pensamiento morenista, dividiremos este capítulo en cuatro apartados, en cada uno de los cuales se abordarán las categorías centrales del pensamiento de Moreno en el marco de la crisis del marxismo. El primer apartado pretende desarrollar las complejidades que Moreno entiende deben analizarse en la *estructura social*. Conceptos como *desarrollo desigual* y *sobredeterminación* serán claves pero no los únicos; puesto que la relación de la estructura con el Estado y los partidos políticos, también se volverán centrales. El segundo apartado tiene como objetivo, a partir de aquella clásica discusión marxista entre *desarrollo de las fuerzas productivas* y la *lucha de clases*, exponer cómo el *sujeto* (revolucionario) se desdobla en el pensamiento de Moreno entre uno social y otro político. Los últimos dos apartados tratarán sobre cómo es abordada la *política* en vinculación con la estructura y los sujetos. El problema político será clave para el pensamiento morenista ya sea porque definirá el devenir de la historia, ya sea porque asumirá una apuesta concreta de organización: el partido revolucionario.

III. 1. *Una estructura desigualmente desarrollada*

El primer contrapunto que diferencia a la etapa que abre esta crisis del marxismo con respecto al momento histórico anterior es, para Moreno, el quiebre de una clase obrera unificada. Moreno afirma que entre 1880 y finales de 1950, o incluso a comienzos de la década de los '60 —como fechas estimativas— la acción de la clase obrera operó fundamentalmente como un movimiento consolidado: "El proletariado libró luchas colosales y logró conquistas enormes; jornada de ocho horas, los sindicatos, el sufragio universal y la más grande de todas, la revolución rusa" (Moreno, 1986a:41). Sin embargo, luego de la segunda guerra mundial y en las sucesivas décadas posteriores, el fenómeno de una clase obrera unificada comienza a resquebrajarse. Esto produce toda una serie de problemas a la hora de teorizar, pero también al momento de generar una acción política concreta para la tradición marxista. En este sentido, es necesario comprender y precisar las características de una clase trabajadora ahora desarticulada, fragmenta y dividida.

El primer punto a comprender, afirma Moreno (1986a) es el desplazamiento de la lucha. En el período anterior, la clase obrera se presentaba como el sujeto principal de los movimientos de protestas, por el contrario, luego de la posguerra han sido las *masas campesinas o los sectores semi-proletarizados* —de países como China, Yugoslavia, Grecia, África, Colombia, entre otros- las grandes protagonistas de los procesos de lucha. Las protestas importantes que han estado ligadas al proletariado urbano se desplazan, desde Europa continental, al cono sur latinoamericano, a Japón y a Inglaterra. Es decir, en un primer momento, esta etapa se caracteriza por la fuerte irrupción de nuevos sectores y clases en el centro de la lucha y por el desplazamiento geográfico de la lucha de lxs trabajadorxs urbanos. En un segundo momento, se distingue el quiebre de la *unificación* de la clase trabajadora como resultado de las transformaciones operantes en las nuevas formas de acumulación capitalista, que desde la década de los '70 aumenta las contrataciones en el sector servicios y los trabajos precarios y flexibilizados. Es decir, que la unificación de la clase no solo se vería trastocada por la irrupción en lucha de otras clases explotadas, sino que además la misma clase obrera (industrial) atravesaba un proceso de descomposición.

Para Moreno, esta etapa evidencia los límites del análisis general de la II Internacional. Esta sostenía que la sociedad atravesaría un proceso de simplificación de su estructura social. Este proceso resultaría de la miseria creciente de las clases medias y proletarias acomodadas, producto de la profundización del desarrollo de las contradicciones capitalistas. De este modo, la lucha de clases evidenciaría una polarización social determinante entre burguesía y proletariado. En cambio Moreno sostiene que la profundización de una miseria creciente en las capas medias y bajas de la sociedad, lejos de evidenciar una simplificación de la estructura, produce un fenómeno de complejización, fragmentación y diversificación de las clases. La noción de estructura, por tanto, no puede ser reducida a la simplificación entre burguesía y proletariado. Por el contrario, debe ser analizada en su complejidad y diversificación, y como parte de una *totalidad* que no permite ser analizada simplemente en relación a sus dominios específicos, sino que debe serlo en su vinculación con los múltiples elementos sociales operantes tanto políticos como culturales.

La totalidad social, afirma Moreno (1986b), debe ser comprendida a partir de la articulación sobredeterminada y desigualmente desarrollada de tres componentes o instancias relacionales definidas. La primera de ellas está compuesta por *las fuerzas productivas* de la sociedad (medios de producción, conocimiento, tecnologías y técnicas, etc.) o más específicamente por el movimiento (desarrollo o estancamiento) de las fuerzas productivas a nivel internacional. Este primer componente de las totalizaciones sociales será denominado por Moreno como momento *infraestructural*.

Al igual que Marx, Moreno parte de la idea de que el origen, la *génesis* de toda sociedad radica en los vínculos (productivos o destructivos) que establecen los seres humanos entre ellos y con la naturaleza. Los seres humanos son capaces de accionar para transformar y transformarse en los procesos de mutaciones de las realidades sociales. Como explica Moreno, la especie humana transforma la naturaleza y la desarrolla, mediante su capacidad de *inventar,* de producir algo nuevo. El desarrollo de las fuerzas productivas (mientras este no se vuelva destructivo de la naturaleza y por lo tanto de la propia vida de los seres humanos), es visto como sinónimo del *desarrollo de la sociedad*. Es decir, que la sociedad se desarrolla como resultado de los avances científicos, culturales, cognitivos y de herramientas y técnicas. Por lo tanto, las fuerzas productivas más importantes son, para Moreno, los seres humanos mismos, puesto que estos son quienes crean conocimiento, herramientas, etc. Moreno denominará *infraestructura* al conjunto de estas capacidades humanas:

> "A esta relación entre los hombres y la naturaleza la denominamos infraestructura, medios de producción o fuerzas productivas. Para arrancar a la naturaleza sus riquezas, para explotarla más y mejor, el hombre con su trabajo dispone de las distintas materias primas, que sólo él descubre y explota, y de las distintas técnicas y herramientas que sólo él crea, desarrolla y perfecciona". (Moreno,1986b:1)

Ahora bien, estos procesos creativos y transformadores se encuentran entramados por otro tipo de vinculación: las *relaciones de producción*. Estas definen el segundo componente determinado de la totalidad social, que caracterizan a la estructura de toda sociedad[1]. La *estructura* social no puede, para Moreno, ser reducida simplemente a la contradicción entre dos clases antagónicas: la *burguesía*, como propietarios de los medios de producción y el *proletariado*, como vendedores de su fuerza de trabajo. Esto no quiere decir que para Moreno el régimen de acumulación no sea capitalista. Todo lo contrario, en su pensamiento el capitalismo se sustenta sobre la producción y reproducción de estas dos clases fundamentales, no obstante este antagonismo principal debe ser especificado y complejizado en cada *formación social concreta*.

Moreno afirma, por lo tanto, que un análisis *marxista* debe asumir las particularidades y las complejidades que la estructura social presenta. De este modo, los análisis no pueden reducirse a la distinción abstracta *burguesía/proletariado*, sino que deben evidenciar las complejidades y las contradicciones que presentan estas dos categorías estructurales. Estas abstracciones sirven hasta cierto punto pero luego se vuelven engañosas y no permiten apreciar las complejidades operantes en las relaciones capitalistas, sobre todo en un capitalismo como el contemporáneo: "La trama social es compleja no se reduce al enfrentamiento entre burgueses y proletariado" (Moreno, 1986a:34).

En consecuencia, el movimiento histórico ya no sería simplemente el producto del despliegue de la contradicción estructural fundamental entre dos

---

[1] Es pertinente aclarar que Marx no distingue la separación entre infraestructura (fuerzas productivas o medios de producción) y estructura (relaciones sociales de producción), por el contrario coloca a ambos concepto en la noción de estructura.

clases, sino que el devenir de la historia sería resultado de un juego más complejo y opaco compuesto por un abanico mucho más amplio de factores. Al decir *burguesía* se debe especificar si es industrial, financiera, comercial, agropecuaria, etc., y también si es nacional o internacional, y qué vínculos estatales y/o empresariales sostiene, etc. Al decir *proletariado* también se debe definir si es urbano, agropecuario, industrial, del sector servicio, más aún si trabaja en blanco, si es precarizado, desocupado, etc. A la vez que entran en juego otras clases sociales –como el campesinado, las clases medias y los diversos sectores que las componen– y su vinculación con diferentes formas de opresión –de raza, de género, etc. –, y también sus relaciones con el Estado y sus articulaciones parciales y específicas en una coyuntura determinada. La historia muestra, entonces, fenómenos *desigualmente desarrollados* que se combinan y se *sobredeterminan* en distintos momentos, dando como resultado nuevas formaciones que exceden la simplificación de la estructura social. Aquella es antes que nada un proceso dinámico que tiende a complejizarse y no a simplificarse:

> "Marx dice que la historia la hacen las clases, definición que a mí me parece correcta pero un poco sumaria. Al definir a la historia de la humanidad como historia de la lucha de clases, habla de amos y esclavos, señores feudales y siervos, burgueses y proletariado. Yo creo que la cuestión es más compleja, ya que en el proceso histórico intervienen también el Estado, sectores y grupos de clases y sus direcciones y organizaciones. Entonces, es cierto que la lucha de clases es el eje del proceso histórico, pero en esa lucha intervienen sectores, con organizaciones y direcciones propias, que se unen y dividen. Dicho de otro modo: la historia es producto no sólo de la lucha entre dos clases antagónicas sino de un proceso mucho más complejo, con luchas –y uniones para luchar– entre varios sectores de dos o más clases (…). Lo genial de Marx es la definición de que la historia la hacen las clases, no los individuos. Sobre esa base, debemos señalar que el proceso es mucho más complicado que la definición dada en el Manifiesto; Marx se acerca a una definición más correcta en los trabajos históricos". (Moreno, 1986a:33/34)[2]

Ahora bien, ¿qué tipo de vínculo asumen el desarrollo de las fuerzas productivas y las relaciones de producción en la etapa que Moreno analiza? Si como vimos, para Moreno, las fuerzas productivas de la humanidad tienen la capacidad de desarrollar o destruir la vida de los seres humanos, la posibilidad tendencial de cualquiera de estos dos procesos se definirá a partir de su vinculación con las relaciones de producción que son hegemónicas en cada época. De este modo, el desarrollo progresivo o destructivo de las

---

[2] Moreno hace referencia aquí a textos de Marx tales como: *El 18 brumario de Luis Bonaparte* y *La lucha de clases en Francia*.

fuerzas productivas depende de la clase o sectores de clase que las dominen en un momento histórico específico: "Actualmente, el desarrollo de las fuerzas productivas no sólo está frenado por la existencia del imperialismo y la propiedad privada capitalista, sino también por la existencia de los estados nacionales, entre los que incluimos a los estados obreros burocratizados" (Moreno, 1980/1990:65). Este freno no significa para Moreno que no se desarrollen y produzcan *nuevas* fuerzas productivas; sino que el sentido del desarrollo es *regresivo* para las clases explotadas y oprimidas de la sociedad y para la naturaleza en su conjunto, dado que aquel desarrollo ha entrado en contradicción con las relaciones de producción operantes.

Moreno afirma que a partir de 1974, la manifestación más evidente de la agudización de este proceso se verá en fenómenos como "la inflación creciente, la crisis en los precios del petróleo y en el mercado mundial, la crisis del dólar y del sistema monetario internacional, las alzas de los precios del oro, etcétera" (1980/1990:68). Esto muestra que en esta etapa, caracterizada por el desarrollo destructivo de las fuerzas productivas, *lo político* se ha convertido en determinante en última instancia del devenir histórico: "La actual economía imperialista (…), sólo puede entenderse como dependiente de lo político (…), ligada al proceso total de la lucha entre la revolución socialista internacional y la contrarrevolución en el mundo. La política domina a la economía en esta época" (Moreno, 1980/1990:65/66).

La totalidad social presenta, de este modo, su último y tercer componente determinante: la *superestructura*. En términos concretos, superestructuras, estructuras e infraestructuras forman parte de una misma totalidad y operan siempre contaminándose mutuamente. No obstante, Moreno afirma que es importante distinguir a la superestructura como algo distinto de aquellas dos: "[Para] Marx hay estructuras (las clases) y superestructuras (las ideologías y las instituciones). Las masas están en la estructura y el partido revolucionario en la superestructura" (Moreno, 1984b:6). A la vez que, "la sociedad (…) tiene superestructuras que son de dos tipos: objetivas y subjetivas" (Moreno1984b:6). De esta manera, en un primer término las *superestructuras objetivas* pueden ser entendidas como un conjunto de *instituciones* sociales: el *Estado*, la *policía*, el *ejército*, la *iglesia*, la *escuela*, el *parlamento*, y también, los *partidos políticos*, los *sindicatos* y los *gremios,* etc. En segundo lugar, las *superestructuras subjetivas*, operan en el plano de la constitución de las creencias y las ideologías de los sujetos (religiones, prácticas de consumo, individualismo, etc.): "Las objetivas son las instituciones y las subjetivas las ideologías y las conciencias. Un sindicato, un partido, un soviet, (…) son superestructuras institucionales, objetivas, de la clase obrera o del movimiento de masas" (Moreno, 1984b:6).

Moreno realiza una distinción a partir de la cual pretende delimitar y precisar el concepto de Estado a los fines de distinguirlo de los conceptos de *régimen* y *gobierno*. En este sentido, sostiene que el Estado responde a la pregunta por el ¿Qué?; el régimen responde a la pregunta por el ¿Cómo?; y por último, el gobierno a la de ¿Quién?

El Estado es definido por "la clase que lo utiliza para explotar y oprimir a las demás clases y sectores" (Moreno, 1986b: 9). Por lo tanto, la cuestión del Estado responde a la pregunta *¿qué clase o sectores de clase se encuentran en el poder político?* Los tipos de Estados serán clasificados según la clase o sectores de clase que *dominan* en una determinada época. Por tanto, el Estado ampara a la clase o al sector que explota y oprime al resto de la sociedad: "En una monarquía burguesa puede dominar el Estado, durante una etapa, la burguesía comercial e industrial de libre competencia, y en otra etapa la burguesía monopolista, o se pueden dar diferentes combinaciones" (Moreno, 1986b:10). Así como también, debe realizase una diferenciación con respecto al *contenido de clase* que un Estado puede tener. Por tanto debe comprenderse la diferencia entre *estado burgués* y *estado obrero*[3].

El régimen político responde a otra pregunta: *¿cómo se gobierna?*, o para ser más precisos: ¿a través de qué instituciones gobierna esa clase o sector de clase? El Estado como complejo de instituciones puede constituirse de distintas maneras, el régimen político no es más que "la diferente combinación o articulación de las instituciones estatales que utiliza la clase dominante (o un sector de ella) para gobernar" (Moreno, 1986b: 9). El *Estado burgués* así como ha sido conformado a lo largo de su historia por múltiples sectores político-económicos con distintos intereses, también ha desarrollado distintos regímenes políticos:

> "Monarquía absoluta, monarquía parlamentaria, repúblicas federativas y unitarias, repúblicas con una sola cámara o con dos (una de diputados y una

---

[3] Un ejemplo de ello, quizás el más conocido –y discutido dentro del morenismo en particular y del trotskismo en general– es aquel que se enuncia bajo la problemática cuestión de definir si *Hitler y Stalin eran lo mismo*. Contra aquellos que opinaban afirmativamente, el morenismo sostuvo, a partir de la distinción Estado-régimen, que si bien tanto Hitler como Stalin llevaban adelante su política con un *régimen* que podríamos definir a grandes rasgos como *totalitario*, el Estado del primero era netamente un *Estado Burgués*, mientras que el del segundo era un *Estado obrero* –con degeneraciones burocráticas pero estado obrero al fin- (Moreno, 1986b). De este modo, Moreno afirma que el Estado obrero: "nace a partir de la Revolución Rusa de octubre de 1917, es el primer estado que no sirve a la clase explotadora dominante en el mundo actual, la burguesía" (Moreno, 1986b: 8). Y continua, "La Alemania nazi y la URSS stalinista tuvieron regímenes muy parecidos: gobierno de un solo partido, sin la más mínima libertad democrática y con una feroz represión. Pero sus tipos de estado son diametralmente opuestos: el nazi es el estado de los monopolios más reaccionarios y guerreristas; la URSS es un estado obrero burocratizado, no capitalista" (Moreno, 1986b:11).

muy reaccionaria, de senadores), dictaduras bonapartistas, dictaduras fascistas, etc. En algunos casos son regímenes con amplia democracia burguesa, que hasta permiten que los obreros tengan sus partidos legales y con representación parlamentaria. En otros casos son lo opuesto; no hay ninguna clase de libertades, ni siquiera para los partidos burgueses. Pero a través de todos estos regímenes, el estado sigue siendo burgués, porque sigue en el poder la burguesía, que utiliza el estado para seguir explotando a los obreros". (Moreno, 1986b:10)

El gobierno, por su parte, responde a la pregunta por el ¿quién gobierna? Es decir, no es lo mismo que *régimen*, ya que pueden cambiar muchos gobiernos sin que cambie el régimen, si las instituciones siguen siendo las mismas: "En Estados Unidos, (...) hace dos siglos que hay un régimen democrático burgués, con su presidente y su parlamento elegidos por el voto, y su Poder Judicial. El Partido Republicano y el Demócrata se alternan en el gobierno" (Moreno, 1986b:10).

Para Moreno, *lo social* se compondrá de la siguiente forma: la burguesía –con sus diversos sectores: comercial, financiera, etc. – tiene la propiedad de los medios de producción, y es a la vez la clase dominante del poder estatal, ya sea porque es el sector que se encuentra en el Estado, ya sea porque es un sector cercano a determinados grupos políticos importantes que manejan el aparato estatal. Para cada momento histórico, habría que definir qué sectores de la burguesía ocupan ese lugar. Por otro lado, las masas trabajadoras serían las clases y sectores sociales que se encuentran en situación de explotación y opresión constate, y que por tanto, tienen mayor dificultad para generar una representación política bajo las lógicas hegemónicas actuantes por su posición de dominadas. A este esquema sería necesario agregarle un concepto más: *el partido revolucionario*, que no forma parte de la estructura, pero tampoco refiere necesariamente al Estado, aun siendo parte de la superestructura social. Como afirma Moreno, el partido revolucionario: "no actúa directamente sobre las fuerzas productivas: no desarrolla nuevas (...) técnicas ni ramas de la producción. Tampoco puede actuar directamente sobre la estructura social: no expropia por su cuenta a la clase capitalista. El partido actúa en la política" (Moreno, 1986b:2).

La distinción entre *clases* (momento estructural) y *partido revolucionario* (momento superestructural), le permite a Moreno explicar que no existe una relación mecánica entre *"una clase, un partido"* como pregonaba el marxismo de la III Internacional. De este modo, cuando Moreno afirma que ya no es posible sostener teóricamente la relación de correspondencia entre *la clase* y *el partido*, pone en entredicho la hegemonía del Partido Comunista soviético como un *partido necesario* de la clase trabajadora. Esta afirmación le permite también dar cuenta del *problema ideológico* que significó para el marxismo, el peronismo en la Argentina. Así, por medio de esta distinción es posible para Moreno explicar por qué la clase trabajadora argentina luego de octubre de 1945 es en su mayoría peronista y no socialista revolucionaria. No existe para Moreno, una relación necesaria entre Partido y clase trabajadora; la relación debe generarse desde la superestructura (partido revolucionario) a la estructura (clase), teniendo en cuenta que entre ellas median toda una serie de diferentes superestructuras (distintos partidos, sindicatos, el Estado, etc.). En consecuencia, la relación *partido socialista revolucionario* y clases trabajadoras, no es producto del despliegue de una relación necesaria, sino de la contingencia de la *lucha política* en un determinado momento histórico.

Moreno sostiene que la contradicción fundamental de esta etapa se presenta en clave de *revolución/contrarrevolución*. En este sentido, la *crisis política del marxismo* que el morenismo debía enfrentar, estaba vinculada a la hegemonía stalinista de la organización de la izquierda a nivel global y al peronismo y su política nacional-popular que hegemonizaban las clases trabajadoras argentinas. A nivel internacional, las direcciones stalinistas tenían que ser derrocadas, pero el pablismo –nombre que se dio a la dirección cuyos máximos representantes eran Pablo, Mandel y otros dirigentes de la IV Internacional– consideró que el estallido de la *tercera guerra mundial* era inevitable y que los partidos comunistas, obligados a defender a la URSS en el contexto internacional de la guerra fría, se harían revolucionarios. Análisis que condujo a la definición política de que los trotskistas debían practicar el *entrismo* en aquellos partidos, cosa que efectivamente se llevó adelante durante unos veinte años aproximadamente. Moreno afirmaba que la táctica del *entrismo* en los partidos comunistas, promulgada por la dirección de la IV Internacional, se basaba en el siguiente argumento:

> "La guerra mundial del imperialismo yanqui contra la URSS es inevitable a corto plazo; los partidos comunistas van a hacer la revolución para defender al Estado obrero; los trotskistas, para no marginarnos del proceso, debemos abandonar nuestra propaganda en las fábricas por la democracia obrera y la movilización permanente, arriar por el momento nuestras banderas, para entrar a los partidos comunistas y hacer la revolución con ellos". (Moreno, 1986b:42)

Si bien Moreno se opuso a la teoría de la "guerra inminente" y sobre todo al análisis de que los partidos comunistas se harían revolucionarios, adoptó el *entrismo* en el movimiento peronista argentino. De este modo, Moreno (1985/1989) consideraba que los trotskistas debían, para ligarse a las clases trabajadoras argentinas, entrar en las organizaciones peronistas y cuestionar a sus direcciones que jamás dejarían de ser *contrarrevolucionarias*.

Pero estas políticas eran tácticas referidas a la etapa concreta, puesto que Moreno planteaba que el trotskismo debía tener sólo dos estrategias a largo plazo: *construir el partido* y la *toma del poder* junto con las masas. Por lo tanto, ninguna otra política podía volverse *estratégica*. Todas las demás políticas son tácticas, que deben ser bien escogidas y delimitadas para cada momento concreto. Es decir, "si hay elecciones podemos ser electoralistas. (…). Si hay campesinos dispuestos a luchar en forma armada contra los terratenientes, debemos ser guerrilleros rurales" (Moreno, 1985/1989:216/217), siempre y cuando estas sean consecuentes con la estrategia revolucionaria. Con ello Moreno afirma que todas las tácticas son válidas si se adecuan al momento concreto de la *lucha de las masas trabajadoras*.

Como producto de su *impresionismo*[4], la dirección de la IV Internacional asumía una política específica al considerar que el stalinismo dejaba de ser *contrarrevolucionario*. De este modo, sostener la apuesta revolucionaria del partido y la toma del poder, frente a tal panorama desalentador, suponía para Moreno que la teoría de Trotsky de la *revolución permanente* era la única política marxista que se asumía abiertamente contra el electoralismo, contra el guerrillerismo, contra los partidos nacional populares, contra las direcciones stalinistas y en contra de la teoría de *socialismo en un solo país*. La *revolución permanente* sostiene que el carácter de la revolución debe ser internacional y permanente, en contraposición de las definiciones que afirman la índole nacional o regional, y por etapas del proceso revolucionario. Asimismo, junto con el carácter internacional de las relaciones –como resultado del desarrollo de las lógicas capitalistas actuantes– la condición de posibilidad del triunfo revolucionario es determinada por *un componente político*, que supone la diferencia entre la revolución de febrero y la de octubre: *el partido*[5].

La construcción del *partido revolucionario* es la respuesta que encuentra Moreno frente al panorama político marxista de las décadas del '70 y '80. Dicho contexto se encontraba asediado por una pregunta fundamental: ¿Quién hace la revolución después de octubre, después de la crisis, de la derrota política que significó el stalinismo? Para un sector mayoritario de la dirección de la IV Internacional, la respuesta se formularía luego del proceso revolucionario cubano: la conformación de una *guerrilla* era la nueva estrategia de lucha de la etapa. Para Moreno, esa no era la salida estratégica, recordemos

---

[4] El impresionismo "consiste en aislar de su contexto uno o más hechos espectaculares -'impresionantes'- e, ignorando las tendencias contrapuestas, es decir, otorgándoles una dinámica favorable al máximo, sacar de allí las conclusiones" (Moreno, 1985/1989:201). De este modo, la dirección de la IV Internacional al declarar el *entrismo* como estrategia a nivel internacional y declarar a favor de la guerrilla estratégicamente para Latinoamérica (Moreno, 1985/1989) abandona la estrategia de construcción del partido a nivel mundial.

[5] Al respeto ver: "La inminencia de la revolución ¿Qué es la situación revolucionaria?", en Moreno, *Actualización del programa de transición*. Donde Moreno analiza la diferencia entre la revolución Rusa de Febrero y el rol jugado por el partido Bolchevique en la revolución de Octubre.

solo "hay a largo plazo dos estrategias fundamentales a escala internacional y nacional: tomar el poder (…) y construir el partido como la única herramienta para lograrlo" (Moreno, 1985/1989:213)[6]. Puesto que, como vimos, para Moreno, la *contradicción principal* de la etapa era *revolución/contrarrevolución*. Es decir, que la etapa se definía entre una posibilidad revolucionaria a nivel mundial y la contrarrevolución que restauraría al capitalismo como sistema predominante. Esta contradicción se desarrolla en un contexto donde las *condiciones objetivas* se encontraban *más que maduras* para el socialismo. Por lo tanto, la resolución de dicha contradicción sería resultado de la definición política de la etapa. La estrategia que el marxismo debía asumir era la construcción de un partido revolucionario y una dirección internacional con influencia en el movimiento de masas, que luche por la toma del poder.

III. 2. *El problema del sujeto revolucionario*

La noción de *dialéctica invertida* desarrollada por Moreno, se muestra claramente en un debate con A. Gunder Frank[7] en septiembre 1984, donde la discusión giraba en torno a definir cuál era el *motor de la historia*: el *desarrollo de las fuerzas productivas* (haciendo referencia a textos como el *Prefacio* a la *Contribución a la crítica de la economía política*) o la *lucha de clases* (tal como afirmaba el *Manifiesto comunista*). Gunder Frank sostenía que estos dos modos de entender el desarrollo histórico, no solo mostraban la existencia de dos tipos de marxismo incompatibles entre sí, sino que además en los años '80 se revelaba que la *crisis del marxismo* era resultado de la "incapacidad para resolver la contradicción entre los dos" (Moreno y Gunder Frank, 1984:2).

---

[6] Moreno no acepta la construcción de una guerrilla como nueva estrategia, pero tampoco como una táctica efectiva para la etapa. El PRT (Partido Revolucionario de los Trabajadores), del cual Moreno fue uno de sus dirigentes destacados, protagonizó un gran debate interno a causa de la *revolución cubana* de carácter guerrillerista. Moreno y un amplio sector consideraban que las condiciones no estaban dadas para realizar una guerrilla nacional en la Argentina y que, por el contrario, era necesario seguir la *lucha* y la militancia en el movimiento obrero. Mario Roberto Santucho, otro de los famosos dirigentes del PRT, propuso la inmediata preparación de la lucha armada en el país. De este modo, sin haber podido llegar a un acuerdo, entre finales de 1967 y principios de 1968 culminó la escisión, que llevaría a la conformación del PRT-La Verdad (Moreno) y PRT-El Combatiente (Santucho), más conocido luego como PRT-ERP. El PRT-La Verdad pasó a llamarse el PST (Partido Socialista de los Trabajadores) continuando con la militancia hacia adentro del movimiento obrero y en la legalidad. Con el golpe de 1976, el PST tuvo que pasar a la clandestinidad, y Moreno al exilio, y Santucho fue asesinado por un grupo de tareas del ejército argentino en julio de 1976.

[7] André Gunder Frank (1929-2005) fue un economista y sociólogo alemán, y uno de los creadores de la teoría de la dependencia en los '60, considerándose él mismo como un neomarxista y economista radical.

Moreno da a Gunder Frank una doble respuesta. En primer lugar, sostiene que aquella es una pregunta siempre abierta y discutible porque no hay una definición estricta de aquello que el marxismo es: "no hay marxista (…) que coincida en la definición de marxismo (…). Es decir, los marxistas no están de acuerdo en qué es el marxismo" (Moreno y Gunder Frank, 1984:4). Sin embargo, afirma Moreno, es preciso distinguir una constante en el devenir histórico: la lucha. Es decir, que el sentido de la historia se enmarca a partir de las dinámicas que adquieren las luchas de las clases y los sectores de clases:

> "La lucha de clases entre sectores burgueses, la lucha de clases entre nacionalidades, y digo más, el motor absoluto y total del proceso histórico, es la lucha, luchas entre tribus, luchas entre naciones, luchas entre razas, luchas entre grupos humanos, luchas entre sectores burocráticos, luchas entre grupos". (Moreno y Gunder Frank, 1984:5)

En segundo lugar, entre estas *dos concepciones de la historia* opera una *relación dialéctica*. Así, ambas deben ser entendidas como partes operantes de la totalidad social. Es decir que, al mismo tiempo que es necesario distinguirlas como dos momentos particulares, es preciso analizar qué relación concreta asumen en los distintos momentos históricos. La etapa que analiza Moreno, muestra su especificidad a partir del estancamiento de las fuerzas productivas como resultado de las relaciones de producción de un capitalismo imperialista, volviendo determinante al momento político para el advenimiento revolucionario del socialismo. No obstante, lo que abre este período de estancamiento de las fuerzas productivas, no es más ni menos que *una posibilidad*. No se puede afirmar que dicho proceso implique el cambio de un modo de producción por otro, sino que le otorga a la lucha por el socialismo una coyuntura favorable para su posibilidad efectiva.

La lucha –como motor de la historia– es articulada y explicada, por el morenismo, como una tensión permanente entre la estructura y la superestructura, entre un sujeto determinado por la estructura social y otro construido en la superestructura política. Moreno afirma que tal distinción es consecuencia del aporte del leninismo al marxismo. Lenin indicaba que para comprender el desarrollo de la lucha de clases ya no era posible basarse *sólo* en la existencia de un sujeto social –las clases– sino que, también era necesario *construir* un sujeto político, el partido revolucionario[8]. En palabras de Moreno: "¿Cuáles son los sujetos? Uno es qué sector de explotados va a

---

[8] Al respecto ver V. Lenin, *Obras escogidas. Tomo V*, y en particular el apartado "El imperialismo, fase superior del capitalismo" (Lenin, 1913/1916, 1973).

dirigir la revolución, quién la va a hacer, (…), es decir, el sujeto social. Y el segundo sujeto es el de los partidos" (Moreno y Gunder Frank, 1984:3).

Moreno pretende definir al *primer sujeto* a partir de la complejidad que presenta la estructura en las condiciones operantes del capitalismo avanzado, puesto que "el imperialismo ha estratificado metódicamente a la clase obrera" (Moreno y Gunder Frank, 1984:8). En este sentido, ya no se podría hablar simplemente de *clase obrera* sino que este término debía ser complejizado y precisado nuevamente. En primer lugar la *clase obrera* debe ser definida como *clase que vive de su trabajo* (clase trabajadora), que no solo incluya a los obreros industriales sino a todas las otras ramas de la producción. Para defender teóricamente esta afirmación Moreno utiliza una nota del *Manifiesto comunista* donde Engels sostiene que: "Por proletarios se comprende a la clase de los trabajadores asalariados modernos que, privados de medios de producción propios, se ven obligados a vender su fuerza de trabajo" (Nota de Engels a la edición inglesa de 1888, en Marx y Engels, 1848/1974)[9]. En este sentido, Moreno comprende que todo aquel que sólo tiene para vender su *fuerza de trabajo* es parte de las *masas de explotados* que conforman al sujeto revolucionario de la lucha de clases. A este respecto, el ejemplo de la clase media puede ser ilustrativo:

> "La moderna clase media se compone no de pequeños propietarios independientes (tal como era en épocas de Marx), sino de asalariados. Los bancarios, empleados de comercio, los maestros, los médicos, abogados, arquitectos e ingenieros que trabajan a sueldo para las grandes clínicas, estudios o empresas constructoras, los técnicos y empleados de la publicidad, de los espectáculos y medios de comunicación (radios, TV, cine, teatros, etc. etc.) (…). La existencia de esta importante masa de población, que es asalariada sin ser obrera industrial, y que para nosotros es la moderna clase media nos plantea el problema de la definición de Marx". (Moreno, 1986a:3)

Moreno propone, dado que ya no es posible sostener *simplemente* la categoría de *clase obrera*, inscribir en la estructura un término complejo: las *masas*. Estas se compondrán de todo aquél o aquella que se encuentre definido estructuralmente por su condición de asalariado (o desocupado). En este sentido, Moreno recupera el término *masas* utilizado por Trotsky (1929) al referirse a todo sujeto explotado, es decir, a todo aquel o aquella que vive de su *fuerza de trabajo*, pero le otorga un sentido fuertemente político. En una región como la latinoamericana, se hacía prácticamente imposible reivindicar simplemente la lucha *obrera*, sin tener en cuenta al campesinado (pensamos

---

[9] Engels agrega además en esta nota: "Por burguesía se comprende a la clase de los capitalistas modernos, propietarios de los medios de producción social que emplean el trabajo asalariado" (Marx y Engels, 1848/1974).

en países como Perú y Bolivia, como ejemplos) y a la clase media urbana (sector muy importante en la política Argentina, por ejemplo). La *masa* vendría ahora a explicar aquello que excedía a la clase obrera como tal, y su movilización supone un problema político. El *sujeto masa* no se caracteriza por su misma definición como un *sujeto que lucha*. Éste comienza a luchar como resultado de la extrema explotación del sistema capitalista, sobre todo en coyunturas críticas. De este modo, en las etapas de crisis del sistema capitalista, las masas trabajadoras sufren una explotación aguda, que se conforma en la base de su carácter subjetivo de lucha:

> "Los explotados en general, no sienten ningún placer en ir a la lucha. Es un ser humano normal, que no tiene ningún interés en perder una parte de su escaso salario saliendo a la huelga, ni en arriesgar su integridad física yendo a una manifestación, ni en arriesgar su vida tomando las armas contra el capitalismo. Las masas trabajadoras salen a la lucha porque el sistema capitalista las hunde en la miseria, porque no les deja otra salida que luchar para sobrevivir". (Moreno, 1985/1989:339)

La propia crisis del sistema capitalista es la que crea las condiciones de posibilidad de la lucha; a la vez que el grado de desarrollo del *movimiento de masas* es el que determina que la movilización estalle o no. Por tanto, el capitalismo crea la miseria y esta es la condición de la lucha, pero no la hace necesaria. La conciencia de las masas está determinada por "la necesidad que sufren y de las condiciones en que se encuentra para enfrentar a los explotadores" (Moreno, 1985/1989:340). Para Moreno, la conciencia del sujeto social es *independiente* del sujeto político. En este punto surge nuevamente una disputa con Mandel. Para Mandel (o Germain, como lo llama Moreno), el *sujeto político* es la condición de posibilidad de la conciencia de clase, mientras que para el morenismo como vimos, la conciencia de las masas es adquirida en la experiencia de la lucha:

> "El partido no tiene nada que ver con esta conciencia inmediata de las masas. Pero Germain, al sostener que el papel del partido es 'en cierto grado' (no define cuál es ese grado) un factor determinante de la conciencia inmediata de las masas, cae en un típico error ultraizquierdista: confundir su propio nivel de conciencia, o el del partido, con el de las masas". (Moreno, 1985/1989:340)

En clave morenista podríamos afirmar, entonces, que el proceso objetivo –la agudización o no de la crisis capitalista– es el que conduce a las masas a luchar, pero para que este proceso asuma como posibilidad una estrategia socialista debe existir un partido revolucionario que luche por la *toma del poder*. Las *masas explotadas*, afirma Moreno (1986a), desatan un proceso de *huelga* –en la mayoría de los casos– para ajustarse al sistema de la vida capitalista, para alcanzar los estándares de vida de dicho sistema, por ello es fundamental la construcción de *un partido revolucionario de masas* que en las oportunidades presentadas luche por la posibilidad de *la toma del poder*. Puesto que, la irrupción de una *huelga general* "por encima de todas las tareas y redefiniciones parciales de nuestra época se encuentra [vinculada a] la cuestión del poder" (Moreno, 1985/1989:255). Así, para Moreno, los momentos de *huelga general* se vuelven importantes en el desarrollo de la lucha de clases dado que, independiente de los éxitos parciales, habilitan una temporalidad de la política en la cual es pasible de exponer la posibilidad de la *lucha por el socialismo*. De este modo, el *partido*, debe estar atento a leer las coyunturas que abren la posibilidad de militar el momento de la irrupción socialista. Es una situación rara, única, singular –Moreno dice *de unos pocos días*– "que una vez pasada vaya a saber cuándo se va a volver a repetir" (Moreno, 1985/1989:256). El partido debe estar involucrado en ese espacio y en ese tiempo político de posibilidades que se abre, debe tener militantes y, fundamentalmente, debe plantear el *problema del poder* y denunciar a todas las direcciones oportunistas que no lo hagan. La huelga general, habilita un momento de posibilidades donde el capitalismo como sistema hegemónico puede ser cuestionado. En este sentido, Moreno afirma que se genera la posibilidad de una *operación política* de conducir esta lucha en clave de ruptura frente al sistema sólo si un *sujeto político* apuesta por hacerlo, de ahí la importancia del *partido*.

El *partido revolucionario* actúa, entonces, en el espacio de la política. Y debe actuar sobre todo, en los momentos donde una operación política de cuestionamiento del sistema es posible. Pero para tener capacidad de movilización, es necesario que el partido consiga la *hegemonía política* en el movimiento de masas. Es decir, sólo a través de la *lucha política* con otras organizaciones de la superestructura es que puede el partido convertirse –o no– en hegemónico:

> "El partido revolucionario tiene que ganar la hegemonía política (…) en el movimiento de masas. Esto se consigue trabajando sobre ellas, con una política que se plantea para que la tomen. Sólo cuando esto ocurre se puede derrotar a la burocracia. Y así solamente el partido gana su derecho histórico a ser considerado el partido revolucionario (…) en la lucha contra el capitalismo". (Moreno, 1985/1989:281)

No obstante, hace falta definir un componente más que se desprende de la teoría de la *revolución permanente* adoptada por el morenismo. Por el dominio mundial de la economía capitalista, toda lucha organizada que pretenda transformar lo social, debe comprender que si la lucha no se da a nivel global, todo triunfo que se logre es parcial y conduce en el corto o medio plazo a la restauración capitalista. Dada la situación actual del capitalismo más que nunca: "la lucha de clases y la revolución pasan a tener un carácter mundial" (Moreno, 1980/1990:4). De este modo, reivindicando las concepciones de Lenin y Trotsky, la apuesta política morenista descansa en la construcción de una *dirección partidaria a nivel mundial* que luche por la toma del poder junto al movimiento de masas. Moreno sostiene que el stalinismo había *cooptado* a las principales direcciones sindicales y que el *P.C.* había sabido incorporar dentro de sus filas a ciertos pequeños partidos izquierdistas. El stalinismo, como la fuerza política hegemónica en el seno del movimiento de masas, proponía como política abandonar la lucha a escala mundial y reivindicar la premisa de *socialismo en un solo país*. A la vez que, en instituciones como los sindicatos, cohabitaban junto con la ideología stalinista, la ideología pequeño-burguesa. Es decir, la burguesía participaba activamente en dichas instituciones, creando sus propios organismos. Es por tal motivo que Moreno afirma que el partido trotskista es la organización superestructural revolucionaria, que posee, en su espectro subjetivo, una *conciencia verdaderamente socialista e internacionalista*:

> "Sólo se llegará a la toma del poder si (…) las masas son dirigidas por el partido trotskista (…). Y para ganar la dirección de las masas, lo fundamental es participar (…) en cada una de sus luchas como un partido organizativamente independiente, con políticas, consignas y programa propios para cada situación". (Moreno, 1985/1989:223)

Moreno dirá al respecto que *acción, experiencia* y *conciencia* son fenómenos de una misma totalidad que se desarrollan en los dos niveles: superestructura (partido) y estructura (masas). Así, *lo espontáneo* y *la experiencia* conformarían las formas embrionarias de *lo consciente*. En la relación de estos dos niveles –superestructura y estructura– la conciencia de las *masas* no es entendida como simple producto de la militancia del partido. En otras palabras, el partido no es aquél que viene a *despertar* a las masas de su *falsa conciencia*: "La conciencia inmediata, presente de las masas, (…) es la conciencia de la necesidad que sufren y de las condiciones en que se encuentran para enfrentar a los explotadores. El partido no tiene nada que ver con esta conciencia inmediata de las masas" (Moreno, 1984a:58). Para Moreno el partido se convierte en un factor clave en el momento en que las masas *ya tomaron conciencia* a partir de su propia experiencia. Es decir, en el momento en que la movilización de las masas llega a un punto decisivo, el partido es el que debe encausar la lucha por la *toma del poder*. El sistema capitalista, según afirma Moreno, arrojará cada vez más miseria y explotación que pesa sobre las espaldas de las masas, proceso que profundizará su lucha: "Este proceso las llevará al borde de la conciencia política (…) revolucionaria (…). Pero allí se detendrán y luego retrocederán si no existe un partido revolucionario que las haga totalmente conscientes de esa situación, las organice y las guíe para seguir adelante" (Moreno, 1984a:58).

Ahora bien, volvamos sobre el punto de partida de este apartado en el intento de explicitar cómo opera en el pensamiento de Moreno la relación entre los dos motores de la historia: *lucha de clases* y desarrollo de las *fuerzas productivas*. Marx afirmaba en el prefacio a la *Contribución a la Crítica de la Economía Política* que en un momento determinado de su desarrollo:

> "Las fuerzas productivas materiales de la sociedad entran en contradicción con las relaciones de producción existentes, o bien, lo que no es más que la expresión jurídica de éstas, con las relaciones de propiedad en el seno de las cuales se han desenvuelto hasta entonces. De formas de desarrollo de las fuerzas productivas, estas relaciones se convierten en trabas suyas. Y se abre así una época de revolución social". (Marx, 1859/1989:162)

Para Moreno, esta afirmación es correcta hasta cierto punto. Es decir, sostiene la hipótesis de que en un momento determinado de su desarrollo, las fuerzas productivas entran en contradicción con las relaciones sociales operantes. No obstante, aquello que habilita este momento particular de la historia no es una "etapa de revolución social" sino la aparición de su posibilidad manifiesta. De este modo, una vez que las contradicciones estructurales del sistema capitalista han llegado hasta este punto de tensión, el factor político se convierte en determinante. La presencia o no de un sujeto político organizado –el partido revolucionario con influencia de masas a nivel mundial– es la condición *sine qua non* para la posibilidad de un triunfo revolucionario. Es decir, como desarrollamos anteriormente, para el morenismo se ha comprobado que no existe ninguna *ley científica* que nos lleve inexorablemente hacia el socialismo. El proceso revolucionario se resuelve en la *lucha* hegemónica entre sujetos políticos.

Encontramos, de este modo, dos planos inseparables en el pensamiento morenista: la *estructura*, donde se encuentran las masas, y la *superestructura*, lugar de la lucha hegemónica por la dirección de las masas. La pregunta que sugiere dicha distinción es cómo define el morenismo, entonces, a la *vanguardia*. Es decir, dónde la ubica, en la estructura o en la superestructura. Nuevamente una polémica con Mandel arrojará respuestas. Para Mandel al esquema morenista de relación entre superestructura y estructura, es decir, entre partido y masas, habría que agregarle una tercera categoría de igual magnitud que las primeras: la vanguardia. Mandel define que hay tres elementos fundamentales para la conciencia de clase: las masas (estructura), los obreros avanzados (vanguardia) y el partido (superestructura). La vanguardia es definida, al mismo tiempo, por ser *una estratificación objetiva* e

inevitable de la clase (se encontraría definida en la estructura) y por ser aquélla parte de las masas trabajadoras que se encuentra involucrada en un grado
más alto que las luchas esporádicas habiendo alcanzado un nivel de organización (ahora estaría ubicada en la superestructura)[10]. Para Moreno, esta
clasificación es inaceptable, dado que caracteriza a la vanguardia a partir de
una tensión irresoluble entre estructura y superestructura:

> "Mandel no tiene ninguna forma de salir de esta contradicción, y mezcla lo
> cuantitativo con lo cualitativo en forma inexplicable. Si la definición es cuanti-
> tativa, vanguardia son los obreros 'más conscientes', los 'más luchadores' (…).
> Vale decir, forman parte de una estructura (…) donde se diferencian del resto
> de sus compañeros por ser 'más' en algún sentido. Si la definición es cualitati-
> va, es decir, los que 'continúan el combate', los que 'publican periódicos', los
> que 'han alcanzado un primer nivel de organización', entonces la vanguardia se
> ubica en la superestructura. La contradicción es de hierro y no se puede salir de
> ella por más que se quiera formular una definición diferente, confirmando así
> al marxismo en que hay sólo dos categorías, y no tres. Pero, entonces: ¿cómo
> definir a la vanguardia?". (Moreno, 1985/1989:285)

El análisis morenista hace una distinción entre aquello que se encuentra *determinado* (la estructura) y aquello que se encuentra *indeterminado* (la
lucha superestructural). El lugar de lo determinado está signado por una
cierta *fijación* estructural, mientras que lo indeterminado de la lucha política
hegemónica habilita el lugar de la *contingencia*. Por lo tanto, Moreno considera que las masas, al constituir lo determinado, pueden ser consideradas
como una categoría permanente, y el partido político, al formar parte de un
momento indeterminado puede surgir como no hacerlo. Por otro lado, la
vanguardia, como expresión de un tercer momento que no es ni estructural
ni superestructural, es caracterizada como un *fenómeno* que es siempre episódico y singular. La vanguardia se constituye a partir de la singularidad de un
momento de irrupción frente a lo constituido, que por su misma condición
es siempre efímero y evanescente. De este modo, la vanguardia está destinada
a retornar a la estructura al abandonar el momento disruptivo de la lucha,
o bien a construir una organización –o entrar a las ya existentes– pasando a
formar parte de la superestructura. En ambos casos, deja de ser *vanguardia*.
Es decir, no es posible *sobrevivir* como vanguardia:

> "La *vanguardia es un fenómeno,* no un existente (un ser), es decir que, a
> diferencia de las clases y superestructuras, no tiene una existencia permanen-
> te durante toda una época. Los sectores que en la lucha están al frente, son la

---

[10] Al respecto ver, Mandel, *En defensa del leninismo, en defensa de la IV internacional* (Boletín de
Informaciones Internaciones N7, Sin año) y *Teoría leninista de la organización* (1970).

vanguardia. Es un término relativo; su mismo nombre indica que existe una retaguardia". (Moreno, 1985/1989:285)

El morenismo plantea que la *vanguardia* nunca surge ligada –necesaria-mente– a la organización política del partido revolucionario. Por el contrario, la vanguardia es producto y resultado de las tendencias espontáneas de la lucha de masas en un momento concreto. Es en este sentido que la construc-ción del *partido* se vuelve condición determinante. Si el surgimiento singular de la irrupción vanguardista abre un momento de posibilidad de quiebre del sistema capitalista, esta posibilidad sólo podría efectivizase si la vanguardia pasa a formar parte de una alternativa política partidaria revolucionaria y organizada:

> "Captar a la vanguardia es un avance para el proceso revolucionario sólo si se la capta para la política revolucionaria. El stalinismo captó a amplios sectores de la vanguardia para su política, y los esterilizó para dirigir la revolución, los liquidó como vanguardia. En nuestros días, el castrismo también captó a casi toda la vanguardia mundial y la llevó al desastre; desmoralizó políticamente a un sector y llevó a la liquidación física a otro, a una gran parte de la vanguardia latinoamericana de los años 60". (Moreno, 1985/1989:326)

De este modo, para Moreno, existirían tres elementos fundamentales para que la posibilidad de la revolución socialista sea efectiva. El primero es el *sujeto social*, las masas trabajadoras, determinadas por una fijación estructu-ral compleja y fragmentada en las condiciones del capitalismo avanzado. El segundo es la irrupción singular y evanescente del fenómeno de la vanguar-dia. Este momento supone el quiebre de la lógica estructural y de la lógica superestructural. Pero para que la singularidad efectivamente genere un mo-mento disruptivo más allá de lo episódico, es necesario un tercer elemento: la construcción de un partido revolucionario a nivel mundial que luche por la toma del poder.

En definitiva, la tensión entre la dislocación de la lógica estructural y su mantenimiento se convertirá en una constante en la producción teórica de Moreno. Si bien se distingue la irrupción de una temporalidad nueva, a partir de la introducción de un momento contingente entre la irrupción singular de la vanguardia y la construcción política de un partido revolucionario, este se despliega a partir de una relación dialéctica con el momento estructural de la lucha de masas, determinado por el devenir de las relaciones de producción y el desarrollo de las fuerzas productivas. A la vez que el momento político (la lucha por la hegemonía del partido revolucionario) se vuelve determi-nante a partir de que la contradicción entre infraestructura (desarrollo de las fuerzas productivas) y estructura social (relaciones de producción) ha llegado a su momento límite habilitando así la posibilidad de una coyuntura revolucionaria. Los dos motores de la historia conviven como una tensión permanente e irresoluble en el pensamiento de Moreno. Si la *ley de inversión dialéctica* afirma que el factor subjetivo (la lucha) es el determinante en última instancia del sentido de la historia, lo hace dicotomizando la posibilidad de una sociedad futura, entre el acontecimiento revolucionario del socialismo o el advenimiento de la barbarie de un capitalismo destructivo.

III. 3. *Socialismo o Barbarie ¿El advenimiento de la era trotskista?*

La caracterización de la *totalidad social*, en las condiciones del capitalismo avanzado supone, para Moreno, condiciones históricas objetivas más que maduras para el socialismo, mostrando una invirtiendo la *ley de causalidad histórica*. De este modo, el momento político se transforma en el determinante en última instancia para la realización efectiva del socialismo. Dicha centralidad de lo político, es entendida como resultado de la decadencia del sistema capitalista, generada por la contradicción entre el desarrollo de las fuerzas productivas y las relaciones de producción operantes. El movimiento de la totalidad social capitalista se encuentra en un momento determinante y fundamental, puesto que, o bien se logra hegemonizar la irrupción de la lucha de las masas trabajadoras y de la singularidad vanguardista en el marco de un partido revolucionario, o bien se corre el riesgo de un proceso de agudización de las crisis del sistema capitalista que será irresoluble. La vieja proposición del marxismo "socialismo o barbarie" se vuelve fundamental en el análisis del capitalismo contemporáneo:

> "Nuestra expresión socialismo o barbarie, parece una consigna, pero en realidad es un concepto teórico muy profundo. Significa que la crisis capitalista no conduce inexorablemente al socialismo sino que puede dar lugar a una nueva sociedad de clases mucho peor que el capitalismo". (Moreno, 1986a:2)

Por lo tanto, si el triunfo del socialismo no puede ser deducido necesariamente de la crisis del sistema capitalista, la barbarie adquiere –bajo las condiciones actuales del capital– un significado cualitativamente distinto al utilizado hasta aquí. Como afirma I. Mészáros, si hoy reformuláramos las palabras de Rosa Luxemburgo sería necesario agregar a el enunciado "'socialismo o barbarie' la frase 'barbarie si tenemos suerte' –en el sentido de que el exterminio de la humanidad es un elemento inherente al curso del desarrollo destructivo del capital–" (2005/2009:74). Es en este sentido que Moreno retoma la consigna. La alternativa al socialismo no significa un retroceso a la barbarie a partir de la devastación de países y civilizaciones (como se entendía en las épocas de las dos guerras mundiales), sino que actualmente encarna "la desaparición de la vida animal y vegetal de la tierra" (Moreno, 1986a:7). En consecuencia, en el pensamiento morenista se esconde una posibilidad real de un triunfo *final* del capitalismo que conduciría a la destrucción total de la humanidad. La consigna "socialismo o barbarie" adquiere entonces tintes definitorios para Moreno, transformándose en: *trotskismo u holocausto*. *Trotskismo*, porque es la única fuerza política que lucha por el socialismo a escala mundial, y que sostiene como base dos estrategias fundamentales y necesarias para la etapa: la construcción del partido revolucionario y de una *dirección internacional*, que luchen por la toma del poder junto a las masas trabajadoras. *Holocausto*, porque los colosales medios de destrucción masiva desarrollados por las fuerzas productivas en el capitalismo avanzado muestran, no sólo "el peligro de degradación de la vida debido a una guerra atómica; [sino] también existe un peligro inmediato, que se siga destruyendo la naturaleza, principalmente las fuentes de energías" (Moreno, 1980/1990:153).

De este modo, para Moreno la crisis del marxismo se enfrenta al siguiente problema: o resuelve el problema de construcción del partido y la crisis de dirección a escala mundial, o el mundo entero se encuentra destinado al holocausto de su final destrucción. El fracaso de los socialismos realmente existentes se revela entonces a partir de la *crisis de dirección revolucionaria* que ha generado globalmente:

> "Esta crisis es consecuencia de que todas las organizaciones reconocidas del movimiento obrero –sindicatos, partidos y estados– son controladas sin excepción hoy día por la burocracia y otras direcciones contrarrevolucionarias al servicio directo o indirecto del imperialismo, principalmente la burocracia stalinista de la URSS.(…) Los grandes partidos obreros, los sindicatos y los estados obreros han quedado distorsionados en la camisa de fuerza de la burocracia: todos ellos son burocráticos, ninguno revolucionario. Todas las direcciones reconocidas sirven a la contrarrevolución". (Moreno, 1980/1990:9)

Es decir, la crisis de dirección es para el morenismo una crisis política que se afirma en la *traición* a la lucha revolucionaria por parte de las direcciones stalinista y socialdemócratas. Esta traición es el factor decisivo de la derrota histórica del marxismo. En definitiva, la no posibilidad del socialismo, es decir la posibilidad de la destrucción del mundo, es producto a la vez, de la profundización de la crisis capitalista y de la crisis de dirección a nivel mundial. El trotskismo es la única alternativa de sobrevivencia que le resta a la humanidad. De este modo, si lo inminente es la construcción de una organización internacional que detente una influencia en las masas trabajadoras, esta organización política debe estar estrictamente definida y delimitada, y su programa debe detallarse claramente.

La cuestión organizativa del partido deviene central para la actividad marxista revolucionaria, puesto que es la que fija el *programa* y la *política* que definen los objetivos, las tareas y las consignas que movilizarán a las masas trabajadoras. Es decir, para el morenismo la apuesta política del marxismo radica en comprender que la organización es la que estructura y otorga continuidad y permanencia a la movilización de la lucha de masas. Es decir, ambos ejes, la movilización de las masas y la organización, son la condición de posibilidad de la revolución: "Sin grandes luchas y movilizaciones no hay revolución. Pero sin organización tampoco la hay: las luchas se disuelven, las heroicas acciones de las masas se pierden" (Moreno, 1984b:5). Teorizar sobre la forma organizativa del partido se convierte, entonces, en una tarea central de todo partido que aspire a trastocar el estado actual de cosas.

III. 4. *El problema político: La forma organizativa del partido*

Moreno reconoce que el problema de la organización es muy complejo, dado que encierra en sí mismo una contradicción. Toda organización –como toda estructura– tiende a volverse conservadora, porque evita transformar lo construido. El morenismo propone una organización que se encuentre en constante reorganización respondiendo a las necesitadas de las distintas coyunturas socio-políticas. Pues, si aceptamos que la totalidad social presenta un desarrollo desigual y complejo en el capitalismo avanzado, el partido debe ser parte de este análisis y reformularse y (re)adaptarse –al igual que la teoría marxista– a las nuevas formas que surjan en el sistema capitalista. Como afirma Moreno, las condiciones y las tácticas cambian, la *estrategia jamás*, y la construcción del partido, como vimos, es parte de la estrategia que propone.

El partido revolucionario debe tener un carácter internacional dada la condición actual de producción y reproducción del capital. A este respecto, el análisis que realiza el morenismo radica en que si el capitalismo se ha desarrollado a escala mundial, producto de los procesos de mundialización y globalización, aquel partido que pretenda *luchar por un proceso emancipatorio*, también deberá hacerlo a escala mundial. No obstante, este partido internacional –que a los ojos de Moreno no puede ser otro que la IV Internacional– debe organizarse a partir de la conjugación de los distintos partidos nacionales. Estos partidos si bien tienen que respetar las dos estrategias fundamentales –la construcción del partido y la movilización de las masas para la toma del poder–, deben, a su vez, plantear su forma organizativa según la coyuntura política de sus países. Es decir, Moreno intenta articular una forma dinámica de organización, que como todo marxista materialista, la piensa en constante relación con las transformaciones sociales:

> "El partido socialista revolucionario es duro programáticamente y en los principios. Pero para el marxismo no hay nada rígido ni definitivo. Menos puede serlo el partido de la revolución permanente. Por eso el partido es sumamente flexible a la hora de convertir al programa y los principios en (…) tácticas, consignas y políticas concretas para incidir sobre la situación presente en la lucha de clases. Cada vez que hay un cambio en la realidad objetiva, el partido cambia sus consignas, sus políticas, sus tácticas (…) y también sus formas organizativas. Esa es la verdadera esencia de la forma socialista revolucionaria de organización: el cambio, la adaptación a la realidad de la lucha de clases y a las tareas y objetivos que se da el partido en cada etapa. Los cambios en la forma organizativa del partido son determinados por la combinación de dos factores fundamentales: la situación de la lucha de clases y la situación o grado de desarrollo del propio partido". (Moreno, 198b4:8)

En este sentido, se transforma en fundamental para el pensamiento morenista el problema de la disciplina partidaria. Claro está, que la disciplina no debe perder de vista el punto estratégico: la función del partido debe ser siempre, la de intervenir en las luchas de masas, disputando su dirección y levantando las consignas adecuadas a esas luchas. La disciplina es aquello que permite mantener en pie dicho objetivo. El contenido de la disciplina morenista se basará en un esquema de jerarquía partidaria en relación a la dedicación de cada militante y a las necesidades de las tácticas asumidas[11]. Moreno dirá, en defensa de su propuesta, que esta jerarquización es opuesta a la del Ejército. En el ejército burgués, afirma, se va subiendo de jerarquía *burocráticamente y por decisión de la máxima jerarquía*, el comandante en jefe. Esta forma de jerarquía no cambia, no se transforma, en consecuencia nadie baja de jerarquía si no es por alguna acción deshonrosa. Por el contrario, en la forma organizativa del partido no hay jerarquías permanentes y estas se deciden democráticamente:

---

[11] Al respecto Moreno dirá que: "Un cuadro tiene más jerarquía que un militante de base. De la misma manera, un dirigente regional tiene más jerarquía que un cuadro de base, ya que actúa y trata de orientar al conjunto de los cuadros y militantes de una regional y ello le plantea problemas superiores: elaborar una política para toda la regional, en sus frentes sindicales, barriales y estudiantiles; seguir de conjunto las relaciones con los partidos políticos de la zona; garantizar los cursos y escuelas; tener y garantizar un plan de conjunto de finanzas; tener un aparato; etcétera. Y la que es su tarea más importante: formar cuadros. Y así hacia arriba, donde están los compañeros más jerarquizados, los dirigentes nacionales. Y más jerarquizados aún: los internacionales" (Moreno, 1984b:37).

"Un militante está más o menos jerarquizado según su rendimiento para el partido y para la lucha de clases en cada momento. Pero, además, la jerarquización se hace democráticamente. Es la base del partido, no la dirección, quien elige a los delegados de los congresos. Y en los congresos esos delegados eligen a la dirección. La jerarquía de los militantes se gana por el esfuerzo y la capacidad individual, pero se concreta a través de los organismos del partido. Lo que está jerarquizado en el partido son sus organismos: el Comité Central es el organismo de los dirigentes nacionales; la dirección regional el de los regionales, etcétera". (Moreno, 1984b:378)

Asimismo, la importancia de la disciplina partidaria radica en ponerle freno a un peligro típico de los partidos de izquierda que preocupa a Moreno, el *sectarismo*. Éste consiste en aislarse cada vez más de las masas, perdiendo de vista el objetivo del partido, y conduce a organizarse solo hacia dentro del partido[12]. La manera de superar este peligro es apegarse a la disciplina, a las consignas y al programa. Las consignas se efectúan al realizar un análisis de la *etapa de la lucha de clases*. Este es un aspecto determinado en la política morenista, es decir, la elaboración teórica y la propaganda política deben estar sujetas a los problemas específicos del momento histórico concreto y el resultado del análisis de ese momento debe plasmarse en consignas políticas: "podemos decir que toda la ciencia y el arte trotskista se sintetizan en la capacidad para elaborar las consignas adecuadas en cada momento de la lucha de clases" (Moreno, 1985/1989:320).

La *agitación política* es para Moreno, al igual que para Trotsky, no solamente el medio de comunicar a las masas las consignas para la acción, sino que, para el partido, la agitación es también un medio de *escuchar* a las masas y, según los resultados, un medio para tomar una decisión práctica de elaboración de consignas. Sin embargo, de nada sirve la elaboración de consignas si el partido no se estructura bajo un *programa político*, que elabore la relación *táctica-estrategia* del momento histórico actual. Es decir, el programa debe pendular entre las estrategias a largo plazo y las tácticas a seguir para la consecución de dicha estrategia. En concreto, un programa político revolucionario que no hable de *piquetes armados, insurrección de las masas, toma del poder,* no puede definirse como tal, pero también "la dirección de un partido que levante todas estas consignas, o algunas de ellas, en forma permanente

---

[12] Moreno sostiene al respecto que: "No somos la socialdemocracia alemana. Ser sectarios de un partido con millones de votos y decenas de miles de activistas es grave, pero mucho más comprensible. Pero ser sectarios de un partido de unos pocos miles de militantes y que todavía no tiene influencia de masas es una tragedia. Y cada vez que ganábamos 500 militantes nuevos, había un nuevo envión sectario. En lugar de seguir creciendo, nos poníamos a vivir para adentro y hacer de los 500 nuevos compañeros, 500 nuevos sectarios" (1984b:45).

para todas las etapas y momentos de la lucha de clases, merece ser internada en un asilo" (Moreno, 1985/1989:335).

Esto muestra la tensión siempre existente en el pensamiento morenista entre táctica y estrategia. El *programa de transición* al socialismo, adoptado por la IV Internacional, debe plantear que la política se encuentra siempre en íntima relación con el momento presente y las actuales reivindicaciones del movimiento de masas para trazar un puente entre ellas y el programa de la revolución socialista. De este modo, Moreno afirma que en una época como la presente, donde el sistema capitalista ha entrado en una decadencia irresoluble, la definición de un programa político especifico se vuelve fundamental para organizar al partido y la lucha de masas: "nuestro programa de transición (…) es la base de todo partido revolucionario contemporáneo: sin él no puede haber partido revolucionario" (Moreno, 1985/1989:379).

Para poder llevar adelante el *programa de transición*, se vuelve necesaria una forma organizativa que se ancle en dos pilares fundamentales: los *militantes profesionalizados* y el *centralismo democrático*. Los militantes profesionalizados son la base de sustentación del partido, ya que para la *actividad revolucionaria* es preciso formar militantes. Es decir, este tipo de militantes debe poder resolver los problemas políticos que plantee la situación de la lucha. A la vez que este tipo de militantes son los encargados de analizar la situación para formular las consignas precisas que responden a ella. De este modo, es tarea de estos militantes plantear las formas de organización propicias, "definir los sectores fundamentales de trabajo, orientar los ejes de la propaganda sobre la vanguardia, dar cursos de formación marxista elementales, captar para el partido y organizar convenientemente dentro del partido a los nuevos sectores que ingresan" (Moreno, 1985/1989:372). Estas tareas deben realizarse en equipo, no individualmente, porque de este modo se combinan las capacidades y experiencias *desigualmente desarrolladas* de quienes lo integran. Moreno está pensado en un militante *full-time* que tome a la actividad del partido como una *profesión*.

Ahora bien, este punto nos conduce a un segundo, quizás más fundamental: el *centralismo democrático*. Este concepto le otorga a la vida organizativa del partido un elemento de centralización: una dirección centralizada dotada de poder ejecutivo y una estricta disciplina, junto a una vida democrática interna:

> *"La necesidad de disciplina estricta y centralizada* se debe a dos razones objetivas que nos impone la lucha de clases. La primera es que nuestro máximo objetivo partidario es dirigir o postularnos para dirigir las luchas de las masas en forma permanente hasta la toma del poder y, después, hasta la construcción del socialismo. Y esta lucha mortal sólo podemos llevarla a cabo como un ejército férreamente organizado; no nos podemos dar el lujo de ofrecerle

al enemigo la menor desconcentración o falta de coordinación de nuestras fuerzas. La segunda razón es la existencia de partidos contrarrevolucionarios y aparatos burocráticos en el seno del movimiento obrero, que también forman parte del enemigo". (Moreno, 1985/1989:372)

En consecuencia, la relación entre centralismo y democracia se definirá de acuerdo a la coyuntura política y al momento histórico en que se encuentre el desarrollo de la lucha de clases. De este modo, si bien en todo momento debe mantenerse la vida democrática hacia dentro del partido, la forma organizativa puede tender a la centralización si la etapa histórica lo demanda. No obstante, la *democracia* es la que debe establecer, a través de líneas de acción (actividades y consignas), la relación entre el sujeto político (partido revolucionario) con el sujeto social (movimiento de masas). La fórmula *centralismo democrático* se descompone en dos polos que, en sus límites, son antagónicos. Por lo tanto, el centralismo absoluto, significaría que la dirección partidaria tiende a tomar todas las decisiones con independencia del resto de la organización. La dirección asumiría no sólo las definiciones en el plano de la teoría, sino que también demarcaría la línea política tanto táctica como estratégica de la organización. Si esto ocurre, afirma Moreno (1985/1989), la democracia desaparece. La *democracia absoluta*, implicaría que todos estos problemas se resuelven a través de discusiones que sólo pueden desenvolverse en un permanente estado deliberativo de la organización toda. En este caso la dirección sería obsoleta. De este modo, la proporción entre ambos elementos no puede ser algo fijo, debe pensarse según las necesidades específicas de cada coyuntura concreta: "Nuestros partidos son una realidad viva, un proceso de construcción permanente; por eso el centralismo democrático es una fórmula algebraica. La combinación específica del elemento centralista y el democrático es diferente en cada momento" (Moreno, 1985/1989:374).

La combinación entre centralismo y democracia, sin embargo, no puede desaparecer. En este sentido, la relación pendular entre ambos obedece al grado de movilización de las masas y las vanguardias, a los aspectos socio-políticos de determinada coyuntura y a las tareas que sean definidas para cada etapa. Aquello que esta fórmula pendular pretende resguardar es el objetivo estratégico del partido: movilizar a las masas en forma permanente hasta la revolución socialista. Este objetivo se relaciona dialécticamente con la estrategia de construcción partidaria, teniendo como método el programa de transición. El partido debe, según dicho programa, formular aquellas consignas que movilicen a las masas a partir de sus necesidades y conciencia inmediata. En efecto, la construcción de cada partido nacional deber ser parte de la construcción del partido mundial: la IV Internacional.

El morenismo propone como forma organizativa, tanto para el partido nacional como para el partido mundial, el centralismo democrático. Esta forma organizativa es la disciplina obligatoria de todo partido trotskista. Moreno dará dos razones de tal obligación. En primer lugar, porque la meta de tales partidos es la de dirigir a las masas en su lucha contra el capitalismo (de ahí la necesidad de una relación democrática), y en segundo lugar, el partido debe luchar para conseguir una posición hegemónica en el movimiento de masas contra la burocracia stalinista y burguesa (de ahí la necesidad del centralismo). Estos son los dos motivos que refuerzan la importancia de la *centralidad*. Por lo tanto, si la centralización es necesaria para la construcción política dentro de los límites de las sociedades capitalistas, debe ser complementada a partir del elemento democrático. Puesto que la elaboración de una línea política democrática es la única garantía de movilización socialista de las masas, y de evitar los viejos peligros reaccionarios del stalinismo.

El equilibrio necesario entre centralismo y democracia encuentra, en el pensamiento de Moreno, la posibilidad de mantenerse a partir de la construcción de una ética revolucionaria: respetar los organismos partidareios y resolver todos los problemas y discusiones en ellos. Nuevamente, el morenismo habita la tensión entre lo determinado estructuralmente y lo indeterminado superestructuralmente, y entre la posibilidad y la imposibilidad de la política de afirmarse a partir de las determinaciones estructurales. De este modo, la forma *partido* se revela inmutable, mientras que la coyuntura puede marcar distintas síntesis del juego de suma cero entre centralismo y democracia. Más allá de los vaivenes que marca el peligro de la burocratización partidaria, la ética política se sostiene bajo la consigna siempre inamovible del partido como aquel que, junto a las masas trabajadoras, encarna la única posibilidad de la tan esperada *revolución mundial*.

En conclusión, podríamos afirmar que el pensamiento y la práctica política morenista se articulan a partir de un momento indeterminado y contingente en un doble sentido. En primer lugar, *descentrar* el sentido de la historia a partir de la *no posibilidad del socialismo* como resultado de la profundización de la crisis capitalista, que conduciría a una destrucción planetaria (el holocausto). En segundo lugar, la contingencia se presenta como consecuencia de la lucha política por hegemonizar al movimiento de las masas trabajadoras (sujeto social) y al momento de irrupción singular de la vanguardia. No obstante, si la contingencia de la política es en esta etapa lo determinante en última instancia, lo es a partir de una determinación signada por la madurez de las condiciones objetivas (la contradicción entre desarrollo de las fuerzas productivas y las relaciones de producción). A la vez que, la tesis morenista de la lucha de clase también supone una subjetividad ya demarcada estructuralmente, algo insostenible para el pensamiento de Badiou y de Laclau.

Si para Badiou lo espontáneo del acontecimiento es la condición de posibilidad de la subjetividad, y para Laclau es resultado de la articulación hegemónica contingente, para Moreno la lucha de las masas es consecuencia de las relaciones de producción existentes, que le ha otorgado estructuralmente su condición subjetiva. La *inversión de la ley de causalidad histórica*, que distingue al factor *subjetivo* –la presencia o no de un partido revolucionario (el *sujeto político*)– como aquello determinante en última instancia, queda atada a una doble determinación estructural: por un lado, esta *ley* es resultado de un desarrollo histórico objetivo, y por el otro, el sujeto político se articula con un sujeto social revolucionario determinado estructuralmente. De este modo, la apuesta política morenista señala una fisura que habilita el campo contingente de la lucha política –la disputa hegemónica del sujeto político siempre superestructural– presuponiendo a la vez la necesidad estructural como determinante de la identidad del sujeto revolucionario (las masas trabajadoras).

Ahora bien, volvamos sobre la contradicción entre desarrollo de las fuerzas productivas y relaciones de producción que, para Moreno, es resultado de que el desarrollo de las fuerzas productivas avanza solamente en un sentido destructivo. La *contradicción* se genera a partir de que las relaciones de producción capitalistas traban un desarrollo progresivo –en su sentido afirmativo– de las fuerzas productivas, impulsando un desarrollo destructivo de las mismas que podría terminar con nuestro planeta. En este sentido, creemos que Moreno pierde de vista el mismo gesto dialéctico del marxismo que intenta rescatar. Es decir, entre *progreso* y *destrucción* hay una relación dialéctica, y no puede decirse que las relaciones capitalistas de producción simplemente han dejado de desarrollar las fuerzas productivas. Todo avance del conocimiento, de la tecnología, etc. al mismo tiempo que *destruye*, crea nuevas condiciones y posibilidades. Moreno, pierde de vista una apuesta fundamental de Marx, *el capital* –su desarrollo– es ilimitado. Las lógicas del capital se encuentran en un movimiento permanente y complejo, puesto que se re-adaptan, se re-crean, se re-inventan. Creemos que el pensamiento de Moreno no pudo dar cuenta de la revolución comunicacional y cognitiva que ha significado el desarrollo de las nuevas tecnologías digitales e informáticas, y es esta una de sus falencias fundamentales a la hora de considerar la actualidad de sus producciones.

Moreno tampoco prefigura de modo cierto un mundo donde la caída de los socialismos realmente existentes sea una posibilidad efectiva. Es decir, si bien Moreno analiza –en profundidad– las crisis que atraviesan las experiencias socialistas, no ve que la posibilidad de resolución de dichas crisis puede significar un triunfo global del capitalismo. Por el contrario, su apuesta fundamental es que el movimiento de masas de los países comunistas realizarán una *revolución política* contra las direcciones burocráticas estalinistas, hecho que no ocurrió.

Consideramos que el pensamiento de Moreno es importante en el debate sobre la actual crisis del marxismo porque representa el intento constante de actualizar las premisas del pensamiento marxista –desde Marx, Lenin y Trotsky hasta el Che Guevara y Mandel–, en función de las transformaciones del capitalismo en cada momento concreto –fragmentaciones de la estructura social, implementación de lógicas neoliberales–, y de los procesos de lucha que cada etapa presenta –la guerrilla, las elecciones, el problema campesino y el de la clase media–. Finalmente diremos que, el morenismo intenta romper con una lectura de la historia que conduce inexorablemente al socialismo, pero este se presenta como la única salida que le resta a la humanidad para subsistir. Es decir, Moreno pretende alertarnos de que sin proceso *revolucionario socialista*, la humanidad está condenada el holocausto final del capitalismo. Así, el pensamiento morenista nos invita a la *lucha*, a luchar por el socialismo, puesto que nos dice que no hay ninguna ley científica que conduzca hacia la emancipación de los seres humanos. La lucha (socialista) es nuestra única y última alternativa para terminar con todas las formas de explotación y opresión (de clase, de género, de raza, etc.), y con la destrucción de la naturaleza en su conjunto. Por ello, consideramos que es importante escuchar una voz como la de Moreno a la hora de teorizar sobre la crisis actual del pensamiento marxista. En un contexto en el cual las voces que hegemonizan las teorizaciones sobre la crisis de dicho discurso sostienen que la idea de revolución ha caducado (y junto con ella, la de que otro mundo es posible más allá del capitalismo); re-leer a Moreno nos sirve de alerta, de arma de lucha frente a las lógicas perversas de un capitalismo como el contemporáneo. En definitiva, si bien podríamos cuestionar su forma de construcción política partidaria como un poco vetusta y un poco en desuso, su apuesta política nos interpela como un fantasma que nos recuerda que en cada lucha emancipatoria aún se plantea la posibilidad de tomar el poder, que aún existe una posibilidad revolucionaria: "podemos triunfar, no hay ningún Dios que haya fijado que no podamos hacerlo" (Moreno y Gunder Frank, 1984:9).

Aún el marxismo

Desde el comienzo del libro sostuvimos que la *historia del marxismo* se
encuentra profundamente ligada a las crisis y transformaciones del sistema capitalista en general y a los devenires de las luchas emancipatorias en
particular, pero también que toda *crisis del marxismo* es a su vez una reactua-
lización de la crítica al orden hegemónico y, por tanto, una autocrítica de la
propia tradición. En este sentido, advertimos que dicha historia se presenta
íntimamente relacionada a los avatares de las crisis (y críticas) y a las formas
de construcción política a ella vinculadas. Puesto que, si para la tradición
marxista, sus sucesivas crisis se encuentran fuertemente intrincadas con las
mutaciones del sistema capitalista y los devenires de las luchas emancipatorias, esto se debe a que para el marxismo teoría y práctica son inseparables. El
marxismo es un pensamiento de la *praxis*, si dejara de serlo se volvería un saber enciclopédico, académico y caduco, y abandonaría el lugar de crítica y de
lucha que ha marcado su historia. De esta manera, el devenir del pensamiento marxista se liga a los debates, disputas y reformulaciones teórico-prácticas
que se desenvuelven siempre en relación a su propia historia, que no es otra
que la de sus crisis y que no pueden desvincularse de las configuraciones del
sistema capitalista, en tanto modo de estructuración socio-económico y polí-
tico-cultural como forma de organización de los cuerpos y las subjetividades,
y de los procesos de resistencia que cada coyuntura concreta habilita.

Con esta premisa como guía, nos propusimos analizar las estrategias de problematización en torno a la actual crisis del marxismo –a la que situábamos a partir de los años '70-, explorando los impactos e implicancias que este debate supone para la tríada conceptual *sujeto-política-estructura* en las producciones teóricas de Alain Badiou, Ernesto Laclau y Nahuel Moreno; pues entendemos que dicha problematización contribuye a redefinir el horizonte categorial y las perspectivas epistemo-metodológicas desde las cuales se aborda la teoría marxista. En concreto, supone una contribución al pensamiento político contemporáneo en cuanto sostenemos la vigencia de una lectura marxista de las formaciones socio-políticas específicas.

Sobre la base de esta afirmación, este libro es también la búsqueda de un recorrido crítico por distintos modos en los que la tradición marxista ha sido heredada, y sobre cómo la herencia y el contexto social, político, económico y cultural se entrecruzan y se presuponen, a la hora de asumir la actual crisis del marxismo. En particular, y mediante un desarrollo minucioso, realizamos un recorrido por las producciones teóricas de Badiou, Laclau y Moreno, rastreando cómo los modos en que conceptualizan al marxismo en crisis se vinculan con sus apuestas teórico/políticas. Más aún, nos propusimos analizar las categorías de la dialéctica en relación con la conceptualización del capital en el pensamiento de Marx, y hemos concluido que las premisas de la dialéctica –totalidad, contradicción, negación y objetividad- son constitutivas de las definiciones y relaciones que Marx traza en su análisis sobre el capitalismo, y no un método que puede ser aplicado. Posteriormente detectamos y articulamos estas referencias en las críticas que Moreno, Laclau y Badiou realizan en relación a la metodología de análisis propuesta por Marx: el materialismo dialéctico. Aquí advertimos que en los tres pensamientos se asume el problema de la dialéctica de un modo crítico y que sus apuestas teóricas vuelven sobre los presupuestos de la dialéctica en Marx para teorizar las transformaciones en las sociedades capitalistas luego de la década de los '70. A partir de allí, sistematizamos cómo es teorizada la problemática del *sujeto* en los pensamientos de Badiou, Laclau y Moreno y la manera en que dicho problema se corresponde con las categorías de *política* y *estructura,* a la hora de caracterizar los quiebres y continuidades conceptuales en relación al "sentido de la historia" del discurso marxista precedente y a los modos políticos que deben asumir los procesos emancipatorios en la actualidad.

Teorizar desde la *actual* crisis y crítica del marxismo, nos abre a la posibilidad no sólo de problematizar una tradición que inscribe su propia historia en un proceso sin fin de reformulaciones teórico-políticas y de incorporación de nuevas problemáticas derivadas de otros campos de pensamiento, sino que también nos habilita a replantear cuestiones teóricas íntimamente ligadas a las trasformaciones, complejidades y desequilibrios que presenta el capitalismo en la actualidad. En este sentido, previo al desarrollo expositivo del esquema antes mencionado, resultaba indispensable realizar una caracterización del capitalismo neoliberal, teniendo como eje de referencia las lógicas del capital en el momento en que Marx desarrollaba su pensamiento. Tal como bosquejamos en el comienzo, las condiciones actuales del capitalismo, lejos de haberse simplificado, nos conducen a pensar lo social en toda su complejidad y fragmentación, puesto que exhiben múltiples y variadas formas de explotación, opresión y dominación tanto en el plano económico, como en el político y el cultural. Por ello, consideramos fundamental, para emprender un análisis sobre el marxismo y sobre su crisis, asumir un gesto que reconozca las conexiones indisolubles que existen entre producción material e inmaterial, actividad e instituciones políticas y culturales. De este modo, si las mutaciones del capital plantearon una nueva estrategia de subjetivación en su conjunto, donde la creación política, cultural y cognitiva adquiere una importancia esencial, el marxismo, como tradición de teórico-política, no puede abandonar las teorizaciones de las subjetividades vinculadas a dichas trasformaciones en sus múltiples planos de sobredeterminación. Paralelamente, si entendemos que las premisas de la dialéctica no pueden desvincularse del análisis del capitalismo en la producción teórica de Marx, puesto que ellas se presentan de un modo práctico, el debate sobre la dialéctica en la actual crisis del marxismo precisa entonces de una comprensión de las transformaciones de las lógicas actuales del capital.

Como sostuvimos en la primera parte, *Asumir la crisis del marxismo*, la unidad sin fisuras del marxismo es la primera ficción e ideologización de su historia y por lo tanto la pérdida de su apuesta crítica y revolucionaria. Si existe el marxismo, no es más que a partir de sus tensiones y múltiples tradiciones y herencias. En este sentido, presentamos el debate de las "crisis del marxismo" en los siglos XX y XXI, destacando las lecturas críticas de Castoriadis (1975), Althusser (1978), Balibar (1980), Habermas, (1981), Löwy (1994), Rancière (1995), Anderson (2000), entre otras; y, principalmente nos centramos en las producciones de Moreno (1981; 1983; 1986), Badiou (1985; 1988; 2010), Laclau (1985; 1990; 2005). A partir de este contexto, afirmamos que el desafío teórico-político de pensar la actual crisis del marxismo radica en comprender y trabajar sobre las particularidades de su época y las especificidades de los debates conceptuales que la diferencian de otras crisis hacia el interior del marxismo.

En primer lugar, desde una perspectiva histórico-política, la especificidad de la actual crisis del marxismo se encuentra signada, por un lado, por la caída del muro de Berlín y el fin de los socialismos reales que significaron, para la izquierda revolucionaria, una experiencia traumática, que supuso una suerte de quiebre en la que todas sus anteriores certidumbres colapsaron, al descentrar el *sentido marxista de la historia*, dando lugar a la posibilidad de un triunfo conclusivo del capitalismo o, más aún, a la consumación de la barbarie final de la humanidad. Por otro lado, y en estrecha relación con lo anterior, las transformaciones de un capitalismo fordista a una lógica pos-fordista de la producción implicaron amplias mutaciones en la composición de la clase trabajadora y el debilitamiento de las formas organizativas clásicas: partidos, sindicatos, etc. Asimismo, las reconfiguraciones neoliberales en el modo de acumulación capitalista han concretado una metamorfosis signada por la flexibilidad tanto en el mundo del trabajo, como en los mercados laborales y en los patrones de consumo, extendiendo una nueva estrategia de subjetivación ligada a violentas lógicas de financiariazación, explotación, hurto, saqueo y endeudamiento de la vida en sus múltiples formas con los fines de aumentar la acumulación de capital.

En segundo lugar, desde una perspectiva teórica-metodológica, esta crisis supone que el debate actual sobre el marxismo se da en un contexto signado por la puesta en cuestión de las ideas-fuerzas de la modernidad sobre las que se erigía el pensamiento teórico-político de Marx: progreso, ciencia, desarrollo progresivo de las fuerzas productivas, etc. Por tanto, la forma en que se asume y pondera aquello que ha entrado en crisis en el pensamiento marxista conlleva determinadas reformulaciones teóricas en categorías claves, como lo son las de *sujeto, política y estructura,* y sus múltiples implicancias y determinaciones. De este modo, afirmábamos que junto con las reformulaciones de estas categorías, se presenta un profundo debate en relación al problema de la *dialéctica*, como método propuesto por Marx en sus análisis sobre el capitalismo. En este sentido categorías como las de totalidad, contradicción y negatividad son puestas en el centro del análisis de las distintas respuestas que se asumen frente el marxismo en crisis.

Más allá de las resoluciones teóricas disímiles, ni Moreno, ni Badiou, ni Laclau desconocían estas particularidades de la actual crisis del marxismo. Por el contrario, sus producciones se articulan en torno a una concepción de la *crisis del marxismo* que evidencia tanto el reconocimiento de las mutaciones del capitalismo, como un debate específico frente a esas ideas-fuerzas que dieron origen el marxismo y, junto con aquel, a un relevamiento crítico de la dialéctica en tanto método propuesto por Marx. Mediante esa exposición, respaldamos nuestra hipótesis que sostenía que la crisis del marxismo, para Badiou, Laclau y Moreno, lejos de ser una crisis que atañe únicamente a dicha tradición, puede englobarse dentro de una discusión más general sobre los discursos modernos. Para formular esta compleja tarea los tres pensadores van a distinguir –y a la vez que relacionar– una crisis política y una crisis teórica del marxismo.

Las propuestas de Moreno, Badiou y Laclau representan una respuesta al problema que suscitó para un pensamiento como el marxista el retroceso del movimiento obrero en las décadas del '80 y '90, y las mutaciones socio-culturales que implicó la forma neoliberal del capitalismo contemporáneo. En términos específicos, sus apuestas teórico-políticas se encuentran signadas por los impactos estructurales que dichas transformaciones supusieron para sus áreas geo-políticas de referencia: para Moreno, las complejidades de una estructura social como la latinoamericana y la crisis de dirección y *organización política* como resultado del fenómeno stalinista; para Badiou, las revueltas de inmigrantes en Francia y el problema de la *representación* de lo político; para Laclau, los procesos gubernamentales progresistas en América latina que abren la posibilidad de re-pensar el *populismo*.

El pensamiento de Moreno, al vislumbrar la crisis del marxismo, reformulará la premisa clásica del devenir histórico inevitable hacia el socialismo: "La crisis definitiva (…) está íntimamente relacionada con las luchas y los acuerdos para la lucha entre todos" (Moreno, 1986a:2). En este sentido, Moreno apuesta a la contingencia de la lucha política de clases como motor de la historia. Así, el problema teórico de la crisis del marxismo es pasible de resolverse si se configura una *lógica marxista* capaz de revisar las teorías de Marx, Lenin, Trotsky, Althusser, entre otrxs autorxs marxistas, pero también de ir incorporando nuevas teorizaciones y problematizaciones de pensadorxs que no necesariamente se consideran marxistas. El marxismo puede subsistir si tiene la capacidad de reformular constantemente sus premisas teóricas manteniendo su *estrategia política* revolucionaria para que la posibilidad del socialismo sea efectiva: la construcción de un partido revolucionario con influencia de masas, y la toma del poder político por parte del *sujeto revolucionario* donde confluyen las masas trabajadoras, las vanguardias, el partido trotskista y la dirección política a nivel internacional.

Para Badiou y Laclau, por su parte, el gran problema que presenta el marxismo como horizonte de pensamiento se encuentra en presuponer una lógica de la *representación*, de la *totalidad dialéctica* y de la *necesidad* del devenir histórico. En efecto, la crisis del marxismo para ambos, sería producto de que en las actuales condiciones de contingencia global no es posible sostener una teoría que pueda *a priori* determinar el sujeto de la lucha y las formas organizativas que esta *asumiría*. De este modo, la crisis del marxismo se inscribiría en una crisis de representación en general (crisis de "lo político" en Badiou, la afirmación de Laclau que la "sociedad no existe"), y sería resultado de la caducidad de la primacía de una determinación estructural totalizante. No obstante, el desenlace de esta problemática es diferente en ambas producciones teóricas.

Para Badiou "el marxismo no está muerto. Está destruido históricamente. Pero hay un ser de esta destrucción" (Badiou, 1985/2007:35) y la existencia de un *ser-sujeto* de la crisis es motivo por el cual es necesario permanecer en la inmanencia de las ruinas del marxismo. Con este planteo, Badiou retorna a la *Idea comunista* que aún sostiene la potencia política de un acontecimiento-verdad pasible de agujerear las lógicas capitalistas que cuentan-por-uno. Para Laclau, la actual crisis del marxismo supone la puesta en cuestión de una "concepción del socialismo fundada en la centralidad ontológica de la clase obrera" (Laclau y Mouffe, 1985/2004:9); aunque deja aún abierta la pregunta por el gesto emancipatorio que el marxismo habilita. La categoría de hegemonía asumirá el lugar de "una nueva lógica de constitución de lo social (...) [recompuesta] a un nivel distinto del postulado por la tradición marxista" (Laclau y Mouffe, 1985/2004:5), donde la noción de *populismo* y la constitución del *pueblo* –como sujeto fundamental– serán centrales.

En estos capítulos, avanzamos entonces sobre otra hipótesis de lectura: aquella que sostenía que los modos de teorizar la crisis del marxismo en estas tres apuestas teóricas, prefiguraban las reformulaciones y los desarrollos conceptuales centrales de sus producciones. En este sentido, pensar la crisis del marxismo se vinculaba a una crisis de la dialéctica entendida como el método de análisis del capitalismo. Asumiendo que los presupuestos que habrían de poner en cuestión no eran otros sino los propios del método dialéctico en Marx, resultaba ineludible explicitar la dialéctica presentada en el pensamiento del propio Marx.

En la segunda parte, *Las premisas de la dialéctica marxista*, sostuvimos que una de las particularidades de esta *crisis* se evidencia entonces en la relación entre la reformulación de una serie de categorías –como las de sujeto, política y estructura, que nos conducen a otras: historia, Estado y capitalismo–, y la puesta en cuestión de los presupuestos del método dialéctico –la relación entre totalidad, negatividad, contradicción y objetividad–. Dimos un paso aquí sobre otra hipótesis analítica, aquella que establece que las formas actuales en las que son presentadas las salidas de la crisis del pensamiento marxista (ya sean como reconfiguración o como abandono del mismo) -y en concreto en las producciones de Badiou, Laclau y Moreno- revisten un axioma común, en tanto ponen en cuestión al método que el marxismo clásico pregonaba, el materialismo dialéctico. La crítica a la *dialéctica marxista*, afirmamos, no se presenta simplemente como un ataque al *materialismo dialéctico*, vinculado a un repudio del stalinismo saliente, sino que es posible inferir que, pos-caída del muro y a partir de las mutaciones a nivel capitalista global, se produce un cuestionamiento del método dialéctico más allá de la versión del método prescriptivo de la burocracia soviética stalinista.

Dialéctica y *capitalismo* –en tanto una configuración determinada de los sujetos, de la política y de la estructura que se totalizan, se niegan, se contradicen y se objetivan– revisten en el pensamiento de Marx un vínculo inquebrantable. En este sentido, afirmamos que la especificidad misma de la dialéctica marxista, es decir, su gesto de ruptura para con Hegel, pero también frente a toda la filosofía precedente, es justamente esta apuesta *práctica* en que se desarrolla el método. La especificidad de la dialéctica de Marx es la de exponer el método a través de una relación entre teoría y práctica. Así, la dialéctica haría de la *praxis* su base material pero también teórica, a través de la exposición de un problema práctico como lo es el capitalismo, sus configuraciones estructurales, las subjetividades que en él se inscriben y las formas que asume la política. Por tanto, la dialéctica en las producciones de Marx no sería un método capaz de ser aplicado, sino que se descubriría justamente de las lógicas mismas del *capital* (en su propio devenir histórico). En este sentido, analizamos categorías como las de *valor, dinero, trabajo, mercancía, capital,* entre otras, para constatar cómo estas se manifiestan a partir de múltiples relaciones que se *totalizan,* se *niegan,* se *mueven,* se *contradicen,* se *objetivan.* La meta era exponer cómo las categorías del capitalismo que Marx formula, presuponen a las categorías de la dialéctica –totalidad, contradicción, negatividad, objetividad– en el mismo devenir de las lógicas del capital. A partir de ello, concluimos que para Marx *lo social* supone la complejidad de *lo múltiple* dentro de determinadas configuraciones de totalización, y el capitalismo sería justamente eso: una serie de fenómenos que operan con determinado tipo de relaciones en momentos históricos específicos.

La estructuración del capitalismo como fenómeno totalizador, afirma Marx, se articula a partir de que históricamente una *mercancía* se convierte en *el equivalente universal* de todos los intercambios, esta es la *forma dinero,* la cual presupone la relación social entre capital y trabajo que es asumida como una relación entre cosas (lo que en otros términos sería la relación de explotación, opresión y dominación que se materializa en la relación entre burguesía y proletariado). Para Marx, los elementos o partes de la totalidad capitalista, lejos de constituir identidades y determinaciones homogéneas o fijas, presentan múltiples mutaciones y toda una serie de posibilidades relacionales, que sin embargo en el proceso totalizador y a partir de cristalizar determinados tipos de relaciones constituyen la posibilidad de una objetivación de lo social: las relaciones de clases. Por tanto, la objetividad, lejos de ser condición apriorística de las relaciones fenoménicas, es resultado de las particularidades de una totalización social que deviene históricamente bajo determinadas circunstancias más o menos contingentes, a partir del movimiento contradictorio de sus relaciones. Así, la correspondencia que se presenta entre totalidad y objetividad se vuelve clave en el análisis marxista del capitalismo. A partir de aquí se desprende que la posibilidad de ruptura de las lógicas del capital es inmanente a la totalidad que el capitalismo supone. Como diría Marx, las contradicciones sociales no se *superan* sino que se *asumen* o se *resuelven*, lo que en la praxis implicaría que un supuesto advenimiento del socialismo (como posibilidad de pensar una sociedad pos-capitalista) no admitiría la eliminación de lo social como constitutivamente contradictorio y conflictivo sino que supondría el fin de la forma concreta que ha asumido históricamente esa contradicción: las clases sociales. En rigor, el socialismo no representaría una superación sino una resolución de una contradicción concreta, a saber la contradicción clasista (entre burguesía /proletariado, entre capital/trabajo). Dicho esto, afirmamos que en el pensamiento de Marx no hay *la* sociedad, no hay *la* clase en términos abstractos y ahistóricos, sino que *sociedad* y *clase* suponen relaciones, movimientos y temporalidades, que siempre son conflictivas, desiguales y desajustadas, y por tanto pasibles de ser transformadas.

Esta reconstrucción del método en Marx, resultó imprescindible en tanto antesala de lo que desarrollamos posteriormente, cuando analizamos cómo la crítica a la dialéctica estaría vinculada a las mutaciones del capitalismo, poniendo a jugar el interrogante acerca de si las trasformaciones en las lógicas del capital implican con corte epistemológico respecto a la dialéctica marxista. De este modo, si las apuestas teóricas de Moreno, Laclau y Badiou, se encuentran ligadas al contexto específico de las mutaciones capitalistas luego de la década de los '70, no es casual que la dialéctica aparezca como un tema central de sus críticas o reformulaciones con respecto a la teoría marxista. Puesto que, si el método dialéctico de Marx se desprende de su análisis del capitalismo, la metamorfosis de este último supone una pregunta por la vigencia de la dialéctica. En las tres producciones leemos una respuesta afirmativa a esta cuestión, pues, pese a sus diferencias hay una comprensión común de la crisis del marxismo en clave del problema del método: a partir del resultado del balance negativo de las experiencias de los socialismos realmente existentes y de las transformaciones que luego de los '70 comienzan a operar en el sistema capitalista a nivel global, perciben no sólo una *crisis política* sino también una *crisis teórica* del marxismo, que los habilita a preguntarse por la potencialidad actual o no de la dialéctica en tanto método de análisis.

Moreno argumenta en favor de la dialéctica como método fundamental para formular una *lógica marxista* contemporánea. Esto es así en tanto que entiende que la importancia de continuar pensando en términos dialécticos se afinca en las potencialidades de comprender a la *multiplicidad* de lo social como una *totalidad* en permanente movimiento contradictorio que presenta interrelaciones complejas y sobredeterminadas. Sin embargo, sostiene que la etapa socio-histórica que se abre luego de la primera guerra mundial, y que se profundiza a partir de la década del '70 exige ubicar al momento *contradictorio* de la lucha (de clases) como determinante en última instancia. De este modo, las mutaciones del régimen capitalista suponen que no es lo económico, sino *lo político* lo que determina en última instancia la posibilidad de la revolución socialista.

Por su parte Laclau asume una apuesta teórica *pos*-dialéctica a partir de comprender lo social como constitutivamente dislocado. En este sentido, si bien no abandona la categoría de *totalidad* en su apuesta teórica, ésta lejos de ser una categoría cerrada y desarrollada a partir de un despliegue inmanente de sus contradicciones se articula a partir de una apertura constitutiva, que permite comprender los procesos sociales de totalización siempre de un modo fallido. Realizar esta reformulación lo habilita a poner en cuestión la centralidad ontológica de la *clase obrera* y junto con ella la idea de una sociedad futura pasible de ser *socialista*. Los conceptos de *antagonismo* y *hegemonía* ocupan, por tanto, el lugar de constitución de las relaciones sociales. La hegemonía asume la misma lógica que la forma dinero presentaba en Marx. De este modo, un acto hegemónico, supone la reinscripción de las particularidades –las diferencias– en una cadena de equivalencias que refieren a un *universal* como lugar vacío pero necesario, como lo era la *forma dinero* para el capital. Para Laclau, ésta es la forma que ha asumido la política desde la modernidad, y debe verificarse a través, ya no del despliegue de las contradicciones dialécticas, sino a partir un enfrentamiento de prácticas antagónicas.

Por último, Badiou asevera que aquello que ha entrado en *crisis* es la dialéctica en su sentido hegeliano-marxista. Esta crisis le permitirá a la filosofía desestimar la misma idea de *revolución* tal como el marxismo la planteaba, habilitando una pregunta por una nueva forma de *negatividad* política a partir de una *dialéctica materialista* que se afirme sobre la idea de una *tríada del no-todo*. Esta tríada se compone de la *multiplicidad pura* (la ontología: el ser es múltiple); el *mundo* (la lógica del aparecer: que sostiene la ficción de una cuenta-por-uno- a través de una indexación trascendental que es siempre ideológica); los *procedimientos de verdad* (suplemento del aparecer o lógica del sujeto). Sin embargo, para que el pensamiento de la tríada del no-todo funcione, es preciso añadir un cuarto término –ni lógico ni ontológico– que los relacione: el acontecimiento, como la posibilidad de lo verdaderamente nuevo en una situación estructurada.

Ahora bien, es preciso volver sobre las implicancias que suponen el modo de teorizar sobre el marxismo y su crisis para el pensamiento teórico-político de los tres autores, tal como lo hemos desarrollado en la tercera parte, *Las respuestas de Badiou, Laclau y Moreno*. En primer lugar, evidenciamos la irrupción de una temporalidad fracturada, que presenta un rol cardinal a la hora de interpelar a la tradición marxista. El sentido marxista de la historia es una de las críticas centrales introducida por Badiou, Laclau y Moreno, por supuesto que desde tres aristas disímiles. No obstante, en las tres producciones se encuentra abierta la pregunta por el sentido luego de que el *Sentido* se ha dislocado. La historia revelaría ahora, un devenir que, lejos de responder a la lógica de un despliegue necesario, estaría supeditada a la enigmática *contingencia*, lo cual le otorgaría a la lucha (política) un lugar fundamental bajo las nuevas configuraciones del capitalismo. Por tanto, y adentrándonos en la siguiente hipótesis de este trabajo, los vínculos articulados entre política y sujeto -redefinidos en relación al marxismo clásico- implican para estos tres teóricos reformular e incluso romper con la determinación estructural en úló tima instancia, pasando a ser el lugar del sujeto el fundante (y determinante) del devenir de la historia, aportando una reflexión novedosa en torno a las concepciones actuales de la subjetividad y la política en la teoría política contemporánea.

Badiou sostiene que el lugar de aparición del acontecimiento de la política es producto de la contingencia y no de la necesidad del devenir histórico. Por el contrario, ambas mostrarían dos temporalidades distintas entre sí: la primera es el tiempo de la ruptura, de lo que no está contado, la segunda es el tiempo de la estructura, de la ideología de Estado. La apuesta badioudiana radica justamente en recuperar *lo universal* a través de una *verdad política* en un contexto global del capitalismo neoliberal. Pero esta universalidad reviste una situación de contingencia radical, dada por la posibilidad-imposibilidad de que el vacío devenga acontecimiento haciendo advenir una verdad que suplemente las lógicas de la situación; de que los *animales humanos* se deciden a nombrar una *verdad* que los transforme en *sujetos de la política*.

Para Laclau, por su parte, la historia no puede ser más pensada como la sucesión de distintos modos de producción y por tanto como la relación entre *clases sociales antagónicas*, sino que supone –bajo las nuevas configuraciones del capitalismo– una pérdida del *Sentido*, que abre a la posibilidad de múltiples sentidos. La historia se encontraría, de este modo, atada a una *lógica de la contingencia* que supondría una intermitente y fragmentaria *sucesión* de *formaciones hegemónicas* que no podrían "ser ordenadas de acuerdo con ninguna narrativa universal que trascienda la historicidad contingente" (Laclau, 2005/2013:281), y constituiría el resultado de la lucha *de sujetos políticos populares* frente a la institucionalización hegemónica de los distintos sistemas operantes.

Por último, el pensamiento y la práctica política morenista se articularán bajo el sostén-abandono del discurso marxista clásico, estrategia que habilita un doble modo de comprender la contingencia. En primer lugar, en función de descentrar el sentido de la historia afirmando la no posibilidad del socialismo, como resultado de la profundización de la crisis capitalista, que conduciría a un post-capitalismo o, sencillamente, a una destrucción planetaria (el holocausto). En segundo lugar, la contingencia se presenta como consecuencia de la lucha política por ganar la hegemonía de las masas (sujeto social) y de la crisis de dirección política a nivel mundial.

Por otra parte, y en estrecha relación con lo anterior, los tres pensadores reconocen *las mutaciones estructurales* que ha sufrido aquel *sujeto* que era central para la tradición marxista. Así, el proletariado –y la proletarización de otros sectores– dejaría de ser el sujeto central para la transformación de lo social. La apuesta ontológica de Badiou es la de concebir que el *ser* es pura multiplicidad, es decir una multiplicidad no estructurada, no totalizada, no objetivada, no simbolizada. Esta multiplicidad no está suturada por la *cuenta*. La situación es, por el contrario, aquello que se encuentra siempre ya contado por uno, es el lugar del parecer mundano donde una *reduplicación de la cuenta* está ya operando. Esto significa que un *mundo* supone el intento de contar los múltiples que lo componen a través de un cierre *estructural*, que cuenta los múltiples al *presentarlos* -y por tanto, hacerlos *pertenecer* a la situación- y de un cierre *metaestructural*, que opera bajo las lógicas de lo que Badiou denomina *Estado de la situación*, que los *re-presenta*, y por tanto los *incluye* en la situación. No obstante, esta estructuración siempre falla en sus pretensiones de totalizar, de contar por uno, dado que un múltiple, que es evidenciado como vacío para la situación, es capaz de exhibir la ficcionalidad de la cuenta. Este múltiple marca el sitio de una situación particular desde donde un acontecimiento puede suceder. Pero para que el acontecimiento verdaderamente suplemente a la estructuración, un *forzamiento* de esa estructura debe ser realizado. En el forzamiento supernumerario, un sujeto múltiple adviene al decidir romper la estructuración a partir de la nominación de una verdad universal. Este sujeto, por tanto, ya no puede ser pensado como la clase trabajadora, puesto que no pre-existe a la irrupción acontecimental, es decir que no pre-supone una determinación estructural. Por el contrario, el sujeto –o las masas como sostiene Badiou en sus textos más políticos- es múltiple y raro de encontrar (no es un sujeto al que habría que cooptar políticamente como lo era en el caso de Moreno, y tampoco es una diferencia más que habría que equivalenciar dentro de una cadena, como era el caso de Laclau), puesto que sólo puede aparecer si el acontecimiento tiene lugar. En suma, el *sujeto múltiple* del *acontecimiento* se presenta desde el lugar que es signado como *nada* para la *situación estructurada*, y desde esta nada abre la posibilidad de hacer advenir lo efectivamente novedoso.

El desafío de Laclau en cambio será el de pensar lo social como una totalización, una vez que se lo despoja de la determinación y del desarrollo que la dialéctica suponía, si esa totalidad se entiende como posible a partir de su falla constitutiva. Por tanto, para que una totalización, es decir una sociedad, efectivamente exista, una *articulación hegemónica* debe estar ya operando. La totalidad laclausiana encuentra su condición de posibilidad en el hecho de que una diferencia –sin dejar de ser una *particularidad*– asuma la representación hegemónica de una totalidad/universalidad inconmensurable consigo misma. Es decir, el acto hegemónico supone que una diferencia (o significante particular) encarnará el lugar de un *significante vacío*. Así, para Laclau, *lo político* será el momento por excelencia de institución de lo social. Y este será precisamente el momento del *populismo*: "No existe ninguna intervención política que no sea hasta cierto punto populista" (Laclau, 2005/2013:195). De este modo, si lo político es el momento de institución de lo social, y de ruptura de lo instituido, el populismo es aquella forma de lo político que al mismo tiempo que es capaz de subvertir el estado de cosas existente, es a la vez el punto de partida de una *reconstitución* de un nuevo orden social. La apuesta teórico-política de Laclau será la de pensar un *sujeto popular* que, a partir de una articulación hegemónica de una cadena de equivalencias trace una frontera antagónica en lo social (frontera que permite constituirlo), donde el momento de *contingencia y de negatividad* que supone, subvierte los límites de toda objetividad diseñando nuevas lógicas socio-políticas. El populismo como forma de lo político es en Laclau el gesto de abandonar las determinaciones últimas de lo social, mostrando que la posibilidad de la *objetividad* está dada sólo cuando un "objeto parcial se convierte él mismo en una totalidad" (Laclau, 2005/2013:145). De este modo, si para el marxismo el antagonismo marcaba la posibilidad de constituir la identidad, ahora expresa la imposibilidad de constituirla plenamente. Sin embargo, si bien Laclau introduce el vacío de la situación dado que toda totalidad es fallida, muestra, al mismo tiempo, cómo el proceso de conformación de identidades populares supone una significación parcial de ese vacío.

Para Moreno, lo social también es resultado de una operación totalizadora de la multiplicidad. Sin embargo, la totalidad no es pasible de ser transformada a partir de su falla o punto vacío, sino que es a partir de la *sobredeterminación* y del *desarrollo desigual* de sus contradicciones desde donde la posibilidad revolucionaria adviene. De este modo, la estructura social supone una configuración de diversas relaciones económicas, políticas y culturales contradictorias, que presentan complejas sobredeterminaciones junto a desarrollos fragmentados y desiguales, que hacen que la totalización y estructuración sean cada vez más opacas. Así la estructura capitalista, lejos de suponer una simplificación de sus componentes y sus vinculaciones, ha presentado una complejidad y una fragmentación mayor de la que Marx auguraba. En estas condiciones se revela la importancia para el pensamiento morenista de que el marxismo pueda concebir como fundamentales dos tipos de subjetividades: un sujeto social, que ya no puede simplemente ser pensado como *clase obrera industrial*, sino que de comprender a la masa social trabajadora –proletarios, campesinos, sectores de clases media, etc.-, como producto de las relaciones estructurales operante; y un sujeto político, el partido revolucionario. Para Moreno es a partir de la articulación entre *las masas* -y la irrupción de una vanguardia en su seno-, y del partido revolucionario, que se conforma la doble vinculación subjetiva necesaria para que el advenimiento revolucionario del socialismo sea una posibilidad efectiva. La apuesta política morenista distingue, entonces, una fisura que habilita el campo contingente de la *lucha política* -la disputa hegemónica del sujeto político- presuponiendo a la necesidad estructural como determinante de la identidad del sujeto social pasible de ser revolucionario.

Finalmente, sostuvimos que a partir de la sistematización de las producciones de estos tres pensadores respecto a sus herencias marxistas, es posible *actualizar* las conceptualizaciones sobre la subjetividad, que, en tensión con sus concepciones de la política (binomio orden/ruptura-estatalidad/emancipación) y de la estructura (problema metodológico-ontológico de concebir la totalidad y la negatividad de lo social), se sustentan en una ponderación central del conflicto, generando así un aporte sustantivo para el pensamiento político contemporáneo a la hora de teorizar sobre las complejidades de las configuraciones del capitalismo neoliberal y sobre los devenires de las luchas emancipatorias. En concreto, entendemos que las conceptualizaciones teórico-políticas de estas tres producciones abren nuevas posibilidades para el pensamiento político contemporáneo de re-crear y re-problematizar los conceptos que le son propios, en tanto incorporan una serie de áreas de conocimiento que le son más que provechosas: la lingüística, la psicología, el psicoanálisis, las teorías matemáticas, la deconstrucción. Sin embargo, si bien sus apuestas teóricas intentan resolver o actualizar determinadas premisas marxistas que podríamos considerar esquemáticas o ya simplemente caducas en el marco de las actuales condiciones del capitalismo, no dejan de presentar tensiones teórico-políticas a tener en cuenta.

El pensamiento de Moreno presenta una tensión irresoluble entre la contingencia de la *lucha política* y una subjetividad social demarcada estructuralmente. Para Moreno lo espontáneo de la lucha de las masas y de las vanguardias es consecuencia de las relaciones de producción ya existentes y su grado de desarrollo en un momento específico. Es decir, estas relaciones demarcan de antemano cuál es el *sujeto social*, algo insostenible para los pensamientos de Laclau y Badiou. Por otro lado, la premisa morenista que afirma que hoy más que nunca lo social se dicotomiza entre "*trotskismo* u *holocausto*" ratifica la *apuesta* por el socialismo, a la vez que demarca que la lucha no se sostiene ya de una *certeza* sino de una incertidumbre imposible de formular. No obstante, la organización de la lucha queda supeditada a una lógica partidaria que poco pone en cuestión y poco reformula la propuesta por Lenin en el marco de la Revolución Rusa. En este sentido, si Moreno hubiera sido un lector atento de Gramsci (1949), podría haber pensado al *partido* no simplemente como construcción permanente, incuestionable, y como una herramienta ahistórica en sus contornos, sino en función de la riqueza y de las particularidades que cada contexto socio-político demanda, y en función de las complejas relaciones de fuerza, que le otorgarían una capacidad hegemónica más viable.

En las obras de Laclau y Badiou, estos problemas se presentan de un modo diametralmente diferente al de Moreno. Nos referimos sobre todo a la (im) posibilidad que ronda en sus textos a la hora de pensar una sociedad pos-capitalista, y fundamentalmente una forma de la política no-estatal –problema que se presenta más claramente en la obra de Laclau–. En efecto, si teorizar sobre la crisis del marxismo es la potencialidad teórica del pensamiento de ambos, ese mismo gesto los conduce a determinadas aporías dentro de sus andamiajes conceptuales. Creemos que el problema de la *representación*, y junto a él, el de la *estatalidad*, acecha la teoría de ambos. En el caso de Badiou, el intento teórico disruptivo del cierre de lo uno, es más claro y profundo, puesto que la búsqueda de la independencia de las masas (sujeto múltiple) frente al Estado, pero también frente al Partido y a toda forma de organización que cuente-por-uno, es su preocupación fundamental. No obstante, se presenta una tensión desde el momento en que Badiou hace del segundo cierre de la cuenta –que es el cierre de la lógica de lo estatal– una premisa ontológica de la presentación de toda estructuración. De este modo, su pensamiento presenta la posibilidad y al mismo tiempo la imposibilidad de pensar una sociedad futura pos acontecimental que verdaderamente rompa con las lógicas de cierre estatales del aparecer mundano. Mientras que la teoría laclausiana, si bien pone en cuestión toda una serie de premisas que intentan des-fundamentar el contenido estructurado y totalizante de lo social, no obstante, culmina en que la posibilidad misma de lo social se encuentra ligada a un proceso de representación (ahora precario y contingente) donde el Estado –y nos atreveríamos a decir, el líder político– asumen un rol preponderante como articuladores políticos. En este sentido, si consideramos la importancia de la teoría de Laclau a la hora de re-politizar toda una serie de ámbitos que el marxismo determinaba económicamente, este gesto supone, en el mismo movimiento, una suerte de despolitización del ámbito económico mismo, al no explicitar cómo es posible transformar –políticamente- las relaciones de (re)producción que el capitalismo genera. Es decir, al abandonar el gesto marxista de pensar al capital desde la economía política.

En definitiva, indagar sobre la cuestión de la emancipación, una vez que se reconoce que la crisis del marxismo es evidente, no deja de presentar un abanico de problemas que, continúan teniendo al marxismo como horizonte de pensamiento y de debate. A diferencia de Badiou y Laclau, para Moreno la construcción de un partido revolucionario internacional es condición de posibilidad del advenimiento emancipatorio. De allí, que la cuestión de la estrategia y la táctica sea de relevancia fundamental. Moreno plantea dos estrategias (a largo plazo) que no son negociables: *construir el partido* y la *toma del poder* junto a las masas. Ninguna otra política podría volverse *estratégica*. Todas las demás son tácticas que deben ser bien escogidas y delimitadas para cada momento concreto, pero que no por ello son menos importantes que la estrategia. Sólo desde esta aclaración es que se comprende el porqué de las políticas del *MAS* de presentarse a elecciones, o las del *PST* de apoyar a las guerrillas en determinadas coyunturas. Estos tres modos de comprender el momento emancipador, y sus procesos, son una constante en sus producciones: la insurrección acontecimental del sujeto múltiple con independencia de las lógicas estatales en el caso de Badiou; el devenir Estado del populismo laclausiano; el internacionalismo y la importancia de la organización del sujeto político y social en el caso de Moreno, son parte de su herencia marxista tanto teórica como política. El maoísmo francés, el gramscianismo de la izquierda nacional argentina, y el trotskismo-leninismo latinoamericano son las herencias que ninguno de los tres respectivamente termina de cuestionar. En las tres obras el *momento político* (ya sea como *revolución internacional* en el caso de Moreno, *ruptura acontecimental* en el caso de Badiou y *emancipación populista* en el caso de Laclau) será determinante, en última instancia, de la posibilidad de transformar las lógicas sociales operantes.

Estas afirmaciones se complejizan y enriquecen al ser contextualizadas en el marco de la actual crisis del marxismo. En este sentido, afirmábamos que las respuestas de los tres frente a la crisis de dicha tradición se enmarcan en un contexto común: la reconfiguración del capitalismo desde la década de los '70 y la derrota de las experiencias socialistas. No obstante, es preciso especificar el contexto particular que están leyendo cada uno de ellos, para comprender tanto su reformulación frente a las categorías de sujeto, política y estructura, como la discusión del capitalismo y los presupuestos de la dialéctica.

En este sentido, creemos que la teoría badioudiana no puede comprenderse si no tenemos en mente los procesos sociales europeos, pero sobre todo el francés, de los últimos años. Es decir, el inconveniente de los excesos que supone el doble cierre de la cuenta (cierre estructural y metaestructural), se encuentra ligado al problema estructural francés en relación a la gran cantidad de trabajadorxs inmigrantes que sostienen la estructura productiva

–principalmente, las áreas de servicios– y que al mismo tiempo, no son reconocidos por el Estado francés como ciudadanxs. Visualizar esto hace posible comprender no sólo las teorizaciones badioudianas, sino incluso su propia militancia y su misma apuesta política. Badiou, pregona una militancia horizontal y asamblearia que dista de la lógica partidaria que suponía una organización basada en una lógica netamente clasista ligada a la fábrica industrial, que supuso la forma organizativa de los partidos marxistas tradicionales, como fue el PC francés, al que el filósofo critica duramente.

Por su parte, Laclau está pensando en los procesos políticos recientes de América Latina, en los cuales el problema de la administración del Estado es central. En este sentido, sus resoluciones teóricas en relación al *populismo*, se encuentran parcialmente vinculadas a dichos procesos, que supusieron una experiencia novedosa en respuesta a la coyuntura económico-política a nivel mundial y a la crisis regional de los gobiernos de gestión neoliberal de los años '90. Su atenta mirada al despliegue histórico de los gobiernos neodesarrollistas y sus esquemas de construcción hegemónica –principalmente, al kirchnerismo en tanto gestión/proyecto de la que el autor se reconocía militante– lo llevan a intentar generar dispositivos de análisis que contribuyan a teorizar y profundizar esos procesos, que son para Laclau no sólo realidades coyunturales, sino horizontes sociales deseables para la región.

Por su parte Moreno, teoriza en un contexto en el cual la pregunta por quién y cómo se hace la revolución después de octubre es fundamental. Moreno apuesta por la construcción de un partido revolucionario socialista e internacionalista frente a los resultados catastróficos del régimen stalinista del *socialismo en un solo país*. Al mismo tiempo que escribe y milita en una realidad tan compleja como la latinoamericana, en una etapa donde las transformaciones neoliberales del capitalismo comienzan a operar. Frente a un contexto de fragmentación y complejización de la estructura social –trabajadorxs en distintas áreas, campesinado y heterogeneidad de las capas medias, implementación de lógicas neoliberales, y de diversos procesos de lucha como la revolución cubana, la guerrilla, revolución sandinista, sumado al problema electoral de la izquierda en Argentina–, Moreno advierte que la lucha política (socialista) y la organización partidaria internacional es la única y última alternativa para terminar con todas las formas de explotación y opresión (de clase, de género, de raza, etc.), y con la destrucción de la naturaleza en su conjunto. Así como en las teorizaciones de Badiou y Laclau ronda la imposibilidad de pensar una sociedad futura pos-capitalista, en Moreno se hace presente la posibilidad efectiva del *fin de la historia de las clases*.

La importancia de los aportes de una teoría como la Badiou en nuestro país luego de los acontecimiento del 19 y 20 de diciembre de 2001 son más que relevantes. Esto es así toda vez que los problemas que plantea Badiou en relación al peligro de la cooptación estatal y partidaria frente al acontecimiento disruptor fueron fundamentales para los debates asamblearios del 2001, donde la institucionalidad –que cuenta por uno– se encontraba en grave crisis. A la vez, también su apuesta por la constante fidelidad a las consecuencias acontecimentales y la propuesta de una mínima forma organizativa sin jerarquías, fueron más que atrayentes para los militantes luego del 2001. No es casual entonces, que en estos años Badiou comenzara a ser leído y comentado más asiduamente en la academia y por afuera de la misma, y fuera invitado al país a realizar numerosas charlas. Sin embargo, luego de que Néstor Kirchner obtuvo la presidencia en 2003, la situación comenzará a cambiar.

En este nuevo contexto de mayor estabilidad institucional y de aplicación de toda una serie de políticas progresistas, Laclau publica en 2005 *La razón Populista*, transformándose en un teórico que proponía una lectura más que enriquecedora para comprender los gobiernos populares de Latinoamérica en general y de la Argentina en particular. Laclau, asume la apuesta de pensar a partir de la categoría de populismo una relación positiva entre la emancipación y el Estado. No es casual que la apuesta teórica laclausiana sea recuperada por numerosos y destacados intelectuales del kirchnerismo, así como tampoco que en los últimos años un movimiento como el de Podemos en España se haya interesado en su teoría del populismo para pensar su propia apuesta política. Finalmente, en una coyuntura de retroceso de los gobiernos progresistas y una avanzada de derecha a nivel continental y mundial, la viabilidad de la teoría del populismo, como "salida por izquierda", comienza a ser cuestionada.

En este sentido, si bien los escritos de Moreno fueron producidos hacia fines de la década de los '80, creemos que podrían volver a ser recuperados por la izquierda argentina en el marco más general del actual contexto socio-político. Sostenemos esto en tanto consideramos que para la autodenominada *nueva izquierda* o *izquierda independiente* esta etapa ha representado un desafío peculiar: la década kirchnerista, donde la institucionalidad, la relación de las masas con el Estado y la organización política se vuelven centrales, obligan a estos sectores de izquierda a replantearse sus premisas autonomistas y sus organizaciones horizontales, a la vez que la importancia de la organización y la articulación de diversos sectores de lucha, deviene fundamental luego que la fórmula de Cambiemos ganara las elecciones presidenciales en 2015 y en poco más de un año de gobierno avanzara contra los derechos laborales y de identidad de género, implementando una lógica claramente empresarial, realizando despidos en los distintos niveles del estado y en el sector privado como consecuencia de las políticas económicas adoptadas. Por tanto, una teoría como la de Moreno, puede generar y posibilitar grandes aportes en relación el problema de la organización política partidaria de la izquierda a nivel local pero fundamentalmente a nivel internacional, y dentro de ella a la problemática de las distintas subjetividades que conviven – trabajadorxs de distintas áreas, campesinxs, clases medias, desocupadxs, etc. – en los esquemas organizativos. Estas problemáticas son temas centrales para pensar una apuesta política para la izquierda en un contexto de resistencia ante la ofensiva de la derecha a escala internacional.

La inquietud del marxismo, como nos sugiere Moreno, se sostiene en afirmar una lógica siempre abierta y crítica, con la capacidad constante de incorporar nuevos saberes, epistemologías, afectividades y luchas. En este sentido, nos preguntamos si no sería necesario, para abrir verdaderamente al marxismo, hacer de la epistemología feminista una autentica aliada. Más aún hacer propio aquello que el feminismo viene haciendo audible hace tiempo: el capitalismo es también patriarcal y nos oprime y explota a las mujeres como productoras y reproductoras de valor, mediante la regulación de nuestros cuerpos, expropiando nuestras capacidades reproductivas y laborales a través de las lógicas estatales y del mercado.

La división social del trabajo implicó una invisiblilizada pero rotunda división sexual del trabajo, basada en la concentración del trabajo femenino en las tareas de reproducción y cuidado y en determinadas áreas y ramas de trabajo asalariado con altos grados de precarización y pauperización laboral (feminización de la pobreza). División sexual del trabajo que se sustenta en una diferencia de salario por igual tarea, es decir en una explotación mayor del trabajo femenino (aumento de extracción de plusvalía) respecto del trabajo masculino. De este modo, las relaciones de producción y reproducción, como relaciones sociales en el marco del capitalismo, se sustentan en una doble y compleja jornada laboral de las mujeres: la no-asalariada (doméstica y reproductiva, tareas asistenciales y de cuidado) y la remunerada (mayor precarización y explotación laboral)[1]. Por tanto, en este punto, capitalismo y patriarcado se presuponen, entramando un modo de acumulación que se sustenta en el no reconocimiento de la re-producción del trabajo femenino "como una actividad socio-económica y como una fuente de acumulación del capital y, en cambio, la mistifica como un recurso natural, un servicio personal, al tiempo que saca provecho de la condición no-asalariada del trabajo involuntario" (Federici, 2015:11).

---

[1] En este punto muchas autoras afirman que hasta sería necesario hablar de una triple jornada laboral de las mujeres. El tercer trabajo correspondería a las tareas vinculadas a las emociones y al amor en el marco de relaciones sexo/afectivas heteropatriarcales. La alienación emocional de las mujeres respecto a la cultura masculina se exhibe en la extracción de una forma diferencial de plus valor llamada *plusvalía emocional*: "Si el capital es la acumulación de trabajo alienado, la autoridad masculina es la acumulación de amor alienado" (Jónasdóttir, 1993:53).

En este sentido, si afirmábamos a través de Marx que, en el sistema capitalista, la reproducción de la fuerza de trabajo está ligada a la cantidad de *valor de uso* que necesita *el trabajador* para subsistir, la pregunta que surge se vincula a quién realiza este trabajo –fundamentalmente mujeres–, y porqué este trabajo que garantiza la reproducción de la *fuerza de trabajo*, no es remunerado ni reconocido como tal. Cuando Marx teoriza sobre la acumulación originaria, no distingue que la división sexual del trabajo y la construcción de un nuevo orden patriarcal están operando desde el origen del capitalismo. Más aún, elude que con el capitalismo se engendra un nuevo tipo de patriarcado que supone un conjunto de relaciones sociales que dominan, explotan y oprimen a las mujeres por su género. Es decir, entre capitalismo y patriarcado se sustenta un sistema de relaciones sociales sexo-afectivas, políticas y económicas que se apropian de las fuerzas re-productivas y de los cuerpos de las mujeres. Por tanto, una de las dicotomías centrales que es necesario desarmar para un pensamiento político contemporáneo sobre la emancipación, es la que se articula entre género y clase. Como afirma S. Federici, "si es cierto que en la sociedad capitalista la identidad sexual se convirtió en el soporte específico de las funciones del trabajo, el género no debería ser considerado una realidad puramente cultural sino que debería ser tratado como una especificación de las relaciones de clase" (2015:24). En definitiva, si el cuerpo femenino ha sido alienado a través de actividades re-productivas apropiadas por los varones, los estados y los mercados, y se ha convertido en un instrumento de producción de la fuerza de trabajo, entonces la emancipación de las mujeres sólo puede concretarse con el fin de las relaciones capitalistas de explotación y opresión que lo definen. De este modo, sin feminismo no habría posibilidad de socialismo, pero sin socialismo tampoco la habría de feminismo.

La incógnita que se nos presenta ahora es si las nuevas configuraciones a nivel internacional –donde la importancia de China se ha vuelto fundamental–, y los nuevos fenómenos de movilizaciones de trabajadorxs de distintas áreas tanto de Grecia, España, Italia, entre otros países europeos, como de EE.UU. y Latinoamérica, y en el contexto de un histórico paro internacional de mujeres en más de cincuenta países –como consecuencia de la actual crisis del capitalismo, una coyuntura marcada por el quiebre de los gobiernos progresistas en Latinoamérica y por la avanzada de la derecha neoliberal y reaccionaria a lo largo del mundo– no abren nuevamente la pregunta sobre la composición de los *sujetos* que son centrales a la hora de pensar la transformación del capitalismo como modo de articulación de lo social. Por nuestra parte, entendemos que la tarea actual del marxismo reside en reconocer –como lo hacen el pensamiento de Badiou, de Laclau y de Moreno– la complejidad de las nuevas lógicas de las relaciones contemporáneas y la importancia de incorporar distintas teorías políticas que sostengan los problemas actuales de la emancipación. No obstante, con ese reconocimiento no es suficiente: es necesario que el análisis de estas relaciones no se desligue del despliegue histórico peculiar de la estructura económica capitalista actual y las formas de su reflexión teórica política, que no pierden centralidad incluso en el marco de toda esa complejidad.

En este sentido, la crisis actual del sistema capitalista vendría a mostrar que *no todos los elementos que entran en la lucha hegemónica* son en principio iguales, como sostiene Žižek (2000) en su crítica al pensamiento laclausiano. En efecto, la lucha –emancipatoria– de hoy día no sólo implica la conjunción de toda una serie de luchas –económica, política, cultural, feminista, ecológica, étnica, entre otras–, sino que parecería que si se pretenden transformar *las lógicas del capitalismo* como modo de articulación de lo social, no puede desconocerse que las luchas de lxs trabajadorxs –cualquiera sea su condición, su género o raza– si bien "es parte de la cadena, secretamente sobredeterminan al horizonte mismo" del alcance de esas luchas (Žižek, 2000/2003b:320). Puesto que el capitalismo no sólo ha demostrado ser el terreno histórico –en su lógica de trasmutaciones de sus propios límites– que ha puesto en cuestión una forma esencialista de la política, sino que se ha presentado como una red simbólica de dominación que configura y re-configura el contenido de la lucha hegemónica.

Esto supone que las *formaciones hegemónicas* actuales dominantes en múltiples planos –que atraviesan lo económico, político y cultural en diferentes sentidos admiten la posibilidad de la figura de la resistencia al dejar un margen de apertura. De este modo, si la resistencia (Laclau nos advertiría sobre la posibilidad de articulación de diferentes luchas de esas resistencias, Moreno sobre la importancia de su *organización política* y Badiou sobre el mantenimiento de su independencia frente al estado) no desconoce la complejidad actual de lo social y de las luchas que debe emprender, si no las reduce a un plano meramente económico, pero tampoco lo desconoce y le otorga su lugar como forma articulatoria de un sistema global como lo es el capitalismo, el gesto emancipador de un pensamiento como el marxista continúa vigente. El marxismo como tradición que se afirma en una promesa de un mundo "por-venir", continúa siendo parte del horizonte de pensamiento para aquellas prácticas políticas y teóricas que sostengan a la emancipación como premisa central.

En definitiva, la tradición marxista nos conduce a preguntarnos una y otra vez hasta dónde es posible conducir un proyecto político que pretenda ser transformador de las formaciones hegemónicas que el capitalismo (hoy neoliberal) trama. Es decir, habilita a preguntarnos por la posibilidad/imposibilidad de la transformación global de lo social. Así, nos enfrentamos a una disyuntiva que hace que tanto las luchas como las teorizaciones de esas luchas se diriman entre dos opciones: o bien se acepta que las configuraciones económico políticas actuales pueden ser "democratizadas" y que el Estado continua siendo la máxima instancia de articulación de lo social; o, por el contrario, se insiste en una lucha incierta donde el mundo se transforma en la promesa del devenir de múltiples posibles. En este sentido las teorizaciones de Laclau, Badiou y Moreno se enfrentan –y también nos enfrentan– a la pregunta del *qué-hacer* con la posibilidad de la emancipación en las sociedades contemporáneas una vez que se asume al marxismo en crisis, pero también al marxismo como critica de todo orden de explotación y opresión.

En este sentido, el marxismo nos alerta que si bien es fundamental luchar por la conquista de derechos democráticos definidos en relación a las lógicas estatales y en el marco de una sociedad capitalista, la posibilidad efectiva de emanciparnos será siempre coartada porque "las herramientas del amo nunca desmontan la casa del amo. Quizá nos permitan obtener alguna victoria pasajera siguiendo sus reglas del juego, pero nunca nos valdrán para efectuar un auténtico cambio" (Lorde, 2003:118). También allí, marxismo y feminismo comparten un gesto común respecto a no ceder en la lucha y a no enquistarse en la trama socio-política de los antagonistas, aceptando que la emancipación es la única potencia que, en última instancia, puede verdaderamente acabar con el capitalismo neoliberal y hetero-patriarcal, también racista y xenófobo como nos recuerda A. Lorde.

Por tanto, recuperamos tres componentes centrales para las luchas actuales que nos advierten las producciones de Laclau, Badiou y Moreno. De Laclau, ponemos énfasis en la importancia de la articulación de las luchas de clase, género y raza, tanto a la hora de pensar la emancipación como de realizar un análisis del capitalismo. De Badiou, recuperamos la apuesta constante por no ceder frente a las lógicas estatales de la política que coartan en definitiva la posibilidad misma de que un acontecimiento efectivamente advenga para transmutar las lógicas de lo instituido. De Moreno, rescatamos el gesto estratégico, que nos señala que el lugar táctico y coyuntural de toda política específica no debe perder de vista la estrategia final de la querella, generar una política organizativa concreta para la lucha de las masas trabajadoras por el fin del capitalismo. Así, mientras la crisis del marxismo muestre la apertura de una herencia de múltiples historias políticas y teóricas, y avive la inquietud de su arma de la crítica, la posibilidad de revolucionar lo existente no se verá doblegada y la potencia del socialismo estará aún vigente en nuestras luchas.

Epílogo

Perseverar en la teoría, abrazar la memoria del porvenir

Durante el Coloquio de Venecia, organizado en 1977, por el periódico Il Manifesto y ante un auditorio que reunía, por primera vez, a los militantes comunistas y socialistas de países de Europa occidental con la izquierda disidente de Europa oriental (comunistas y socialistas italianos, marxistas españoles, cubanos y yugoslavos, con comunistas disidentes de Checoslovaquia, Polonia, URSS y Hungría), Louis Althusser convocaba a mirar de frente a la "crisis del marxismo". Contra las reacciones dogmáticas de las posiciones oficiales de "cerrar los ojos para no ver y callar", pero también confrontando con las posiciones sufrientes o esperanzadas en el puro ingenio y fuerza del movimiento obrero y popular, Althusser llamaba a operar una "distancia histórica, teórica y política" para intentar descubrir el carácter, el sentido y el alcance de la crisis del marxismo (1977/ 2008: 291):

> "Si lo conseguimos, podemos entonces cambiar de lenguaje y, tras la larga historia de la que salimos, podemos decir no ya 'el marxismo está en crisis' sino '¡Por fin la crisis del marxismo ha estallado! ¡Por fin se ha hecho visible y comenzamos a ver sus alcances a la luz del día! ¡Por fin algo vivo y vital puede ser liberado por esta crisis y en esta crisis!'(…) No podemos considerar nuestra tradición histórica, política e incluso teórica como una herencia pura que habría sido desfigurada (…) Si nuestros autores nos han dado elementos fundamentales de una teoría de la lucha de clases en las sociedades capitalistas, sería insensato pensar que ésta pudiera ser pura y completa en su nacimiento. Por otro lado, ¿qué puede querer decir para un materialista 'una teoría completa'? Y, lo que es más, ¿cómo comprender que una teoría de las condiciones y de las formas de la lucha de clases, que denunciaba el ascendente de la ideología dominante y de su peso, haya podido escapar de ésta desde sus inicios sin ser marcada de algún modo incluso en la lucha de clases que efectuaba para romper con ella? (…) Esta ruptura es un combate, pero que no conoce fin lo hemos averiguado pagando un alto precio". (Althusser, [1977] 2008: 293)

La herencia teórica no es pura y acabada. No cubre la historia completa como contemplación de una interioridad y por ello, no se recibe homogénea ni lisa, sino como una trama cismática, conflictiva. Si una relación lúcida, meditada, ha de entablarse con ese cuerpo espectral que no podemos dejar de heredar, ese vínculo deberá renunciar a la repetición sin resto y a la evocación puramente testimonial, para desplegarse como un proceso productivo de corte continuado, de transformación de las propias evidencias, como activación de la ruptura con las múltiples formas del asedio ideológico, ruptura que sólo existe si dura como combate.

La crisis del marxismo resultaba, para Althusser, incomprensible si por ella se esperaba dar nombre a algún "error de aplicación", como si pudiera acaso escindirse la pureza teórica de la "contingencia" de las luchas políticas del movimiento obrero marxista. La teoría marxista no existe, no ha existido jamás en su pureza incontaminada, sin hallarse involucrada o sin verse comprometida en las luchas efectivas que en su nombre y con su guía, se han desarrollado. El desvío idealista de creer que la teoría puede devenir demiurgo de la historia que se ha hecho en su nombre, no puede quebrarse con otra fascinación, igualmente idealista, de suponer una teoría dada en sí misma, como completud y no como resultado de un trabajo crítico que no puede ser sino transformación real y combate en el pensamiento. Ejercicio inmanente a las prácticas teóricas efectivamente existentes y sometido a una lucha de clases real, que se da también en el campo de la teoría y en el asedio de las ideologías que constituyen su prehistoria, pero que no dejan de acosar su devenir.

El axioma materialista del primado de la práctica sobre la teoría es desplegado por Althusser para elaborar el aporético concepto de práctica teórica, imprescindible para volver pensable el vínculo complejo y sobredeterminado de la teoría con la política (así como con otras prácticas no teóricas). En este sentido, que es a la vez filosófico y profundamente político, es que la crisis del marxismo deviene crisis de una conjunción singularmente paradójica entre práctica teórica y lucha de clases. Una crisis que no se deja distribuir ni descomponer en los casilleros de la Epistemología racionalista-empirista, hija del "mito religioso de la lectura" a libro abierto, del discurso manifiesto de la Naturaleza o la Historia.

Y entonces, acaso sea al menos por eso que valga la pena asumir con seriedad la oportunidad de esta crisis, para hacer lugar a una interrogación del estatuto teórico y filosófico del materialismo marxista. Tirar de la hebra que inaugura esa posibilidad es atreverse a desfundar la Modernidad misma para experimentar la fragilidad de los esquemas más rígidos de nuestra metafísica.

La tarea exige una importante cuota de coraje que Alain Badiou, pocos años más tarde que Althusser, habría de identificar como un desafío fundamental de nuestro tiempo, el de discernir con justeza el punto desde el que se examina la destrucción del marxismo: "¿Se participa o no de eso mismo que está en proceso de destrucción?" Badiou subrayaba entonces que el pensamiento radical de esa crisis exige un emplazamiento subjetivo en ella. Se trata de estar "en la posición subjetiva y política, de inmanencia a esa crisis" (1985/1990:35).

Althusser nunca se cansó de insistir que esta tarea es rigurosamente teórica, en la medida en que es profundamente política: la de insistir en una teoría que sea capaz de perseverar en el esfuerzo de pensar la historia. Una teoría capaz de hacer lugar al acontecimiento inesperado, al posible-imposible de la práctica política. En definitiva, una teoría 'finita':

> "realmente abierta a las tendencias contradictorias que descubre en la sociedad capitalista, y abierta sobre su devenir aleatorio, abierta a las 'sorpresas' imprevisibles que no han cesado de marcar la historia del movimiento obrero, abierta y, por consiguiente, atenta, y capaz de tomarse en serio y en tiempo real la incorregible imaginación de la historia". (Althusser, [1978]2008 :304)

Desplegar la pregunta por esa unión-disjunta que el marxismo ha procurado nombrar entre la teoría (entendida como sistema conceptual y en la historia de su desarrollo práctico) y la política (entendida como intervención práctica y como modalidad singular del pensamiento), supone asumir en toda su rigurosidad la complejidad de una sobredeterminación. No se trata de una dialéctica organizada en torno a una única contradicción que pueda resumirse en las categorías abstractas de Filosofía e Historia, o en la dicotomía idealista y empirista que cree poder distinguir perfectamente una Teoría pura de una Práctica, también pura. Se trata de abrir un problema de notable densidad y de interrogar una articulación compleja en la que prácticas teóricas y prácticas políticas se inscriben en coyunturas concretas, determinadas y desigualmente articuladas con otras prácticas, heterogéneas a ellas.

Esa pregunta audaz anima la búsqueda que organiza el notable trabajo de Julia Expósito en este volumen. El solo esfuerzo de su planteo justifica el camino recorrido por el lector que no sale de él permaneciendo idéntico a sí mismo. Afortunadamente.

Dos modos de la proliferación que supone esa complejidad se despliegan con singular fineza en este ensayo. Ambos consisten, de diversas maneras, en asumir que no hay, en el marco de la tradición marxista, posibilidad de interrogar la justeza de los conceptos y sus relaciones si no se formula al mismo tiempo la pregunta por su coyuntura. O más rigurosamente, por su doble coyuntura: histórica e histórico-teórica. El materialismo histórico, como teoría de la lucha de clases, no puede permanecer ingenuo respecto del modo en que, en su propio campo y con sus propios materiales, la lucha de clases produce marcas, embates y asedios de formas de pensamiento dominante. En este sentido, para seguir una célebre fórmula de Pierre Macherey, si la teoría marxista es una ciencia es, antes que nada, "ciencia de la ideología" (1965: 136). Las evidencias, tautologías y otras formaciones ideológicas que contaminan todo desarrollo teórico desde dentro de la lógica propia de sus exposición, no pueden ser consideradas como meros "errores", en la figura del error pugna insidioso el pensamiento dominante que pregna el sentido común, en las formas más silvestres de filosofía espontánea y en las más sistemáticas de ideologías teóricas o filosóficas.

Contra esas tendencias, el materialismo dialéctico -filosofía que habita de modo práctico en la teoría marxista pero que no constituye en absoluto una Filosofía en tanto que tal- ofrece una única arma, sencilla y poderosa. Una concepción de la teoría como práctica teórica. Esa constatación supone una ética del pensamiento, le exige ser capaz de pensarse inacabado, es decir, inscrito en la historia. Concebida como práctica, la teoría puede pensarse a sí misma en esa articulación compleja, jerárquica y desigual de prácticas heterogéneas que es una coyuntura. Decir que toda teoría es finita es asumir una teoría que sólo existe, realmente, en la medida en que se encuentra articulada con elementos no teóricos: ideológicos y políticos. Si una virtud tiene la posición materialista que pulsa en la historia de la tradición marxista –si bien no siempre como tendencia dominante, algo que se advierte en las formas de algunas de sus crisis- es que su saber consiste en asumir su no-saber (tanto en el sentido de los elementos no-teóricos que inevitablemente la atraviesan como de los límites que indican su incompletud, su incapacidad para saberlo todo y su radical no coincidencia consigo misma). Esto nos obliga a descartar toda formulación del problema de la producción de conocimiento en clave acumulativa o evolucionista, para pensar una temporalidad compleja que nos permita, por ejemplo, advertir que una ideología puede ser, a la vez, la prehistoria de una ciencia, su materia prima y las formas de sus desvíos, sus crisis, e incluso de su cesación. En este sentido, como ha subrayado Ètienne Balibar, volver pensable en la materia misma de la teoría y en la historia de sus prácticas, es producir de otro modo, la teoría de la historia, a secas (2004:27). De otro modo, quiere decir que a contramano de una historia de las ideas dominada por el idealismo, el materialismo busca la historia, también, en las marcas de la propia condición histórica de su proceso de producción de conocimiento. Y esto abre para esta teoría científica una posibilidad de la que prescinden, por ejemplo, las ciencias naturales más rigurosas. Como ha sostenido Michel Pêcheux, mientras que "la especificidad del proceso de producción de conocimiento en el continente de las 'ciencias naturales' es la de ser ciego en cuanto tal a sus efectos sobre el proceso de reproducción/ transformación de las relaciones de producción", la ciencia materialista de la historia se caracteriza por la coincidencia entre la lógica de su desarrollo y los efectos que éste tiene en la transformación de las ideologías disponibles –y dominantes- acerca de lo social mismo (2017: 173). De allí que un retroceso en su combate -estrictamente teórico- es "simultáneamente un 'retroceso' en la lucha de clases teórica y en la lucha de clases a secas, es decir en la lucha por la transformación de las relaciones sociales de producción" (2017: 173).

Encontramos así el lugar en el que la teoría marxista consiste al mismo tiempo en una teoría de la lucha clases y una "ciencia de la ideología". En este sentido, de una conjunción –conjonction– en absoluto inmediata, es que puede entenderse el espesor problemático del sintagma paradojal que nombra al marxismo como "ciencia revolucionaria".

¿Dónde buscar y cómo precisar ese espectro de problemas? ¿Cómo pensar la unidad de su dispersión y la complejidad múltiple de su cifrado temporal? Finalmente, ¿por dónde comenzar? Asumiendo que todo comienzo no es sino un re-comienzo, el trayecto trazado por Julia Expósito en este libro elige priorizar algunas hebras. Habrá ya advertido el lector que no son unas líneas cualesquiera. Son dos modos privilegiados y sumamente sensibles de tocar esa inmensa complejidad que hemos querido, al menos, indicar. Uno de ellos, ya lo hemos señalado, se trata de advertir, asumiendo con sumo rigor el desafío de discernir la justeza teórica en el movimiento de análisis de su coyuntura histórica concreta. Si, como ha advertido Jaques Derrida, no nos es dado elegir heredar o no heredar a Marx, esto no quiere decir que esa herencia irrenunciable sea homogénea, compacta, Una. Elegir en la herencia no puede ser, sin embargo, un acto de capricho, de elección subjetiva; ni siquiera puede ser un acto inmediatamente "político". Hay profundas razones teóricas para asumir que si esa inyunción supone una elección, se trata de una muy extraña que coincide con lo que nos es dado, no con "lo dado" sino con lo que falta. Se trata en todo caso de elegir en lo recibido, lo que (le y nos) falta. En este sentido, la teoría marxista sólo pueda ser leída en una lectura duplicada, recursiva, que es por un lado, un saber hacer con la herencia (o en ella) y por otro, un saber leer en la coyuntura su insuficiencia, lo que nos falta por hacer y por ser.

Nos encontramos así con el doble movimiento de este ensayo: buscar la teoría marxista hoy es buscarla en una doble coyuntura. La de la lucha de clases, a secas, es la que permitirá pensar lo que queda por hacer, definir las posibilidades y el sentido de la crítica, en este, nuestro mundo, con sus cerrazones y sus oportunidades. Pero la pregunta por la herencia supone asumir otra coyuntura, la coyuntura teórica. Expósito lo sabe y nos lo hace saber, no existe el marxismo en general, como un cuerpo abstracto o una verdad esencial. No existe tampoco una filosofía marxista capaz de prescribir por adelantado lo que es o debe ser la teoría, porque la teoría misma es teoría de la historia, es decir, de la lucha de clases y por lo tanto, necesidad de la contingencia.

Si el materialismo no es un sistema filosófico sino apenas una posición en filosofía, esto supone que no puede –ni querría hacerlo- funcionar en una relación jurídica con las prácticas teóricas marxistas, no regula ni prescribe la frontera del error y la verdad. Hay entonces un solo modo de encontrar la teoría: en las prácticas teóricas efectivamente existentes. Badiou, Laclau, Moreno no son nombres cualquiera, componen un canon, abren un espectro cuya singularidad se encuentra profundamente cribada en nuestra determinada coyuntura. La escritura de Expósito despliega en la filigrana de este libro la unidad ya tramada de una tradición y a la vez, su absoluta actualidad. Todo se juega "entre" estos nombres, la historia y la teoría en sus formaciones históricas, en los acontecimientos de las luchas y de sus omisiones; en la coincidencia y los desajustes de los conceptos, en las victorias y las derrotas concretas del movimiento obrero marxista y no marxista, de los pueblos y las masas.

Nada de eso se despliega como una danza abstracta de categorías especulativas o de consignas políticas sin carne. Una dialéctica profundamente materialista pulsa como causa ausente en este volumen. La teoría se encuentra, en él, determinada en la individualidad de la historia que recoge, de las memorias populares que inscribe como marcas y huellas en sus formulaciones. Determinada y por ello, absolutamente abierta a la incorregible imaginación de la historia y al porvenir de la búsqueda de la emancipación y de la igualdad.

Natalia Romé
Buenos Aires, 2017.

Referencias Bibliográficas

ACHA, Omar, (2006), "La irresistible seducción filosófica del marxismo". Buenos Aires: *Revista Herramienta*, N°33.

ACHA Omar y D´ANTONIO, D, (2010) "Cartografía y perspectivas del marxismo latinoamericano", Buenos Aires: *Revista A Contracorriente*, Volumen 7, Núm. 2.

ADORNO, Theodor. W., [1970] (2008), *Dialéctica negativa.* trad. Alfredo Brotons Muñoz, Madrid: Akal.

ADORNO, Theodor. W, y Horkheimer, Max, [1981] (2007), *Dialéctica de la Ilustración. Fragmentos filosóficos. Obra completa, 3.* Madrid: Akal.

ALGRANATI, Clara, (2012), "La ofensiva extractivista en América Latina. Crisis global y alternativas". Buenos Aires: *Revista Herramienta* N° 50.

ALTHUSSER, Louis. (1978) "Dos o tres palabras (brutales) sobre Marx y Lenin". Eco. *Revista de la cultura de occidente*, N° 197, tomo XXII/5, Bogotá.

————— [1974] (1985), *Ideología y aparatos ideológicos de Estado.* Buenos Aires: Ediciones Nueva visión.

————— (2004), *Maquiavelo y nosotros*, Ediciones Akal.

————— [1965] (2004), *La revolución teórica de Marx.* México: Siglo XXI.

————— [1978] (2003), *Marx dentro de sus límites.* Madrid: Akal.

————— [1982] (2002), *Para un materialismo aleatorio.* Madrid: Arena Libros.

ALTHUSSER, Louis y Balibar, Étienne, [1965] (2006), *Para leer El Capital.* México: Siglo XXI.

AMADEO, Javier, (2006), "Mapeando el marxismo", en *La teoría marxista hoy. Problemas y perspectivas.* Buenos Aires: CLACSO.

ANDERSON, Perry, (1980), "¿Existe una crisis del marxismo?". México: *Revista Dialéctica*, N°9, pp. 145-158.

————— [1976] (1987), *Consideraciones sobre el marxismo occidental.* México: Siglo XXI.

————— [1983] (1986), *Tras las huellas del materialismo histórico.* Barcelona: Siglo XXI.

————(2000), "Renovaciones", en *New Left Review*, Num 1, Enero-Febrero.

ANTUNES, Ricardo, (2003), *¿Adiós al trabajo? Ensayo sobre las metamorfosis y el rol central del mundo del trabajo*. Buenos Aires: Ediciones Herramienta.

———— (2005), *Los sentidos del trabajo*. Buenos Aires: Ediciones Herramienta.

ARICÓ, José, (1988), *La cola del diablo. Itinerario de Gramsci en América Latina*. Buenos Aires: Punto Sur.

———— [1980] (2010), *Marx y América Latina*. Buenos Aires: Fondo de Cultura Económica.

———— [1977] (2012), *Nueve lecciones sobre economía y política en el marxismo*. México: El colegio de México.

ARTHUR, Christopher, (2004), *The New Dialectic and Marx's Capital*. Brill, Leiden y Boston.

ASTARITA, Rolando, (2004), *Valor, mercado mundial y globalización*. Buenos Aires: Ediciones cooperativa.

BACH, Paula, (2008), "Prólogo e Introducción", en: *El capitalismo y sus crisis. Compilación de escritos de León Trotsky*. Buenos Aires: Ediciones IPS. CEIP "León Trotsky".

BADIOU, Alain. [1998] (2002), *Breve tratado de ontología transitoria*. Barcelona: Gedisa.

———— [1988] (2003), *El ser y el acontecimiento*. Buenos Aires: Manantial.

———— (1988), *L'être et l'événement*. Paris: Éditions Du Seuil.

———— (2010), "La idea de comunismo", en *Sobre la idea de comunismo*. Hounie, Analía (Comp.). Buenos Aires: Paidós.

———— [2006] (2008), *La lógica de los mundo. El ser y el acontecimiento 2*. Buenos Aires: Manantial.

———— (2006), *Logiques des Mondes. L'être et l'événement*. Paris: Éditions Du Seuil.

———— [1989] (2007), *Manifiesto por la filosofía*. Buenos Aires: Nueva Visión.

———— [1993] (1994), *La ética. Ensayo sobre la conciencia del mal*. Buenos Aires: Revista Acontecimiento N° 8.

———— (2005), *El siglo*. Buenos Aires: Manantial.

———— [1985] (2007), *¿Se puede pensar la política?* Buenos Aires: Nueva Visión.

———— (1992), "Acerca de un desastre oscuro", en *Acontecimiento: Revista para pensar la política*, N 3.

———— [1998] (2009), *Compendio de metapolítica*. Buenos Aires: Prometeo libros.

————— (2006), *De un desastre oscuro. Sobre el fin de la verdad de Estado*. Buenos Aires: Amorrortu.

————— (2012), *El despertar de la historia*. Buenos Aires: Nueva Visión.

————— (2005), *Imágenes y palabras: escritos sobre cine y teatro*. Buenos Aires: Manantial.

————— (2007) *Justicia, Filosofía y Literatura*. Rosario: Homo Sapiens.

————— [2008] (2009), *Pequeño panteón portátil*. Buenos Aires: Fondo de Cultura Económica.

————— (2000), Presentación de la edición en castellano de *El ser y el acontecimiento*. Revista Acontecimiento, N° 19 y 20.

————— [1999] (2000), *Reflexiones sobre nuestro tiempo. Interrogantes acerca de la ética, la política y la experiencia de lo inhumano*. Buenos Aires: Ediciones del Cifrado.

————— [1997] (1999), *San Pablo. La fundación del universalismo*. Barcelona: Anthropos.

————— [1982] (2009), *Teoría del sujeto*. Buenos Aires: Prometeo libros.

BADIOU, Alain, y Van Houdt, (2011), "La crisis de la Negación: Una entrevista con Alain Badiou". *Continet 1.4*, (Traducido al español por Sergio Andrés Rueda).

BAEZA, Manuel, (2002), *De las metodologías cualitativas en investigación científico social. Diseño y uso de instrumentos en la producción de sentido*, Editorial de la Universidad de Concepción, Concepción.

BALIBAR, Ètienne, (1980), "La crisis del marxismo. Entrevista con Ètienne Balibar y Georges Labica, por Oscar del Barco y Gabriel Vargas Lozano". México: *Revista Dialéctica* N° 8, pp. 113-116.

————— (2005), *Violencias, Identidades y Civilidad. Para una cultura política global*. Barcelona: Gedisa.

————— (2004), *Escritos por Althusser*. Buenos Aires: Nueva Visión.

————— [1993] (2001), *La filosofía de Marx*. Buenos Aires: Nueva Visión.

————— (1995), *Nombres y lugares de la verdad*. Buenos Aires: Nueva Visión.

BAUMAN, Zygmunt, (2001), *En busca de la política*. Buenos Aires: Fondo de cultura económica.

BENJAMIN, Walter, (2007), *Conceptos de filosofía de la Historia*. Buenos Aires: Terramar.

————— (2007), *Sobre el concepto de Historia. Tesis y fragmentos*. Buenos Aires: Piedras de papel.

————— (2009), "Sobre el concepto de historia", en Oyarzún Robles, Pablo, *Walter Benjamin. La dialéctica en suspenso*. Santiago de Chile: LOM Ediciones.

BENSAÏD, Daniel, [1995] (2013), *Marx intempestivo*. Buenos Aires: Herramienta ediciones.

————— (2004), "Alain Badiou and the Miracle of the Event", en *Think Again: Alain Badiou and the future of philosophy*, ed. Peter Hallward. Londres: Continuum.

BEVERLEY, John, (2001), *La persistencia del subalterno*, en el panel *Canto del cisne de los estudios culturales*, organizado por Abril Trigo, LASA, Washington DC.

BLANCHOT, Maurice, (2006), *Escritos Políticos*. Buenos Aires: Libros del Zorzal.

BONNET, Alberto, Tischler, Sergio, Holloway, John, (2005), *Marxismo abierto. Una visión europea y latinoamericana. Vol. I*. Buenos Aires: Co-edición UNAM – Herramienta.

BORÓN, Atilio, Amadeo, Javier y González, Sabrina, (2006) *La teoría marxista hoy. Problemas y perspectivas*. Buenos Aires: CLACSO.

BORÓN, Atilio, (2000), *Tras el búho de Minerva. Mercado contra democracia en el capitalismo de fin de siglo*. Buenos Aires: Fondo de Cultura Económica.

————— (2001), "Introducción: el marxismo y la filosofía política", en Borón, Atilio, *Teoría y filosofía política. La tradición clásica y las nuevas fronteras*, Buenos Aires: CLACSO.

BOSTEELS, Bruno, (2007), *Badiou o el recomienzo del materialismo dialéctico*. Santiago de Chile: Editorial Palinodia.

————— (2010), "Lógicas del cambio: de la potencialidad a lo inexistente", en *Badiou fuera de sus límites*, Carlos Gómez Camarena y Angelina Uzín Olleros Compiladores. Buenos Aires: Imago Mundi.

BRAIDOTTI, Rosi, (2005), *Metamorfosis. Hacia una teoría materialista del devenir*. Madrid: Ediciones Akal.

BUENFIL BURGOS, Rosa, (1996), *Foucault y la analítica del discurso*, ponencia para coloquio de M. Foucault, México.

BÜRGER, Peter, (2010). *Teoría de la vanguardia*. Buenos Aires: Las Cuarenta.

BUTLER, Judith, (2008), *Cuerpos que importan: sobre los límites materiales y discursivos del "sexo"*. Buenos Aires: Paidós.

CARRASCO, Carmen y Cuello, Hernán, (2007), *Nahuel Moreno esbozo biográfico*, Buenos Aires: Ediciones desde el muro.

CASTORIADIS, Cornelius, [1975] (1993), *La institución imaginaria de la sociedad. Marxismo y teoría revolucionaria*. Barcelona: Tusquets.

CASULLO, Nicolás, (1995), *El debate modernidad post-modernidad*, Buenos Aires: El cielo por Asalto.

CATANZARO, Gisela, e Ipar, Ezequiel, (2003), *Las aventuras del marxismo*. Buenos Aires: Gorla.

CERDEIRAS, Raúl, (2010) "La atmósfera filosófica de *lógicas de los mundos de Alain Badiou*", disponible en: www.grupoacontecimiento.com.ar.

CHESNAIS, François, (2012), "La lucha de clases en Europa y las raíces de la crisis económica mundial". Buenos Aires: *Revista Herramienta* N°49.

———— (2011), "La vulnerabilidad del sistema financiero, la ilegitimidad de las deudas públicas y el combate político internacionalista por su anulación", Buenos Aires: *Revista Herramienta Web* N°9, disponible en: www. herramienta.com.ar.

CLAUDIN, Fernando, (1980), "Vigencia y/o crisis del marxismo". México: *Revista Dialéctica* N°8, pp. 107-112.

COHEN, Gerald, ([1978] 1986), *La teoría de la historia en Karl Marx. Una defensa*. Madrid: Siglo XXI.

———— (1984), "Réplica a «*Marxismo, funcionalismo y teoría de juegos*» de Elster", *Zona abierta*, Num. 33.

COLLETTI, Lucio, (1976), *La dialéctica de la materia en Hegel y el materialismo histórico*, México: Editorial Grijalbo.

———— (1977), *El marxismo y Hegel*. México, Editorial Grijalbo.

———— (1978), "Valor y dialéctica en Marx", en *Debate sobre la teoría marxista del valor*. México: *Cuadernos pasado y presente*, Numero 82.

CRITCHLEY, Simón (COMP) y Marchart, Oliver (COMP), (2008), *Laclau. Aproximaciones críticas a su obra*. Buenos Aires: Fondo de Cultura Económica.

DE ÍPOLA, Emilio, (2007), *Althusser, el infinito adiós*, Siglo veintiuno editores, Buenos Aires.

DÁVILO, Beatriz y Germain, Marisa, (2003), *Política y Sujeto*. Rosario: UNR Editora.

DELEUZE, Gilles, [1967] (2002), *Diferencia y repetición*. Buenos Aires: Amorrortu.

———— (2005), *Derrames. Entre el capitalismo y la esquizofrenia*. Buenos Aires: Editorial Cactus.

DELLA VOLPE, Galvano, (1978), *Sobre la dialéctica*, Revista Dialéctica Número 4.

———— [1967] (1970), *Critica de la ideología contemporánea*. Madrid: Editorial Comunicación, Serie A.

———— [1950] (1956), *La lógica como ciencia positiva*. Messina, D'anna.

———— ([1957] 1939), *Rousseau y Marx*. Barcelona: Editorial Matinez Roca.

DERRIDA, Jacques, [1993] (1995), *Espectros de Marx. El estado de la deuda, el trabajo del duelo y la nueva internacional*. Madrid: Trotta.

———— [1967] (1989), *La escritura y la diferencia*. Madrid: Cátedra.

DUQUE, Felix, (1998), *Historia de la filosofía moderna. La era de la crítica*. Madrid: Akal.

DUSSEL, Enrique, (1990), *El último Marx (1863-1882) y la liberación latinoamericana. México: Siglo XXI*.

——— (1985), *La producción teórica de Marx: un comentario a Los Grundrisse*. México: Siglo XXI.

EAGLETON, Terry, (2011), *Porqué Marx tenía razón*, Península.

ENGELS, Friedrich, (1974), *La situación de la clase obrera en Inglaterra*. Buenos Aires: Editorial esencias.

ESPÓSITO, Roberto, (1996), *Confines de lo político*. Madrid: Trotta.

EXPÓSITO, Julia y Lo Valvo, Emilio, (2014), *Articulaciones. Derivaciones entre teoría y coyuntura en la obra de E. Laclau*. Rosario: Editorial libros por demanda, Facultad de C.P y RR.II, UNR.

FARRÁN, Roque, (2010), *La filosofía de Alain Badiou*, en *Badiou fuera de sus límites*, Camarena, Carlos y Uzín Olleros, Angelina (Compiladores). Buenos Aires: Imago Mundi.

FERERICI, Silvia, (2015), *Calibán y la bruja. Mujeres cuerpos y acumulación originaria*. Ciudad autónoma de Buenos Aires: Tinta Limón.

FIRESTONE, Shulamith, (1976), *La dialéctica del sexo*. Barcelona: Editorial Kairós.

FISCHBACH, Frank, [2009] (2012), *Marx. Releer El capital*. Madrid: Ediciones Akal.

FOUCAULT, Michel, [1978] (2012), "Metodología para el conocimiento del mundo: cómo deshacerse del marxismo", en *El poder una bestia magnifica*. Buenos Aires: Siglo XXI. pp.87-112

——— (1985), *Saber y Verdad*. Julia Varela y Fernando Álvarez-Uría (Eds.). Madrid: Ediciones La piqueta.

——— (2006), *La naturaleza humana: Justicia vs Poder. Un debate*. Buenos Aires: Editorial Katz.

——— (1992), *Microfísica del poder*. Julia Varela y Fernando Álvarez-Uría (Eds.). Madrid: Ediciones La piqueta.

FOSTER, Hal, (2001), *El retorno de lo real. La vanguardia de finales de siglo*. Madrid: Ediciones Akal.

FUMAGALLI, Andrea, (2010). Bioeconomía y capitalismo cognitivo. Hacia un nuevo paradigma de acumulación. Madrid: Traficante de Sueños.

FUKUYAMA, Francis, (1992), *El fin de la historia y el último hombre*. Barcelona: Planeta.

GADAMER, Hans-Georg, (1998), *Verdad y método II*. Salamanca: Ediciones Sígueme.

GAMBA, Susana (2009), *Diccionario de estudios de género y feminismos*. Buenos Aires: Biblos.

GARCIA COTARELO, Ramón, (1978), "La crisis del marxismo (I)". *Revista de Estudios Políticos*, núm.5.

———— (1979), "La crisis del marxismo (II)". *Revista de Estudios Políticos*, núm.6.

GARCIA PONZO, Leandro, (2011), *Badiou. Una introducción*. Buenos Aires: Quadrata.

GOMEZ CAMARENA, Carlos y Uzín Olleros, Angelina (COMP.), (2010), *Badiou fuera de sus límites*. Buenos Aires: Imago Mundi.

GONZALEZ, Ernesto, (1986), *Ascenso y caída del peronismo*. Buenos Aires: Ediciones Antídoto.

GORZ, André, [1980] (1981), *Adiós al proletariado*. Barcelona: El Viejo Topo.

GRAMSCI, Antonio, [1949] (2003), *Notas sobre Maquiavelo, sobre la política y sobre el estado moderno*. Buenos Aires: Nueva Visión.

GUATTARI, Félix, (2004), *Plan sobre el planeta*. Madrid: Trafican de sueños.

GUILLAUMIN, Colette, Tablet, Paola y Claude Mathieu, Nicole, (2005), *El patriarcado al desnudo*. Buenos Aires: Brecha Lésbica.

HABERMAS, Jürgen, [1981] (1987), *Teoría de la acción comunicativa. Volumen 2: Crítica de la razón funcionalista*. Madrid: Taurus.

HALL, Stuart, [1986] (2010), *Sin garantías. Trayectorias y problemáticas en estudios culturales*. Ecuador: Envión editores.

HALLWARD, Peter, (2010), "Dependiendo de la inconsistencia: la respuesta de Badiou a 'la pregunta que guía toda la filosofía contemporánea'", en *Badiou fuera de sus límites*, Carlos Gómez Camarena y Angelina Uzín Olleros Compiladores. Buenos Aires: Imago Mundi.

———— (2004), *Think Again: Alain Badiou and the future of philosophy*. Londres: Continuum.

HARVEY, David, (2007), *Breve historia del neoliberalismo*. Madrid: Akal.

———— (1998), *La condición de la posmodernidad*. Buenos Aires: Amorrortu editores.

———— (2014), *Diecisiete contradicciones y el fin del capitalismo*. Quito: Editorial IAEN.

———— [2004] (2005): *El "nuevo" imperialismo: acumulación por desposesión*. En Socialist register. Buenos Aires, CLACSO.

———— [2000] (2004), *Espaços de Esperança*. São Paulo: Ediciones Loyola.

HEGEL, [1812-1813] (2011), *Ciencia de la lógica*. Volumen I, trad. Félix Duque. Madrid: Abada.

HEIDEGGER, Martin, [1951-1952] (2010), *¿Qué significa pensar?* Buenos Aires: Caronte Filosofía.

———— [1927] (s/d), *Ser y Tiempo*. Traducción, prólogo y notas de Jorge

Eduardo Rivera. Edición electrónica de: www.philosophia.cl / Escuela de Filosofía Universidad ARCIS.

HOLLOWAY, John, (2002), *Cambiar el mundo sin tomar el poder*, Buenos Aires: Editorial Herramienta.

HOBSBAWM, Eric, (1995), *Historia del Siglo XX*. Barcelona: Crítica.

HOUNIE, Analía, (2010), *Sobre la idea de comunismo*. Buenos Aires: Paidós.

HUSSON, Michael, (2011), "Una crisis sin fondo". Buenos Aires: *Revista Herramienta* N°48.

HUYSSEN, Andreas, (2006), *Después de la gran división. Modernismo, cultura de masas, posmodernismo*. Buenos Aires: Adriana Hidalgo editora.

JAMESON, Fredric, [2011] (2013), *Representar El capital. Una lectura del Tomo 1*. Buenos Aires: Fondo de Cultura Económica.

——— (2012), *Valencias de la dialéctica*. Eterna Cadencia.

JÓNASDÓTTIR, Anna. G, (1993), *El poder del amor: ¿le importa el sexo a la democracia?* Madrid: Editorial Cátedra.

KATZ, Claudio, (2010), "Las tres dimensiones de la crisis", Buenos Aires: Foro capitalismo en trance, disponible en: www.herramienta.com.ar.

——— (2011), "Los atolladeros de la economía latinoamericana", Buenos Aires: *Revista Herramienta Web* N°10, disponible en: www.herramienta.com.ar.

KOHAN, Néstor, (1998), *Marx en su tercer mundo*. Buenos Aires: Biblos.

KORSCH, Karl, [1923] (1971), *Marxismo y filosofía. México: Ediciones Era*.

KOURIN, Zdenek, (1974), *La dialéctica en cuestión*. Buenos Aires: Paidós.

LACAN, Jacques, (1982), *Tópica de lo imaginario, Seminario I, Los escritos técnicos de Freud*. Buenos Aires: Paidós.

——— (2006), *El seminario de Jaques Lacan, Seminario 23, El sinthome 1975-1976*. Buenos Aires: Paidós.

——— (1991), *El seminario de Jacques Lacan. Seminario 7. La ética del psicoanálisis 1959-1960*. Buenos Aires: Paidós.

——— (1992), *Seminario 17. El reverso del psicoanálisis*. Buenos Aires: Paidós.

LACLAU, Ernesto, (2008), *Debates y combates. Por un nuevo Horizonte de la política*. Buenos Aires: Fondo de cultura económica.

——— (1997), *Deconstrucción, pragmatismo, hegemonía*. Revista *Ágora*, Cuaderno de Estudios Políticos, número 6, Buenos Aires.

——— (1996), *Emancipación y diferencia*. Buenos Aires: Ariel.

——— [2005] (2013), *La razón populista*. Buenos Aires: Fondo de Cultura Económica.

——— [1990] (2000), *Nuevas reflexiones sobre la revolución de nuestro tiempo*. Buenos Aires: Nueva Visión.

———— [1977] (1986), *Política e ideología en la teoría marxista. Capitalismo, fascismo, populismo*. México: Siglo XXI.

———— (2005), "Populismo, ¿qué hay en el nombre?", en Arfuch, Leonor, *Pensar este tiempo. Espacios, afectos, pertenencias*. Buenos Aires: Paidós.

———— (2006), "Por qué construir un pueblo es la tarea principal de la política radical", *Cuadernos del Cendes*, AÑO 23. N° 62, Tercera época, Mayo-Agosto.

———— [2000] (2003), "Estructura, historia y lo político- Respuesta a Žižek", en *Contingencia, hegemonía, universalidad. Diálogos contemporáneos de la izquierda*. Buenos Aires: Fondeo de Cultura Económica, p. 197- 214.

———— (1991), "La especificidad de lo político", en *Debates sobre el estado capitalista*, Miliband, R., Poulantzas, N., y Laclau, E., Buenos Aires: Imago Mundi.

———— (2012), "Posmarxismo, discurso y populismo. Un dialogo con Ernesto Laclau". *Revista Iconos*, pp.127.144.

LACLAU, Ernesto; Butler, Judith y Žižek, Slavoj, [2000] (2003), *Contingencia, hegemonía, universalidad. Diálogos contemporáneos de la izquierda*. Buenos Aires: Fondo de Cultura Económica.

LACLAU, Ernesto y Mouffe, Chantal, [1985] (2004), *Hegemonía y estrategia socialista. Hacia una radicalización de la democracia*. Buenos Aires, Fondo de cultura económica, 2004.

LANDER, Edgardo, (2006), "Marxismo, eurocentrismo y colonialismo", en Boron, Atilio, Amadeo, Javier y González, Sabrina (comp.), *La teoría marxista hoy*. Buenos Aires: CLACSO.

LASH, Scott, (2005), "Capitalismo y metafísica", en Arfuch, Leonor (comp.), *Pensar este tiempo. Espacios, afectos, pertenencias*. Buenos Aires: Paidós.

LASH, Scott, y John Urry, (1987), *The end of organized capitalism*. Cambridge: Polity Press.

LEFEBVRE, Henri, [1948] (1973), *El Marxismo*. Buenos Aires: Ediciones CEPE.

———— [1966] (1971), *Síntesis del pensamiento de Marx*. Barcelona: Nova Terra.

LEFORT, Claude, (1990), *La invención democrática*. Buenos Aires: Nueva Visión.

LENIN, Vladimir Ilich, [1913] (1961), "Tres fuentes y tres partes integrantes del marxismo" en *Obras escogidas*. Moscú: Editorial Progreso, Tomo 1.

———— (1973), *Obras escogidas. Tomo V.* Editorial Progreso.

———— [1900] (1974), *El imperialismo fase superior del capitalismo*. Buenos Aires: Editorial Ateneo.

LÓPEZ, Emiliano y Vértis, Francisco, (2012), "Capital transnacional y proyectos nacionales de desarrollo en América Latina. Las nuevas lógicas del extractivismo neodesarrollista". Buenos Aires: *Revista Herramienta* N° 50.

LORDE, Audré (2003), *La Hermana, La Extranjera: Artículos y Conferencias*. Madrid: Editorial Horas y Horas.

LÖWY, Michael, (1994), "Marx un siglo después". *El Rodaballo, Revista de cultura y política* N° 1.

LUKÁCS, György, [1923] (2002), *Historia y conciencia de clase*. Madrid: Editora Nacional.

LUXEMBURGO, Rosa, [1906] (1974), *Huelga de masas, partido y sindicatos*. Madrid: Siglo XXI.

——— (1969), *Crítica de la revolución Rusa*. Buenos Aires: Ediciones La Rosa Blindada.

——— (1968), *La acumulación de capital*. Buenos Aires: Editorial talleres gráficos americanos.

MANDEL, Ernest, (1970), *La teoría leninista de la organización*. Ediciones combate.

——— (s/d), "En defensa del leninismo, en defensa de la IV Internacional". *Boletines de Informaciones internacionales del PST*, Num.7.

——— [1968] (1978), *Sobre la historia del movimiento obrero*. Barcelona: Editorial Fontamara.

——— (1974), *Introducción a la Teoría Económica Marxista*. Buenos Aires: Ediciones Cepe.

MARAZZI, Christian, (1999), Il posto dei calzini. Bolatti Boringhieri editore: Torino.

MARCHART, Oliver, (2009), *El pensamiento político posfundacional. La diferencia política en Nancy, Lefort, Badiou y Laclau*. Buenos Aires: Fondo de Cultura Económica.

MARCUSE, Herbert, [1941] (1994), *Razón y revolución*. Barcelona: Edición Altava.

MARIÁTEGUI, José Carlos, (1978), *Ideología y política*. Lima: Amauta.

——— (1974), *Defensa del marxismo*. Lima: Amauta.

——— (2007), *7 ensayos de interpretación sobre la realidad peruana*. Caracas: Fundación Biblioteca Ayacucho.

MARX, Karl, [1859] (2003), *Contribución a la crítica de la economía política*. México: Siglo XXI.

——— [1857-1858] (1973), *Grundrisse o Elementos fundamentales para la crítica de la economía política*. Buenos Aires: Siglo XXI Argentina Editores.

——— [1845] (2004), *Tesis sobre Feuerbach*, Buenos Aires: Editorial Nuestra América.

——— [1847] (1983), *Miseria de la Filosofía*. Buenos Aires: Editorial Cartago.

——— [1852] (2003), *El dieciocho Brumario de Luís Bonaparte*. Madrid: Fundación Federico Engels.

——— [1843] (2003), *La cuestión judía*. Buenos Aires: Quadrata.

——— [1859] (1989), *Prefacio a la Contribución a la Crítica a la economía política*. Santiago de Chile: Editorial Progreso.

——— [1857] (1982), *Introducción general a la Crítica a la economía política*. Buenos Aires: Siglo XXI.

——— [1848-1850] (1973), *La lucha de clases en Francia*. Buenos Aires: Editorial Ateneo.

——— [1846] (2004), *La ideología alemana*. Buenos Aires: Editorial Nuestra América.

——— [1844] (1984), *Manuscritos de1844*. Buenos Aires: Editorial Cartago.

——— [1873] (2002), *El Capital, Tomo I*. Buenos Aires: Siglo XXI.

——— (1983), *El Capital. Tomo II*. Buenos Aires: Editorial Cartago.

——— (1983), *EL Capital. Tomo III*. Buenos Aires: Editorial Cartago.

MARX, Karl y Engels, Frederick, [1848] (1974), *Manifiesto del partido comunista*. Buenos Aires: Ediciones Pluma.

——— (2012), *Sobre el Arte*. Buenos Aires: Claridad.

——— [1852] (2015), *Los grandes hombres del exilio*. Buenos Aires: Las Cuarenta. Traducción: Laura Sotelo y Héctor Piccoli.

MAZZEO, Miguel, (2005), ¿Qué (no) hacer? Apuntes para una crítica de res gímenes emancipatorios. Buenos Aires: Antropofagia, 2005.

——— (2007), *El sueño de una cosa*. Buenos Aires: Editorial El colectivo.

MERLEAU PONTY, Maurice, (1956), *Humanismo y terror*. Buenos Aires: Ediciones Leviatán.

MÉSZÁROS, István, [2005] (2009), *La crisis estructural del capital*. Caracas: Ministerio del Poder Popular para la Comunicación y la Información.

MORENO, Nahuel, [1980] (1900), *Actualización del programa de transición*. Buenos Aires: Antídoto.

——— (1958), *Aportes a la teoría de la Revolución Permanente*, Conferencia de Leeds.

——— (1986a), *Conversaciones con Nahuel Moreno*. Buenos Aires: Antídoto.

——— (1986b), *Las revoluciones del siglo XX*. Buenos Aires: Antídoto.

——— [1985] (1989), *El partido y la revolución. Teoría, programa y política. Polémica con Ernest Mandel*. Buenos Aires: Antídoto.

——— (1981), *Lógica marxista y ciencias modernas*. México: Editorial Xólotl.

——— (1990), *Escritos sobre revolución política*. Buenos Aires: Antídoto.

————— (1975), *Método de interpretación de la historia argentina*. Buenos Aires: Ediciones Pluma.

————— (1984a), *¿Partido mandelista o partido leninista?* Buenos Aires: Cuaderno de formación N° 5.

————— (1984b), *Problemas de organización*. Buenos Aires: Cuaderno de formación N° 1.

————— (1984c), *1982: empieza la revolución*. Buenos Aires: Cuaderno de formación N° 2.

————— (1984d), *Crítica a las Tesis de la revolución permanente de Trotsky*. Buenos Aires: Escuela de cuadros.

————— [1985] (1988), *Ser trotskista hoy*. Buenos Aires: Cuadernos de correo internacional. Disponible en www.nahuelmoreno.org .

————— CORREO INTERNACIONAL N27, *Nahuel Moreno (1924-1987)*, Marzo-Abril de 1987.

————— CORRESPONDENCIA INTERNACIONAL LA VERDAD, *Proyecto de tesis*, Enero de 1981.

————— ESTRATEGIA SOCIALISTA N1, *La crisis se devora al régimen*, Diciembre de 1981.

————— ESCUELA DE CUADROS, *Sobre la Revolución Permanente*, Enero de 1988.

—————ESTATUTO DEL PARTIDO SOCIALISTA DE LOS TRABAJADORES, aprobado en el congreso, 1980.

MORENO, Nahuel y Gunder Frank, (1984), "Sobre los sujetos históricos. Charla-debate con André Gunder Frank". Disponible en www.nahuelmoreno.org.

MORENO, Nahuel y Petit, Mercedes, (1986c), *Conceptos políticos fundamentales*. Buenos Aires: Cuaderno de formación N° 6.

MOUFFE, Chantal, (1999), *El retorno de lo político*. Barcelona: Paidós.

NAVARRO, Manuel, (2014). *Desconstrucción del marxismo*. Rosario: UNR editora.

NEGRI, Antonio, (2004) *Guías. Cinco lecciones en torno a Imperio*. Paidós Estado y Sociedad.

————— [1979] (2001), *Más allá de Marx. Nueve lecciones sobre los Grundrisse*. Madrid: Akal.

NEGRI, Antonio y Hardt, Michael, (2002) *Imperio*. Buenos Aires: Paidós.

————— (2004), *Multitud*. Barcelona: Editorial Debate.

————— (2011), *Commonwealth. El proyecto de una revolución del común*. Madrid: Akal.

NIETZSCHE, Friedrich, (2001), *La ciencia jovial* (Le gaya scienza). Editorial: Biblioteca nueva.

NOVACK, George, (1973), *La ley del desarrollo desigual y combinado*. Buenos Aires: Ediciones Pluma.

OUVIÑA, Hernán, (2006), *Estado y autonomía: Contradicciones en (todo) movimiento*. Disponible en www.prensadefrente.org.

PALTI, Elías José, (2005), *Verdades y saberes del marxismo. Reacciones de una tradición política ante su "crisis"*. Buenos Aires: Fondo de Cultura Económica.

PESSOA, Guillermo, (1998), *Nahuel Moreno. Tragedia y partido, Investigación*, en Razón y Revolución nro. 4, reedición electrónica.

PETRUCCELLI, Ariel, (2010), *El marxismo en la encrucijada*. Buenos Aires: Prometeo libros.

———— (2011), *Materialismo histórico. Interacciones y controversias*. Buenos Aires: Prometeo libros.

PIAJET, Jean, (1969), *Biología y Conocimiento*. Madrid: Siglo XXI.

———— [1968] (1971), *El estructuralismo*. Buenos Aires: Prometeo.

———— (1969), *Las nociones de Estructura y génesis*. Buenos Aires: Proteo.

———— (1960), *Psicología de la inteligencia*. Buenos Aires: Psique.

———— (1967), *Lógicas Elementales*. Buenos Aires: Guadalupe.

POULANTZAS, Nicos, (1979), *Estado, poder y socialismo*. España: Siglo XXI.

———— [1970] (2005), *Fascismo y Dictadura: la tercera internacional contra el fascismo*. Buenos Aires: Siglo XXI.

RAMOS, Jorge Abelardo, (1990), *Breve historia de las izquierdas en la Argentina,* Tomo I. Buenos Aires: Editorial Claridad.

———— (1990), *Breve historia de las izquierdas en la Argentina,* Tomo II. Buenos Aires: Editorial Claridad.

RANCIERE, Jacques, [1995] (1996), *El desacuerdo. Política y Filosofía*. Buenos Aires: Ediciones Nueva visión.

———— [1974] (2006), *La lección de Althusser*. Buenos Aires: Galerna.

———— [1998] (2006), *Política, policía y democracia*. Santiago de Chile: LOM.

ROLNIK, Suely, (2005), "Geopolítica del rufián", en Guattari, Félix y Rolnik, Suely *Micropolítica. Cartografía del deseo*. Buenos Aires: Tinta Limón.

ROSDOLSKY, Román, (1978) *Génesis y estructura de El Capital de Marx*. Buenos Aires: Siglo XXI.

RUBIN, Isaak, [1928] (1974), *Ensayos sobre la teoría marxista del valor*. Córdoba: Cuadernos Pasado y Presente/53.

SACRISTAN, Manuel, (1984), *Sobre Marx y Marxismo*. Barcelona: Icaria.

SARTRE, Jean Paul, [1960] (2004), *Crítica a la razón dialéctica*. Buenos Aires: Losada.

SAUSSURE, Ferdinand, [1916] (2007), *Curso de lingüística general*. Buenos Aires: Editorial Losada.

SAZBÓN, José, (2002), *Historia y representación*. Buenos Aires: Universidad Nacional de Quilmes Ediciones.

SCAVINO, Dardo, (1999), *La filosofía actual. Pensar sin certezas*. Buenos Aires: Paidós.

SÉVE, Lucien. "Marx contraataca. ¿Regular las finanzas o superar el capitalismo?", 2009, *Le Monde Diplomatique edición chilena*, disponible en: www.lemondediplomatique.com.

SOTELO, Laura, (2015), "Prefacio", en Marx, Karl y Engels, Frederick *Los grandes hombres del exilio*. Buenos Aires: Las Cuarenta. Traducción: Laura Sotelo y Héctor Piccoli.

SOTOLONGO Codina, P. L., *Complejidad, Globalización y Estrategias de Transición*. Sitio-Web del Instituto de Filosofía de La Habana. Disponible en http://www.filosofia.cu/contemp/sotolongo.htme, incluido posteriormente en el Libro: *Globalización y Cultura*, de un Colectivo de Autores del Centro de Investigación de la Cultura ´J. Marinello´.

SPIVAK, Gayatri, (2003), *¿Puede hablar el subalterno?*, Revista colombiana de antropología, volumen 39.

STALIN, Joseph, [1938] (1979), "Sobre el materialismo dialéctico y el materialismo histórico", en *Obras Escogidas*. Edición Netori Tirana.

STAVRAKAKIS, Yannis, (2007), *Lacan y lo político*. Buenos Aires: Prometeo libros.

———— (2010), *La izquierda lacaniana*. Buenos Aires: Fondo de Cultura Económica.

SVAMPA, Maristella, (2011), "Extractivismo neodesarrollista y Movimientos Sociales. ¿Un giro ecoterritorial hacia nuevas alternativas?", en Lang, Miriam y Mokrani, Dunia (comps.), *Más allá del desarrollo*. Quito: Ediciones ABYA Ayala/Fundación Rosa Luxemburgo.

———— (2005), *La sociedad excluyente. La argentina bajo el signo del neoliberalismo*. Buenos Aires: Editorial Taurus.

SZURMUK, Mónica y McKee Irwin, Robert, (2009), *Diccionario de Estudios Culturales Latinoamericanos*. México: Siglo XXI.

TORFING, Jacob, (1998), "Una revisión al análisis de discurso", en *Debates políticos contemporáneos*, Plaza y Valdés, México D.F.

TROTSKY, León, ([1938]1986), *El programa de transición para la revolución socialista*. Buenos Aires: Cruz.

———— [1942] (1975), *En defensa del marxismo*. Buenos Aires: El Yunque editora.

———— [1932] (2007), *Historia de la revolución Rusa*. Buenos Aires: Veintisiete Letras.

———— [1929] (1973), *La revolución permanente*. Buenos Aires: El Yunque editora.

UZÍN OLLEROS, Angelina, (2008), *Introducción al pensamiento de Alain Badiou. Las cuatro condiciones de la filosofía*. Buenos Aires: Imago Mundi.

VALLEJO, Patricio, (s/d), "Síntesis biográfica de Nahuel Moreno (1924 - 1987)". Disponible en www.marxists.org/espanol/moreno/index.htm.

VIDAL MOLINA, Paula. "Marx, sus continuadores y la izquierda", 2009, *Le Monde Diplomatique edición chilena*. Disponible en www.lemondediplomatique.com.

VIRNO, Paolo, (2003), *Gramática de la multitud*. Buenos Aires: Traficante de sueños.

WILLIAMS, Raymon, [1977] (2009), *Marxismo y literatura*. Buenos Aires: Las cuarenta.

ŽIŽEK, Slavoj, (2007), "Acerca de Badiou y Lógica de los mundos". Disponible en www.grupoacontecimiento.com.ar.

———— [2004] (2006), *Arriesgar lo imposible: Conversaciones con Glyn Daly*. Madrid: Trotta.

———— [1999] (2001), *El espinoso sujeto. El centro ausente de la ontología política*, Buenos Aires: Paidós.

———— (2005), *La suspensión política de la ética*. Buenos Aires: Fondo de Cultura Económica.

———— [2000] (2003a), "¿Lucha de clases o posmodernismo? ¡Sí, por favor!", en Butler, J, Laclau, E, y Žižek, S, *Contingencia, Hegemonía, Universalidad*. Buenos Aires: Fondo de Cultura Económica.

———— [2000] (2003b), "Mantener el lugar", en Butler, J, Laclau, E, y Žižek, S, *Contingencia, Hegemonía, Universalidad*. Buenos Aires: Fondo de Cultura Económica.

———— [1989] (1992), *El sublime objeto de la ideología*. México: Siglo XXI.

————(2011), *"Preface: Hegel's Century"*, en *Hegel and the Infinite. Religion, Politics, and Dialectic*. Editado por Žižek/Crockett/Davis, New York, Columbia University Press.

———— [1991] (2000), *Mirando al sesgo. Una introducción a Jacques Lacan a través de la cultura popular*. Buenos Aires: Paidós.

———— [1991] (2003), *Porque no saben lo que hacen: el goce como factor político*. Buenos Aires: Paidós.

———— [2002] (2004), *A propósito de Lenin*. Buenos Aires: Atuel/Parusia.

Impreso por Treintadiez S. A. en 2018
Pringles 521 (C1183AEI)
Ciudad Autónoma de Buenos Aires
Teléfonos : 4864-3297 / 4862-6794
editorial@treintadiez.com